Das internationale Nachlassinsolvenzverfahren

Studien zum vergleichenden und internationalen Recht - Comparative and International Law Studies

Herausgeber: Bernd von Hoffmann (†), Erik Jayme, Heinz-Peter Mansel, Christine Budzikiewicz, Michael Stürner, Karsten Thorn und Marc-Philippe Weller

Band 206

PETER LANG

Henning Grosser

Das internationale Nachlassinsolvenzverfahren

PETER LANG

Bibliografische Information der Deutschen Nationalbibliothek
Die Deutsche Nationalbibliothek verzeichnet diese Publikation in der Deutschen Nationalbibliografie; detaillierte bibliografische Daten sind im Internet über http://dnb.d-nb.de abrufbar.

Zugl.: Hamburg, Bucerius Law School, Diss., 2019

H 360
ISSN 0930-4746
ISBN 978-3-631-80049-2 (Print)
E-ISBN 978-3-631-81380-5 (E-PDF)
E-ISBN 978-3-631-81473-4 (EPUB)
E-ISBN 978-3-631-81474-1 (MOBI)
DOI 10.3726/b16647

Peter Lang – Berlin · Bern · Bruxelles · New York ·
Oxford · Warszawa · Wien

Diese Publikation wurde begutachtet.

www.peterlang.com

Vorwort

Die vorliegende Arbeit wurde im Februar 2019 an der Bucerius Law School – Hochschule für Rechtswissenschaft – als Dissertation angenommen. Die mündliche Prüfung erfolgte am 15. Mai 2019. Die Arbeit befindet sich auf dem Stand von August 2016.

Besonders danke ich meinem wissenschaftlichen Betreuer und Erstgutachter der Arbeit, Herrn Professor Dr. *Karsten Thorn*, LL.M. (Georgetown). Mein herzlicher Dank gilt auch dem Zweitgutachter der Arbeit, Herrn Professor Dr. Dr. h.c. mult. *Karsten Schmidt*.

Den Herausgebern der Schriftenreihe *Studien zum vergleichenden und internationalen Recht / Comparative and International Law Studies* sei für die Aufnahme der Arbeit in die Schriftenreihe gedankt.

Danken möchte ich ferner dem *Max-Planck-Institut für ausländisches und internationales Privatrecht* in Hamburg für den gewährten Zugang zur wissenschaftlichen Bibliothek und die freundliche Unterstützung.

Mein persönlicher Dank gilt zunächst meiner Familie. Sehr herzlich danken möchte ich ferner Herrn Rechtsanwalt Professor Dr. *Klaus Pannen*, Frau Rechtsanwältin Dr. *Susanne Riedemann* sowie Herrn Rechtsanwalt Dr. *Sarkis Bezelgues*, LL.M.

Schließlich weise ich darauf hin, dass diese Arbeit ausschließlich meine persönlichen Ansichten wiedergibt.

Die Arbeit ist meiner Großmutter gewidmet.

Berlin, im September 2019 *Henning Grosser*

Inhaltsübersicht

Inhaltsverzeichnis

Abkürzungsverzeichnis

aaO	am angegebenen Ort
a.A.	andere(r) Ansicht
ABl. EG	Amtsblatt der Europäischen Gemeinschaften
ABl. EU	Amtsblatt der Europäischen Union
Abs.	Absatz
Abt.	Abteilung
AEUV	Vertrag über die Arbeitsweise der Europäischen Union
AG	Amtsgericht
AGO	Allgemeine Gerichtsordnung
Alt.	Alternative
ALR	Allgemeines Preußisches Landrecht
Anh.	Anhang
Art.	Artikel
Aufl.	Auflage
BayObLG	Bayerisches Oberstes Landesgericht
BB	Betriebs-Berater
Bd.	Band
Begr.	Begründer
Beschl.	Beschluss
BGB	Bürgerliches Gesetzbuch
BGBl.	Bundesgesetzblatt
BGH	Bundesgerichtshof
BLJ	Bucerius Law Journal
BR-Drucks.	Bundesrats-Drucksache
BT-Drucks.	Bundestags-Drucksache
bzw.	beziehungsweise
ca.	circa
Ders.	derselbe
d.h.	das heißt
Dies.	dieselbe(n)
Diss.	Dissertation
DJZ	Deutsche Juristen-Zeitung
DNotZ	Deutsche Notar-Zeitschrift
Dok.	Dokument
ebd.	ebenda
EG	Europäische Gemeinschaften

EGBGB	Einführungsgesetz zum Bürgerlichen Gesetzbuche
EGInsO	Einführungsgesetz zur Insolvenzordnung
Einl.	Einleitung
endg.	endgültig
EU	Europäische Union
EuGH	Gerichtshof der Europäischen Union
EuInsVO	Europäische Insolvenzverordnung
EuZW	Europäische Zeitschrift für Wirtschaftsrecht
f.	Folgende (Einzahl)
FamFG	Gesetz über das Verfahren in Familiensachen und in den Angelegenheiten der freiwilligen Gerichtsbarkeit
ff.	Folgende (Mehrzahl)
FGPrax	Praxis der Freiwilligen Gerichtsbarkeit
Fn.	Fußnote
fortgef.	fortgeführt
Forts.	Fortsetzung
Frankfurt a.M.	Frankfurt am Main
FS	Festschrift
GmbHG	Gesetz betreffend die Gesellschaften mit beschränkter Haftung
GSO	Deutsche Gemeinschuldordnung
GVG	Gerichtsverfassungsgesetz
Hrsg.	Herausgeber
InsO	Insolvenzordnung
IPRax	Praxis des Internationalen Privat- und Verfahrensrechts
Jg.	Jahrgang
JZ	Juristenzeitung
KG	Kammergericht
KO	Konkursordnung
KOM	Kommission
KTS	Zeitschrift für Insolvenzrecht, Konkurs, Treuhand, Sanierung
LG	Landgericht
lit.	littera (Buchstabe)
m.w.N.	mit weiteren Nachweisen
n. Chr.	nach Christus
NJW	Neue Juristische Wochenschrift
NJW-RR	Neue Juristische Wochenschrift Rechtsprechungs-Report Zivilrecht
Nr.	Nummer

NZG	Neue Zeitschrift für Gesellschaftsrecht
NZI	Neue Zeitschrift für Insolvenz- und Sanierungsrecht
OLG	Oberlandesgericht
RabelsZ	Rabels Zeitschrift für ausländisches und internationales Privatrecht
RGBl.	Reichsgesetzblatt
Rn.	Randnummer(n)
RNotZ	Rheinische Notar-Zeitschrift
Rs.	Rechtssache
Rz.	Randziffer
S.	Seite
Slg.	Sammlung
StPO	Strafprozessordnung
u.a.	unter anderem
Univ.	Universität
Urt.	Urteil
v.	vom, von
v. Chr.	vor Christus
Var.	Variante
vgl.	vergleiche
VO	Verordnung
Vol.	Volume
Vorb.	Vorbemerkung
z.B.	zum Beispiel
ZEuP	Zeitschrift für Europäisches Privatrecht
ZEV	Zeitschrift für Erbrecht und Vermögensnachfolge
ZfRV	Zeitschrift für Europarecht, Internationales Privatrecht und Rechtsvergleichung
Ziff.	Ziffer
ZInsO	Zeitschrift für das gesamte Insolvenz- und Sanierungsrecht
ZIP	Zeitschrift für Wirtschaftsrecht
ZPO	Zivilprozessordnung
ZVI	Zeitschrift für Verbraucher- und Privat-Insolvenzrecht
ZZP	Zeitschrift für deutschen Zivilprozess

Einleitung und Gegenstand der Untersuchung

Im Nachlass einer Person sammeln sich sowohl die Aktiva als auch die Passiva. Die Universalsukzession bewirkt dabei einen einheitlichen Übergang des gesamten Vermögens auf den Erben. Dieser wird unmittelbar Eigentümer aller Aktiva und Schuldner aller Passiva des Erblassers, auch wenn der Nachlass überschuldet ist. Möchte sich der Erbe von dieser Last befreien, erlaubt ihm das deutsche Recht dies neben einer rechtzeitigen Erbausschlagung nur über die Beantragung einer amtlichen Nachlassadministration. Deckt der Nachlass die vererbten Verbindlichkeiten, wird eine Nachlassverwaltung angeordnet, andernfalls kommt es zur Eröffnung eines Nachlassinsolvenzverfahrens. Mit dessen Eröffnung verliert der Erbe die Verwaltungs- und Verfügungsbefugnis über den Nachlass, der nunmehr von einem Insolvenzverwalter im Insolvenzverfahren abgewickelt wird. Die Haftung des Erben für die Verbindlichkeiten des Nachlasses beschränkt sich dann auf den Nachlass.

Das Nachlassinsolvenzverfahren fristet in Deutschland ein Randdasein.[1] In der Literatur wird dies damit erklärt, dass das Recht des Nachlassinsolvenzverfahrens für die Praxis „zu kompliziert" sei, weshalb die (frühe) Erbausschlagung mit der Folge der vollständigen Beseitigung der Erbenstellung einer späteren Insolvenzbeantragung oftmals vorgezogen werde.[2] Dennoch ist das Nachlassinsolvenzverfahren nach der Systematik des deutschen Erbrechts unverzichtbar und in der Folge auch immer wieder praktisch relevant.

Das Nachlassinsolvenzverfahren ist ein Insolvenzverfahren an der Schnittstelle von Insolvenzrecht und Erbrecht. Diese Schnittstelle erlangt besondere Bedeutung, wenn im Nachlassinsolvenzverfahren internationale Bezüge auftreten.

Soweit es die internationale Zuständigkeit deutscher Gerichte zur Eröffnung eines Nachlassinsolvenzverfahrens betrifft, stellt sich die Frage, ob die Vorschriften der Europäischen Insolvenzverordnung EuInsVO (ab dem 26.6.2017 der EuInsVO 2017) oder das autonome internationale Insolvenzrecht in den §§ 335 ff. InsO zur Anwendung kommen.[3] In beiden Fällen ergeben sich eine

1 Im Jahr 2015 entfielen auf 925.000 Sterbefälle 2.969 beantragte Nachlassinsolvenzverfahren (einschließlich Gesamtgut), was einer Quote von 0,32 % entspricht (Quelle: Destatis).

2 MünchKomm-InsO/*Siegmann*, Vorb. vor §§ 315 bis 331 InsO Rn. 16.

3 Verordnung (EG) Nr. 1346/2000 des Rates vom 29. Mai 2000 über Insolvenzverfahren, ABl. EG Nr. L 160 v. 30.6.2000, S. 1 (EuInsVO). Für Insolvenzverfahren, die ab

Reihe von Folgefragen. So ist im Rahmen der EuInsVO/EuInsVO 2017 insbesondere zu klären, wer als „Schuldner" des Verfahrens anzusehen ist und wie der Mittelpunkt der hauptsächlichen Interessen (COMI) im Nachlassinsolvenzverfahren bestimmt werden soll. Im autonomen internationalen Insolvenzrecht stellt sich die Frage, unter welchen Voraussetzungen die Eröffnung eines Sekundär- und Partikular-Nachlassinsolvenzverfahrens in Betracht kommt.

Die Insolvenzordnung geht aus historischen Gründen davon aus, dass im Nachlassinsolvenzverfahren das Erbrecht des BGB Anwendung findet. Das anwendbare Insolvenzrecht und das anwendbare Erbrecht können aber auch auseinanderfallen. Dies liegt darin begründet, dass die Anknüpfungsmomente für die Bestimmung des anwendbaren Insolvenzrechts und des Erbrechts verschieden sind. Ein Nachlassinsolvenzverfahren kann deshalb auch bei ausländischem Erbstatut durchzuführen sein, etwa weil der Erblasser mit letztem gewöhnlichem Aufenthalt in Deutschland testamentarisch eine Rechtswahl zugunsten seines ausländischen Heimatrechts getroffen hat.

Solche Fälle sind in der Rechtsprechung bislang rar geblieben. Dennoch wirft ein solches „hybrides" Nachlassinsolvenzverfahren eine Vielfalt von Rechtsfragen auf. Um zu klären, welche Vorschriften im Nachlassinsolvenzverfahren zur Anwendung kommen, muss eine Qualifikation der Normen erfolgen, um sie dem Insolvenzstatut oder dem Erbstatut zuzuordnen.

Auch führt die praktische Anwendung eines fremden Erbrechts im Nachlassinsolvenzverfahren zu Problemen. Das fremde Erbrecht ist mit dem heimischen Insolvenzrecht weder besonders verknüpft noch inhaltlich abgestimmt. Hierdurch treten Widersprüche und Auslegungsprobleme auf. Hinzu tritt, dass kaum ein Rechtsgebiet so sehr von traditionellen nationalen Vorstellungen geprägt ist, wie das Erbrecht.[4] Um Widersprüche auszuräumen, muss gegebenenfalls eine Anpassung vorgenommen werden.

Gegenstand der vorliegenden Untersuchung soll es sein, das Nachlassinsolvenzverfahren vor dem Hintergrund des insolvenzrechtlichen und des erbrechtlichen Kollisionsrechts zu betrachten. Hierbei wird sich zeigen, dass das Nachlassinsolvenzverfahren aufgrund seiner Eigenheiten eine Reihe besonderer Fragen aufwirft.

---

dem 26.6.2017 eröffnet werden, gilt die Verordnung (EU) 2015/848 des Europäischen Parlaments und des Rates vom 20. Mai 2015 über Insolvenzverfahren, ABl. EU Nr. L 141 vom 5.6.2015, S. 19 (EuInsVO 2017).

4 „One of the most indigenous branches of the law", *De Waal*, Comp Succession Law, S. 1073.

Zunächst soll im Ersten Teil der Arbeit ein Überblick über das Recht des Nachlassinsolvenzverfahrens erfolgen, der auch eine historische Betrachtung einschließt. Im nächsten Schritt wird untersucht, wie in den anderen Mitgliedstaaten der Europäischen Union die Frage der Abwicklung eines insolventen Nachlasses und die Beschränkung der Haftung des Erben für die Nachlassverbindlichkeiten geregelt ist.

Im Anschluss soll das Nachlassinsolvenzverfahren im Anwendungsbereich der EuInsVO/EuInsVO 2017 sowie des autonomen internationalen Insolvenzrechts untersucht werden. Untersuchungsgegenstand ist jeweils die internationale Zuständigkeit, das anwendbare Recht und die Anerkennung der Wirkungen des Nachlassinsolvenzverfahrens im Ausland.

Im Dritten Teil der Arbeit wird der Frage nachgegangen, wie ein in Deutschland eröffnetes Nachlassinsolvenzverfahren, das deutschem Insolvenzrecht als *lex fori concursus* unterliegt, mit einem fremden Erbrecht durchgeführt werden kann. Es wird zu klären sein, ob die Rechtsnatur des Nachlassinsolvenzverfahrens ein Auseinanderfallen von Insolvenzrecht und Erbrecht überhaupt zulässt oder ob das Nachlassinsolvenzverfahren undurchführbar wird. Hält man das Nachlassinsolvenzverfahren für durchführbar, muss den zahlreichen Folgefragen nachgegangen werden. Zu diesen gehört auch die Auflösung von Widersprüchen zwischen Insolvenzrecht und Erbrecht mittels Anpassung.

Ein Nachlassinsolvenzverfahren kann auch bei Nachlassspaltung, also der gleichzeitigen Berufung mehrerer Erbrechtsordnungen, durchgeführt werden. In diesem Fall ist es erforderlich, eine methodische Grundentscheidung zu treffen zwischen der Eröffnung eines Nachlassinsolvenzverfahrens über jeden Spaltnachlass und der Eröffnung eines einheitlichen Nachlassinsolvenzverfahrens über den Gesamtnachlass.

Erster Teil Grundlagen

A. Das Nachlassinsolvenzverfahren im deutschen Recht

I. Der Nachlass als vermögensrechtliche Fortsetzung des Erblassers

Das Vermögen eines Erblassers findet mit dessen Tod seine Fortsetzung im Nachlass.[5] Das Prinzip der Universalsukzession bewirkt hierbei, dass Vermögen und Verbindlichkeiten gleichermaßen im Nachlass aufgehen, §§ 1922, 1967 BGB. Der Nachlass umfasst damit sämtliche Aktiva und Passiva des Erblassers, soweit sie vererblich sind.[6] Mit dem Tod des Erblassers bildet der Nachlass eine besondere Vermögensmasse. Dieser Vermögensmasse kommt im deutschen Recht anders als in einigen anderen Rechtsordnungen keine eigenständige Rechtsfähigkeit zu.[7] Vielmehr geht das gesamte Nachlassvermögen direkt auf den oder die Erben über, die mit dem Erbfall im Wege des Vonselbsterwerbs unmittelbar Eigentümer sämtlicher Aktiva und Schuldner sämtlicher Verbindlichkeiten werden.[8] Der Erbe ist fortan alleiniger Rechtsträger des Nachlasses.[9]

Trotz dieses unmittelbaren Vermögensüberganges auf den Erben geht der Nachlass als solches in rechtlicher Hinsicht nicht unter, sondern bleibt unterscheidbar vorhanden. Das Nachlassvermögen ist zwar keine *rechtsfähige*, aber doch eine rechtlich *besondere* Vermögensmasse.[10] Dies zeigt sich, sobald der Erbe darum bemüht ist, die mit dem Erbfall eingetretene Vermischung des Nachlassvermögens mit seinem Eigenvermögen wieder zu beseitigen und seine Haftung auf den Nachlass zu beschränken. § 1975 BGB sieht für diese Haftungsbeschränkung des Erben die Anordnung einer Nachlassverwaltung oder die

---

5 MünchKomm-BGB/*Leipold*, § 1922 BGB Rn. 16.

6 MünchKomm-BGB/*Leipold*, § 1922 BGB Rn. 19; Staudinger/*Marotzke*, § 1922 BGB Rn. 45.

7 Der Nachlass kann nach dem Verständnis des deutschen Rechts nicht selbst Träger von Rechten oder Pflichten sein, MünchKomm-InsO/*Siegmann*, Anh. zu § 315 InsO Rn. 1. Zur systematischen Unterscheidung zwischen Insolvenzfähigkeit und Rechtsfähigkeit des Nachlasses bereits auch die Motive zur Konkursordnung von 1877, *Hahn*, Materialien Bd. IV, S. 399.

8 MünchKomm-BGB/*Leipold*, § 1922 BGB Rn. 125.

9 Staudinger/*Marotzke*, § 1922 BGB Rn. 72 f. Mehrere Erben erwerben das Eigentum hierbei in gesamthänderischer Bindung als Miterbengemeinschaft, MünchKomm-BGB/*Gergen*, § 2032 BGB Rn. 4.

10 Staudinger/*Marotzke*, § 1922 BGB Rn. 104.

Beantragung eines Nachlassinsolvenzverfahrens vor. Diese Möglichkeiten stehen dem Erben zeitlich unbeschränkt zur Verfügung.[11] Sowohl die Vorschriften über die Anordnung einer Nachlassverwaltung als auch diejenigen über die Eröffnung eines Nachlassinsolvenzverfahrens ordnen in den §§ 1984 Abs. 1 Satz 1 BGB, 80 Abs. 1 InsO die unmittelbare Abtrennung des Nachlassvermögens vom Eigenvermögen des Erben an. Die Verwaltungs- und Verfügungsbefugnis über den Nachlass geht damit unmittelbar auf den Nachlassverwalter bzw. den Insolvenzverwalter über. Eine solche Abtrennung ist (zumal nach einigen Jahren) nur möglich, wenn der Nachlass als solches noch unterscheidbar vorhanden bleibt. Mag dies in tatsächlicher Hinsicht durchaus Schwierigkeiten bereiten, etwa aufgrund verloren gegangener Unterlagen, so ist die Unterscheidung in rechtlicher Hinsicht dagegen auch nach Jahren noch möglich und sogar zwingend erforderlich. Durch die Vermischung mit dem Eigenvermögen des Erben verliert der Nachlass seine Eigenschaft als rechtlich definierte Vermögensmasse nicht. So kann etwa der noch nicht vom Eigenvermögen des Erben abgesonderte Nachlass (drohend) zahlungsunfähig oder überschuldet sein.[12] Nur wenn dies der Fall ist, liegt überhaupt ein Insolvenzgrund vor, der die Eröffnung eines Nachlassinsolvenzverfahrens rechtfertigt. Erst mit der Anordnung einer Nachlassverwaltung oder der Eröffnung des Nachlassinsolvenzverfahrens wird der Nachlass als solches aber rechtlich selbständig.[13] Dennoch bleibt der Erbe auch nach der Anordnung einer Nachlassverwaltung oder der Eröffnung des Nachlassinsolvenzverfahrens Rechtsträger des Nachlasses, denn dem Nachlass fehlt die eigene Rechtspersönlichkeit.[14]

Der Nachlass stellt demzufolge ein Sondervermögen dar, das rechtlich unterscheidbar und damit auch definierbar ist, jedoch eines Rechtsträgers bedarf, in dessen Gesamtvermögen es sich eingliedert.[15] Durch den Mangel an Rechtspersönlichkeit und Rechtsfähigkeit steht der Nachlass als Sondervermögen dabei durchaus einem reinen „Rechenposten“ nahe, vor allem wenn es nur einen Erben gibt.[16] Dies ändert sich, sobald die Verwaltungs- und Verfügungsbefugnis

---

11 Die Zweijahresfristen in den §§ 1981 Abs. 2 Satz 2, 319 InsO gelten nur für Nachlassgläubiger.

12 Siehe die Insolvenzeröffnungsgründe in § 320 InsO.

13 Staudinger/*Marotzke*, § 1922 BGB Rn. 84; K.Schmidt/*K.Schmidt*, Vor § 315 InsO Rn. 3; MünchKomm-InsO/*Siegmann*, Anh. zu § 315 InsO Rn. 1.

14 K.Schmidt/*K.Schmidt*, Vor § 315 InsO Rn. 8.

15 MünchKomm-InsO/*Siegmann*, Anh. zu § 315 InsO Rn. 1.

16 Bei einer Miterbengemeinschaft ist dies hingegen nicht der Fall, da hier für jeden einzelnen Erben aufgrund der gesamthänderischen Bindung aller Miterben in Bezug

über den Nachlass auf den Nachlassverwalter oder den Nachlassinsolvenzverwalter übergeht. Mit der Anordnung der vermögensrechtlichen Abtrennung des Nachlasses vom Eigenvermögen des Erben wird der Nachlass zu einer verfahrensrechtlich weitgehend selbständigen Masse, denn die Befugnis zur Verwaltung und Verfügung über das Nachlassvermögen liegt nunmehr ausschließlich bei einer Amtsperson.[17]

Hierdurch nähert sich der Nachlass aus insolvenzrechtlicher Sicht an den Rechtszustand bei einer juristischen Person an. Wie eine juristische Person ist auch der Nachlass insolvenzrechtlich eine beschränkte Vermögensmasse, da es keinen Neuerwerb aus eigener menschlicher Arbeitskraft des Nachlasses geben kann.[18] Der Erbe ist lediglich Rechtsträger des Nachlasses und wird in seinem Eigenvermögen und in seiner Arbeitskraft durch die Insolvenzeröffnung nicht erfasst.[19]

II. Das Nachlassinsolvenzverfahren als Insolvenzverfahren an der Schnittstelle zwischen Insolvenzrecht und Erbrecht

Für beschränkte Vermögensmassen besteht im deutschen Recht allgemein eine Rechtspflicht zur Abwicklung in einem Insolvenzverfahren, wenn die Aktiva die Passiva nicht mehr decken (Überschuldung) oder eine Erfüllung der Verbindlichkeiten bei Fälligkeit nicht mehr möglich ist (Zahlungsunfähigkeit).[20] Als beschränkte Vermögensmasse gilt dies auch für den Nachlass.[21] Zum Schutz

---

auf den Nachlass von Beginn an die Beschränkungen in der Verwaltungs- und Verfügungsbefugnis nach den §§ 2038, 2040 BGB gelten.

17 Daher wirkt die Haftungsbeschränkung des Erben auch *gegenständlich* und nicht nur summenmäßig, vgl. K.Schmidt/*K.Schmidt*, Vor § 315 InsO Rn. 3.

18 MünchKomm-InsO/*Siegmann*, Anh. zu § 315 InsO Rn. 9. Hiervon zu unterscheiden ist der Fall der Fortführung eines zum Nachlass gehörenden Einzelunternehmens durch den Erben, das durchaus Teil der Insolvenzmasse sein kann, hierzu K.Schmidt/*K.Schmidt*, Vor § 315 InsO Rn. 15. Hier wird der Erbe lediglich *für den Nachlass* tätig, ohne dass die Arbeitskraft des Erben zum Nachlass gehören würde.

19 K.Schmidt/*K.Schmidt*, Vor § 315 InsO Rn. 3 f.; MünchKomm-InsO/*Siegmann*, Anh. zu § 315 InsO Rn. 9.

20 Siehe insbesondere § 15a InsO, der eine allgemeine Insolvenzantragspflicht für juristische Personen statuiert, weil keine natürliche Person für die Schulden haftet, MünchKomm-InsO/*Klöhn*, § 15a InsO Rn. 7. Zu den weiteren spezialgesetzlich geregelten Insolvenzantragspflichten siehe MünchKomm-InsO/*Klöhn*, § 15a InsO Rn. 33.

21 MünchKomm-BGB/*Küpper*, § 1980 BGB Rn. 1; K.Schmidt/*K.Schmidt*, § 320 InsO Rn. 7 f.

der Nachlassgläubiger, denen im Fall der Haftungsbeschränkung des Erben ausschließlich der Nachlass haftet, besteht nach § 1980 Abs. 1 Satz 1 BGB die Pflicht zur rechtzeitigen Beantragung eines Nachlassinsolvenzverfahrens, um bei Vorliegen eines Insolvenzgrundes deren frühestmögliche gemeinschaftliche Befriedigung herbeizuführen. Verstößt der Verpflichtete schuldhaft hiergegen, haftet er persönlich mit seinem Eigenvermögen. Die Insolvenzantragspflicht nach § 1980 Abs. 1 Satz 1 BGB trifft den oder die Erben oder gegebenenfalls einen Nachlassverwalter.[22]

Aufgrund der strukturellen Ähnlichkeit des Nachlasses mit dem Vermögen einer juristischen Person verwundert das Bestehen dieser insolvenzrechtlichen Abwicklungspflicht nicht.[23] Dennoch unterscheidet sich das deutsche Recht in diesem Punkt von vielen anderen europäischen Rechtsordnungen, die keine derart strenge, haftungsbewehrte Abwicklungspflicht im Falle eines nur beschränkt haftenden Erben vorsehen. Das deutsche Recht misst den Interessen der Nachlassgläubiger dagegen einen hohen Stellenwert zu, hinter denen das Interesse des Erben an einer einfachen und unkomplizierten Nachlassabwicklung zurücktreten muss.

Die Vermögensmasse „Nachlass“ ist erbrechtlich determiniert. Das Erbrecht entscheidet darüber, was vererblich ist und welchen Umfang das Nachlassvermögen hat.[24] Das Insolvenzrecht ist an diese Determinierung gebunden. Die insolvenzrechtliche Bestimmung der Insolvenzmasse in § 35 Abs. 1 InsO setzt die erbrechtliche Determinierung bereits voraus.[25]

Als Verfahren zur insolvenzrechtlichen Abwicklung einer erbrechtlich bestimmten Vermögensmasse erfüllt das Nachlassinsolvenzverfahren deshalb im deutschen Recht nach allgemeiner Meinung gleichzeitig zwei Funktionen: zum einen dient es der insolvenzrechtlichen Abwicklung des Nachlassvermögens und damit der gemeinschaftlichen Befriedigung der Nachlassgläubiger aus dem Nachlass, der für die Erfüllung aller Verbindlichkeiten nicht mehr ausreicht. Zum anderen soll der Erbe durch die Eröffnung des Nachlassinsolvenzverfahrens

---

22 Nachlasspfleger oder Testamentsvollstrecker werden dagegen aufgrund ihres eingeschränkten Wirkungskreises nicht erfasst, MünchKomm-BGB/*Küpper*, § 1980 BGB Rn. 12.

23 Zu den bestehenden Unterschieden aber K.Schmidt/*K.Schmidt*, § 320 InsO Rn. 8.

24 Uhlenbruck/*Hirte*, § 35 InsO Rn. 54; MünchKomm-InsO/*Siegmann*, Anh. zu § 315 InsO Rn. 9.

25 Vgl. K.Schmidt/*K.Schmidt*, Vor § 315 InsO Rn. 14 f.

seine Haftung für die geerbten Verbindlichkeiten des Erblassers auf den Nachlass beschränken können, § 1975 BGB.[26]

Diese Doppelfunktion spricht auf den ersten Blick für eine Gleichrangigkeit beider Funktionen. Betrachtet man die Rechtsnatur des Nachlassinsolvenzverfahrens jedoch genauer, wird deutlich, dass die insolvenzrechtliche Einkleidung des Verfahrens seine erbrechtlichen Bezüge deutlich dominiert.[27] Die erbrechtlichen Wirkungen, die das Nachlassinsolvenzverfahren hervorruft, sind nämlich nicht zwingend, sondern variieren im jeweiligen Einzelfall. So ist es keineswegs garantiert, dass der Erbe durch die Insolvenzeröffnung stets in den Genuss der Haftungsbeschränkung auf den Nachlass kommt.[28] Das Nachlassinsolvenzverfahren kann jedoch auch ohne den Eintritt einer Haftungsbeschränkung durchgeführt werden.[29] Der insolvenzrechtliche Zweck ist dagegen immer derselbe, denn jedes Nachlassinsolvenzverfahren ist auf die gemeinschaftliche Befriedigung der Nachlassgläubiger aus dem Nachlass gerichtet, §§ 1 Satz 1, 325 InsO.[30] Aus dieser Unterscheidung folgt, dass es sich bei dem Nachlassinsolvenzverfahren von seiner Rechtsnatur nicht etwa um ein erbrechtliches Verfahren zur Nachlassabwicklung handelt, das sowohl insolvenzrechtliche wie auch erbrechtliche Funktionen vereint.[31] Vielmehr ist das Nachlassinsolvenzverfahren ein echtes Insolvenzverfahren, das neben seinem insolvenzrechtlichen Zweck je nach erbrechtlicher Sachlage auch erbrechtliche Wirkungen auslöst oder auslösen kann.

---

26 K.Schmidt/*K.Schmidt*, Vor § 315 InsO Rn. 1; MünchKomm-InsO/*Siegmann*, Vorb. vor §§ 315 bis 331 InsO Rn. 1; Uhlenbruck/*Lüer*, § 315 InsO Rn. 3; Braun/*Bauch*, § 315 InsO Rn. 11; Nerlich/Römermann/*Riering*, § 315 InsO Rn. 5 f.; MünchKomm-BGB/*Küpper*, § 1975 BGB Rn. 4; ebenso BGH, Beschl. v. 21.2.2008, IX ZB 62/05, NZI 2008, S. 383.

27 Dies ist unabhängig davon, dass die *praktische* Hauptbedeutung des Nachlassinsolvenzverfahrens in der Herbeiführung der Haftungsbeschränkung des Erben nach § 1975 BGB liegt, hierzu K.Schmidt/*K.Schmidt*, Vor § 315 InsO Rn. 1.

28 Nach § 2013 Abs. 1 BGB findet § 1975 BGB keine Anwendung, wenn der Erbe für die Nachlassverbindlichkeiten unbeschränkt haftet. Eine solche Haftung kann insbesondere nach den §§ 1994 Abs. 1, 2005 Abs. 1 BGB eintreten, wenn der Erbe die ihm gesetzte Frist zur Errichtung eines Nachlassinventars versäumt oder das Inventar falsch errichtet hat, hierzu Staudinger/*Marotzke*, § 2013 BGB Rn. 2 ff.

29 Nach § 316 Abs. 1 InsO ist die Eröffnung eines Nachlassinsolvenzverfahrens auch zulässig, wenn der Erbe für die Nachlassverbindlichkeiten unbeschränkt haftet.

30 K.Schmidt/*K.Schmidt*, Vor § 315 InsO Rn. 1.

31 Hierin unterscheidet sich das Nachlassinsolvenzverfahren von vielen anderen Verfahren zur Abwicklung eines insolventen Nachlasses in der Europäischen Union.

Fraglos kommt dem erbrechtlichen „Unterbau" des Nachlassinsolvenzverfahrens in der Praxis eine große Bedeutung zu. Abgewickelt werden muss das Vermögen einer verstorbenen Person, weshalb neben der Frage der Vererblichkeit von Vermögen und Verbindlichkeiten insbesondere die Bestimmung der Erben und gegebenenfalls weiterer letztwillig Bedachter eine große Rolle spielt. Ohne die Klärung erbrechtlicher Rechtsverhältnisse ist die Durchführung eines Nachlassinsolvenzverfahrens deshalb nicht möglich. Für den Erben steht zudem aus praktischer Sicht die Herbeiführung der Haftungsbeschränkung auf das Nachlassvermögen im Vordergrund. Dennoch darf dies nicht darüber hinwegtäuschen, dass es sich beim Nachlassinsolvenzverfahren um ein vollwertiges Insolvenzverfahren handelt.[32] Eine rechtssystematische Verortung des Nachlassinsolvenzverfahrens im BGB statt in der Insolvenzordnung wäre deshalb verfehlt.[33]

III. Systematischer Überblick

Über einen Nachlass kann gemäß § 11 Abs. 2 Nr. 2 InsO nach Maßgabe der §§ 315 ff. InsO ein Insolvenzverfahren eröffnet werden. Kraft gesetzlicher Anordnung stellt der Nachlass in insolvenzrechtlicher Hinsicht eine besondere Vermögensmasse dar. Das Nachlassinsolvenzverfahren wird deshalb auch als Sonderinsolvenzverfahren bezeichnet.[34]

Geregelt ist das Nachlassinsolvenzverfahren in der Insolvenzordnung. Weitere Vorschriften im BGB dienen der Ergänzung.[35] Gesetzessystematisch enthalten die besonderen Vorschriften zum Nachlassinsolvenzverfahren in den §§ 315 ff. InsO nur die Abweichungen des Nachlassinsolvenzverfahrens vom Regelinsolvenzverfahren. Im Übrigen sind die allgemeinen Vorschriften anwendbar.[36]

---

32 Aufgrund der besonderen Insolvenzmasse „Nachlass" handelt es sich terminologisch um ein „Sonderinsolvenzverfahren", K.Schmidt/*K.Schmidt*, Vor § 315 InsO Rn. 1; MünchKomm-InsO/*Siegmann*, Vorb. vor §§ 315 bis 331 InsO Rn. 1.

33 Bei den Beratungen der 1. Kommission zum Ersten Entwurf eines BGB im Jahr 1887 war angedacht worden, das Recht der Abwicklung eines insolventen Nachlasses so weit wie möglich in das BGB zu verlagern, um eine Änderung der Konkursordnung zu vermeiden, *Mugdan*, Materialien Bd. V, S. 342. Diese Idee wurde später aber wieder verworfen.

34 Staudinger/*Marotzke*, § 1975 BGB Rn. 29; K.Schmidt/*K.Schmidt*, Vor § 315 InsO Rn. 1; MünchKomm-InsO/*Siegmann*, Vorb. vor §§ 315 bis 331 InsO Rn. 1; Uhlenbruck/*Lüer*, § 315 InsO Rn. 1.

35 Dies betrifft die §§ 1975–1980 BGB.

36 BT-Drucks. 12/2443, S. 229; Uhlenbruck/*Lüer*, § 315 InsO Rn. 1; Braun/*Bauch*, § 315 InsO Rn. 1.

1. Allgemeiner insolvenzrechtlicher Verfahrensgang

Das Nachlassinsolvenzverfahren unterscheidet sich nur in recht wenigen Punkten von einem Regelinsolvenzverfahren, weshalb der weit überwiegende Teil der allgemeinen insolvenzrechtlichen Vorschriften auch auf das Nachlassinsolvenzverfahren Anwendung findet.

Kennzeichnend für jedes Insolvenzverfahren ist zunächst der Übergang der Verwaltungs- und Verfügungsbefugnis auf den Insolvenzverwalter nach § 80 Abs. 1 InsO. Dieser unterliegt mit Insolvenzeröffnung der Pflicht, das Nachlassvermögen in Besitz zu nehmen und zu verwalten, § 148 InsO. Fremd- und Sicherungsrechte werden geprüft und gegebenenfalls bedient, §§ 47 ff. InsO. Der Nachlassinsolvenzverwalter erstellt eine vollständige Vermögensübersicht mit allen Aktiva und Passiva des Nachlasses, um der Gläubigerversammlung im Berichtstermin die Entscheidung über den Fortgang des Verfahrens und die Verwertung der Massegegenstände zu ermöglichen, §§ 151 ff., 156 ff. InsO. Die Nachlassgläubiger werden aufgefordert, ihre Forderungen zur Insolvenztabelle anzumelden, damit am Ende des Verfahrens eine geordnete Verteilung des Vermögens erfolgen kann, §§ 174 ff., 187 ff. InsO.

Der Nachlassinsolvenzverwalter kann wie der Insolvenzverwalter eines Regelinsolvenzverfahrens für seine Tätigkeit eine Vergütung nach der insolvenzrechtlichen Vergütungsordnung (InsVV) verlangen, § 63 InsO.

2. Besondere Regelungen in den §§ 315 ff. InsO

Der erbrechtliche Hintergrund des Nachlassinsolvenzverfahrens macht gegenüber einem Regelinsolvenzverfahren einige Anpassungen erforderlich. Die erhebliche Verflechtung mit erbrechtlichen Rechtsverhältnissen ist das Alleinstellungsmerkmal des Nachlassinsolvenzverfahrens gegenüber einem Regelinsolvenzverfahren.[37]

Das Versterben des Erblassers und die Rechtsnachfolge des Erben in sein Vermögen lassen es notwendig werden, Regelungen für diese besonderen Situationen zu treffen. Hierbei muss die Nachlassabwicklung im Insolvenzverfahren auf die Fragen des erbrechtlichen Status abgestimmt und ein Ausgleich zwischen beiden Regelungssystemen gefunden werden. Die Sonderregelungen betreffen vor allem Fragen der örtlichen Zuständigkeit, der Antragsbefugnis, der Befriedigungsreihenfolge sowie Fragen der Befugnis zur Geltendmachung von Rechten.

---

37 *Hanisch*, FS Henckel (1995), S. 370.

Die örtliche Zuständigkeit zur Eröffnung eines Insolvenzverfahrens bestimmt sich für ein Regelinsolvenzverfahren nach § 3 Abs. 1 InsO, wonach es bei natürlichen Personen auf den Mittelpunkt einer selbständigen Tätigkeit des Schuldners und hilfsweise auf den allgemeinen Gerichtsstand ankommt.[38] § 315 InsO bestimmt demgegenüber, dass es für die Bestimmung der örtlichen Zuständigkeit im Nachlassinsolvenzverfahren allein auf die Verhältnisse des Erblassers ankommen soll. Diese Regelung war notwendig, weil als „Schuldner" im Nachlassinsolvenzverfahren grundsätzlich nicht der Erblasser, sondern der Erbe gilt, da dieser Rechtsträger des Nachlasses und damit der Schuldner der Nachlassverbindlichkeiten ist.[39]

§ 316 InsO bestimmt, dass die Insolvenzeröffnung über den Nachlass unabhängig von einer Annahme der Erbschaft durch den Erben oder von einer unbeschränkten Haftung des Erben für die Nachlassverbindlichkeiten zulässig ist. Diese Regelung geht über die allgemeine Zulässigkeitsvorschrift in § 11 Abs. 2 Nr. 2 InsO weit hinaus und ermöglicht im Interesse der Nachlassgläubiger eine frühe Insolvenzeröffnung, die unabhängig von der Klärung erbrechtlicher Statusfragen ist.[40]

Die allgemeine Regelung über die Befugnis zur Beantragung eines Insolvenzverfahrens findet sich in § 13 Abs. 1 Satz 2 InsO. Hiernach sind die Gläubiger, aber auch der Schuldner selbst antragsberechtigt. Entsprechend der erbrechtlichen Rechtsverhältnisse findet in § 317 InsO eine Erweiterung des Kreises der Antragsberechtigten statt, denn ein verfahrensrechtlich einheitlicher „Schuldner" ist im Nachlassinsolvenzverfahren nicht vorhanden.[41] Nach § 317 Abs. 1 InsO ist jeder Erbe antragsberechtigt, ferner der Nachlassverwalter oder ein anderer Nachlasspfleger, ein verwaltender Testamentsvollstrecker und jeder Nachlassgläubiger.

Eine ganz wesentliche Eigenheit des Nachlassinsolvenzverfahrens ist die besondere Befriedigungsreihenfolge.[42] Für das Regelinsolvenzverfahren richtet

38 Uhlenbruck/*Pape*, § 3 InsO Rn. 3.

39 K.Schmidt/*K.Schmidt*, Vor § 315 InsO Rn. 8; MünchKomm-InsO/*Siegmann*, Anh. zu § 315 InsO Rn. 1.

40 Andres/Leithaus/*Andres*, § 316 InsO Rn. 1; MünchKomm-InsO/Siegmann, § 316 InsO Rn. 1.

41 Zwar wird allgemein der Erbe als „Schuldner" im Nachlassinsolvenzverfahren angesehen, jedoch kann es in vielerlei Hinsicht – etwa bei der Frage der Auskunfts- und Mitwirkungspflicht nach § 97 InsO – auch auf andere beteiligte Personen ankommen, etwa einen Nachlasspfleger oder einen Testamentsvollstrecker.

42 Dies hält *Hanisch* für das Alleinstellungsmerkmal des Nachlassinsolvenzverfahrens, *Hanisch*, FS Henckel (1995), S. 383; ebenso Jaeger/*Jahr* (1973), §§ 237, 238 KO Rn. 488.

sich die Befriedigungsreihenfolge nach den §§ 38, 39 InsO für die gewöhnlichen und nachrangigen Insolvenzgläubiger sowie nach den §§ 53 ff. InsO für die bevorrechtigten Massegläubiger. Hiernach ist grundsätzlich jede Forderung eine gewöhnliche Insolvenzforderung gemäß § 38 InsO, sofern die Forderung nicht ausnahmsweise nachrangig ist oder aber der Gläubiger die Eigenschaft als bevorrechtigte Masseverbindlichkeit geltend machen kann.[43]

Im Nachlassinsolvenzverfahren wird diese Befriedigungsreihenfolge in beiderlei Richtung erheblich modifiziert. Zum einen besteht ein erheblich erweiterter Umfang an privilegierten Masseverbindlichkeiten nach § 324 Abs. 1 InsO. Zu diesen zählen insbesondere die Ersatzansprüche des Erben, die diesem aufgrund seiner vorherigen Verwaltung des Nachlasses zustehen, die Kosten für die Beerdigung des Erblassers, die Kosten einer Todeserklärung sowie die sonstigen Nachlassverwaltungsschulden, einschließlich der Kosten für eine Testamentseröffnung, einer Nachlasspflegschaft und der Verbindlichkeiten, die ein Nachlasspfleger oder Nachlassverwalter für den Nachlass begründet hat.[44] Bei diesen Ansprüchen handelt es sich um solche, die typischerweise im Rahmen einer ordnungsgemäßen Nachlassverwaltung entstehen. Der Bevorrechtigung dieser Ansprüche kann das Bestreben des Gesetzgebers entnommen werden, durch das Nachlassinsolvenzverfahren gleichzeitig neben einer gemeinschaftlichen Gläubigerbefriedigung auch eine geordnete Nachlassabwicklung zu gewährleisten.[45]

Eine andere Zielsetzung liegt demgegenüber der Anordnung der besonderen Nachrangigkeit von Forderungen aus Pflichtteilsansprüchen, Vermächtnissen und Auflagen in § 327 InsO zugrunde. Hier kommt die erbrechtliche Wertung zum Ausdruck, dass diese Gläubiger erst nach allen anderen befriedigt werden sollen, weil ihren Forderungen keine erbrachte Gegenleistung gegenüber steht und ihre Beteiligung am Nachlassinsolvenzverfahren zugleich die Quote der übrigen Gläubiger verringern würde.[46] Hat der Erbe vor der Insolvenzeröffnung Zahlungen auf Pflichtteilsansprüche, Vermächtnisse und Auflagen geleistet, unterliegen diese daher der besonderen Anfechtbarkeit nach § 322 InsO.

Über diese grundsätzlichen Regelungen hinaus wurden für das Nachlassinsolvenzverfahren noch weitere Einzelvorschriften geschaffen, die eine Kohärenz mit den erbrechtlichen Rechtsverhältnissen gewährleisten sollen. Diese umfassen die zweijährige Antragsfrist für Nachlassgläubiger sowie die Eröffnungsgründe

---

43 MünchKomm-InsO/*Ehricke*, § 38 InsO Rn. 6.

44 Im Einzelnen MünchKomm-InsO/*Siegmann*, § 324 InsO Rn. 1.

45 MünchKomm-InsO/*Siegmann*, § 324 InsO Rn. 1; Uhlenbruck/*Lüer*, § 324 InsO Rn. 1.

46 MünchKomm-InsO/*Siegmann*, § 327 InsO Rn. 1.

der Zahlungsunfähigkeit und Überschuldung des Nachlasses (§§ 319, 320 InsO), den Ausschluss des Erwerbs eines Absonderungsrechts durch Zwangsvollstreckungen nach dem Erbfall (§ 321 InsO) sowie den Ausschluss eines Zurückbehaltungsrechts des Erben an Nachlassgegenständen aufgrund der ihm nach den §§ 1978, 1979 BGB zu ersetzenden Aufwendungen aus seiner Verwaltung des Nachlasses (§ 323 InsO), die Befugnis des Erben zur Geltendmachung eigener Ansprüche gegen den Nachlass (§ 326 InsO) und das beschränkte Verteilungsverbot nach § 328 InsO, dem die im Nachlassinsolvenzverfahren letztrangigen Gläubiger hinsichtlich einiger besonderer Ansprüche der Insolvenzmasse unterliegen. Diese Vorschriften werden schließlich durch Sonderregelungen zur Vor- und Nacherbfolge sowie zum Erbschaftskauf ergänzt (§§ 329, 330 InsO). Auf die unterschiedlichen Regelungshintergründe dieser einzelnen Normen wird im Rahmen der Bestimmung des Umfangs des Insolvenzstatuts näher eingegangen, wenn sich die Frage der Abgrenzung der insolvenzrechtlichen Regelungen von denen des Erbrechts stellt.

B. Geschichtliche Entwicklung des Nachlassinsolvenzverfahrens in Deutschland

I. Einführung

Will man sich das heutige Insolvenzrecht erschließen, kommt man nicht umhin, einen Blick auf seine historischen Grundlagen zu werfen.[47] Dies gilt für das Nachlassinsolvenzverfahren umso mehr, da es als Verfahren an der Schnittstelle zwischen Insolvenzrecht und Erbrecht vielfach Gegenstand rechtspolitischer Diskussionen gewesen ist, die bis heute andauern.[48] Es stellt sich immer wieder die Frage, ob die Abwicklung eines Nachlasses im Wege eines Insolvenzverfahrens die angemessene und notwendige Lösung ist, wenn man bedenkt, wie andere Staaten in der Europäischen Union mit dieser Frage deutlich praktischer und erbenfreundlicher umgehen. Gerade vor diesem Hintergrund ergibt

---

47 MünchKomm-InsO/*Stürner*, Einl. InsO Rn. 25.

48 Vgl. MünchKomm-InsO/*Siegmann*, Vorb. vor §§ 315 bis 331 InsO Rn. 16: „Logisch und rechtstechnisch bis in die letzten Einzelheiten klug durchdachte juristische Konstruktion", aber für die Praxis „zu kompliziert". Auf dem *68. Deutschen Juristentag 2010* wurde unter dem Titel „Ist unser Erbrecht noch zeitgemäß?" der Vorschlag, die Haftung des Erben *kraft Gesetzes* auf den Nachlass zu beschränken, mit großer Mehrheit angenommen, Abt. Zivilrecht Beschluss Nr. 23, *DJT*, Verhandlungen, S. L 154. Dem zugrunde lagen ein Gutachten von *Röthel*, *DJT*, Gutachten, S. A 31 ff., sowie ein befürwortendes Referat von *Mayer*, *DJT*, Verhandlungen, S. L 91 ff.

sich aber aus der geschichtlichen Betrachtung, welche verschiedenen Modelle der Nachlassabwicklung auch in Deutschland im Laufe der Zeit bereits erprobt worden sind. Letztlich wird sich zeigen, dass auch dem deutschen Recht die Idee der Abwicklung des Nachlasses durch den Erben mithilfe eines amtlich erstellten Nachlassinventars nicht fremd ist, wie es heute noch in vielen anderen europäischen Staaten gehandhabt wird.

Prägend für den heutigen Rechtszustand im deutschen Recht war allerdings das Recht Preußens, das die Nachlassabwicklung mittels eines Inventars bereits mit der Abwicklung im Konkursverfahren verbunden hatte. Bei den langjährigen Beratungen zum BGB war sodann eine vollständige Neukonzeption angedacht worden, die aus der obligatorischen Abwicklung eines unzureichenden Nachlasses im Konkursverfahren eine bloß fakultative machen wollte, wenn der Erbe sich die eigenständige Nachlassabwicklung nicht zutraute. Als „zu kompliziert" wurde diese Konzeption jedoch wieder fallen gelassen und das heutige System aus Nachlassverwaltung und Nachlassinsolvenzverfahren geschaffen.

Eine geschichtliche Betrachtung des Nachlassinsolvenzverfahrens muss daher zwingend den Blick auf das Erbrecht mit einschließen, denn die abzuwickelnde Vermögensmasse entstammt dem Erbrecht und ist durch dieses determiniert. Darüber hinaus zeigt sich, dass sich die Geschichte des Nachlassinsolvenzverfahrens aus dem Recht der beschränkten Erbenhaftung entwickelt hat. Denn nur wenn der Erbe seine Haftung für die Schulden des Erblassers überhaupt beschränken kann, stellt sich die Frage der Gläubigerbefriedigung aus einem unzureichenden Nachlass.[49] Eine isolierte Betrachtung nur der insolvenzrechtlichen Entwicklungsgeschichte des Nachlassinsolvenzverfahrens würde deshalb zu kurz greifen.

Aufgrund dieser Mischnatur reichen die Wurzeln des Nachlassinsolvenzverfahrens bis in die Zeit des römischen Rechts zurück, wo die Historie der beschränkbaren Erbenhaftung ihren Anfang nahm. Gleichermaßen wurde das heutige Nachlassinsolvenzverfahren aber auch durch die Herausbildung des selbständigen Konkursverfahrens im 17. Jahrhundert geprägt.[50] Es ist diese

49 Nach heutigem Recht ist eine Eröffnung des Nachlassinsolvenzverfahrens auch dann möglich, wenn der Erbe für die Verbindlichkeiten des Erblassers unbeschränkbar haftet, § 316 Abs. 1 InsO. Diese Regelung ist aber eher einem effektiven Gläubigerschutz als einer praktischen Notwendigkeit geschuldet, denn den Gläubigern bliebe immer noch der vollstreckungsrechtliche Rückgriff auf das Vermögen des Erben.

50 Erst seit Inkrafttreten der Insolvenzordnung am 1.1.1999 wird in Deutschland der Terminus „Insolvenzverfahren" durchgängig benutzt (Antonym zu lat. *solvere*, „auflösen", „eine Schuld abtragen", *Brockhaus*, Enzyklopädie, S. 574). Zuvor war seit den Anfängen im römischen Recht der Begriff „Konkurs" gebräuchlich gewesen (lat. *concursus*,

historische Doppelstellung, die im Laufe der Zeit immer wieder zu Grundsatzdiskussionen über die Effektivität und die richtige rechtliche Ausgestaltung des Nachlassinsolvenzverfahrens geführt hat.

Insolvenzrecht ist (auch) Vollstreckungsrecht.[51] Dessen Ursprünge können bis in das altorientalische Recht im Dritten Jahrtausend v. Chr. nachgewiesen werden.[52] Vollstreckungen erfolgten seit dieser Zeit nach dem Grundsatz der *Personalexekution* und waren erbarmungslos. So statuierte noch das Zwölftafel-Gesetz aus dem Jahre 451 v. Chr., dass eine Person mit allen ihren Gütern für eine Schuld einstehen müsse, einschließlich Freiheit, Ehre, Leib und Leben.[53] Gab es mehrere Gläubiger und blieben diese unbefriedigt, durften sie den Schuldner in Stücke hauen.[54] Für den Erben galt in dieser Zeit nichts anderes. Denn schon das Zwölftafel-Gesetz setzte nach dem späteren Verständnis klassischer römischer Juristen voraus, dass die Verbindlichkeiten des Erblassers auf den Erben übergehen.[55] Möglichkeiten einer Haftungsbeschränkung gab es für den Erben zu dieser Zeit nicht.

Im Folgenden soll die geschichtliche Entwicklung des Nachlassinsolvenzverfahrens seit den römisch-rechtlichen Ursprüngen dargestellt werden. Die zu dieser Zeit entwickelten Prinzipien sind auch heute noch in vielen europäischen Ländern die Grundlage der Haftungsordnung im Falle eines insolventen Nachlasses. Bevor die Wurzeln des heutigen Nachlassinsolvenzverfahrens bis in das Recht Preußens zurückverfolgt werden, fügt sich im 17. Jahrhundert die

---

„Zusammenlauf", gemeint war das Zusammentreten der Gläubiger bei Zahlungsunfähigkeit des gemeinsamen Schuldners, Stier-Somlo/Elster/*Busch*, Handwörterbuch, S. 652). Die Einführung des Begriffes „Insolvenzverfahren" soll das neue, einheitliche Insolvenzverfahren von den überholten Verfahren nach der Konkurs- und der Vergleichsordnung unterscheiden, siehe BT-Drucks. 1/92, S. 108 f. Im Folgenden sollen die Begriffe je nach geschichtlichem Kontext gebraucht werden.

51 Die Rechtsnatur des Insolvenzverfahrens ist umstritten, siehe etwa Uhlenbruck/*Pape*, § 1 InsO Rn. 2 m.w.N.; Kübler/Prütting/Bork/*Prütting*, Einl. InsO Rn. 2. Da das Insolvenzverfahren aber vollstreckungsrechtliche Elemente enthält und historisch aus dem Vollstreckungsrecht gewachsen ist, ist es zumindest auch Vollstreckungsrecht.

52 Siehe *Trinkner*, BB 1992, S. 2441 ff. m.w.N.; *Hess*, GK-InsO, Vor § 1 InsO Rn. 17 ff.

53 Hierzu *Bethmann-Hollweg*, Der Römische Zivilprozess Bd. 1 (1864), S. 196 ff.

54 „In partes secanto", vgl. *Kohler*, Konkursrecht (1903), S. 7, der nach erfolgter Zerstückelung in dem Zugriff der Gläubiger auf den Leichnam (und somit das „Vermögen") die ersten Ansätze des Konkursrechts sieht. Ähnlich *Uhlenbruck*, FS Einhundert Jahre Konkursordnung (1977), S. 7 m.w.N.

55 *Wesener*, FS Waldstein (1993), S. 401 f. m.w.N.; *Rohlfs*, Erbenhaftung im römischen Recht (2002), S. 5.

eigentliche Entstehung des Konkursverfahrens als selbständiges Verfahren jenseits des Prozessrechts ein. Die über zwanzigjährigen Beratungen des BGB in den Jahren von 1874 bis 1896 waren von zahlreichen rechtspolitischen Diskussionen geprägt, die schließlich zur Neuordnung des Nachlassinsolvenzverfahrens in seiner heutigen Gestalt geführt haben.

II. Die Ursprünge: das römische Recht

1. Das klassische römische Recht

Das klassische römische Recht ging von dem Grundsatz aus, dass der Erbe den Gläubigern des Erblassers mit seinem gesamten Vermögen persönlich und unbeschränkt haftet.[56] Die dem Erben in der Form des Nachlasses angefallene Vermögensmasse verschmolz mit dem Eigenvermögen des Erben und dieser sah sich nicht nur seinen eigenen Gläubigern, sondern auch denen des Erblassers ausgesetzt.[57] Möglichkeiten einer Haftungsbeschränkung des Erben waren grundsätzlich nicht vorgesehen.

Das Vollstreckungsrecht dieser Zeit hatte sich zwischenzeitlich von dem Grundsatz der *Personalexekution* zur *Sachexekution* fortentwickelt.[58] So konnte der *magistratus* den oder die Gläubiger im Wege der *missio in bona debitoris* direkt und umfassend in das Vermögen des *damnatus*, des Schuldners, einweisen.[59] Leistete der Schuldner Widerstand, durften die Gläubiger Gewalt anwenden.[60] Durch dieses Missionsverfahren wurde das Vermögen des Schuldners als Ganzes veräußert. War die Veräußerung nicht binnen 30 Tagen möglich, so konnte auf Begehren der Gläubiger von diesen ein *magister bonorum* gewählt werden, der das Vermögen an einen *bonorum emptor* übertrug. Mit der Übertragung des Vermögens verpflichtete sich dieser, im Wege der *venditio bonorum* das Vermögen zu Geld zu machen und hieraus die Gläubiger, soweit es ging, zu

---

56 *Windscheid/Kipp*, Pandektenrecht, S. 479 f.; *Rohlfs*, Erbenhaftung im römischen Recht (2002), S. 5 m.w.N.

57 *Rohlfs*, Erbenhaftung im römischen Recht (2002), S. 5.

58 Einzelheiten zur Personalexekution bei *Bethmann-Hollweg*, Der Römische Zivilprozess Bd. 2 (1865), S. 662 ff.

59 Hierzu *Seuffert*, Geschichte und Dogmatik des Konkursrechts (1888), S. 2 f.; *Endemann*, ZZP 12 (1888), S. 28 ff.; *Kohler*, Konkursrecht (1903), S. 8 ff.; *Uhlenbruck*, FS Einhundert Jahre Konkursordnung (1977), S. 7.

60 *Seuffert*, Geschichte und Dogmatik des Konkursrechts (1888), S. 7.

befriedigen.[61] Die Einweisung der Gläubiger in das Vermögen des Schuldners hatte allerdings keine dingliche Wirkung, denn der Schuldner blieb Eigentümer; ihm war nur der Zugriff auf seine Rechte verwehrt.[62] Was ihm blieb, waren die Schmach der Entsetzung aus seinem eigenen Vermögen sowie die Herabsetzung der bürgerlichen Ehrenrechte, die *infamia*, die es um jeden Preis zu verhindern galt.[63]

Angesichts der Härte der physischen Einweisung der Gläubiger in das Vermögen des Schuldners durch die *missio in bona* gewährte schließlich die *Lex Julia de iudiciorum privatorum*[64] die Rechtswohltat der *cessio bonorum*, wonach eine bloße Abtretung des Vermögens genügen sollte.[65] Hierdurch wurde die *missio in bona* im Laufe der Zeit abgelöst und nur noch in besonderen Fällen, etwa bei einer Flucht des Schuldners, eingesetzt.[66]

Für den Erben eines überschuldeten Nachlasses galten in dieser Zeit die gleichen Grundsätze. Einer Haftung konnte er sich nur dadurch entziehen, dass er entweder seine Erbenstellung wieder beseitigte oder aber im Verhandlungswege eine Einigung mit den Gläubigern erzielte.

Um die ihm zugefallene Erbenstellung wieder zu beseitigen, standen dem Erben die Möglichkeiten zu, die Erbschaft erst gar nicht anzutreten[67] oder sie im Wege der *facultas abstinendi* auszuschlagen.[68] Letzteres war allerdings nur mit Billigung durch den Prätor möglich.[69] Hatte der Erbe die Erbschaft bereits wirksam angetreten, war für ihn eine Haftungsbeschränkung gegenüber den

---

61 Einzelheiten bei *Seuffert*, Konkursprozessrecht (1899), S. 5; *ders.*, Geschichte und Dogmatik des Konkursrechts (1888), S. 13; *Kohler*, Konkursrecht (1903), S. 9; *Kaser/Hackl*, Römisches Zivilprozessrecht, S. 394 ff.

62 *Seuffert*, Geschichte und Dogmatik des Konkursrechts (1888), S. 19.

63 *Endemann*, ZZP 12 (1888), S. 29. Zur Infamie *Kaser/Hackl*, Römisches Zivilprozessrecht, S. 284 m.w.N.

64 Aus dem Jahr 17. v. Chr., hierzu *Bethmann-Hollweg*, Der Römische Zivilprozess Bd. 2 (1865), S. 687 ff.

65 *Endemann*, ZZP 12 (1888), S. 29; *Kohler*, Konkursrecht (1903), S. 9 f.; *Seuffert*, Konkursprozessrecht (1899), S. 6 f.

66 Eine *cessio bonorum* kam dann nicht mehr in Frage, *Endemann*, ZZP 12 (1888), S. 29.

67 Dies wird damals bei überschuldeten Nachlässen die Regel gewesen sein, *Rohlfs*, Erbenhaftung im römischen Recht (2002), S. 6.

68 *Rohlfs*, Erbenhaftung im römischen Recht (2002), S. 6; *Wesener*, FS Waldstein (1993), S. 405 m.w.N.

69 *Wesener*, FS Waldstein (1993), S. 405. Trat kein Erbe die überschuldete Erbschaft an, wurde sie im Wege der *venditio bonorum* veräußert, *Rohlfs*, Erbenhaftung im römischen Recht (2002), S. 10.

Gläubigern grundsätzlich nur noch durch Abschluss eines Erlassvertrages mit den Gläubigern zu erreichen.[70] Auf diese Weise konnten die Forderungen der Gläubiger im Verhältnis zum verfügbaren Vermögen gekürzt werden und dem Erben war es möglich, die Ehre des Erblassers zu bewahren, indem keine *infamia* eintrat.

Zur Vermeidung unbilliger Härten verfügte darüber hinaus der Prätor in Ausnahmefällen über die Kompetenz, dem Erben eines überschuldeten Nachlasses Abhilfe zu gewähren. Hierbei handelte es sich zum einen um die *in integrum restitutio*, die in erster Linie Minderjährigen gewährt wurde, falls sie Erbschaften voreilig angetreten hatten.[71] Hierdurch wurde der Antritt der Erbschaft wieder aufgehoben und der minderjährige Erbe von den Verbindlichkeiten frei.[72] Der Nachlass musste sodann an die Gläubiger zum Zwecke ihrer Befriedigung herausgegeben werden.[73] Zum anderen konnte der Prätor einem Erben, der die Erbschaft zwangsweise angetreten hatte, die Wohltat einer *separatio bonorum* gewähren. Einem Erbschaftsantritt unter Zwang unterlag insbesondere ein mit seiner Freilassung zugleich als Erbe eingesetzter Sklave, den der Erblasser als notwendigen Erben (*servus heres necessarius*) bestimmt hatte, um im Fall einer Überschuldung des Nachlasses die *venditio bonorum* und damit die Infamie zu vermeiden.[74] Zwar erlangte der Sklave mit der Erbschaft zugleich seine Freiheit, jedoch haftete er auch für die Verbindlichkeiten seines Herrn. Durch die *separatio bonorum* wurde der Nachlass vom übrigen Vermögen des freigelassenen Sklaven abgesondert und die Gläubiger hatten sich hieraus zu befriedigen.[75] Für den freigelassenen Sklaven brachte dies zwar eine Haftungserleichterung, jedoch war er nicht gänzlich von Nachteilen befreit: Reichte der Nachlass für die

70 Dies war dem Wesen nach ein Gesamtvergleich, *Rohlfs*, Erbenhaftung im römischen Recht (2002), S. 6 ff. m.w.N.

71 Minderjährig war, wer noch nicht 25 Jahre alt war. In der Folgezeit wurde die *in integrum restitutio* in Einzelfällen auch Volljährigen gewährt, wenn sie bei Annahme der Erbschaft einem entschuldbaren Irrtum unterlegen waren; hierbei handelte es sich jedoch um Gnadenentscheide des Kaisers, *Rohlfs*, Erbenhaftung im römischen Recht (2002), S. 8 f.

72 *Rohlfs*, Erbenhaftung im römischen Recht (2002), S. 8.

73 Die Befriedigung erfolgte im Wege der *venditio bonorum*, *Rohlfs*, Erbenhaftung im römischen Recht (2002), S. 9 f.

74 Im Einzelnen *Rohlfs*, Erbenhaftung im römischen Recht (2002), S. 10 ff.; *Wiechmann*, Die separatio bonorum (1992), S. 75 ff.

75 *Rohlfs*, Erbenhaftung im römischen Recht (2002), S. 16 ff.

Befriedigung der Gläubiger nicht aus, wurde der freigelassene Sklave als neuer Eigentümer des Nachlasses infam und nicht mehr der Erblasser.[76]

Obwohl das klassische römische Vollstreckungsrecht bereits viele Elemente des späteren Konkursverfahrens enthielt,[77] ist es mit diesem nicht vergleichbar. Zuvörderst mangelte es ihm an der verfahrensrechtlichen Eigenständigkeit sowie der Einbindung der Gerichte.[78]

2. *Das Justinianische Recht*

Im Jahr 531 n. Chr. brach der römische Kaiser Justinian[79] mit dem Prinzip der unbeschränkten Erbenhaftung, als er für alle Bürger die Rechtswohltat des *beneficium inventarii* einführte. Nunmehr sollte ein jeder Erbe den Gläubigern nicht mehr über den Bestand der Erbschaft hinaus haften müssen.[80] Durch diese auf ein zu erstellendes Nachlassinventar beschränkte Haftung sollte bewirkt werden, dass dem Erben Rechtssicherheit zukam, wenn entweder das Vermögen oder die Verbindlichkeiten des Nachlasses noch nicht vollständig bekannt waren.[81] Die bisherigen Rechtsinstitute, etwa der Nichtantritt und die Ausschlagung der Erbschaft, blieben daneben weiterhin bestehen.

Die Haftungsbeschränkung sollte dem Erben allerdings nur gewährt werden, wenn auch feststand, dass tatsächlich das gesamte vorhandene Vermögen des Nachlasses inventarisiert wurde. Um dies sicherzustellen, mussten bei der Inventarerstellung ein Notar und weitere Zeugen anwesend sein.[82] Der Erbe hatte das

---

76 Deshalb wird man die *in integrum restitutio* einer *separatio bonorum* als milderes Mittel vorgezogen haben, *Rohlfs*, Erbenhaftung im römischen Recht (2002), S. 19 f.

77 Etwa den Grundsatz der Gleichbehandlung aller Gläubiger, *par conditio omnium creditorum*, *Kohler*, Konkursrecht (1903), S. 8.

78 *Endemann*, ZZP 12 (1888), S. 27.

79 Flavius Petrus Sabbatius Iustinianus, 482–565 n. Chr.

80 *Windscheid/Kipp*, Pandektenrecht, S. 480; *Rohlfs*, Erbenhaftung im römischen Recht (2002), S. 21 f. m.w.N. Als Vorgänger dieser Reform können eine bereits zuvor von Justinian erlassene Haftungsbeschränkung bei übermäßigen Schulden, von denen der Erbe keine Kenntnis hatte, sowie das Soldatenprivileg Kaiser Gordians angesehen werden, wonach allen Soldaten, die in Unkenntnis eine überschuldete Erbschaft angenommen hatten, eine *separatio bonorum* gewährt worden war, hierzu *Wesener*, FS Waldstein (1993), S. 412 m.w.N.

81 *Rohlfs*, Erbenhaftung im römischen Recht (2002), S. 21. Dagegen wollte Justinian selbst wohl in erster Linie die Überlegungsfrist bis zur Annahme der Erbschaft überflüssig machen, siehe die Übersetzung aaO.

82 *Windscheid/Kipp*, Pandektenrecht, S. 481 m.w.N. Die genaue Anzahl der Personen, die anwesend sein mussten, ist allerdings strittig. Ebenfalls nicht geklärt ist die Frage,

Inventar zudem zu unterzeichnen und zu versichern, dass er nichts verschwiegen habe. Im Falle einer böswilligen Unterschlagung haftete der Erbe auf das Doppelte.[83]

Rechtsfolge eines wirksam aufgestellten Inventars war die ausschließliche Haftung des Erben mit dem Nachlass. Er hatte darüber hinaus die volle Verwaltungs- und Verfügungsbefugnis über die Nachlassgegenstände inne und musste die Gläubiger des Erblassers nach der Reihenfolge ihres Eintreffens befriedigen.[84] Eine anteilige Kürzung der Gläubigerforderungen gemäß einer *par conditio omnium creditorum* fand nicht statt. Es galt vielmehr das Prioritätsprinzip, welches zwar im Gegensatz zum gewöhnlichen Vollstreckungsrecht stand, für den Erben aber deutliche Verfahrenserleichterungen mit sich brachte.[85]

Vom Justinianischen Inventarrecht nicht ausdrücklich geregelt wurde die dogmatische Frage nach dem rechtlichen Schicksal der Vermögensmassen im Falle der wirksamen Inventaraufstellung durch den Erben. In der Literatur wird diesbezüglich diskutiert, ob sich die beschränkte Haftung des Erben im Wege einer dinglichen Haftung mit den Nachlassgegenständen *cum viribus hereditatis* vollzog oder ob der Erbe bloß einer wertmäßigen Beschränkung der Haftung mit seinem Eigenvermögen *pro viribus hereditatis* unterlag.[86] Die wohl überwiegende Ansicht spricht sich für eine dinglich beschränkte Haftung des Erben aus.[87] Hieraus wird zugleich gefolgert, dass der Nachlass als Vermögensmasse vom Eigenvermögen des Erben getrennt wurde und dadurch eine *separatio bonorum* eintrat.[88] Diese *separatio bonorum* infolge der Inventarerrichtung unterschied sich insofern von der vollstreckungsrechtlichen *separatio bonorum*, als der Erbe weiterhin zur Erbschaft gehörende Gegenstände veräußern durfte,

---

ob auch Gläubiger als Betroffene anwesend zu sein hatten, *Rohlfs*, Erbenhaftung im römischen Recht (2002), S. 23 f.

83 *Windscheid/Kipp*, Pandektenrecht, S. 481 f.

84 Zu den Einzelheiten siehe *Rohlfs*, Erbenhaftung im römischen Recht (2002), S. 26.

85 „Erbenfreundlichkeit" der Regelung, siehe *Rohlfs*, Erbenhaftung im römischen Recht (2002), S. 27. In einigen Fällen war eine Abmilderung des strengen Prioritätsprinzips durch einen beschränkten Gläubigerregress möglich, etwa gegenüber einem Vermächtnisnehmer oder seitens eines besitzlosen Pfandrechtsinhabers, *ders.*, S. 34 ff.

86 Siehe die Darstellungen bei *Rohlfs*, Erbenhaftung im römischen Recht (2002), S. 28 f.; *Wesener*, FS von Lübtow (1991), S. 113 ff.

87 *Wesener*, FS von Lübtow (1991), S. 115 m.w.N.; *Rohlfs*, Erbenhaftung im römischen Recht (2002), S. 29 ff. m.w.N.

88 *Wesener*, FS von Lübtow (1991), S. 115 m.w.N.

ohne dass die Veräußerung erbrechtlichen Beschränkungen unterlag oder ihr fremde Pfandrechte entgegenstanden.[89]

Diese im Justinianischen Recht allgemein eingeführte Möglichkeit der rechtlichen Trennung des Nachlasses vom sonstigen Vermögen des Erben durch die Inventarerstellung ist bedeutsam, weil die Vermögenstrennung auch im heutigen Nachlassinsolvenzverfahren ein rechtsdogmatisches Grundprinzip darstellt.[90] Es zeichnete sich hier zum ersten Mal ab, den Gläubigern den Zugriff auf das Eigenvermögen des Erben zu verwehren und sie zum Zwecke ihrer Befriedigung auf das (noch vorhandene) Nachlassvermögen zu verweisen. Dieses Rechtsprinzip hat im Laufe der Zeit Eingang in eine Vielzahl von Rechtsordnungen gefunden.

III. Rezeption und Fortentwicklung: Vom Mittelalter bis zum Recht Preußens

1. *Das Mittelalter und die frühe Neuzeit*

Nach dem Ende des römischen Reiches hielt sich das römische Recht in vielen Gebieten noch als sogenanntes Vulgarrecht.[91] Spätere Rechtsentwicklungen, etwa bei den Germanenstämmen, nahmen römisches Recht auf. Die militärischen Erfolge Justinians hatten seine Neuerungen zudem in vielen neuen Gebieten verbreitet, sodass davon ausgegangen werden kann, dass das *beneficium inventarii* bereits im frühen Mittelalter auch im westlichen Teil Europas bekannt war.[92]

Nachdem die frühmittelalterliche Stagnation der Rechtswissenschaft überwunden war, beschäftigten sich die Glossatoren des 12. und 13. Jahrhunderts auch mit dem *beneficium inventarii* und entwickelten die vorgefundenen Regelungen des *Corpus iuris civilis* in ihren Erläuterungen weiter.[93] Die Postglossatoren des 13. bis 15. Jahrhunderts wandten sich schließlich vermehrt der Praxis zu und lösten Probleme der Inventarhaftung des Erben vorrangig durch Abwägungen zwischen den schützenswerten Interessen der Beteiligten.[94]

---

89 *Wesener*, FS von Lübtow (1991), S. 115. Die *separatio bonorum* diente in erster Linie dem Schutz der Nachlassgläubiger vor den Gläubigern des Erblassers, damit sich diese bei Zahlungsunfähigkeit des Erben nicht aus dem Nachlass befriedigen konnten, hierzu *Wiechmann*, Die separatio bonorum (1992), S. 9 ff.

90 Mit Niederschlag in den §§ 1975, 1976 BGB.

91 Die Rechtspflege oblag nun nicht mehr Fachjuristen, sondern allgemein geschulten Beamten, dazu *Rohlfs*, Erbenhaftung im römischen Recht (2002), S. 47.

92 *Rohlfs*, Erbenhaftung im römischen Recht (2002), S. 48 ff.

93 Einzelheiten bei *Rohlfs*, Erbenhaftung im römischen Recht (2002), S. 51 ff.

94 *Rohlfs*, Erbenhaftung im römischen Recht (2002), S. 87 ff., 180.

Beeinflusst durch den italienischen Arrestprozess des späteren Mittelalters[95] und das sich in Deutschland herausgebildete vorsorgliche Zwangsverfahren[96] entwickelte sich im Gemeinen Recht des 17. Jahrhunderts schließlich der Konkursprozess als eigenes Verfahren.[97] Im römischen Recht war der Konkurs als Vollstreckungsmodalität bereits bekannt, jedoch in das Exekutionswesen eingewebt. Ein eigenes, von der Zwangsvollstreckung losgelöstes Konkursverfahren wurde hingegen erst im 17. Jahrhundert anerkannt.[98] Es war als solches nicht das Ergebnis der Rezeption römischen Rechts, sondern verdankt seine verfahrensrechtliche Verselbständigung den Bedürfnissen der Praxis.[99]

Das Gemeine Recht war in Deutschland zu dieser Zeit allerdings bei weitem nicht vorherrschend. Es war das Zeitalter der Kleinstaaten und folglich existierten viele verschiedene Rechtsordnungen nebeneinander. Diese bauten zum Teil zwar auf dem Gemeinen Recht auf, sahen in vielen Fällen aber abweichende Regelungen vor.[100]

Von allen damals vorherrschenden Partikularrechten hatte das Preußische Recht für die moderne Konkursgesetzgebung die größte Bedeutung.[101] So lässt sich die Konkursordnung des Deutschen Reiches von 1877 maßgeblich auf die Preußische Konkursordnung von 1855 zurückführen, die ihr Entstehen wiederum dem unverzichtbaren Reformbedarf ihrer Vorgänger, der Preußischen Allgemeinen Gerichtsordnung von 1793 sowie den älteren Landrechten, verdankte.

---

95 Hierzu *Seuffert*, Geschichte und Dogmatik des Konkursrechts (1888), S. 49 ff.

96 Dieses kam zum Zuge, wenn der Schuldner sich eines Zugriffs durch Flucht entzog, *Seuffert*, Geschichte und Dogmatik des Konkursrechts (1888), S. 54.

97 *Seuffert*, Geschichte und Dogmatik des Konkursrechts (1888), S. 49; *Endemann*, ZZP 12 (1888), S. 50 ff.

98 *Endemann*, ZZP 12 (1888), S. 50, 52 ff.; *Seuffert*, Geschichte und Dogmatik des Konkursrechts (1888), S. 69 ff. m.w.N.

99 *Endemann*, ZZP 12 (1888), S. 50 f.; *Hess*, GK-InsO, Vor § 1 InsO Rn. 63 ff. Über die rechtsdogmatischen Wirkungen des Konkursverfahrens entfachte sich in der Folge ein Streit in der Literatur, der durch die Fortentwicklung des Konkursverfahrens auf der Grundlage des römischen Rechts entstand, hierzu *Seuffert*, Geschichte und Dogmatik des Konkursrechts (1888), S. 69 ff.

100 *Vollmershausen*, Konkursverfahren (2007), S. 53 ff. Siehe auch die Übersicht im Entwurf einer Deutschen GSO (1873), Anlage I.

101 *Seuffert*, Geschichte und Dogmatik des Konkursrechts (1888), S. 76.

2. Das preußische Recht

a) Landrechte

Im Herzogtum Preußen bestand seit dem Jahr 1620 ein besonderes Landrecht, das mit seinem Inkrafttreten an die Stelle des bisherigen Kulmer Rechts trat. Es erwies sich jedoch in der Praxis als überaus mangelhaft und wurde daher im Jahr 1685 revidiert.[102] Bereits im Landrecht von 1620 waren einige konkursrechtliche Regelungen enthalten, die durch die Revision im Jahr 1685 nur geringfügig verändert wurden.[103]

Ein selbständiges Konkursverfahren bestand zu dieser Zeit noch nicht. Es fanden sich lediglich Regelungen, wie bei Vollstreckungen mehrerer Gläubiger gegen denselben Schuldner zu verfahren ist.[104] Das Gesetz sah hierfür besondere Rangordnungen der Gläubiger vor, die im Rahmen der Vollstreckung zu berücksichtigen waren.[105] Unter diesen befanden sich auch bereits Vorschriften für den Fall, dass der Schuldner gestorben war. So waren die Beerdigungskosten und die Kosten für die vorherigen medizinischen Behandlungen des Erblassers bevorzugt zu begleichen.[106] Ferner waren die Verwandten des Erblassers verpflichtet, bei der Erfassung des hinterlassenen Vermögens sowie der Schulden mitzuwirken.[107]

Zugleich stand den Erben des Schuldners das Inventarrecht zu, über das sie sich innerhalb von 30 Tagen erklären mussten.[108] Hatten sie das Inventar ordnungsgemäß erstellt, beschränkte sich ihre Haftung auf das Nachlassvermögen.[109] Die Kosten für die Inventarerstellung waren ihnen dann aus dem Restvermögen des Nachlasses bevorzugt zu ersetzen.[110]

---

102 In den Worten Friedrich Wilhelms in der Vorrede zur Neuregelung: „zweyffelhafftige Auslegungen des Textes sich die Zeithero entsponnen", vgl. *Vollmershausen*, Konkursverfahren (2007), S. 56.

103 Siehe die Nachweise bei *Vollmershausen*, Konkursverfahren (2007), S. 55.

104 Siehe den 49. Titel des 1. Buches des Revidierten Landrechts von 1685, abgedruckt bei *Reusner*, Revidiertes Landrecht (1685).

105 *Vollmershausen*, Konkursverfahren (2007), S. 58.

106 §§ 2 und 3 des 49. Titels, 1. Buch des Revidierten Landrechts von 1685.

107 § 1 des 49. Titels, 1. Buch des Revidierten Landrechts von 1685.

108 „Damit die Erbschafften sicherlich und ohne sonder Gefahr adiret und angenommen werden mögen", siehe §§ 1 und 2 des II. Artikels, 7. Titel, 5. Buch des Revidierten Landrechts von 1685.

109 Bei unsachgemäßer Errichtung fiel die Haftungsbeschränkung dagegen weg und der Erbe haftete unbeschränkt, § 5 des II. Artikels, 7. Titel, 5. Buch des Revidierten Landrechts von 1685.

110 § 4 des II. Artikels, 7. Titel, 5. Buch des Revidierten Landrechts von 1685.

Diese Regelungen waren offensichtlich stark vom römischen Recht geprägt. Als Bestandteil des Vollstreckungsrechts bildeten sie in Preußen bereits Grundgedanken des später eingeführten Konkursverfahrens aus, waren mit diesem ansonsten aber nicht vergleichbar.[111]

Im Zuge der territorialen und herrschaftlichen Veränderungen des inzwischen zum Königreich avancierten Preußen entstand mit der Zeit eine immer größere Zahl von Einzelrechten. Dies betraf auch das Konkursrecht. Manche Konkursregelungen folgten dem Gemeinen Recht, manche später dem französischen *Code de commerce* und andere wiederum eigenen Prinzipien.[112] Dies führte zu wiederholten Bestrebungen der Könige, endlich Rechtseinheit herzustellen.[113]

Im Jahr 1721 erließ Friedrich Wilhelm das *Verbesserte Landrecht des Königreichs Preußen*, um auch die konkursrechtlichen Bestimmungen erneut zu modernisieren und zu vereinheitlichen.[114] Erstmals wird dort der „Concurs-Prozeß" erwähnt, der verbesserungsbedürftig sei.[115] In dem neuen Gesetz finden sich weiterhin Vorschriften, wie im Falle des Todes des Schuldners zu verfahren war. So war entweder durch die Erben innerhalb von sechs Wochen oder mangels solcher durch das Gericht ein Bestandsverzeichnis zu erstellen, nach dessen Komplettierung das Gericht den Nachlass in Verwahrung nehmen und den Konkurs über den Nachlass eröffnen sollte.[116]

---

111 Als den Anfang besonderer Preußischer Gesetze über den Konkurs sehen *Wentzel/Klose* die *Constitution wegen Abkürzung der Prozesse in der Khurmark vom 3.9.1718* an, siehe *Wentzel/Klose*, Preußische Konkursordnung (1855), S. 5. Neben Bestimmungen zur Beschleunigung des Konkurses finden sich in Art. XXXV des Gesetzes auch Regelungen hinsichtlich der zügigeren Erklärung des überlebenden Ehegatten über den Antritt der Erbschaft, damit Klarheit über die Haftung herrsche. Abgedruckt bei *Mylius*, CCM (1737), 2. Teil 1. Abt. Nr. CLXXIV.

112 *Vollmershausen*, Konkursverfahren (2007), S. 54. Eine Übersicht der zahlreichen damals geltenden Rechte findet sich in den Materialien zum Entwurf einer Deutschen Gemeinschuldordnung von 1873, siehe Entwurf einer Deutschen GSO (1873), Anlage I.

113 So schrieb *C. W. Ludwig* noch im Jahr 1804 in seinem Kommentar zum Allgemeinen Landrecht: „In dem Preußischen Staate hat beinahe jede Provinz ihre eigenen Landes-Rechte, und in vielen Städten sind von Alters her besondere Stadt-Rechte (…) eingeführt", *Ludwig*, ALR Bd. 1 (1804), S. 3.

114 Abgedruckt bei *Reusner*, Verbessertes Landrecht (1721).

115 Vorrede des Verbesserten Landrechts von 1721. Hierzu *Vollmershausen*, Konkursverfahren (2007), S. 63.

116 §§ 3 und 7 des 49. Titels, 1. Buch des Verbesserten Landrechts von 1721, hierzu *Vollmershausen*, Konkursverfahren (2007), S. 65.

Bei dieser und den folgenden Kodifikationen zum Konkursrecht handelte es sich bis zur Neukodifikation durch die Konkursordnung von 1855 um gemeinrechtlich geprägte Verfahren, die schrittweise fortentwickelt wurden.[117] Die *Hypothec- und Concurs-Ordnung vom 4. Februar 1722* verlagerte das Konkursverfahren in ein eigenständiges Gesetz,[118] bevor es mit dem *Corpus Juris Fridericianum vom 26. April 1781* wieder in das Prozessrecht eingegliedert wurde.[119]

Auch die darauf folgende *Allgemeine Gerichtsordnung für die Preußischen Staaten vom 6. Juli 1793* (AGO) enthielt in ihrem konkursrechtlichen Teil noch viele gemeinrechtliche Elemente.[120] Für den Erben eines überschuldeten Nachlasses galt zu dieser Zeit (weiterhin), dass er die Erbschaft entweder unbeschränkt annehmen konnte, wodurch er für die Verbindlichkeiten des Erblassers unbeschränkt haftete,[121] oder aber die Erbschaft unter der Rechtswohltat des Inventars annehmen konnte.[122] Hierdurch beschränkte sich seine Haftung auf das Vermögen des Nachlasses, er war aber zu dessen ordnungsgemäßer Verwaltung verpflichtet.[123] War der Erbe darüber hinaus bestrebt, Klarheit über Umfang

---

117 *Vollmershausen*, Konkursverfahren (2007), S. 70.

118 Abgedruckt bei *Mylius*, CCM (1737), 2. Teil 2. Abt. Nr. XXXIX. Hierzu *Vollmershausen*, Konkursverfahren (2007), S. 70 ff. Nach den §§ 95, 96 war der Konkurs zu eröffnen, sofern die Erben innerhalb von drei Monaten ein entsprechendes Verzeichnis des Nachlasses sowie der Schulden bei Gericht einreichten. Gleiches galt, falls der Nachlass bereits durch ein Gericht inventarisiert worden war.

119 Abgedruckt bei *Decker*, Corpus Juris Fridericianum (1781). Der Corpus Juris Fridericianum war erstmals ein auf „natürlicher Vernunft" basierendes Gesetz, hat sich als solches jedoch nicht bewähren können, hierzu *Förster/Eccius*, Preußisches Privatrecht Bd. 1 (1896), S. 5 f.

120 Im Einzelnen *Wentzel/Klose*, Preußische Konkursordnung (1855), S. 6 ff. Sie wurde später durch die Allgemeine Gerichtsordnung für die Preußischen Staaten von 1822 ersetzt, siehe *Vollmershausen*, Konkursverfahren (2007), S. 90 ff.

121 Dies war allerdings die Ausnahme von der Regel und musste deshalb ausdrücklich erfolgen, weil das Preußische Recht im Gegensatz zum römischen Recht davon ausging, dass der Erbe grundsätzlich nur mit dem Nachlassvermögen haftete, siehe *Förster/Eccius*, Preußisches Privatrecht Bd. 1 (1896), S. 677 f. m.w.N.

122 §§ 413, 418 des 9. Titels, 1. Teil des Allgemeinen Preußischen Landrechts vom 5. Februar 1794 (ALR), abgedruckt bei *Pauli*, ALR 1794. Einzelheiten bei *Dernburg*, Preußisches Privatrecht Bd. 3 (1884), S. 641 ff.; *Förster/Eccius*, Preußisches Privatrecht Bd. 1 (1896), S. 677 ff.

123 §§ 422, 444 des 9. Titels, 1. Teil ALR. Der Inventarerbe fungierte damit zugleich als „Administrator der Gläubiger", *Dernburg*, Preußisches Privatrecht Bd. 3 (1884), S. 643. Dass der Erbe gegenständlich mit dem Nachlass, nicht aber in Höhe des Wertes des Nachlasses mit dem Eigenvermögen haftete, war nicht unbestritten, *Dernburg* aaO.

und Rang der zu befriedigenden Forderungen zu erhalten, oder forderte ihn ein Gläubiger dazu auf, so musste der Erbe das erbschaftliche Liquidationsverfahren beantragen, um seine Haftungsbeschränkung nicht zu verlieren.[124] Stellte sich hierbei die Unzulänglichkeit des Nachlasses heraus, so war ein Konkursverfahren über das Vermögen des Nachlasses zu eröffnen.[125]

b) Die Konkursordnung von 1855

In der Folgezeit stellte sich heraus, dass eine weitere Reform des Konkursrechts unabdingbar war.[126] Die Konkursverfahren dauerten zu lange, waren ineffektiv und unübersichtlich. Manch ein Schuldner konnte seine Gläubiger zu dieser Zeit unter Drohung einer Konkursherbeiführung zu außergerichtlichen Vergleichen zwingen.[127] Abhilfe sollte eine Konkursordnung bringen, die das gesamte Recht neu ordnete. Mit der *Preußischen Konkursordnung vom 8. Mai 1855* nahm schließlich ein fast 30jähriger Beratungsprozess sein Ende.[128]

Das Konkursverfahren war nunmehr aus dem Prozessrecht herausgelöst und als selbständiges Verfahren eingerichtet. Eine Neuordnung der Gläubigerrangfolge, die Stärkung der Gläubigerrechte und die Emanzipierung des Verfahrens vom Konkursgericht sollten das Konkursverfahren modernisieren.[129] Zudem gab es einen vom französischen *Code de commerce* inspirierten besonderen Kaufmannskonkurs.[130]

---

124 §§ 58, 59 des 51. Titels, 1. Teil der AGO, abgedruckt bei *Reimer*, AGO 1816. Das erbschaftliche Liquidationsverfahren war in den §§ 53–98 des 51. Titels, 1. Teil der AGO geregelt und entsprach der Sache nach einem Aufgebotsverfahren, *Förster/Eccius*, Preußisches Privatrecht Bd. 1 (1896), S. 678.

125 §§ 63, 64 des 51. Titels, 1. Teil der AGO; das Konkursverfahren war im 50. Titel, 1. Teil der AGO geregelt. Nach § 4 Nr. 3 und 4 des 50. Titels, 1. Teil der AGO konnte das Konkursverfahren direkt eröffnet werden, wenn entweder alle Erben die Erbschaft ausgeschlagen hatten oder ein Erbe nicht auffindbar war und der Verlassenschaftskurator in dem von ihm aufzustellenden Inventar die Überschuldung des Nachlasses festgestellt hatte.

126 Vgl. *Wentzel/Klose*, Preußische Konkursordnung (1855), S. 8: „völlige Unhaltbarkeit des altes Rechtes".

127 *Wentzel/Klose*, Preußische Konkursordnung (1855), S. 8.

128 Zum Entstehungsprozess der Preußischen Konkursordnung siehe *Wentzel/Klose*, Preußische Konkursordnung (1855), S. 9 ff.; *Goltdammer*, Preußische Konkursordnung (1858), S. 8 ff.

129 *Thieme*, FS Einhundert Jahre Konkursordnung (1977), S. 45; *Goltdammer*, Preußische Konkursordnung (1858), S. 10 ff.

130 Hierzu *Goltdammer*, Preußische Konkursordnung (1858), S. 14 ff.

Der Nachlasskonkurs erfuhr in der neuen Konkursordnung dort Erwähnung, wo besondere Vorschriften erforderlich erschienen.[131] In den Anfangsvorschriften stellte man klar, dass der Tod des Schuldners keine Unterbrechung des Verfahrens nach sich ziehe und dies ebenfalls gelte, falls der Erbe daraufhin die Erbschaft ohne Erklärung des Inventarvorbehaltes angenommen haben sollte.[132] Das Konkursverfahren sollte in diesen Fällen ungehindert fortgeführt werden können. Durch die vorbehaltlose Annahme der Erbschaft trat der Erbe nur als zusätzlicher Schuldner hinzu, ohne dass es den Gläubigern verwehrt war, weiterhin Befriedigung aus dem Nachlass zu suchen.[133]

Hatte der Erbe hingegen die Erbschaft ohne Vorbehalt des Inventars angetreten und fiel später selbst in Konkurs, so gewährte das bis dahin geltende Allgemeine Landrecht sowohl den Nachlassgläubigern als auch den Eigengläubigern des Erben ein Separationsrecht, um sich vor der jeweils anderen Gläubigergruppe zu schützen.[134] In der Preußischen Konkursordnung wurde dem Recht der Nachlassgläubiger nunmehr durch ein besonderes Absonderungsrecht Rechnung getragen, wogegen den Eigengläubigern des Erben zugebilligt wurde, noch durch den Konkursverwalter den Inventarvorbehalt zugunsten der Konkursmasse geltend zu machen.[135]

Daneben entschied man sich aus praktischen Erwägungen, die Vorschriften über das erbschaftliche Liquidationsverfahren in der neuen Konkursordnung beizubehalten. Sie betrafen das Konkursverfahren zwar nur indirekt, wurden der Sache nach aber weiterhin als erforderlich angesehen.[136] In Anlehnung an die Allgemeine Gerichtsordnung[137] war es auch im neuen Konkursrecht möglich, einen Erben, der die Erbschaft unter dem Vorbehalt des Inventars angetreten hatte, zum späteren Konkursverwalter zu bestellen.[138]

---

131 Siehe §§ 114, 319–324, 326, 335, 338, 357 der Preußischen Konkursordnung.

132 §§ 13, 14 der Preußischen Konkursordnung.

133 *Wentzel/Klose*, Preußische Konkursordnung (1855), S. 98.

134 §§ 500–512 des 16. Titels, 1. Teil ALR. Hierzu näher Entwurf einer Deutschen GSO (1873), S. 214 f.

135 §§ 37, 256–262 der Preußischen Konkursordnung.

136 „Ein besonderes Gesetz [hätte] dem System besser entsprochen", *Wentzel/Klose*, Preußische Konkursordnung (1855), S. 5.

137 § 65 des 51. Titels, 1. Teil der AGO.

138 § 338 Abs. 1 Satz 1 der Preußischen Konkursordnung. Dies erklärt sich daraus, dass der Erbe dem Nachlass in diesem Fall wie ein Dritter gegenüberstand, *Dernburg*, Preußisches Privatrecht Bd. 3 (1884), S. 643.

IV. Auf dem Weg zur Rechtsvereinheitlichung: Die Konkursordnung des Deutschen Reiches

1. *Der Weg zur Reichskonkursordnung*

Der Verlauf der weiteren Rechtsentwicklung verlagerte sich zunehmend auf die zwischenstaatliche Ebene. Angeregt durch die erfolgreichen Arbeiten an einer Allgemeinen Deutschen Wechselordnung wurde auf den Konferenzen des Deutschen Zollvereins auch der Ruf nach einem einheitlichen Handelsgesetzbuch laut.[139] Im Jahr 1857 wurde schließlich im Rahmen des Deutschen Bundes unter der Federführung Preußens ein Entwurf für ein Allgemeines Deutsches Handelsgesetzbuch vorgelegt, der auch ein vollständiges Konkursrecht enthielt und inhaltlich an das preußische Recht angelehnt war.[140] Hiermit stieß Preußen jedoch auf Widerstand im Bund. In der Folge wurde das ADHGB im Jahr 1861 schließlich ohne ein Konkursrecht verabschiedet.[141]

Mit Gründung des Norddeutschen Bundes im Jahr 1866 war Preußen Präsidialmacht geworden und konnte im Jahr 1869 die Federführung der Arbeiten an einem Entwurf einer Konkursordnung übernehmen. Dieser sollte zum Zwecke eines schnelleren Voranschreitens ausdrücklich auf der Preußischen Konkursordnung beruhen.[142]

Nachdem Krieg und Reichsgründung aufeinander gefolgt waren, wurde die Arbeit an einer Konkursordnung schon bald wieder aufgenommen. Am 16. Juni 1873 wurde schließlich der *Entwurf einer Deutschen Gemeinschuldordnung* samt Motiven vorgelegt. Dass die Gemeinschuldordnung der Sache nach nur eine Fortentwicklung der Preußischen Konkursordnung war, stellten die Motive ausdrücklich fest.[143]

Für das Nachlasskonkursverfahren waren auch hier an vielen Stellen besondere Regelungen erfolgt.[144] Allgemein galt aber, dass die Vorschriften über das Gemeinschuldverfahren auf den Nachlasskonkurs entsprechend angewandt werden sollten.[145] In Abkehr von dem Preußischen Recht hatte man sich zudem entschieden, nur noch den Nachlassgläubigern ein Separationsrecht einzuräumen, falls der Erbe nach der vorbehaltlosen Annahme einer Erbschaft in den

---

139 *Hahn*, Das Handelsrecht nach ADHGB (1869), S. 33.

140 *Thieme*, FS Einhundert Jahre Konkursordnung (1977), S. 48 m.w.N.

141 Einzelheiten bei *Thieme*, FS Einhundert Jahre Konkursordnung (1977), S. 48 f.

142 *Thieme*, FS Einhundert Jahre Konkursordnung (1977), S. 52 m.w.N.

143 Entwurf einer Deutschen GSO (1873), S. 5 f.

144 §§ 19, 35, 73, 99, 100, 101, 102, 104, 107, 229–232 der GSO.

145 §§ 19, 35 der GSO.

Konkurs fallen sollte. Zur Geltendmachung dieses Rechts sollten die Nachlassgläubiger einen Antrag auf Durchführung eines abgesonderten Gemeinschuldverfahrens über den Nachlass beantragen können.[146]

Dieser Entwurf wurde einer Sachverständigenkommission übergeben, die von März bis Juli 1874 tagte und wichtige Vorarbeiten auf dem Weg zur Verabschiedung im Bundesrat leistete.[147] Nach der anschließenden Zuleitung des Entwurfes an den Reichstag konnte das Gesetz im Rahmen der Schlussdebatten am 10. Februar 1877 als Reichskonkursordnung verabschiedet werden und am 1. Oktober 1879 in Kraft treten.[148]

2. *Die Reichskonkursordnung von 1877*

In der Konkursordnung von 1877 wurden die Vorschriften über den Nachlasskonkurs gebündelt im Teil über besondere Bestimmungen in den §§ 202 bis 206 untergebracht. Die gesetzgeberische Herausforderung hatte darin gelegen, angesichts der Vielzahl unterschiedlicher Erbrechte in den deutschen Bundesstaaten einheitliche Konkursvorschriften zu entwickeln, die auf alle Fallkonstellationen passten.[149]

Ein Nachlasskonkursverfahren war nunmehr für diejenigen Fälle vorgesehen, in denen die Erben entweder unbekannt waren oder ein Erbe die Erbschaft unter dem Vorbehalt des Inventars angenommen hatte.[150] Eine ausdrückliche Regelung hierzu wurde nicht eingefügt, weil über die Voraussetzungen im Einzelfall das jeweilige Zivilrecht entscheiden musste.[151] Die Konkursordnung sollte nur die Voraussetzungen des Konkursanspruches und dessen Verwirklichung betreffen.[152]

---

146 § 230 der GSO. Hierzu die Motive, Entwurf einer Deutschen GSO (1873), S. 215.

147 Auch diese Kommission stand unter der Führung Preußens, im Einzelnen *Thieme*, FS Einhundert Jahre Konkursordnung (1977), S. 55 ff. m.w.N.

148 RGBl. S. 351. Die Konkursordnung war Teil der gemeinsam verabschiedeten „Reichsjustizgesetze", zu denen auch GVG, ZPO und StPO gehörten.

149 Im Einzelnen hierzu schon die Motive zum Entwurf einer Deutschen Gemeinschuldordnung von 1873, Entwurf einer Deutschen GSO (1873), S. 1 f.

150 Begründung des Entwurfs, *Hahn*, Materialien Bd. IV, S. 399.

151 Etwa hinsichtlich der Zulässigkeit eines Nachlasskonkursverfahrens über einen Erbteil, Begründung des Entwurfs, aaO.

152 Begründung des Entwurfs, aaO. Nach § 15 Nr. 3 des Einführungsgesetzes zur Reichs-Zivilprozessordnung vom 30.1.1877 (RGBl. S. 244) blieben insbesondere die landesgesetzlichen Vorschriften über das erbschaftliche Liquidationsverfahren in Kraft, was zu Normkonflikten mit der Konkursordnung führte, siehe *Kräwel*, Gruchots Beiträge Jg. 22 (1878), S. 353 ff.

Der Erbe, der die Erbschaft unter dem Vorbehalt des Inventars angenommen hatte, war zwar Eigentümer des Nachlassvermögens, jedoch sollte weiterhin die Person des Erblassers als Gemeinschuldner angesehen werden. Begründet wurde dies mit der strikten Trennung des Nachlassvermögens vom Eigenvermögen des Inventarerben, die allen deutschen Rechtssystemen immanent sei und die bewirke, dass der Nachlass dem Erben gleichsam als „fremde Sache" gegenüberstehe.[153] Der Nachlass sei ein selbständiges Vermögensganzes, Rechtspersönlichkeit komme ihm aber nicht zu.[154]

V. Systembruch und Neubeginn: Die Einführung des BGB

Dieser legislative Kraftakt, mit dem das Konkursrecht in Deutschland erstmals vollständig vereinheitlicht werden konnte, sollte sich über die folgenden 20 Jahre bewähren. Im Großen und Ganzen wurde das Gesetz als gelungen angesehen.[155] Dennoch blieb auch damals eine Reformdiskussion nicht aus. Insbesondere aus der Praxis kamen Vorschläge, das Konkursverfahren effizienter zu gestalten. Beim Nachlasskonkurs wurde die obligatorische Anhörung der Erben bemängelt, da im Falle eines Gläubigerantrages große Verzögerungen auftreten konnten, wenn die Erben noch nicht bekannt waren.[156]

Parallel hierzu fanden die Arbeiten an der Einführung eines Bürgerlichen Gesetzbuches für das Deutsche Reich statt.[157] Die in diesem Rahmen erörterten Änderungen ließen die Reformdiskussion des Konkursrechts allerdings außen vor. Es ging bei den von den Beratungskommissionen später vorgeschlagenen Änderungen an der Konkursordnung ausschließlich um eine Harmonisierung mit dem BGB.[158]

1. Entwurf eines BGB Erster Lesung

Bereits bei den Beratungen der 1. Kommission, die später in den Ersten Entwurf eines BGB vom 27. Dezember 1887 mündeten, erwies sich der Nachlasskonkurs als Gegenstand reger Diskussionen.[159] Es ging im Kern immer wieder

153 Begründung des Entwurfs, aaO.

154 Begründung des Entwurfs, aaO.

155 „Anerkanntermaßen das Beste von den Reichsjustizgesetzen", *Oetker*, DJZ 4 (1899), S. 265; *Makower*, ZZP 20 (1894), S. 441.

156 *Makower*, ZZP 20 (1894), S. 482 ff.

157 Zur Entstehungsgeschichte des BGB *Jakobs/Schuster*, Beratung des BGB: Entstehungsgeschichte, S. 27 ff.

158 *Kleinfeller*, DJZ 1 (1896), S. 474.

159 Hierzu *Jakobs/Schuster*, Beratung des BGB: Erbrecht I, S. 313 ff. m.w.N.

um die Grundsatzfrage, wie die Haftung des Erben ausgestaltet werden sollte, wenn der Nachlass für die Begleichung aller Verbindlichkeiten nicht ausreichte. In den Vorbeschlüssen der 1. Kommission aus dem Jahr 1876 hatte man sich dafür entschieden, dem Erben eine Haftungsbeschränkung in der Form eines Inventarrechts zur Verfügung zu stellen.[160] Diese Grundentscheidung wurde lange beibehalten und erst nach einer Neuorientierung durch die 2. Kommission zugunsten des heutigen Systems der Nachlassverwaltung fallen gelassen.[161]

Im Ersten Entwurf des BGB war ein eigener Titel zum „Inventarrecht" enthalten, der in über fünfzig Einzelvorschriften eine umfassende Normierung der Entstehung und Wirkungsweise des Inventarvorbehaltes vorsah.[162] Dabei sollte die beschränkte Erbenhaftung soweit wie möglich im neuen BGB geregelt und eine Änderung der Konkursordnung möglichst vermieden werden.[163] Aus diesem Grunde hatte man selbst die konkursrechtlichen Vorschriften, die neben der beschränkten Erbenhaftung auch das Nachlasskonkursverfahren betrafen, in das BGB verlagert.[164]

Der Entwurf lehnte sich an das preußische Recht an. Er ging von dem Prinzip aus, dass der Erbe zwar grundsätzlich für alle Verbindlichkeiten des Erblassers einzustehen hatte, die Haftung jedoch nicht über das Vermögen des Nachlasses hinausgehen sollte.[165] Den Gläubigern stand damit generell nur der Nachlass als Haftungsmasse zur Verfügung. Diese Haftungsordnung musste von dem Erben aber erst durch die Errichtung eines Inventars herbeigeführt werden. Hierfür standen ihm Schutzmechanismen zur Verfügung, damit er nicht ohne eigenes Verschulden in die Haftung gedrängt werden konnte.[166] Insbesondere konnte er

---

160 Vorbeschlüsse vom 18., 21. und 23. Oktober 1876, abgedruckt bei *Jakobs/Schuster*, Beratung des BGB: Erbrecht I, S. 30 ff.

161 Das Inventarmodell sah sich allerdings von Anfang an Angriffen ausgesetzt, siehe *Jakobs/Schuster*, Beratung des BGB: Erbrecht I, S. 313 f.

162 §§ 2092 – 2150 BGB Erster Entwurf.

163 Motive, *Mugdan*, Materialien Bd. V, S. 342.

164 §§ 2109 – 2119 BGB Erster Entwurf.

165 Motive, *Mugdan*, Materialien Bd. V, S. 324. „Deutschrechtliche Auffassung" im Vergleich zum Gemeinen und dem französischen Recht, wonach der Erbe grundsätzlich mit seinem ganzen Vermögen zu haften hatte und die Gläubiger nicht auf den Nachlass als besondere Vermögensmasse verweisen konnte, Denkschrift, *Mugdan*, Materialien Bd. V, S. 852.

166 Zum einen das Aufgebot der Gläubiger, um die Verbindlichkeiten des Nachlasses zu bestimmen, und zum anderen den Antrag auf Vollstreckungsschutz bis zur Inventarerstellung, hierzu Motive, *Mugdan*, Materialien Bd. V, S. 325.

auf das Recht zur Inventarerrichtung nicht im Voraus durch Vertrag mit dem Erblasser verzichten.[167]

War das Inventar über einen überschuldeten Nachlass errichtet, so gab es für den Erben zwei Wege, die Haftungsbeschränkung geltend zu machen: einmal mit Wirkung gegenüber allen Gläubigern durch die Eröffnung des Konkursverfahrens und zum anderen durch die gegenüber jedem Gläubigern einzeln geltend zu machende sogenannte Abzugseinrede.

Stellte der Erbe einen Antrag auf Eröffnung eines Konkursverfahrens über den Nachlass, so sollte die Feststellung der Überschuldung durch das Inventar erleichtert werden.[168] Im Übrigen sollten die Voraussetzungen der Konkurseröffnung vom Entwurf nicht bestimmt werden, sondern sich nach der Konkursordnung richten.[169]

Von besonderer Bedeutung sollte die außerkonkursliche Geltendmachung der Haftungsbeschränkung durch den Erben selbst sein. Die Haftungsbeschränkung sollte der Erbe mittels der neugeschaffenen „Abzugseinrede" durchsetzen. Hiernach konnte der Erbe die Befriedigung eines Gläubigers insoweit verweigern, wie er in einem *hypothetischen* Konkursverfahren einen Ausfall erlitten hätte. Es handelte sich demnach um eine Einrede unter der *Fiktion* eines Konkursverfahrens.[170] Die Abzugseinrede sollte für die Fälle geschaffen werden, in denen ein Konkursverfahren ungeeignet schien, etwa weil nur ein Gläubiger vorhanden war, die Sachlage leicht überblickt werden konnte, eine konkursmäßige Verwertung unangemessen erschien oder der Erbe schlicht den Ruf des Erblassers bewahren wollte.[171] Gleichzeitig wurden aber auch die Gefahren gesehen, die eine Verlagerung der Verantwortung zur gleichmäßigen Befriedigung der Gläubiger auf den Erben mit sich brachte, etwa die Belastung des Erben mit zahlreichen Rechtsstreitigkeiten oder Schadensersatzforderungen gegen ihn bei unsachgemäßer Ausübung der Einrede.[172] Alle diese Bedenken wurden allerdings durch die Erwägung ausgeräumt, dass Konkursverfahren äußerst kostspielig waren und die Gerichte stark belasteten.[173] Außerdem sollte trotz der Geltendmachung der Abzugseinrede die Eröffnung des Konkursverfahrens möglich bleiben.[174]

---

167 Erst recht konnte der Erblasser dem Erben das Inventarrecht nicht durch eine testamentarische Anordnung nehmen, Motive, *Mugdan*, Materialien Bd. V, S. 325 f.

168 Motive, *Mugdan*, Materialien Bd. V, S. 334.

169 Motive, aaO. Der Erbe musste sodann den Nachlass herausgeben und hatte für dessen Verwaltung einzustehen, § 2112 BGB Erster Entwurf.

170 Motive, *Mugdan*, Materialien Bd. V, S. 352.

171 Motive, *Mugdan*, Materialien Bd. V, S. 351 f.

172 Motive, aaO.

173 Motive, *Mugdan*, Materialien Bd. V, S. 352.

174 § 2144 BGB Erster Entwurf.

An dieser Stelle offenbart sich, dass die Schwerfälligkeit des historischen Konkursverfahrens offensichtlich noch Nachwirkung zeigte. Aber selbst den Verfassern des Entwurfs erschien die Einführung der Abzugseinrede als neues, „eigenartiges Einrederecht" in beachtlicher Weise rechtfertigungsbedürftig.[175] Sie wurde dennoch als das einzig probate Mittel angesehen. Die Besonderheiten der Abzugseinrede im Vergleich zu den herkömmlichen Einrederechten sollten schließlich umfassend im BGB normiert werden.[176]

2. *Entwurf eines BGB Zweiter Lesung*

Die nach der Fertigstellung des 1. Entwurfes im Jahr 1890 eingesetzte 2. Kommission hatte vom Reichstag den Auftrag erhalten, den Entwurf zu überarbeiten und stärker an der sozialen Realität und den Problemen der Zeit auszurichten.[177] Im Grunde wurde jedoch bereits der 1. Entwurf als gelungen angesehen. Man erkannte ihn zumindest als geeignete Grundlage für ein zukünftiges Bürgerliches Gesetzbuch an.[178]

Der gesamte im 1. Entwurf enthaltene Titel zum „Inventarrecht" war von der 2. Kommission bereits im Vorfeld ihrer Beratungen einer besonderen Unterkommission übergeben worden, deren Ausarbeitungen später als Arbeitsgrundlage dienen sollte.[179] In den Sitzungen der Unterkommission wurden sodann die verschiedensten Modelle der beschränkten Erbenhaftung noch einmal diskutiert, nachdem Preußen schon in der ersten Sitzung beantragt hatte, die Abzugseinrede gänzlich zu streichen.[180] Letztendlich einigte man sich darauf, dass die Abzugseinrede aufgrund ihrer Unpraktikabilität gestrichen und stattdessen das Nachlasskonkursverfahren durch einen neuen Eröffnungsgrund, nämlich die Zahlungsunfähigkeit des Nachlasses, erweitert werden sollte.[181] Darüber hinaus

---

175 So wurden noch in den Motiven alternative Regelungsmodelle diskutiert, etwa rechtsgeschäftliche Akte, die als solche die Wirkungen eines Konkursverfahrens herbeiführen sollten oder gar eine Analogie zum Recht des Schuldners, mit einer Forderung aufzurechnen, *Mugdan*, Materialien Bd. V, S. 352.

176 Motive, aaO.

177 *Jakobs/Schuster*, Beratung des BGB: Entstehungsgeschichte, S. 57 m.w.N.

178 *Jakobs/Schuster*, Beratung des BGB: Entstehungsgeschichte, S. 50 f.

179 Hierzu *Jakobs/Schuster*, Beratung des BGB: Erbrecht I, S. 494 m.w.N.

180 *Jakobs/Schuster*, aaO.

181 Protokolle, *Mugdan*, Materialien Bd. V, S. 436; *Jakobs/Schuster*, Beratung des BGB: Erbrecht I, S. 564 ff.

sprach sich die Subkommission dafür aus, die das Nachlasskonkursverfahren betreffenden Vorschriften in die Konkursordnung zu verlagern.[182]

Die 2. Kommission nahm die von der Unterkommission vorgeschlagene Streichung der Abzugseinrede angesichts der dort vorgetragenen Bedenken an. Zugleich entschied sie sich jedoch dagegen, einen Nachlasskonkurs auch bei Zahlungsunfähigkeit des Nachlasses zu erlauben. Stattdessen sollte der Erbe die Möglichkeit bekommen, eine Nachlasspflegschaft zu beantragen.[183] Die Idee einer Nachlasspflegschaft hatte man dem französischen Recht entlehnt, wo der Erbe eine amtliche Nachlassverwaltung beantragen konnte, um die eigene Erbschaftsliquidation zu vermeiden.[184]

3. *Die Beratungen im Justizausschuss des Bundesrates*

Noch vor der Fertigstellung des Zweiten Entwurfes wurden einzelne Teile des BGB dem Justizausschuss des Bundesrates zugeleitet, um die Arbeiten zu beschleunigen.[185] Es sollte zudem nur eine kurze Denkschrift verfasst werden, damit der Reichstag möglichst wenige Ansatzpunkte für Kritik bekam.[186]

Die Abzugseinrede war zu diesem Zeitpunkt bereits kein Thema mehr. Es ging lediglich noch darum, die Einzelheiten der Nachlasspflegschaft zu bestimmen.[187] Weil der Begriff der Pflegschaft bereits in anderem Kontext gebraucht wurde, entschied man sich dafür, nunmehr von Nachlassverwaltung zu sprechen.[188] Dass diese dem französischen *Code civil* entlehnt war, stellte kein Geheimnis dar, sondern sollte vielmehr als überzeugendes Argument gelten.[189]

Im Reichstag wurden auf diesem Gebiet keine substantiellen Änderungen mehr vorgenommen.[190] In 3. Lesung konnte das BGB schließlich am 1. Juli 1896

---

182 Protokolle, *Mugdan*, Materialien Bd. V, S. 434 ff.; *Jakobs/Schuster*, Beratung des BGB: Erbrecht I, S. 576 ff.

183 Protokolle, *Mugdan*, Materialien Bd. V, S. 436 f.; *Jakobs/Schuster*, Beratung des BGB: Erbrecht I, S. 596. Auch die Nachlasspflegschaft war nicht unumstritten. Insbesondere wurde gegen sie eingewendet, der Staat dürfe den Bürger weder bevormunden, noch die dem Bürger obliegenden Aufgaben durch einen staatlichen Pfleger erledigen lassen, wo dies nicht unbedingt nötig sei, Protokolle aaO.

184 Nachlasspflegschaft und Nachlassverwaltung waren auch schon in der Subkommission vorgeschlagen worden, *Jakobs/Schuster*, Beratung des BGB: Erbrecht I, S. 495.

185 Hierzu *Jakobs/Schuster*, Beratung des BGB: Entstehungsgeschichte, S. 60 ff.

186 *Jakobs/Schuster*, Beratung des BGB: Entstehungsgeschichte, S. 62.

187 *Jakobs/Schuster*, Beratung des BGB: Erbrecht I, S. 654 ff.

188 *Jakobs/Schuster*, Beratung des BGB: Erbrecht I, S. 658.

189 Denkschrift, *Mugdan*, Materialien Bd. V, S. 853.

190 *Jakobs/Schuster*, Beratung des BGB: Erbrecht I, S. 659 ff.

verabschiedet werden und nach erfolgter Zustimmung des Bundesrates am 1. Januar 1900 in Kraft treten.[191]

4. *Die Konkursnovelle von 1898*

Die Einführung des BGB machte auch eine Änderung der Konkursordnung erforderlich. Es war in erster Linie eine Anpassung an das BGB beabsichtigt. Eine vollständige Revision der Konkursordnung sollte nicht erfolgen.[192]

Durch das *Gesetz betreffend Änderungen der Konkursordnung vom 17.5.1898*[193] wurde das Nachlasskonkursverfahren erstmals umfassend in einem eigenen Abschnitt geregelt.[194] Der materiellrechtliche Gehalt entspricht seit dieser Zeit dem heutigen Nachlassinsolvenzverfahren, denn mit der Einführung der Insolvenzordnung im Jahr 1999 war eine Änderung des Nachlasskonkursverfahrens nicht bezweckt.[195]

Die Annahme der Erbschaft unter der Rechtswohltat des Inventars war als Konkurseröffnungsgrund obsolet geworden.[196] Auch war es jetzt möglich, das Konkursverfahren zu eröffnen, wenn noch kein Erbe ermittelt worden war.[197]

VI. Die folgenden 96 Jahre bis zur Insolvenzordnung: Neue Ansätze

Da die Konkursnovelle von 1898 keine wesentlichen Veränderungen mit sich gebracht hatte, gingen die Reformdiskussionen in der Folgezeit unvermindert weiter.[198] Anfang des 20. Jahrhunderts gehörte die Reform des Insolvenzrechts gar zu einem „Dauerthema“ der rechtspolitischen Diskussionen.[199] Nachdem mit dem Erlass der Vergleichsordnung im Jahr 1927 endlich auch in Deutschland ein außerkonkursliches Vergleichsverfahren eingeführt werden konnte,[200] wurde das Augenmerk wieder verstärkt auf das materielle Konkursrecht gelegt.[201]

---

191 RGBl. 1896 I, S. 195.

192 Siehe zu den Änderungen *Kleinfeller*, DJZ 1 (1896), S. 474; *ders.*, ZZP 25 (1899), S. 83; *Bassermann*, DJZ 3 (1898), S. 236; *Seuffert*, ZZP 22 (1896), S. 475.

193 RGBl. S. 230.

194 §§ 214 - 235 KO.

195 Siehe dazu unten Seite 64.

196 *Oetker*, DJZ 4 (1899), S. 290.

197 § 216 Abs. 1 KO.

198 Hierzu *Uhlenbruck*, FS Einhundert Jahre Konkursordnung (1977), S. 20 ff.; *Riedemann*, Entwicklung des Konkursrechts (2004), S. 38 ff.

199 *Schubert*, KTS 1993, S. 323.

200 RGBl. I, S. 139.

201 *Schubert*, KTS 1993, S. 340 ff.

Die Nationalsozialisten ergriffen daraufhin die Gelegenheit, ein neues Konkursrecht zu erarbeiten und damit verstärkt nationalsozialistische Prinzipien durchzusetzen. Im Jahr 1937 legte das Reichsjustizministerium einen Entwurf für eine Konkursordnung vor.[202] Dieser enthielt in einem 10. Abschnitt auch Regelungen über das Nachlasskonkursverfahren.[203] Nach Beginn des Zweiten Weltkrieges wurde der Entwurf jedoch nicht weiter verfolgt.[204]

In den Jahren nach der Gründung der Bundesrepublik hatte sich der Fokus der rechtspolitischen Diskussion auf andere Bereiche verlagert. Erst die im Zuge der Ölpreiskrise von 1973 rasant angestiegenen Konkurseröffnungen zwangen zum Handeln.[205]

1. Das neue Konzept der Kommission für Insolvenzrecht

Im Jahr 1978 wurde vom Bundesjustizministerium eine Kommission für Insolvenzrecht eingesetzt, die 1985 ihren Ersten Bericht vorlegte. Darin wurde vorgeschlagen, bei Nachlasskonkursverfahren auch die Zahlungsunfähigkeit als Eröffnungsgrund vorzusehen.[206]

In dem ein Jahr später erschienenen Zweiten Bericht der Kommission wurde zur Vereinfachung des Insolvenzverfahrens eine gänzliche Neuordnung des Nachlasskonkursverfahrens angeregt.[207] Es sollte nunmehr danach unterschieden werden, ob ein Unternehmen zum Nachlass gehörte oder nicht.[208] Nur der Nachlass eines Unternehmers rechtfertige noch die Anwendung der Vorschriften über das Konkursverfahren, weil hier ein wirtschaftlicher Zusammenbruch abgewickelt werde. Mit den Mitteln des Konkursverfahrens seien sowohl Liquidation wie auch Reorganisation möglich. Für alle anderen Nachlässe, von der

---

202 Hierzu *Schubert*, KTS 1993, S. 344.

203 *Schubert*, KTS 1993, S. 344 Fn. 90.

204 Der Entwurf hatte darüber hinaus auch namhaft Widerspruch erfahren, siehe *Riedemann*, Entwicklung des Konkursrechts (2004), S. 122 ff.

205 Im Einzelnen *Riedemann*, Entwicklung des Konkursrechts (2004), S. 136 ff.

206 *BMJ*, Erster Bericht, Leitsatz 1.2.7, S. 115. Hierdurch sollten Nachteile vermieden werden, die dadurch entstehen konnten, dass streitbefangene Verbindlichkeiten zwar zur Zahlungsunfähigkeit, nicht aber zur Überschuldung des Nachlasses führten. Hierdurch hätten sich Gläubiger Vorteile durch schnelle Vollstreckung verschaffen können, die mangels Konkurseröffnung zu dulden gewesen seien, *BMJ*, Erster Bericht, S. 115 f. Krit. hierzu *K.Schmidt*, ZIP 1985, S. 717 f.

207 Vereinfacht werden sollten auch viele andere Bereiche des Konkursrechts, *BMJ*, Zweiter Bericht, S. 9 f.

208 *BMJ*, Zweiter Bericht, Leitsätze 6.4.1. und 6.4.2, S. 164 f.

Kommission „Privatnachlässe“ genannt, sollte dagegen eine reine Abwicklung im Rahmen der Nachlassverwaltung stattfinden, die hierfür entsprechend hätte erweitert werden müssen.[209] Nach Ansicht der Kommission stehe in diesen Fällen regelmäßig die bloße Vermögenssonderung im Vordergrund, mit der der Erbe seine Haftung auf den Nachlass beschränken wolle. Eines Insolvenzverfahrens bedürfe es nicht. Ferner würden die Gläubiger durch das bisherige System doppelt benachteiligt, weil in der Praxis dem Nachlasskonkurs regelmäßig eine Nachlassverwaltung vorhergehe. Aufgrund der Insolvenzantragspflicht des Nachlassverwalters werde die Masse zwei Mal mit Verwaltungskosten belastet, wodurch die Befriedigungsaussichten der Gläubiger erheblich geschmälert würden.[210]

Hiermit griff die Kommission Stimmen aus der Literatur auf, die immer wieder betont hatten, dass der Nachlasskonkurs kein „echter“ Konkurs sei, sondern primär der Liquidation einer besonderen Vermögensmasse, nämlich des Nachlasses, verbunden mit der Haftungsbeschränkung der Erben auf ebendiesen diene.[211]

Diese Aufspaltung des Nachlasskonkurses hat sich indes nicht durchsetzen können. So wurde die Unterscheidung zwischen Unternehmernachlässen und sonstigen Nachlässen entgegen der Empfehlungen der Kommission nicht in den im Jahr 1989 veröffentlichten Diskussionsentwurf einer Insolvenzordnung aufgenommen. Vielmehr sollte es bei dem hergebrachten Modell der Haftungsbeschränkung durch Nachlassverwaltung und Nachlasskonkurs bleiben.[212]

2. *Die Insolvenzordnung von 1994: (Fast) alles bleibt, wie es ist*

Mit der Einführung der Insolvenzordnung zum 1. Januar 1999[213] waren grundlegende Reformüberlegungen zum Nachlasskonkursverfahren vom Tisch. Die bisherigen Vorschriften des Nachlasskonkurses waren auch für das neue Nachlassinsolvenzverfahren übernommen und lediglich an einigen Stellen an die neue Struktur der Insolvenzordnung angepasst worden.[214] Eine inhaltliche Änderung der Vorschriften über den Nachlasskonkurs war nicht bezweckt.[215]

---

209 *BMJ*, Zweiter Bericht, S. 165 f.

210 *BMJ*, Zweiter Bericht, S. 166.

211 *Weber*, KTS 1959, S. 82; *K. Schmidt*, JZ 1982, S. 167; *ders.*, ZIP 1985, S. 717. Für eine Neukonzipierung des Nachlasskonkurses auch *Uhlenbruck*, FS Einhundert Jahre Konkursordnung (1977), S. 12 f.

212 *BMJ*, DiskE Bd. 2, S. B8.

213 Insolvenzordnung (InsO) vom 5.10.1994, BGBl. I, S. 2866.

214 Vgl. die Synopse für die §§ 315–331 InsO bei *Bork*, InsO (1999), S. 166 ff.

215 BT-Drucks. 12/2443, S. 229.

Jedoch wurde zur Vereinheitlichung der Insolvenzgründe in der Insolvenzordnung sowie in Rücksichtnahme auf Unternehmernachlässe schließlich doch noch die (drohende) Zahlungsunfähigkeit als Eröffnungsgrund für ein Nachlassinsolvenzverfahren eingeführt.[216] Aufgrund der grundsätzlichen Anwendbarkeit der allgemeinen Verfahrensvorschriften auch für das Nachlassinsolvenzverfahren sind nunmehr auch die Eigenverwaltung und das Insolvenzplanverfahren im Nachlassinsolvenzverfahren möglich.[217]

VII. Zusammenfassung

Der Übergang der Verbindlichkeiten des Erblassers auf den Erben ist seit jeher ein bekanntes Rechtsprinzip. Im Klassischen Römischen Recht bestand für den Erben grundsätzlich keine Möglichkeit, seine Haftung auf den geerbten Nachlass zu beschränken. Lediglich in einigen beschränkten Sonderfällen konnte der Prätor Ausnahmen gewähren, die zu einer Entsagung des Nachlasses führten.

Erst im Justinianischen Recht wird eine Beschränkung der Haftung auf den Nachlass für jeden Erben möglich. Bewirkt wird diese Haftungsbeschränkung durch ein von dem Erben zu erstellendes Inventar des Vermögens und der Verbindlichkeiten des Erblassers. Eine besondere Befriedigungsreihenfolge gegenüber den Gläubigern musste der Erbe nicht einhalten, seitens der Gläubiger bestand aber eine eingeschränkte Regressmöglichkeit.

Durch die Inventarerstellung wurde der Nachlass zugleich als eine von dem übrigen Vermögen des Erben getrennte Vermögensmasse allgemein anerkannt. Als Folge wurden Vorschriften nötig, wie diese besondere Vermögensmasse zu liquidieren sei. Hierfür wandte man die für die Personenzwangsvollstreckung geltenden Regeln entsprechend auf die Zwangsvollstreckung in das Nachlassvermögen an.

Nach der Rezeption des Römischen Rechts durch das Gemeine Recht im Mittelalter erwies sich im weiteren Verlauf das Preußische Recht als Wegweiser für die spätere Rechtsentwicklung des Deutschen Reiches. Bereits in den frühesten konkursrechtlichen Kodifikationen waren Regelungen über das Verfahren bei Nachlässen vorhanden. Seit den Anfängen der besonderen Preußischen Konkursrechte im frühen 18. Jahrhundert war der Konkurs über einen Nachlass bekannt. In den folgenden Kodifikationen wurden die Vorschriften über den Nachlasskonkurs mit der Zeit schrittweise präzisiert.

---

216 § 320 InsO. Hierzu BT-Drucks. 12/2443, S. 230 f.

217 Zu diesen Änderungen K.Schmidt/*K.Schmidt*, Vor § 315 InsO Rn. 7.

Bis zur Einführung des BGB im Jahr 1900 galt in Preußen allgemein, dass der Erbe seine Haftung durch die Errichtung eines Inventars auf das Nachlassvermögen beschränken konnte. Wurde durch das Inventar die Überschuldung des Nachlasses bekannt, wurde das Konkursverfahren über den Nachlass eröffnet.

Erst das BGB brach mit dem Prinzip der Haftungsbeschränkung mittels Inventarerrichtung und führte stattdessen die Nachlassverwaltung ein. Während der Beratungen des BGB war der Inventarvorbehalt anfangs noch als zweite Möglichkeit zur Haftungsbeschränkung des Erben neben dem Nachlasskonkurs vorgesehen, jedoch durch die 2. Kommission zugunsten der Nachlassverwaltung wieder gestrichen worden. Letztere entlehnte man dem Französischen Recht.

Die zur Reform des Konkursrechts eingesetzte Kommission für Insolvenzrecht schlug 1986 vor, das Nachlasskonkursverfahren grundlegend neu zu gestalten und nur noch für solche Nachlässe vorzusehen, deren Bestandteil ein Unternehmen ist. Alle anderen Nachlässe sollten im Rahmen einer erweiterten Nachlassverwaltung ähnlich dem Französischen Recht liquidiert werden.

Die Insolvenzordnung führte schließlich im Jahr 1999 das Nachlassinsolvenzverfahren ein, ohne jedoch sachliche Änderungen an dem bisherigen Recht herbeizuführen. Die Unterscheidung der Kommission für Insolvenzrecht nach der Zugehörigkeit eines Unternehmens zum Nachlass wurde vom Gesetzgeber nicht aufgegriffen. Einzige grundlegende Neuerung des seit dem Jahr 1898 unverändert gebliebenen Verfahrens war die Einführung der Zahlungsunfähigkeit als Eröffnungsgrund. Damit war die seit dem Jahr 1895 während der Beratungen des BGB kontrovers diskutierte Regelung über 100 Jahre später Rechtswirklichkeit geworden.

C. Rechtsvergleichung: Die Abwicklung insolventer Nachlässe innerhalb der Europäischen Union

I. Einführung

Die zwingende Abwicklung eines unzureichenden Nachlasses im Rahmen eines Insolvenzverfahrens ist ein Prinzip des deutschen Rechts, das sich bis heute gehalten hat. Wie oben gezeigt wurde, schloss bereits das Preußische Konkursrecht seit seinen Anfängen den Nachlass als besondere Vermögensmasse mit ein, sodass der Nachlass gegebenenfalls durch einen Konkursverwalter abzuwickeln war.[218] Die Reichskonkursordnung von 1877 übernahm das Preußische Konzept und widmete dem Nachlasskonkursverfahren seit seiner Revision im Jahre 1898

218 Siehe oben Seite 51.

einen eigenen Abschnitt im Gesetz. Die Insolvenzordnung von 1999 übernahm das althergebrachte Regelungssystem.[219]

Wirft man den Blick auf andere Rechtsordnungen, so fällt auf, dass der deutsche Ansatz eines Nachlassinsolvenzverfahrens nur wenig verbreitet ist. Und selbst dort, wo die Liquidation eines Nachlasses innerhalb eines Konkursverfahrens bekannt ist, besteht in den seltensten Fällen eine Liquidations*pflicht* wie im deutschen Recht. Vielmehr handelt es sich meist um ein Liquidations*recht*, das den Beteiligten optional zur Seite steht.

Im Kontext nationaler Verschiedenheiten kann Rechtsvergleichung den Zweck erfüllen, die Fülle unterschiedlicher Regelungsansätze überschaubar zu machen, indem griffige Systematisierungsmerkmale herausgearbeitet werden. Rechtsvergleichung erfüllt eine theoretische Ordnungsaufgabe.[220] An Systematisierungskriterien besteht dabei kein Mangel, ganz im Gegenteil. Jede Rechtsordnung unterliegt unterschiedlichen geschichtlichen Einflüssen und entwickelt eigene Rechtsstrukturen, Eigenheiten und Rechtsquellen.[221] Hinzu kommt, dass Rechtssysteme einander beeinflussen und auf diese Weise Vermischungen von Rechtstraditionen stattfinden.[222]

Für den Zweck dieser Untersuchung soll keine generelle Systematisierung der Rechtssysteme erfolgen. Vielmehr soll der spezifischen Frage nachgegangen werden, wie das in jeder Rechtsordnung bestehende Rechtsbedürfnis nach Lösung des Spannungsverhältnisses zwischen Erbenhaftung und Nachlassverteilung gelöst wird.

II. Methode der Rechtsvergleichung

Es liegt auf der Hand, dass ein bestimmtes Rechtsproblem in unterschiedlichen Rechtsordnungen in den seltensten Fällen eine identische Regelung erfährt. Mag das hinter einer Regelung stehende Rechtskonzept auch ähnlich sein, so

---

219 Zur Kritik und den zwischenzeitlichen Reformbestrebungen siehe oben Seite 64.

220 *Zweigert/Kötz*, Rechtsvergleichung, S. 62.

221 Im Einzelnen *Zweigert/Kötz*, Rechtsvergleichung, S. 63 m.w.N.; *David/Brierley*, Legal systems S. 20 ff.

222 Vgl. *Graziadei*, Transplants and Receptions, S. 474: „Legal orders owe their existence to both original innovation and borrowing“. Gemeinhin werden aber nur Rechtsordnungen, die durch die gegenseitige Beeinflussung von Romanisch-Germanischer Rechtstradition und dem *common-law* geprägt sind, als “Mischsysteme” bezeichnet, *Graziadei*, Transplants and Receptions, S. 453. Wählt man hingegen andere Differenzierungsmerkmale, erhöht sich die Anzahl solcher „gemischter Systeme“ erheblich, siehe etwa *Du Plessis*, Mixed Legal Systems, S. 480 ff. m.w.N.

wird man dennoch andere Begrifflichkeiten und Gesetzessystematiken vorfinden. Rechtsvergleichung kann sich daher nicht an Begriffen oder Systematiken orientieren, sondern muss einen *funktionalen* Ansatz nehmen.[223] Im Zentrum steht dabei das zu untersuchende Rechts*bedürfnis*. Die Frage lautet somit nicht, wie andere Länder ein Nachlassinsolvenzverfahren ausgestaltet haben. Vielmehr ist danach zu fragen, wie die spezifischen Rechtsbedürfnisse, die das deutsche Nachlassinsolvenzverfahren erfüllt, in anderen Rechtsordnungen gelöst werden.

Das Nachlassinsolvenzverfahren erfüllt im deutschen Recht zwei grundsätzliche Funktionen. Einerseits ist es nach der erbrechtlichen Haftungsordnung des BGB Voraussetzung dafür, die Haftung des Erben für die Nachlassverbindlichkeiten zu beschränken und andererseits sorgt es für eine geordnete Nachlassabwicklung mit dem Zweck der gemeinschaftlichen Befriedigung der Nachlassgläubiger innerhalb eines Insolvenzverfahrens. Demnach löst das Nachlassinsolvenzverfahren zwei Rechtsbedürfnisse zugleich: einmal die Beschränkung einer gegebenenfalls bestehenden Haftung des Erben für die Nachlassverbindlichkeiten und zum anderen die Liquidation eines insuffizienten Nachlasses. Im Verhältnis dieser beiden Funktionen zueinander steht die Art der Haftungsbeschränkung des Erben regelmäßig auf der ersten Stufe, an die sich in einem zweiten Schritt die dann folgende Liquidation des Nachlasses anschließt. Macht der Erbe nämlich (wie etwa im deutschen Recht) von der Möglichkeit der Haftungsbeschränkung keinen Gebrauch, haftet er regelmäßig in voller Höhe mit dem Eigenvermögen für die Verbindlichkeiten des Erblassers. Eine gesonderte Nachlassliquidation ist dann nicht erforderlich.[224]

Im Folgenden wird daher zunächst eine Systematisierung der untersuchten Rechtsordnungen nach der Art der Haftungsbeschränkung des Erben unternommen. Erst im Anschluss daran werden die verschiedenen Arten der Verteilung des noch vorhandenen Nachlassvermögens bei einem unzureichenden Nachlass einander gegenübergestellt.

Ausgangspunkt der Darstellung ist das deutsche Recht, bevor sich eine vergleichende Untersuchung der Mitgliedstaaten der Europäischen Union anschließt.

---

223 Zur funktionalen Rechtsvergleichung siehe *Zweigert/Kötz*, Rechtsvergleichung, S. 33; *Michaels*, The Functional Method, S. 363 ff.

224 Ist der Erbe hingegen selbst in wirtschaftlicher Not, kann die getrennte Durchführung eines Nachlassinsolvenzverfahrens zum Schutz der Nachlassgläubiger dennoch sinnvoll sein, K.Schmidt/*K.Schmidt*, Vor § 315 InsO Rn. 5.

III. Der Ausgangspunkt: Deutschland

1. *Das Haftungssystem der unbeschränkten, aber beschränkbaren Erbenhaftung nach dem BGB*

Seit den Anfängen des deutschen Rechts bestand der Grundsatz, dass der Erbe nur gegenständlich mit dem Nachlass haften soll, mithin *cum viribus hereditatis*. Es handelte sich hierbei um die sogenannte „deutschrechtliche Auffassung", die sich seit jeher von den Haftungssystemen des Gemeinen Rechts sowie des Rechts Frankreichs unterschied, wonach der Erbe für persönlich haftbar gehalten wurde.[225] Die Verwirklichung dieses deutschrechtlichen Prinzips lässt sich insbesondere im Sächsischen und Preußischen Recht nachverfolgen.[226] Trotz seiner grundsätzlichen Haftungsbeschränkung oblag es dem Erben aber auch dort, durch fristgerechtes Aufstellen eines Inventars seine von Gesetzes wegen vorgesehene Haftungsbeschränkung auf die Vermögensgegenstände des Nachlasses geltend zu machen.[227]

Das BGB brach im Jahr 1900 mit diesem Prinzip. Auch wenn seine Verfasser die neue Systematik als kontinuierlich „deutschrechtlich" ansahen, so wurde daran schon seinerzeit gezweifelt.[228] Die traditionelle „deutschrechtliche Auffassung" ist heute überholt.[229] Der Erbe haftet seit dem BGB unbeschränkt mit seinem Eigenvermögen, kann seine Haftung aber rückwirkend wieder beseitigen.

a) *Universalsukzession und Vonselbsterwerb*

Durch die Universalsukzession nach § 1922 BGB erwirbt der Erbe die gesamte Erbschaft, einschließlich der Verbindlichkeiten. Weil es darüber hinaus für den

225 *Böhm*, Gruchots Beiträge 42 (1898), S. 458 f.; Denkschrift, *Mugdan*, Materialien Bd. V, S. 852. Hierzu auch schon oben Fn. 165.

226 So lautete § 2362 des Sächsischen BGB von 1865: „Der Erbe haftet für die Erbschaftsschulden nur, soweit die Kräfte der Erbschaft, einschließlich der davon gezogenen Früchte und Zinsen und dessen, was der Erbe der Erbschaft selbst schuldet, reichen." Im Preußischen Recht lautete § 422 des 9. Titels, 1. Teil des Allgemeinen Landrechts von 1794: „Wer eine Erbschaft nur unter dem Vorbehalte der Rechtswohlthat des Inventarii angenommen hat, der darf alle daran zu machenden Forderungen nur so weit, als das Vermögen des Nachlasses hinreicht, vertreten."

227 Zur Erbenhaftung im Preußischen Recht oben Seite 51.

228 Siehe die Denkschrift, *Mugdan*, Materialien Bd. V, S. 852 einerseits und etwa *Böhm*, Gruchots Beiträge 42 (1898), S. 460 f. andererseits.

229 Zur bis heute bestehenden herrschenden Ansicht siehe Staudinger/*Marotzke*, Vorb. zu §§ 1967–2017 BGB Rn. 9 m.w.N.

Erbschaftserwerb keinerlei Zwischenakte bedarf (weder behördlicher Zustimmungen noch eigener Handlungen des Erben), handelt es sich um einen Vonselbsterwerb, der unmittelbar mit dem Eintritt des Erbfalles Wirkung entfaltet.[230]

Diese Art des Erbschaftserwerbes hat zur Folge, dass mit dem Eintritt des Erbfalles eine Vermögensvermischung mit dem Eigenvermögen des Erben bewirkt wird. Es treten Konsolidation und Konfusion ein. Dies führt dazu, dass der Erbe den Nachlass zunächst wie sein eigenes Vermögen verwalten darf.[231]

Nach der Konzeption des BGB führt die Eröffnung eines Nachlassinsolvenzverfahrens dazu, dass die Vermögensvermischung zwischen Nachlass und Eigenvermögen des Erben wieder aufgehoben und eine besondere Vermögenmasse gebildet wird, aus der ausschließlich die Nachlassgläubiger befriedigt werden dürfen.[232] Der Erbe steht dem Nachlass nun wie ein Dritter gegenüber und muss sich für zwischenzeitliche Verfügungen über das Nachlassvermögen wie ein Beauftragter verantworten, wobei ihm aber Haftungserleichterungen zur Seite stehen.[233]

Im Gegenzug zur Verantwortlichkeit des Erben für seine Verwaltung des Nachlasses werden seine Aufwendungsersatzansprüche privilegiert, indem sie im Nachlassinsolvenzverfahren zu Masseverbindlichkeiten werden.[234] Hierzu zählen auch Aufwendungen für Nachlassverbindlichkeiten, die der Erbe zunächst aus seinem Eigenvermögen erbracht hat.[235]

---

230 MünchKomm-BGB/*Leipold*, § 1922 BGB Rn. 125.

231 Diese Befugnis zur Nachlassverwaltung bedeutet indes nicht, dass der Erbe von der Beachtung besonderer Sorgfaltspflichten befreit ist. Wird später eine Nachlassverwaltung angeordnet oder ein Nachlassinsolvenzverfahren eröffnet, haftet der Erbe den Gläubigern für seine zwischenzeitliche Nachlassverwaltung wie ein Beauftragter, § 1978 Abs. 1 BGB. Bei der (rückwirkenden) Beurteilung etwaiger Ersatzpflichten des Erben kommt ihm jedoch keine Haftungsprivilegierung im Sinne einer *diligentia quam in suis* zugute, vielmehr hat er jede Fahrlässigkeit zu vertreten, siehe unten Seite 72.

232 §§ 1976 BGB, 11 Abs. 2 Nr. 2, 325 InsO.

233 § 1978 Abs. 1 BGB. Konnte der Erbe bei der Berichtigung von Nachlassverbindlichkeiten davon ausgehen, dass das Nachlassvermögen zur Begleichung aller Verbindlichkeiten ausreichen werde, müssen die Nachlassgläubiger diese Verfügungen als für Rechnung des Nachlasses erfolgt gelten lassen, § 1979 BGB. Eine Haftung des Erben für diese Verfügungen scheidet dann aus.

234 § 324 Abs. 1 Nr. 1 InsO.

235 §§ 1978 Abs. 3, 1979 BGB, 324 Abs. 1 Nr. 1 InsO. Dies gilt jedoch nur, soweit der Erbe davon ausgehen konnte, dass der Nachlass weder zahlungsunfähig noch überschuldet ist; ansonsten tritt der Erbe lediglich an die Stelle des befriedigten Gläubigers und

Liegt der Beginn der Vermischung des Nachlassvermögens mit dem Eigenvermögen des Erben länger als zwei Jahre zurück, wird den Nachlassgläubigern zum Schutze des Erben die Möglichkeit verwehrt, diesem den Nachlass durch die Beantragung eines Nachlassinsolvenzverfahrens wieder zu entziehen.[236] Dem Erben bleibt es jedoch unbenommen, auch nach Ablauf dieser Frist selbst einen Antrag auf Eröffnung des Nachlassinsolvenzverfahrens zu stellen.

b) Beschränkbare Erbenhaftung

Eine weitere Folge der mit dem Erbfall eintretenden Universalsukzession und des Vonselbsterwerbs der Erbschaft ist die unbeschränkte Haftung des Erben für die Nachlassverbindlichkeiten. Nimmt der Erbe die Erbschaft an, indem er entweder die Annahme erklärt oder aber die Ausschlagungsfrist ungenutzt verstreichen lässt, tritt automatisch die unbeschränkte Haftung ein.[237] Möglichkeiten einer Erbschaftsannahme unter gleichzeitiger Beschränkung der Haftung des Erben auf das vorhandene Nachlassvermögen gibt es im deutschen Recht nicht.[238]

Diese für den Erben wie auch für die Nachlassgläubiger einfach handhabbare Regelung steht jedoch unter dem praktischen Vorbehalt der jederzeit möglichen Entäußerung des Nachlasses durch den Erben. Die vollständige Entäußerung des Nachlassvermögens durch den Erben ist zwingend, wenn dieser sich von der unbeschränkten Haftung befreien möchte.

Das Nachlassinsolvenzverfahren stellt neben der Nachlassverwaltung die einzige Möglichkeit für den Erben dar, die von Gesetzes wegen und ohne Zutun des Erben eingetretene unbeschränkte Haftung mit dem Eigenvermögen wieder zu beseitigen.[239] Der Verlust der Verwaltungs- und Verfügungsbefugnis des

---

kann dessen Forderung im Nachlassinsolvenzverfahren ihrem Rang nach geltend machen, § 326 Abs. 2 InsO.

236 § 319 InsO.

237 §§ 1943, 1922 Abs. 1, 1967 Abs. 1 BGB. Die Annahme der Erbschaft kann dabei sowohl durch schriftliche oder mündliche Erklärung des Erben gegenüber einem Nachlassbeteiligten erfolgen oder dadurch, dass der Erbe durch schlüssiges Verhalten seine Absicht nach außen hin kundtut, die Erbschaft endgültig annehmen zu wollen, hierzu MünchKomm-BGB/*Leipold*, § 1943 BGB Rn 3 ff.

238 Dies ist in den romanisch geprägten Rechtsordnungen anders.

239 § 1975 BGB. Gleichsam als „dritte" Möglichkeit der Haftungsbeschränkung tritt die Dürftigkeitseinrede nach § 1990 Abs. 1 Satz 1 BGB hinzu, die jedoch nur zum Zuge kommt, sofern das Nachlassvermögen so gering ist, dass die Kosten für eine Nachlassverwaltung oder ein Nachlassinsolvenzverfahren hieraus nicht gedeckt werden können.

Erben über das Nachlassvermögen ist in beiden Fällen zwingend.[240] Nur durch die Besitzübernahme des Nachlassvermögens durch einen gerichtlich bestellten Verwalter ist eine ordnungsgemäße Nachlassabwicklung möglich, die das Interesse aller Nachlassgläubiger wahren soll.[241]

c) Haftung mit dem Eigenvermögen bei pflichtwidriger Nachlassverwaltung

Der Verlust der Verwaltungs- und Verfügungsbefugnis des Erben über das Nachlassvermögen geht mit einer rückwirkenden Haftungsverantwortlichkeit gegenüber den Nachlassgläubigern einher. Diese Haftungsverantwortlichkeit stellt – bei wirtschaftlicher Betrachtung – den Preis für die eintretende Haftungsbeschränkung dar.

Der nur beschränkt haftende Erbe ist den Nachlassgläubigern für seine seit dem Erbfall vorgenommenen Verfügungen über das Nachlassvermögen nach Auftragsrecht rechenschaftspflichtig und haftungsrechtlich verantwortlich.[242] Hierdurch wird eine Verpflichtung des Erben angenommen, den Nachlass im Interesse der Nachlassgläubiger grundsätzlich ungeschmälert zu erhalten.[243]

Bei der Beurteilung, ob der Erbe gegenüber den Nachlassgläubigern schadenersatzpflichtig ist, steht dem Erben keine Haftungserleichterung im Wege einer *diligentia quam in suis* zu, obwohl der Erbe das Nachlassvermögen nach dem Erbfall in rechtmäßiger Weise mit seinem Eigenvermögen vermischen und verwalten durfte.[244] Den Gläubigern soll damit – auch nach größerem

---

240 §§ 80 Abs. 1 InsO, 1984 Abs. 1 Satz 1 BGB. Einzig bei der Erhebung der Dürftigkeitseinrede nach § 1990 Abs. 1 Satz 1 BGB verbleibt dem Erben die Verwaltungs- und Verfügungsbefugnis über das Nachlassvermögen bei gleichzeitig eintretender Haftungsbeschränkung. Hierbei handelt es sich jedoch um eine systematische Ausnahme zum Schutze des Erben. Dieser soll nicht zur Leistung eines Kostenvorschusses nach den §§ 1982 BGB, 26 Abs. 1 Satz 2 InsO gezwungen werden, MünchKomm-BGB/*Küpper*, § 1990 BGB Rn. 1; Bamberger/Roth/*Lohmann*, § 1990 BGB Rn. 1.

241 Staudinger/*Marotzke*, § 1975 BGB Rn. 5.

242 Dies gilt sowohl für den Zeitraum vor der Annahme der Erbschaft (wie ein Geschäftsführer ohne Auftrag) als auch nach der Erbschaftsannahme (wie ein Beauftragter), §§ 1978 Abs. 1, 666, 681 Satz 2 BGB.

243 Dies ergibt sich aus dem objektiven Interesse der Nachlassgläubiger, das der Erbe zu wahren hat, MünchKomm-BGB/*Küpper*, § 1978 BGB Rn. 10; ebenso BGH, Urteil v. 13.7.1989, IX ZR 227/87, NJW-RR 1989, S. 1227.

244 Es gilt der allgemeine Verschuldensmaßstab des § 276 Abs. 1 BGB, MünchKomm-BGB/*Küpper*, § 1978 BGB Rn. 3. Hat der Erbe hierbei Nachlassvermögen für sich selbst verbraucht, hält ihn die Rechtsprechung sogar für verschuldensunabhängig zur Herausgabe nach § 667 BGB verpflichtet, BGH, Beschl. v. 13.3.2008, IX ZR 13/05, ZEV 2008, 237.

Zeitablauf – vermögensrechtlich im Wesentlichen diejenige Haftungsmasse zur Verfügung stehen, die auch schon zur Zeit des Erbfalls bestand.[245] Die gegen den Erben bestehenden Haftungsansprüche gelten nach § 1978 Abs. 2 BGB als zum Nachlassvermögen gehörend und sind im Nachlassinsolvenzverfahren durch den Insolvenzverwalter geltend zu machen.

Dass der Erbe den Gläubigern gegenüber für eine pflichtwidrige Nachlassverwaltung haftet, ist aus Gläubigersicht das notwendige Gegenstück zum unmittelbaren Erbschaftserwerb, mit dem der Erbe das gesamte Nachlassvermögen ohne weitere Zwischenschritte mit dem Erbfall erwirbt. Auf diese Weise geht die ihnen zur Verfügung stehende Haftungsmasse auch bei einer erst deutlich später eintretenden Haftungsbeschränkung des Erben nicht verloren.[246] Darüber hinaus kommt den Nachlassgläubigern auch ein Kontrollrecht gegenüber dem Erben zu. Sofern den Gläubigern schon während der Beitreibung ihrer Forderungen Zweifel an einer ordnungsgemäßen Verwaltung des Nachlasses durch den Erben kommen, sind sie zur Beantragung einer Nachlassverwaltung berechtigt.[247] Zusätzlich werden die Nachlassgläubiger durch einen persönlichen Haftungsanspruch gegen den Erben geschützt, wodurch pflichtwidrige Verkürzungen der Haftungsmasse ausgeglichen werden.

Dieses Haftungskonzept wird dadurch verstärkt, dass der Erbe unverzüglich die Eröffnung des Nachlassinsolvenzverfahrens zu beantragen hat, sobald ihm die Zahlungsunfähigkeit oder die Überschuldung des Nachlasses bekannt wird oder hätte bekannt werden müssen.[248] Hierdurch soll eine weitere Schmälerung der Haftungsmasse vermieden werden, die umso schwerer wiegt, als das Nachlassvermögen für die Befriedigung aller Nachlassgläubiger nicht mehr ausreicht. Verletzt der Erbe diese Pflicht, ist er den Gläubigern zum Schadenersatz verpflichtet, § 1980 Abs. 1 Satz 2 BGB.

---

245 Ausgenommen sind die Verfügungen des Erben, die die Gläubiger als für Rechnung des Nachlasses erfolgt gelten lassen müssen, § 1979 BGB.

246 Ausweislich § 328 Abs. 2 InsO hält die Insolvenzordnung die Eröffnung eines Nachlassinsolvenzverfahrens auch über fünf Jahre nach dem Erbfall noch für möglich, jedoch wird der Erbe in diesem Fall gegenüber den nach § 1974 BGB ausgeschlossenen Gläubigern haftungsrechtlich privilegiert.

247 Nach § 1981 Abs. 2 Satz 1 BGB ist die Beantragung einer Nachlassverwaltung durch einen Gläubiger nur möglich, wenn Grund zu der Annahme besteht, dass die Befriedigung der Nachlassgläubiger aus dem Nachlass durch das Verhalten oder die Vermögenslage des Erben gefährdet wird.

248 § 1980 Abs. 1 Satz 1, Abs. 2 Satz 1 BGB. Dies gilt gleichermaßen für den Nachlassverwalter, § 1985 Abs. 2 Satz 2 BGB.

2. Abwicklung des Nachlasses im Insolvenzverfahren

Mit der Eröffnung des Nachlassinsolvenzverfahrens übernimmt der Nachlassinsolvenzverwalter die Verwaltungs- und Verfügungsbefugnis über das Nachlassvermögen.[249] Er hat das Nachlassvermögen unverzüglich in Besitz zu nehmen und bis zur Verteilung an die Nachlassgläubiger zu verwalten und zu verwerten.[250]

Im Nachlassinsolvenzverfahren dürfen nur die Nachlassgläubiger ihre Forderungen geltend machen.[251] Den Eigengläubigern des Erben ist der Zugriff auf das Nachlassvermögen dauerhaft verwehrt, auch wenn der Erbe sein Recht zur Haftungsbeschränkung verloren haben sollte und für die Nachlassverbindlichkeiten unbeschränkbar haftet.[252] Kann sich der Erbe dagegen auf den Eintritt der Haftungsbeschränkung berufen, ist den Nachlassgläubigern andererseits der Zugriff auf das Eigenvermögen des Erben verwehrt, denn diese können mit Insolvenzeröffnung ihre Rechte nur noch nach den Regeln des Insolvenzverfahrens verfolgen.[253]

Zum Nachlass gehören nicht nur diejenigen Vermögensgegenstände des Erblassers, die noch vorhanden sind, sondern auch etwaige Surrogate und ein Hinzuerwerb des Nachlasses.[254] Diese Masse wird ergänzt durch Ersatzansprüche gegen den Erben oder Nachlassverwalter wegen pflichtwidriger Verwaltung des Nachlasses bis zur Insolvenzeröffnung und Ansprüche wegen schuldhafter Insolvenzverschleppung.[255] Diese Ansprüche werden vom Insolvenzverwalter geltend gemacht.[256]

---

249 § 80 Abs. 1 InsO.

250 § 148 Abs. 1 InsO.

251 § 325 InsO.

252 K.Schmidt/*K.Schmidt*, Vor § 315 InsO Rn. 5.

253 § 87 InsO. Dies gilt ebenso nach der Aufhebung oder Einstellung des Nachlassinsolvenzverfahrens, K.Schmidt/*K.Schmidt*, Vor § 315 InsO Rn. 4.

254 K.Schmidt/*K.Schmidt*, Vor § 315 InsO Rn. 14. Surrogate können vor allem nach § 2041 BGB bei einer Miterbengemeinschaft in den Nachlass fallen, im Einzelnen MünchKomm-BGB/*Gergen*, § 2041 BGB Rn. 2. Ein Hinzuerwerb des Nachlasses ist insbesondere bei der Fortführung eines Einzelunternehmens des Erblassers durch den Erben denkbar, hierzu K.Schmidt/*K.Schmidt*, Vor § 315 InsO Rn. 15; MünchKomm-InsO/*Siegmann*, Anh. zu § 315 InsO Rn. 15 ff.

255 §§ 1978 Abs. 1, 1980 Abs. 1, 1985 Abs. 2 BGB, hierzu K.Schmidt/*K.Schmidt*, Vor § 315 InsO Rn. 14 f.; MünchKomm-InsO/*Siegmann*, Anh. zu § 315 InsO Rn. 9.

256 Staudinger/*Marotzke*, § 1978 BGB Rn. 36; MünchKomm-BGB/*Küpper*, § 1980 BGB Rn. 11.

Nach der Befriedigung der Nachlassgläubiger aus der Insolvenzmasse wird das Nachlassinsolvenzverfahren aufgehoben.[257] Mit der Aufhebung endet die Verwaltungs- und Verfügungsbefugnis des Insolvenzverwalters über das Nachlassvermögen. Etwaige nicht verwertete Gegenstände fallen dann an den Erben zurück.[258]

Gegenüber den Nachlassgläubigern haftet der Erbe nach der Aufhebung des Insolvenzverfahrens nur noch mit dem vorhandenen Nachlassrest, sofern er sich auf die Haftungsbeschränkung nach § 1975 BGB berufen kann. Die Nachlassgläubiger sind nicht gehindert, wegen ihrer restlichen Forderungen in den Nachlassrest zu vollstrecken.[259] Ist der Nachlass im Nachlassinsolvenzverfahren vollständig verwertet worden, kann der Erbe gegenüber den Nachlassgläubigern die Erschöpfungseinrede erheben.[260]

IV. Die Mitgliedstaaten der Europäischen Union

In einem nächsten Schritt sollen die Rechtsordnungen der Mitgliedstaaten der Europäischen Union betrachtet werden. Eine Beschränkung folgt aus dem Anwendungsbereich der Europäischen Insolvenzverordnungen EuInsVO/EuInsVO 2017, die in allen Mitgliedstaaten der EU mit Ausnahme Dänemarks Anwendung finden.[261] Zwar hält das Unionsrecht für Dänemark ein differenziertes Instrumentarium bereit, um sich gegebenenfalls an Maßnahmen der

---

257 § 200 Abs. 1 InsO.

258 MünchKomm-InsO/*Siegmann*, Vorb. vor §§ 315 bis 331 InsO Rn. 14.

259 § 201 Abs. 1 InsO, hierzu MünchKomm-InsO/*Siegmann*, Vorb. vor §§ 315 bis 331 InsO Rn. 14.

260 §§ 1989, 1973 BGB.

261 Verordnung (EG) Nr. 1346/2000 des Rates vom 29. Mai 2000 über Insolvenzverfahren, ABl. EG Nr. L 160 vom 30.6.2000, S. 1. Mit Wirkung vom 26.6.2017 neugefasst durch die Verordnung (EU) 2015/848 des Europäischen Parlaments und des Rates vom 20. Mai 2015 über Insolvenzverfahren, ABl. EU Nr. L 141 vom 5.6.2015, S. 19 („EuInsVO 2017"). In Erwägungsgrund 33 der EuInsVO (Erwägungsgrund 88 EuInsVO 2017) wird noch einmal darauf hingewiesen, dass sich Dänemark gemäß Art. 1 und 2 des dem Vertrag über die Europäische Union und des Vertrages über die Gründung der Europäischen Gemeinschaft beigefügten Protokolls Nr. 5 über die Position Dänemarks nicht an Maßnahmen nach dem Dritten Teil, Titel IV des EG-Vertrags beteiligt. Nunmehr ist das Protokoll auch dem Vertrag über die Europäische Union sowie dem Vertrag über die Arbeitsweise der Europäischen Union beigefügt und bezieht sich auf den Dritten Teil, Titel V AEUV, siehe Protokoll Nr. 22 über die Position Dänemarks, konsolidiert ABl. EU Nr. C 326 vom 26.10.2012, S. 299.

justiziellen Zusammenarbeit in Zivilsachen zu beteiligen, jedoch hat Dänemark im Fall der EuInsVO/EuInsVO 2017 hiervon bislang keinen Gebrauch gemacht.[262]

Auch wenn ein Nachlassinsolvenzverfahren außerhalb Deutschlands nur teilweise bekannt ist, so hat jede Rechtsordnung eine Antwort auf die dahinterstehenden tatsächlichen Bedürfnisse gefunden. Aufgrund der Doppelfunktion des Nachlassinsolvenzverfahrens im deutschen Recht als Mittel zur Haftungsbeschränkung des Erben und als Verteilungsverfahren bei unzureichendem Nachlassvermögen sind im Folgenden zwei unterschiedliche Bedürfnisse zu untersuchen. Obwohl es sich der Sache nach um zwei voneinander getrennte Problematiken handelt, sind sie praktisch eng miteinander verbunden. Im Laufe der Analyse wird sich zeigen, dass rechtstechnischer Ausgangspunkt regelmäßig die Art der Haftungsbeschränkung des Erben für die Verbindlichkeiten des Nachlasses ist. Erst wenn diese Frage geklärt ist, ist es möglich, ein Verteilungsverfahren zu schaffen, das auf das jeweilige Modell der Haftungsbeschränkung abgestimmt ist.

Bildet man anhand der vorhandenen Rechtskonzepte eine Systematik, so ergeben sich vier Lösungsgruppen:

Die erste Gruppe umfasst die Rechtsordnungen, die als Mittel der Haftungsbeschränkung des Erben die Errichtung eines Nachlassinventars bei Annahme der Erbschaft durch den Erben vorsehen. Dieses Rechtskonzept ist unverkennbar vom Justinianischen Recht geprägt, das sich in dieser Form bis heute bewährt hat. Es ist vornehmlich im romanischen Rechtskreis anzutreffen. Dieses Rechtskonzept wird im Folgenden „Inventarmodell“ genannt.

Die zweite Gruppe betrifft die Rechtsordnungen, die eine Haftung des Erben für die Nachlassverbindlichkeiten zwar vorsehen, jedoch eine Erklärung des Erben für den Eintritt einer Beschränkung als entbehrlich erachten. In der Folge wird die Haftung des Erben für die Nachlassverbindlichkeiten von Gesetzes wegen von Anfang an auf den Nachlass beschränkt. In dieser Gruppe sind osteuropäische Rechtsordnungen vorherrschend.

Als Drittes lassen sich die Rechtsordnungen zusammenfassen, die eine Haftung des Erben überhaupt nicht vorsehen. Dieses sind die Rechtsordnungen des *common-law* sowie die meisten nordischen Rechtsordnungen. Statt eine (auch nur beschränkte) Erbenhaftung vorzusehen, wird bei jedem Erbfall

262 Siehe Art. 8 (samt Anhang) des Protokolls Nr. 22 über die Position Dänemarks, konsolidiert ABl. EU Nr. C 326 vom 26.10.2012, S. 301 ff. Ebenso Erwägungsgrund 88 EuInsVO 2017.

eine Treuhand angeordnet, nach der der Nachlass mit dem Tod des Erblassers zunächst vollständig auf einen Treuhänder übergeht, der die Nachlassverbindlichkeiten zu begleichen hat. Eine Haftung des Erben ist damit ausgeschlossen. Dieses Modell wird „Treuhandmodell" genannt.

Den vorgenannten Konzepten steht schließlich das als Ausgangspunkt genommene deutsche Modell der unbeschränkten, aber durch die Eröffnung eines Nachlassinsolvenzverfahrens beschränkbaren Haftung für die Nachlassverbindlichkeiten gegenüber. Für dieses „vierte Konzept" findet sich unter den an der Anwendung der EuInsVO /EuInsVO 2017 teilnehmenden Mitgliedstaaten keine Entsprechung. Ein dem deutschen Recht vergleichbares Konzept verfolgt hingegen Dänemark, wo der Erbe eines insolventen Nachlasses die Wahl hat zwischen einer vollständigen Haftungsübernahme und der Liquidation des Nachlasses im Konkursverfahren.[263] Weil sich Dänemark an der Durchführung der EuInsVO/EuInsVO 2017 aber nicht beteiligt, soll es hier nicht näher untersucht werden.

Bei der folgenden Darstellung ist zu berücksichtigen, dass die Untersuchung losgelöst von den Rechtsbegriffen des BGB und der InsO erfolgt. Wenn von „Nachlass" die Rede ist, dann ist hiermit zwar stets einheitlich die Vermögensmasse gemeint, welche der Erblasser mit seinem Tod hinterlässt. Der konkrete Umfang des in dieser Masse gebundenen Vermögens ist aber von Rechtsordnung zu Rechtsordnung verschieden und muss für jeden Fall gesondert ermittelt werden.

Das Institut der Erbausschlagung wird nachfolgend grundsätzlich nicht untersucht, weil der Erbe in diesem Fall seine Erbenstellung rückwirkend wieder beseitigt.

1. *Inventarmodelle*

Die Haftungsbeschränkung des Erben durch eine Inventarerstellung setzt in der Regel voraus, dass der Erbe sich hierüber erklärt. Geläufig ist hierbei die Erklärung der Annahme einer angefallenen Erbschaft „unter der Errichtung eines Inventars" oder „unter der Rechtswohltat eines Inventars". Diese Begrifflichkeiten stammen augenscheinlich aus der Zeit Justinians, der im Jahr 631 n.Chr. das *beneficium inventarii* einführte, von dem nunmehr alle Bürger gleichermaßen profitieren sollten.[264] Bemerkenswert ist, dass der Begriff Eingang in alle betreffenden Sprachen gefunden hat, sei es das „bénéfice d'inventaire"

---

263 Hierzu Ferid/Firsching/*Thorbek*, Dänemark Rn. 195.

264 Zum Justinianischen Recht siehe oben Seite 46.

(Belgien, Luxemburg), das „beneficio d'inventario" (Italien), das „benefit of inventory" (Malta), die „acceptara sub beneficiul de inventar" (Rumänien) oder die „Rechtswohlthat des Inventariums" (Österreich).

Unterschiede bestehen zwischen den Rechtsordnungen bei der Art der beschränkten Haftung des Erben, der entweder mit seinem Eigenvermögen bis zu dem durch das Inventar ermittelten Wert des Nachlasses haftet oder dessen Haftung durch die Inventarerstellung gegenständlich auf den Nachlass beschränkt wird.

Schließlich kann danach unterschieden werden, wer für die Erstellung eines Inventars zuständig ist. In Betracht kommen hier insbesondere der Erbe (Italien, Lettland, Malta, Polen), ein Notar (Belgien, Estland, Frankreich, Rumänien), das Gericht (Griechenland, Österreich, Tschechien), ein Sachverständiger (Frankreich) oder ein Gerichtsvollzieher (Frankreich, Litauen, Polen).

a) Belgien

Nach belgischem Recht wird der Erbe mit dem Eintritt des Erbfalls Gesamtrechtsnachfolger des Erblassers.[265] Als solcher haftet er grundsätzlich unbeschränkt und persönlich für die Verbindlichkeiten des Erblassers.

Der Erbe hat jedoch die Möglichkeit, die Erbschaft unter dem Vorbehalt des Inventars anzunehmen.[266] Seine Haftung beschränkt sich dadurch gegenständlich auf den Nachlass.[267] Das Inventar wird sodann durch einen Notar aufgenommen. Der Erbe ist verpflichtet, den Nachlass zu verwalten und auseinanderzusetzen, den Gläubigern hat er Rechnung zu legen.[268]

Ist der Nachlass für die Begleichung aller Nachlassverbindlichkeiten unzureichend, so wird der Nachlass von dem Erben abgewickelt.[269] Das Gericht setzt hierzu für den Erben eine Befriedungsreihenfolge fest, sofern nicht zuvor eine gütliche Einigung mit den bekannten Gläubigern getroffen werden konnte.[270]

---

265 Art. 711 und 724 des belgischen Code civil vom 21.3.1804; *Van Gysel*, Successions, S. 342.

266 *Acceptation sous bénéfice d'inventaire*, Art. 774, 793 ff. Code civil. Hierzu im Einzelnen *Van Gysel*, Successions, S. 424 ff.; Süß/*Schür*, Belgien Rn. 115; Ferid/Firsching/*Hustedt/Genkin*, Belgien Rn. 189.

267 Art. 803 Abs. 3 Code civil; *Van Gysel*, Successions, S. 427 f.

268 Art. 803 Abs. 1 Code civil. Bei der Auseinandersetzung unterliegt der Vorbehaltserbe Genehmigungserfordernissen seitens des Gerichts, hierzu *Van Gysel*, Successions, S. 696 ff.; Süß/*Schür*, Belgien Rn. 116, 133 f.

269 *Van Gysel*, Successions, S. 695; Süß/*Schür*, Belgien Rn. 116.

270 Art. 808 Abs. 2 und 3 Code civil.

Gesicherten Gläubigern kommt dabei eine Vorrangstellung zu. Darüber hinaus können die Gläubiger die Abtrennung des Nachlassvermögens vom Eigenvermögen des Erben verlangen, sofern ihre Rechte durch den Erben beeinträchtigt werden. Der Nachlass wird daraufhin unter gerichtliche Verwaltung gestellt.[271]

War der Erblasser Kaufmann, so ist zeitlich beschränkt die Eröffnung eines Insolvenzverfahrens über das Nachlassvermögen zulässig.[272]

b) Bulgarien

Das bulgarische Recht sieht eine Universalsukzession des Erben in das Vermögen des Erblassers vor.[273] Davon sind auch die Verbindlichkeiten des Nachlasses erfasst. Allerdings findet kein Vonselbsterwerb statt, sondern der Erbe muss die Erbschaft erst annehmen.

Erklärt der Erbe die Annahme der Erbschaft unter dem Vorbehalt der Errichtung eines Inventars, so beschränkt sich seine Haftung für die Nachlassverbindlichkeiten auf das Vermögen des Nachlasses.[274] Der Inventarerbe hat das Nachlassvermögen zu verwalten und auseinanderzusetzen.[275]

Der Erbe darf die Nachlassgläubiger und die Vermächtnisnehmer grundsätzlich nach dem Prioritätsprinzip befriedigen, sofern hiergegen kein Widerspruch erhoben wird. Nach Erhebung eines Widerspruches wird die weitere Befriedigungsreihenfolge durch das Gericht festgelegt.[276] Erweist sich der Nachlass hierbei als unzureichend, so besteht ein Rückgriffsanspruch der Nachlassgläubiger gegen bereits befriedigte Vermächtnisnehmer.[277]

War der Erblasser Kaufmann, ist innerhalb eines Jahres die Eröffnung eines Nachlassinsolvenzverfahrens zulässig.[278]

---

271 Art. 804 Code civil; *Van Gysel*, Successions, S. 428 f., 695.

272 Art. 2 Abs. 3 des belgischen Konkursgesetzes vom 8.8.1997; *T'Kint/Derijke*, Faillite, S. 121 f.; MünchKomm-InsO/*Verdonck*, Belgien Rn. 2.

273 Art. 60 des bulgarischen Erbgesetzes (ErbG) vom 18.1.1949; Ferid/Firsching/*Jessel-Holst*, Bulgarien Rn. 46.

274 Art. 60 Abs. 2 ErbG; Ferid/Firsching/*Jessel-Holst*, Bulgarien Rn. 46.

275 Bei Veräußerungen von Gegenständen unterliegt er dabei der Zustimmung des Gerichts, Art. 65 Abs. 1 ErbG.

276 Art. 66 Abs. 1 ErbG.

277 Art. 66 Abs. 2 ErbG.

278 Lowitzsch/*Neidenowa*, Bulgarien, S. 108; Jahn/*Jahn*, Bulgarien, S. 18.

c) Estland

Das Erbrecht Estlands geht davon aus, dass das Vermögen des Erblassers mit dem Erbfall im Wege der Universalsukzession auf die Erben übergeht.[279] Die Erben haften damit auch für die Verbindlichkeiten des Erblassers mit ihrem Eigenvermögen.

Dem Erben steht aber das Recht zu, die Annahme der Erbschaft unter der Errichtung eines Inventars zu beantragen.[280] Durch die Inventarerstellung beschränkt sich seine Haftung auf den Nachlass.[281] Der zuständige Notar hat die Errichtung des Inventars anzuordnen und deren Durchführung dem Erben zu übertragen, der hierdurch mit umfangreichen Auskunftsrechten gegenüber Dritten ausgestattet wird.[282]

Stellt sich die Dürftigkeit des Nachlasses heraus, so können der Erbe oder auch ein gerichtlich bestellter Nachlasspfleger die Eröffnung eines Insolvenzverfahrens über den Nachlass beantragen.[283]

d) Frankreich

Nach französischem Recht geht mit dem Eintritt des Erbfalls das Vermögen des Erblassers als Ganzes auf den Erben über.[284] Nimmt der Erbe die Erbschaft vorbehaltlos an, so haftet er auch mit seinem Eigenvermögen für alle Verbindlichkeiten des Nachlasses.[285]

Um dieser Haftung zu entgehen, kann der Erbe bei der Geschäftsstelle des *Tribunal de Grande Instance* erklären, dass er die Erbschaft nur in Höhe der Nettoaktiva annimmt.[286] Mit der Erklärung muss ein Nachlassinventar der Aktiva und der Passiva eingereicht werden, das von einem Notar, einem vereidigten

279 §§ 1, 2 und 130 des estnischen Erbgesetzes (ErbG) vom 15.5.1996; Ferid/Firsching/*Schulze*, Estland Rn. 96.

280 §§ 135, 137 ErbG; Ferid/Firsching/*Schulze*, Estland Rn. 109.

281 Die Beerdigungskosten hat er aber auch bei unzureichendem Nachlassvermögen zu tragen, Ferid/Firsching/*Schulze*, Estland Rn. 191.

282 Dies gilt insbesondere gegenüber Banken, Ferid/Firsching/*Schulze*, Estland Rn. 109.

283 § 9 Abs. 2 des estnischen Insolvenzgesetzes vom 22.1.2003; Ferid/Firsching/*Schulze*, Estland Rn. 203.

284 Art. 724 Abs. 1 des französischen Code civil vom 21.3.1804; *Beignier*, Successions, Rn. 541; Süß/*Döbereiner*, Frankreich Rn. 46.

285 *Acceptation pure et simple*, Art. 785 Abs. 1 Code civil; *Leroyer*, Droit des successions, Rn. 409 ff.

286 Art. 787 und 788 Code civil; *Leroyer*, Droit des successions, Rn. 348 ff.; Süß/*Döbereiner*, Frankreich Rn. 158. Durch das Gesetz Nr. 2006–728 vom 23.6.2006 ist das seit über 200 Jahren bestehende Instrument der Annahme der Erbschaft unter der Wohltat des Inventars (*acceptation sous bénéfice d'inventaire*) mit Wirkung zum 1.1.2007 durch

Sachverständigen oder einem Gerichtsvollzieher erstellt wurde.[287] Zugleich ergeht ein öffentlicher Aufruf an die Nachlassgläubiger, ihre Forderungen bei dem Erben anzumelden.[288] Durch die Erklärung der Annahme der Erbschaft in Höhe der Nettoaktiva beschränkt sich die Haftung des Erben für die Nachlassverbindlichkeiten auf das geerbte Nachlassvermögen.[289] Bis zur endgültigen Verteilung des Nachlassvermögens ist der Erbe zu dessen (ordnungsgemäßer) Verwaltung verpflichtet.[290]

Erweist sich der Nachlass als unzureichend für die Befriedigung aller Nachlassgläubiger, hat der Erbe den Nachlass nach besonderen Regeln abzuwickeln.[291] Zuerst hat der Erbe die Verbindlichkeiten nach dem Rang ihrer Sicherheiten zu begleichen.[292] Anschließend wird nach der Reihenfolge der Anmeldungen der Forderungen befriedigt.[293]

War der Verstorbene hingegen Kaufmann oder auf andere Weise selbständig tätig, so ist die Eröffnung eines Insolvenzverfahrens über das Nachlassvermögen zulässig.[294] Eine Haftungsbeschränkung für den Erben bewirkt dies allerdings nicht.[295]

---

die Möglichkeit der Annahme in Höhe der Nettoaktiva (*acceptation à concurrence de l'actif net*) ersetzt worden. Ziel des französischen Gesetzgebers war es, die Abwicklung der Nachlässe zu vereinfachen und damit die (hohe) Zahl der ausgeschlagenen Erbschaften zu reduzieren, hierzu die Gesetzesbegründung *Assemblée Nationale* Dok.-Nr. 2427 vom 29.6.2005, S. 8.

287 Art. 789 Code civil, hierzu Süß/*Döbereiner*, Frankreich Rn. 158. Das Inventar kann innerhalb von zwei Monaten ab der Erklärung nachgereicht werden, andernfalls gilt die Erbschaft als vorbehaltlos angenommen, Art. 790 Abs. 1 Code civil; *Levillain/Forgeard*, Successions, Rn. 143.51 f.

288 Dies muss spätestens innerhalb von 15 Monaten geschehen, Art. 792 Code civil; *Leroyer*, Droit des successions, Rn. 443; Süß/*Döbereiner*, Frankreich Rn. 158.

289 Art. 791 Nr. 3 Code civil; *Leroyer*, Droit des successions, Rn. 432; Süß/*Döbereiner*, Frankreich Rn. 158.

290 Art. 800 Code civil. Er haftet hierbei nur für grobe Fahrlässigkeit, *Leroyer*, Droit des successions, Rn. 437.

291 *Leroyer*, Droit des successions, Rn. 446.

292 „Créanciers privilégiés", *Leroyer*, Droit des successions, Rn. 446; Süß/*Döbereiner*, Frankreich Rn. 158.

293 Art. 796 Code civil; *Leroyer*, Droit des successions, Rn. 447; Süß/*Döbereiner*, Frankreich Rn. 158.

294 Zulässig sind die Einleitung eines Sanierungsverfahrens (*redressement judiciaire*) nach Art. L 631-3 Abs. 2 Code de commerce und die Eröffnung eines Liquidationsverfahrens (*liquidation judiciaire*) nach Art. L 640-3 Abs. 2 Code de commerce; *Le Corre*, Procédures collectives, Rn. 211.71 ; *Jacquemont*, Entreprises en difficulté, Rn. 126 ; MünchKomm-InsO/*Niggermann*, Frankreich Rn. 8.

295 Diese richtet sich allein nach dem Erbrecht, *Le Corre*, Procédures collectives, Rn. 211.71.

e) *Griechenland*

Nach griechischem Recht erwirbt der Erbe die Erbschaft von Gesetzes wegen im Zeitpunkt des Erbfalls.[296] Hierzu gehören auch die Verbindlichkeiten des Erblassers. Der Erbe haftet hierfür grundsätzlich unbeschränkt mit seinem Eigenvermögen.[297]

Es besteht für den Erben die Möglichkeit, die Erbschaft mit der Rechtswohltat des Inventars anzunehmen. Hierdurch beschränkt sich seine Haftung auf die Höhe des geerbten Nachlassvermögens.[298] Der Inventarvorbehalt muss beim Sekretär des Nachlassgerichts erklärt werden.[299] Der Vorbehaltserbe ist sodann verpflichtet, den Nachlass ordnungsgemäß zu verwalten.[300] Möchte er sich hiervon befreien, kann er den Nachlass an die Gläubiger herausgeben und die gerichtliche Liquidation beantragen (*abandon*).[301]

Haftet der Erbe nur beschränkt, so kann er die Gläubiger des Erblassers nach dem Prioritätsprinzip befriedigen. Eine bestimmte Befriedigungsreihenfolge hat er nicht einzuhalten.[302] Möchten sich die Gläubiger hiervor schützen, können auch sie die gerichtliche Liquidation beantragen, wodurch ein Liquidator bestellt wird, der sodann eine verhältnismäßige Befriedigung vornimmt.[303]

Nach der Anordnung einer gerichtlichen Liquidation ist die Eröffnung eines Insolvenzverfahrens über den Nachlass möglich, sofern es sich bei dem Erblasser

296 Art. 1846 des Griechischen Zivilgesetzbuches (ZGB) vom 15.3.1940, hierzu Ferid/Firsching/*Georgiades/Papadimitropoulos*, Griechenland Rn. 220.

297 Art. 1901 ZGB; Ferid/Firsching/*Georgiades/Papadimitropoulos*, Griechenland Rn. 252.

298 Art. 1904 Satz 1 ZGB; Ferid/Firsching/*Georgiades/Papadimitropoulos*, Griechenland Rn. 263; Kroiß/Ann/Mayer/*Galanulis*, Griechenland Rn. 59.

299 Ferid/Firsching/*Georgiades/Papadimitropoulos*, Griechenland Rn. 261.

300 Er haftet dabei für jede Fahrlässigkeit, Ferid/Firsching/*Georgiades/Papadimitropoulos*, Griechenland Rn. 264.

301 Art. 1909 ZGB, hierzu Ferid/Firsching/*Georgiades/Papadimitropoulos*, Griechenland Rn. 267.

302 Ferid/Firsching/*Georgiades/Papadimitropoulos*, Griechenland Rn. 265.

303 Im Einzelnen Ferid/Firsching/*Georgiades/Papadimitropoulos*, Griechenland Rn. 268 ff.; Kroiß/Ann/Mayer/*Galanulis*, Griechenland Rn. 61.

um einen Kaufmann handelte.[304] Hierdurch endet das Amt des Liquidators und der Nachlass wird im Rahmen des Insolvenzverfahrens liquidiert.

War der Erblasser kein Kaufmann oder wird ein Insolvenzverfahren nicht eröffnet, so hat der Liquidator bei Dürftigkeit des Nachlasses beim Nachlassgericht die verhältnismäßige Befriedigung der Nachlassgläubiger zu beantragen.[305] Nach der Berücksichtigung etwaig bestehender Vorrechte ordnet das Gericht daraufhin die verhältnismäßige Befriedigung der Nachlassgläubiger an.

f) Italien

Das italienische Recht geht vom Grundsatz der Universalsukzession aus, jedoch wird der Übergang der Erbschaft auf den Erben erst durch die ausdrückliche oder stillschweigende Annahme der Erbschaft bewirkt.[306] Bis dahin ruht der Nachlass.[307]

Durch die Annahme haftet der Erbe für alle Verbindlichkeiten des Nachlasses.[308] Diese Haftung kann der Erbe vermeiden, indem er die Erbschaft unter dem Vorbehalt der Inventarerrichtung annimmt.[309] Errichtet der Erbe das Inventar ordnungsgemäß, beschränkt sich seine Haftung auf die Gegenstände des Nachlasses.[310] Die Erklärung des Inventarvorbehaltes muss in der Form einer öffentlichen Urkunde erfolgen und in das Erbschaftsregister und das Grundpfandregister eingetragen werden.[311] Der Inventarerbe ist sodann zur Verwaltung und Liquidation des Nachlasses verpflichtet.[312]

---

304 Ferid/Firsching/*Georgiades/Papadimitropoulos*, Griechenland Rn. 271; Jahn/*Manoukas*, Griechenland, S. 146; Kroiß/Ann/Mayer/*Galanulis*, Griechenland Rn. 60.

305 § 1920 Abs. 1 ZGB. Hierzu Ferid/Firsching/*Georgiades/Papadimitropoulos*, Griechenland Rn. 275.

306 Art. 459 Satz 1 des italienischen Codice civile vom 16.03.1942; Ferid/Firsching/*Hausmann/Trabucchi*, Italien Rn. 161, 555 f.

307 Süß/*Cubeddu Wiedemann/Wiedemann*, Italien Rn. 207 f.; Ferid/Firsching/*Hausmann/Trabucchi*, Italien Rn. 563.

308 Ferid/Firsching/*Hausmann/Trabucchi*, Italien Rn. 568.

309 *Beneficio d'inventario*, Art. 470 Abs. 1 Codice civile; Süß/*Cubeddu Wiedemann/Wiedemann*, Italien Rn. 208, 213; Ferid/Firsching/*Hausmann/Trabucchi*, Italien Rn. 603 f.

310 Ferid/Firsching/*Hausmann/Trabucchi*, Italien Rn. 603 f.

311 Ferid/Firsching/*Hausmann/Trabucchi*, Italien Rn. 593; Süß/*Cubeddu Wiedemann/Wiedemann*, Italien Rn. 213.

312 Ferid/Firsching/*Hausmann/Trabucchi*, Italien Rn. 710. Möchte er sich von dieser Pflicht befreien, muss er den Nachlass vollständig an die Gläubiger herausgeben (*abandon*), woraufhin eine Nachlassverwaltung angeordnet wird, Art. 507 f. Codice civile, hierzu Ferid/Firsching/*Hausmann/Trabucchi*, Italien Rn. 714.

Erweist sich der Nachlass als unzulänglich für die Begleichung aller Verbindlichkeiten, so steht es dem Inventarerben grundsätzlich frei, die Nachlassgläubiger nach dem Prioritätsprinzip zu befriedigen.[313] Die Gläubiger können dieses Ergebnis abwenden, indem sie dieser Verfahrensweise gegenüber dem Erben rechtzeitig widersprechen und stattdessen eine konkursmäßige Befriedigung beantragen.[314] Der Erbe ist daraufhin verpflichtet, sämtliche Zahlungen an Nachlassgläubiger einzustellen und sich innerhalb eines Monats an einen Notar zu wenden, bei dem die Nachlassgläubiger sodann ihre Forderungen zu einem Verzeichnis anzumelden haben.[315] Nach der Prüfung der Forderungen erstellt der Erbe unter Mitwirkung des Notars ein Rangordnungsverzeichnis, aufgrund dessen bevorrechtigte Gläubiger vollständig und alle anderen Gläubiger verhältnismäßig befriedigt werden.[316] Die konkursmäßige Befriedigung kann auch ohne Widerspruch eines Gläubigers von dem Erben selbst beantragt werden.[317]

War der Erblasser Kaufmann und ist das Nachlassvermögen mit dem Erbenvermögen noch nicht vermengt worden, so steht es dem Erben frei, die Eröffnung eines Insolvenzverfahrens über das Nachlassvermögen zu beantragen.[318]

g) *Lettland*

Das lettische Recht geht vom Grundsatz der Universalsukzession aus.[319] Jedoch gehen das Vermögen und die Verbindlichkeiten des Erblassers nicht sogleich mit dem Eintritt des Erbfalls auf die Erben über, sondern erst mit der Erklärung der Annahme der Erbschaft.[320] Bis zu diesem Zeitpunkt ruht die Erbschaft und wird von Gesetzes wegen als juristische Person angesehen.[321]

---

313 Süß/*Cubeddu Wiedemann/Wiedemann*, Italien Rn. 229; Ferid/Firsching/*Hausmann/Trabucchi*, Italien Rn. 712.

314 Art. 498 Abs. 1 Codice civile. Hierbei ist unter den Nachlassgläubigern nur ein beschränkter Regress möglich, Ferid/Firsching/*Hausmann/Trabucchi*, Italien Rn. 713; Süß/*Cubeddu Wiedemann/Wiedemann*, Italien Rn. 229.

315 Art. 498 Abs. 2 Codice civile, siehe auch Ferid/Firsching/*Hausmann/Trabucchi*, Italien Rn. 713.

316 Art. 499 Abs. 2 Codice civile, hierzu Süß/*Cubeddu Wiedemann/Wiedemann*, Italien Rn. 229.

317 Art. 503 Codice civile, hierzu Ferid/Firsching/*Hausmann/Trabucchi*, Italien Rn. 713.

318 Art. 11 des Italienischen Insolvenzgesetzes Nr. 267 vom 16.3.1942; dazu Kindler/Nachmann/*Kindler/Conow*, Länderbericht Italien Rn. 70; MünchKomm-InsO/*Santonocito/Mare-Ehlers*, Italien Rn. 11; Jahn/*Moser*, Italien, S. 177.

319 Art. 701 ZGB; Ferid/Firsching/*Schulze*, Lettland Rn. 64.

320 Ferid/Firsching/*Schulze*, Lettland Rn. 64, 73.

321 Art. 383 ZGB. Zu den Folgen siehe Ferid/Firsching/*Schulze*, Lettland Rn. 74.

Nimmt der Erbe die Erbschaft an, haftet er für sämtliche Nachlassverbindlichkeiten mit seinem Eigenvermögen.[322] Dem Erben steht jedoch die Möglichkeit zu, ein Inventar des Nachlasses zu errichten, wonach sich seine Haftung auf die im Inventar aufgeführten Vermögenswerte beschränkt.[323]

Ist der Nachlass unzulänglich, sind bevorzugt die Kosten der Beerdigung des Erblassers sowie die Kosten der Inventarerrichtung und andere angefallene Gerichtkosten zu begleichen.[324] Besteht hingegen die Gefahr, dass bei einem überschuldeten Nachlass die Interessen der Gläubiger gefährdet werden, so ist der Nachlass von Amts wegen zu sichern und einer Nachlasspflegschaft zu unterstellen.[325]

h) Litauen

Das Recht Litauens sieht mit dem Eintritt des Erbfalls eine Gesamtrechtsnachfolge des Erben vor, sofern er die Erbschaft binnen dreier Monate annimmt.[326] Hierdurch haftet er grundsätzlich auch für die Verbindlichkeiten des Nachlasses mit seinem Eigenvermögen, sofern er nicht rechtzeitig bei Gericht die Annahme der Erbschaft unter dem Vorbehalt der Verzeichniserstellung erklärt.[327] Das Verzeichnis wird sodann von dem zuständigen Gerichtsvollzieher erstellt.[328]

Mit der Errichtung des Verzeichnisses haftet der Erbe nur noch gegenständlich mit dem Nachlassvermögen.[329] Nachlassgläubiger müssen ihre Forderungen gegen den Erben innerhalb von drei Monaten nach dem Erbfall geltend machen, ansonsten steht ihnen kein Recht auf Befriedigung zu.[330]

Erweist sich der Nachlass als unzureichend, so kann der Erbe bei Gericht beantragen, einen Nachlassverwalter zu bestellen und zugleich über eine Insolvenzeröffnung zu entscheiden.[331]

---

322 Art. 705 und 707 ZGB; Süß/*Klauberg/Balode-Buraka*, Lettland Rn. 49.

323 Art. 708 und 711 ZGB; Süß/*Klauberg/Balode-Buraka*, Lettland Rn. 49.

324 Art. 711 ZGB.

325 Art. 659 Nr. 5 ZGB; Ferid/Firsching/*Schulze*, Lettland Rn. 128.

326 Art. 5.1 ZGB; Ferid/Firsching/*Schulze*, Litauen Rn. 131. Eine Annahme wird allerdings bereits bei tatsächlicher Inbesitznahme der Erbschaft gesetzlich vermutet, Art. 5.50 Abs. 2 ZGB, hierzu Süß/*Heemann*, Litauen Rn. 61.

327 Art. 5.50 und 5.53 ZGB; Ferid/Firsching/*Schulze*, Litauen Rn. 320; Süß/*Heemann*, Litauen Rn. 56, 58.

328 Ferid/Firsching/*Schulze*, Litauen Rn. 304.

329 Art. 5.53 Abs. 1 ZGB.

330 Art. 5.63 Abs. 1 ZGB; Ferid/Firsching/*Schulze*, Litauen Rn. 321.

331 Art. 5.55 Abs. 1 ZGB.

i) Luxemburg

Nach luxemburgischem Recht geht die Erbschaft im Wege der Universalsukzession mit allen Aktiva und Passiva im Zeitpunkt des Erbfalls auf den Erben über.[332]

Der Erbe haftet unbeschränkt für die Verbindlichkeiten, sofern er nicht rechtzeitig bei Gericht die Annahme der Erbschaft unter der Rechtswohltat der Inventarerrichtung erklärt.[333] Das Inventar ist sodann durch einen Notar aufzunehmen.[334] Hierdurch beschränkt sich die Haftung des Erben auf das Nachlassvermögen.[335] Der Inventarerbe hat den Nachlass weiterhin zu verwalten.[336]

Grundsätzlich ist der Erbe befugt, Nachlassverbindlichkeiten nach dem Prioritätsprinzip zu begleichen.[337] Den Gläubigern steht hiergegen ein Widerspruchsrecht zu, bei dessen Geltendmachung das Gericht eine verhältnismäßige Befriedigung der Nachlassgläubiger anordnet.[338]

War der Erblasser Kaufmann, so besteht die Möglichkeit, ein Insolvenzverfahren über das Nachlassvermögen zu eröffnen.[339]

j) Malta

Nach maltesischem Recht gilt der Grundsatz der Universalsukzession, sodass der Erbe in alle Rechte und Pflichten des Erblassers eintritt. Es findet jedoch kein Vonselbsterwerb statt, sodass für den Übergang der Erbschaft die förmliche Annahme des Erben erforderlich ist.[340] Bis dahin ruht der Nachlass. Der

332 Art. 724 des luxemburgischen Code civil; *Watgen/Watgen*, Successions, Rn. 40; Ferid/Firsching/*Hustedt/Watgen*, Luxemburg Rn. 125 ff.

333 *Acceptation sous bénéfice d'inventaire*, Art. 774 und 802 Code civil; *Watgen/Watgen*, Successions, Rn. 51; Ferid/Firsching/*Hustedt/Watgen*, Luxemburg Rn. 108; Süß/*Frank*, Luxemburg Rn. 136.

334 *Watgen/Watgen*, Successions, Rn. 51; Süß/*Frank*, Luxemburg Rn. 136.

335 *Watgen/Watgen*, Successions, Rn. 67; Süß/*Frank*, Luxemburg Rn. 136.

336 Art. 803 Code civil. Ihm steht jedoch das Recht zu, den Nachlass vollständig an die Gläubiger herauszugeben (*abandon*), Art. 802 Nr. 1 Code civil; *Watgen/Watgen*, Successions, Rn 68.

337 Art. 808 Code civil; *Watgen/Watgen*, Successions, Rn. 77. Für die Veräußerung von Gegenständen des Nachlasses benötigt er dagegen eine gesonderte Zustimmung, Art. 805 und 806 Code civil; *Watgen/Watgen*, Successions, Rn 68.

338 Art. 808 Code civil; *Watgen/Watgen*, Successions, Rn. 77.

339 Art. 437 Abs. 3 des luxemburgischen Code de commerce, hierzu Jahn/*Biver*, Luxemburg, S. 208 f.; MünchKomm-InsO/*Loesch/Hurt*, Luxemburg Rn. 3.

340 Ferid/Firsching/*Pisani*, Malta Rn. 25, 114.

berufene Erbe wird bis zur Annahme kraft Gesetzes zum Nachlasspfleger bestellt und hat in diesem Rahmen ein Inventar des Nachlasses anzufertigen.[341]

Um seine Haftung für Nachlassverbindlichkeiten zu beschränken, steht dem Erben das Recht zu, die Annahme der Erbschaft unter dem Vorbehalt der Inventarerrichtung zu erklären.[342] Hiermit beschränkt sich die Haftung des Erben auf das Nachlassvermögen. Er hat den Nachlass weiterhin zu verwalten und auseinanderzusetzen, kann sich von dieser Pflicht aber durch die Herausgabe des Nachlasses an die Gläubiger befreien (*abandon*).[343]

Erweist sich der Nachlass als unzulänglich, müssen einige Nachlassverbindlichkeiten vorrangig befriedigt werden. Die weitere Befriedigungsreihenfolge bemisst sich sodann nach dem Prioritätsprinzip.[344]

War der Erblasser Kaufmann, ist die Eröffnung eines Insolvenzverfahrens über den Nachlass möglich.[345]

k) Niederlande

Nach niederländischem Recht geht das Vermögen des Erblassers mit dessen Tod im Wege der Universalsukzession auf den Erben über.[346] Hierbei handelt es sich nach der Erbrechtsreform von 2003 regelmäßig um den überlebenden Ehegatten des Erblassers, der eine starke Privilegierung erfahren hat.[347] Zur Erbschaft gehören auch die Verbindlichkeiten, für die der Erbe mit seinem Eigenvermögen haftet.[348]

Dem Erben steht das Recht zu, die Erbschaft unter dem Vorrecht der Inventarerrichtung anzunehmen, wodurch die Haftung auf die Erbschaft beschränkt wird.[349] Die Erklärung der beschränkten Annahme der Erbschaft wird daraufhin

---

341 Ferid/Firsching/*Pisani*, Malta Rn. 116.

342 *Benefit of inventory*, Art. 877, 890 lit. a) des maltesischen Civil code von 1874; Ferid/Firsching/*Pisani*, Malta Rn. 121.

343 Art. 890 lit. b) Civil code.

344 Art. 896 ff. Civil code, hierzu Ferid/Firsching/*Pisani*, Malta Rn. 155.

345 Art. 482 Abs. 3 des maltesischen Commercial code von 1858.

346 Art. 4:182 des 4. Teils des Neuen Bürgerlichen Gesetzbuches (*nieuw burgerlijk wetboek*, NBW); Süß/*van Maas de Bie*, Niederlande Rn. 94; Kroiß/Ann/Mayer/*Süß*, Niederlande Rn. 60.

347 Etwaigen Kindern steht nur ein Forderungsrecht zu, hierzu Süß/*van Maas de Bie*, Niederlande Rn. 71 ff.

348 Art. 4:182 Abs. 2 NBW; Süß/*van Maas de Bie*, Niederlande Rn. 68, 106, 109.

349 *Voorrecht van boedelbeschrijving*, Art. 4:190 NBW; Süß/*van Maas de Bie*, Niederlande Rn. 107; Kroiß/Ann/Mayer/*Süß*, Niederlande Rn. 61.

in das Nachlassregister eingetragen und der Erbe hat das Nachlassvermögen zu verwalten.[350]

Erweist sich der Nachlass als unzureichend, so findet eine besondere Nachlassabwicklung unter Aufsicht des Gerichts statt.[351] Diese kann der Inventarerbe grundsätzlich selbst durchführen, sofern nicht er selbst oder ein Nachlassgläubiger die gerichtliche Bestellung eines Abwicklers verlangt.[352] Im Rahmen der Abwicklung ist bei einem Notar oder bei Gericht ein Teilungsplan zu erstellen, nach dem die Forderungen gegen den Nachlass entsprechend den Vorschriften des Konkursgesetzes beglichen werden.[353]

l) Österreich

Das österreichische Recht geht von dem Prinzip der Universalsukzession aus, sieht aber keinen Vonselbsterwerb vor.[354] Mit dem Erbfall ist zwingend ein Verlassenschaftsverfahren durchzuführen, in dessen Rahmen das Erbrecht verhandelt wird und das mit der gerichtlichen Einantwortung des Nachlasses im Wege der Übergabe in den rechtlichen Besitz des Erben endet.[355] Der Erbe haftet für die Verbindlichkeiten des Erblassers grundsätzlich nur, wenn ihm der Nachlass durch die gerichtliche Einantwortung übergeben wurde.[356]

Erklärt der Erbe im Rahmen des Verlassenschaftsverfahrens die Antretung der Erbschaft und weist er sein Erbrecht hinreichend nach, darf er den Nachlass bis zur Einantwortung grundsätzlich selbst verwalten.[357] Falls erforderlich, ordnet das Gericht Sicherungsmaßnahmen an oder bestellt einen Verlassenschaftskurator, der den Nachlass in Besitz nimmt.[358]

---

350 Art. 4:191 NBW; Süß/*van Maas de Bie*, Niederlande Rn. 109.

351 Art. 4:202 ff. NBW. Hierzu *Schimansky*, ZEV 2003, S. 152.

352 Art. 4:202 Abs. 1 lit. a), 203 NBW.

353 Art. 4:218 NBW.

354 § 547 des Allgemeinen Bürgerlichen Gesetzbuches (ABGB); Gruber/Kalss/Müller/Schauer/*Linder*, § 12 Rn. 7; Ferrari/Likar-Peer/*Ferrari*, Erbrecht, S. 2; Ferid/Firsching/*Verschraegen*, Österreich Rn. 406.

355 § 797 ABGB; Ferid/Firsching/*Verschraegen*, Österreich Rn. 399 ff. Nach § 153 Abs. 1 des Außerstreitgesetzes wird das Verlassenschaftsverfahren aber grundsätzlich nur auf Antrag durchgeführt, wenn der Wert des Nachlasses 4.000 Euro nicht übersteigt.

356 Ferid/Firsching/*Verschraegen*, Österreich Rn. 381.

357 § 810 Abs. 1 ABGB.

358 §§ 810, 812 ABGB, hierzu Ferrari/Likar-Peer/*Ferrari*, Erbrecht, S. 469 ff.; Ferid/Firsching/*Verschraegen*, Österreich Rn. 390 ff.

Bis zur Einantwortung ruht der Nachlass.[359] Der Nachlass wird während dieser Zeit als juristische Person angesehen, kann also in eigenem Namen klagen und verklagt werden.[360] Für die Nachlassverbindlichkeiten haftet bis zur Einantwortung nur der Nachlass.[361]

Tritt der Erbe die Erbschaft im Rahmen des Verlassenschaftsverfahrens unbedingt an, so haftet er ab der Einantwortung für alle Nachlassverbindlichkeiten mit seinem Eigenvermögen.[362] Dem Erben steht jedoch die Möglichkeit zu, die Erbschaft mit dem Vorbehalt der Errichtung eines Inventars anzutreten, wodurch sich seine Haftung auf den Wert des Nachlassvermögens beschränkt.[363] Der Nachlass ist sodann durch das Gericht zu inventarisieren.[364] Die beschränkte Annahme der Erbschaft ist zudem mit einem Gläubigeraufgebot verbunden, wodurch ausgeschlossene Gläubiger auf den vorhandenen Nachlassrest verwiesen werden können.[365]

Erweist sich der Nachlass im Rahmen des Verlassenschaftsverfahrens als unzureichend, so kann bis zur Einantwortung ein Konkursverfahren über den Nachlass als „Verlassenschaft" eröffnet werden.[366] Dies gilt auch, wenn der Erbe die Erbschaft unter Inventarvorbehalt angetreten hat.[367] Eine Konkursantragspflicht trifft den Erben hingegen nicht, es besteht lediglich ein Antragsrecht.[368]

---

359 Ferrari/Likar-Peer/*Ferrari*, Erbrecht, S. 2; Gruber/Kalss/Müller/Schauer/*Linder*, § 12 Rn. 6; Ferid/Firsching/*Verschraegen*, Österreich Rn. 380 f.

360 Gruber/Kalss/Müller/Schauer/*Schauer*, § 15 Rn. 9; Ferrari/Likar-Peer/*Ferrari*, Erbrecht, S. 469; Ferid/Firsching/*Verschraegen*, Österreich Rn. 381.

361 Ferid/Firsching/*Verschraegen*, Österreich Rn. 381.

362 § 801 ABGB; Gruber/Kalss/Müller/Schauer/*Linder*, § 12 Rn. 10; Ferid/Firsching/*Verschraegen*, Österreich Rn. 385.

363 „Rechtswohlthat des Inventariums", §§ 800, 802 ABGB; Gruber/Kalss/Müller/Schauer/*Linder*, § 12 Rn. 11; Ferid/Firsching/*Verschraegen*, Österreich Rn. 385.

364 § 802 ABGB; Gruber/Kalss/Müller/Schauer/*Linder*, § 12 Rn. 12; Ferid/Firsching/*Verschraegen*, Österreich Rn. 408 ff.

365 Gläubigerkonvokation, § 813 ABGB; Gruber/Kalss/Müller/Schauer/*Linder*, § 12 Rn. 12; Ferid/Firsching/*Verschraegen*, Österreich Rn. 412 f.

366 § 67 Abs. 1 der Österreichischen Konkursordnung; Gruber/Kalss/Müller/Schauer/*Linder*, § 12 Rn. 52; Ferid/Firsching/*Verschraegen*, Österreich Rn. 468.

367 Gruber/Kalss/Müller/Schauer/*Linder*, § 12 Rn. 58.

368 Die Erben sind in § 69 Abs. 3 der Österreichischen Konkursordnung nicht genannt; Gruber/Kalss/Müller/Schauer/*Linder*, § 12 Rn. 53; Ferrari/Likar-Peer/*Ferrari*, Erbrecht, S. 486. Eine Antragspflicht wird hingegen für den Verlassenschaftskurator bejaht, hierzu Bartsch/Pollak/Buchegger/*Schumacher*, § 67 KO Rn. 14. Allerdings wird eine Konkurseröffnung vom österreichischen Gesetzgeber bei einem überschuldeten Nachlass als Regelfall angesehen, siehe Bartsch/Pollak/Buchegger/*Schumacher*, § 67 KO Rn. 133.

Alternativ kann der Erbe den überschuldeten Nachlass als Ganzes an die Gläubiger herausgeben oder aber die Befriedigung der Nachlassgläubiger selbst vornehmen.[369] In beiden Fällen müssen die Nachlassgläubiger anteilig nach Konkursgrundsätzen befriedigt werden.[370]

Wird die Einantwortung durch das Gericht ausgesprochen, so endet das Verlassenschaftsverfahren und die Eröffnung eines Konkursverfahrens ist nicht mehr möglich.[371] Der Erbe bleibt aber weiterhin verpflichtet, die Nachlassgläubiger quotenmäßig zu befriedigen.[372]

m) Polen

Nach polnischem Recht findet mit dem Erbfall eine Universalsukzession des Erben in die Rechte und Pflichten des Erblassers statt.[373] Der Erbe wird von Gesetzes wegen Inhaber der Erbschaft, haftet bis zur Erklärung über die Annahme der Erbschaft aber nur mit dem Nachlassvermögen.[374]

Um seine Haftung für die Nachlassverbindlichkeiten zu beschränken, steht dem Erben das Recht zu, die Annahme der Erbschaft unter dem Vorbehalt des Inventars zu erklären.[375] Damit beschränkt sich seine Haftung auf den Wert des Nachlasses.[376] Dessen Wert wird daraufhin durch das vom Erben oder vom Gericht durch einen Gerichtsvollzieher zu errichtende Inventar bestimmt.[377] Anschließend hat der Erbe den Nachlass auseinanderzusetzen.

Erweist sich der Nachlass als unzureichend, muss der Erbe die Interessen aller Gläubiger, von denen er Kenntnis hat, berücksichtigen. Ein besonderes Liquidationsverfahren besteht nicht.[378] Der Erbe darf nicht einfach nach dem Prioritätsprinzip befriedigen. Vielmehr gibt es eine besondere Befriedigungsreihenfolge,

---

369 §§ 812, 815 ABGB.

370 § 815 ABGB; Ferrari/Likar-Peer/*Ferrari*, Erbrecht, S. 485 ff.

371 Gruber/Kalss/Müller/Schauer/*Linder*, § 12 Rn. 61.

372 Ansonsten haftet er mit seinem Eigenvermögen für den Forderungsausfall der Nachlassgläubiger, § 815 ABGB.

373 Art. 922, 925 des polnischen Zivilgesetzbuches (ZGB) vom 23.4.1964; Ferid/Firsching/*De Vries*, Polen Rn. 254 f.; Kroiß/Ann/Mayer/*Ludwig*, Polen Rn. 104.

374 Art. 1030 ZGB, Ferid/Firsching/*De Vries*, Polen Rn. 329; Kroiß/Ann/Mayer/*Ludwig*, Polen Rn. 106.

375 Art. 1031 ZGB, Ferid/Firsching/*De Vries*, Polen Rn. 334; Kroiß/Ann/Mayer/*Ludwig*, Polen Rn. 106 f.

376 Art. 1031 Abs. 2 ZGB; hierzu Ferid/Firsching/*De Vries*, Polen Rn. 336; Kroiß/Ann/Mayer/*Ludwig*, Polen Rn. 106.

377 Kroiß/Ann/Mayer/*Ludwig*, Polen Rn. 108.

378 Ferid/Firsching/*De Vries*, Polen Rn. 340.

die der Erbe bei der Begleichung der Verbindlichkeiten zu berücksichtigen hat.[379] Im Übrigen findet eine verhältnismäßige Befriedigung statt.

War der Erblasser unternehmerisch tätig, so können die Erben binnen eines Jahres nach dem Erbfall die Eröffnung eines Insolvenzverfahrens über das Nachlassvermögen beantragen.[380] Zu einer Haftungsbeschränkung führt die Insolvenzeröffnung allerdings nicht.[381]

n) Rumänien

Nach rumänischem Recht wird der Erbe mit dem Tod des Erblassers im Wege der Universalsukzession Inhaber aller Rechte und Pflichten des Erblassers.[382]

Dem Erben steht die Möglichkeit offen, vor einem öffentlichen Notar die nur beschränkte Annahme der Erbschaft zu erklären, wodurch sich seine Haftung auf den Wert des Nachlasses beschränkt.[383] Es ist sodann das Inventar unter Mitwirkung des Notars zu errichten. Der Erbe hat den Nachlass weiterhin zu verwalten und den Gläubigern Rechnung zu legen.[384]

Bei einem unzureichenden Nachlass darf der Erbe die Gläubiger nach dem Prioritätsprinzip befriedigen, bis von einem Gläubiger Widerspruch erhoben wird. Ab diesem Zeitpunkt wird durch das Gericht eine besondere Befriedigungsreihenfolge festgelegt.[385]

---

379 Hierzu Ferid/Firsching/*De Vries*, Polen Rn. 341 m.w.N.

380 Kindler/Nachmann/*Barłowski*, Länderbericht Polen Rn. 411; MünchKomm-InsO/*Liebscher*, Polen Rn. 9; Jahn/*Reith*, Polen, S. 278 f.

381 So kann ein Insolvenzgläubiger nach Abschluss des Verfahrens weiterhin gegen den Erben vollstrecken, sofern der Erbe nicht nur beschränkt haftet, Kindler/Nachmann/*Barłowski*, Länderbericht Polen Rn. 417 f.

382 Art. 651 des rumänischen Codul civil vom 4.12.1864; Ferid/Firsching/*Munteanu*/*Leonhardt*, Rumänien Rn. 186.

383 *Acceptara sub beneficiul de inventar*, Art. 704, 713 Nr. 1 Codul civil; Ferid/Firsching/*Munteanu*/*Leonhardt*, Rumänien Rn. 200.

384 Art. 714 Codul civil. Von der Pflicht zur Verwaltung des Nachlasses kann sich der Erbe durch vollständige Herausgabe an die Gläubiger befreien (*abandon*), Art. 713 Nr. 1 Codul civil.

385 Art. 719 Codul civil.

o) Spanien (Gemeines Zivilrecht)

In Spanien gilt in Teilbereichen kein einheitliches Erbrecht. Neben dem Gemeinen Zivilrecht bestehen sechs verschiedene Einzelrechte („Foralrechte"), die das Gemeine Zivilrecht in ihrem sachlichen Anwendungsbereich ersetzen.[386]

Nach dem Gemeinen Zivilrecht Spaniens erwirbt der Erbe die Aktiva und Passiva des Erblassers im Wege der Universalsukzession.[387] Es tritt kein Vonselbsterwerb ein, vielmehr ist die Annahme der Erbschaft durch den Erben erforderlich.[388] Bis zur Annahme ruht die Erbschaft und wird gegebenenfalls seitens des Gerichts gesichert.[389]

Der Erbe hat die Möglichkeit, die Annahme der Erbschaft unter der Rechtswohltat des Inventars zu erklären, wodurch sich seine Haftung gegenständlich auf den Nachlass beschränkt.[390]

Erweist sich der Nachlass als unzureichend, so besteht für den Erben oder gegebenenfalls den Nachlassverwalter die Pflicht, die Eröffnung eines Insolvenzverfahrens über das Nachlassvermögen zu beantragen.[391] Beantragt der Erbe die Eröffnung eines Nachlassinsolvenzverfahrens, bevor er die Annahme der Erbschaft unter der Rechtswohltat des Inventars erklärt hat, so gilt die Erklärung mit der Insolvenzantragstellung als erfolgt.[392]

Die Foralrechte des Baskenlands, Galiziens, Kataloniens sowie der Balearen entsprechen in dieser Hinsicht dem Gemeinen Zivilrecht.[393] Abweichende Regelungen treffen dagegen die Foralrechte Aragoniens und Navarras.[394]

---

386 Diese machen rund 30 % des spanischen Staatsgebietes aus und betreffen Aragonien, das Baskenland, die Balearen, Galizien, Katalonien und Navarra, im Einzelnen Ferid/Firsching/*Hierneis*, Spanien Rn. 1.

387 Art. 657 des spanischen Código civil vom 24.7.1889, Ferid/Firsching/*Hierneis*, Spanien Rn. 108, 557.

388 „Antrittserwerb", Ferid/Firsching/*Hierneis*, Spanien Rn. 108 f., 558; Süß/*Steinmetz/Huzel/García Alcázar*, Spanien Rn. 137.

389 Ferid/Firsching/*Hierneis*, Spanien Rn. 109, 558a.

390 Art. 1023 Código civil, Ferid/Firsching/*Hierneis*, Spanien Rn. 109, 577; Süß/*Steinmetz/Huzel/García Alcázar*, Spanien Rn. 143.

391 Der Antrag muss innerhalb von zwei Monaten erfolgen, Art. 1 Abs. 2, 3 Abs. 4 und Art. 5 des spanischen Insolvenzgesetzes Nr. 22/2003 vom 9.7.2003; hierzu Kindler/Nachmann/*Fries/Steinmetz*, Länderbericht Spanien Rn. 2 f.

392 Art. 3 Abs. 4 Satz 2 des spanischen Insolvenzgesetzes.

393 Ferid/Firsching/*Hierneis*, Spanien Rn. 110 ff., 585 m.w.N.

394 Siehe unten Seite 98.

p) Tschechische Republik

Das tschechische Recht sieht eine Gesamtrechtsnachfolge des Erben in die Rechte und Pflichten des Erblassers vor, die mit dem Erbfall eintritt.[395] Eine Annahme der Erbschaft ist nicht erforderlich. Es steht dem Erben aber das Recht zur Erbausschlagung zu.[396] Mit dem Tod des Erblassers muss ein Nachlassverfahren durchgeführt werden, innerhalb dessen das Erbrecht des oder der rechtmäßigen Erben verhandelt und der Umfang des Nachlasses bestimmt wird.[397]

Der Erbe wird *ipso iure* auch Schuldner der Verbindlichkeiten des Erblassers.[398] Dem Erben steht aber das zeitlich befristete Recht zu, sich die Erstellung eines Nachlassverzeichnisses vorzubehalten.[399] Hierdurch beschränkt sich seine Haftung auf den Nachlass.[400] Es wird sodann ein gerichtliches Inventarisierungsverfahren durchgeführt.[401]

Erweist sich der Nachlass als unzulänglich, hat der Erbe zunächst zu versuchen, eine Einigung mit den Nachlassgläubigern herbeizuführen, wonach er ihnen den gesamten Nachlass zur Deckung der Schulden überlässt.[402] Scheitert eine solche Vereinbarung, greifen die Reglungen über die amtliche Liquidation. Hiernach wird der Nachlass veräußert, woraufhin die Gläubiger unter Berücksichtigung etwaiger Vorrechte von einem Liquidationsverwalter nach Konkursgrundsätzen anteilig befriedigt werden.[403]

2. Von Gesetzes wegen beschränkte Haftung

Eine zweite Gruppe von Rechtsordnungen verfolgt ein abweichendes Regelungssystem und sieht eine automatische Privilegierung des Erben vor, indem dort von Gesetzes wegen eine beschränkte Haftung des Erben für die Nachlassverbindlichkeiten besteht. Der Erbe braucht sich über die Haftungsbeschränkung nicht zu erklären, sondern die Haftungsbeschränkung tritt ohne Weiteres Zutun des Erben ein.

---

395 § 1479 ZGB; Ferid/Firsching/*Bohata*, Tschechische Republik Rn. 162.

396 § 1485 ZGB; Süß/*Rombach*, Tschechien Rn. 121.

397 Ferid/Firsching/*Bohata*, Tschechische Republik Rn. 466 ff., 500.

398 Süß/*Rombach*, Tschechien Rn. 130.

399 § 1707 ZGB; Süß/*Rombach*, Tschechien Rn. 130.

400 § 1707 ZGB; Süß/*Rombach*, Tschechien Rn. 130; Ferid/Firsching/*Bohata*, Tschechische Republik Rn. 163.

401 Süß/*Rombach*, Tschechien Rn. 142 ff.

402 § 1709 ZGB; Süß/*Rombach*, Tschechien Rn. 131, 134.

403 Ferid/Firsching/*Bohata*, Tschechische Republik Rn. 503 ff.; Süß/*Rombach*, Tschechien Rn. 133.

Folge dieses Konzeptes ist es, dass der Nachlass zumeist inventarisiert werden muss, um den Haftungsumfang des Erben bestimmen zu können. Dies erfolgt meist in einem gerichtlichen Nachlassverfahren, das mit dem Tod des Erblassers durchgeführt wird (Kroatien, Slowakei, Slowenien, Ungarn). Eine andere Möglichkeit besteht darin, es dem Erben aufzuerlegen, im Falle seiner Inanspruchnahme den Umfang des Nachlasses gegenüber den Nachlassgläubigern zu beweisen (Portugal).

a) Kroatien

Das kroatische Recht geht von dem Übergang aller Rechte und Verpflichtungen des Erblassers auf den oder die Erben im Wege der Universalsukzession aus.[404] Erbe ist, wer durch Testament oder gesetzliche Anordnung einen Erbanspruch innehat.[405] Einer ausdrücklichen Annahme der Erbschaft bedarf es nicht.[406] Das Erbe fällt dem Erben automatisch zu, sofern er es nicht ausschlägt.[407] Mit dem Erbfall ist zwingend ein gerichtliches Nachlassverfahren durchzuführen, innerhalb dessen das Erbrecht der rechtmäßigen Erben verhandelt und der Umfang des Nachlasses bestimmt wird.[408]

Die Haftung des Erben für die Verbindlichkeiten des Nachlasses ist von Anfang an auf den Wert des Nachlasses beschränkt.[409] Dieser beurteilt sich nach dem Zeitpunkt des Erbfalls.[410]

Den Nachlassgläubigern steht zu ihrer Sicherung das Recht zu, binnen dreier Monate nach dem Erbfall die Abtrennung des Nachlasses vom Eigenvermögen des Erben zu beantragen.[411] Hiernach darf der Erbe über das Nachlassvermögen nicht mehr verfügen. Zugleich dürfen die Nachlassgläubiger dann aber auch nicht mehr auf das Eigenvermögen des Erben zugreifen.[412]

---

404 Art. 4 Abs. 4 des kroatischen Erbgesetzes (ErbG); *Pintarić*, ZEV 2003, S. 498; Süß/*Süß*, Kroatien Rn. 50.

405 *Pintarić*, ZEV 2003, S. 498.

406 Süß/*Süß*, Kroatien Rn. 50.

407 Süß/*Süß*, Kroatien Rn. 50.

408 Kroiß/Ann/Mayer/*Kristic*, Kroatien Rn. 115.

409 Art. 139 Abs. 3 ErbG; Ferid/Firsching/*Pintarić*, Kroatien Rn. 53; Süß/*Süß*, Kroatien Rn. 53; Kroiß/Ann/Mayer/*Kristic*, Kroatien Rn. 118.

410 Ferid/Firsching/*Pintarić*, Kroatien Rn. 53.

411 Art. 140 ErbG; Süß/*Süß*, Kroatien Rn. 53; Kroiß/Ann/Mayer/*Kristic*, Kroatien Rn. 119.

412 Süß/*Süß*, Kroatien Rn. 53; Kroiß/Ann/Mayer/*Kristic*, Kroatien Rn. 119.

b) Portugal

Nach dem Recht Portugals tritt der Erbe im Wege der Universalsukzession in die vermögensrechtliche Stellung des Erblassers ein, sobald er die Erbschaft angenommen hat.[413] Bis zur Annahme ruht der Nachlass.[414] Für die Zeit bis zur Annahme wird der Nachlass durch einen Erbberechtigten oder einen Nachlassverwalter verwaltet.[415]

Mit der Annahme erwirbt der Erbe auch alle Verbindlichkeiten des Erblassers.[416] Den Nachlassgläubigern haftet jedoch nur das Vermögen des Nachlasses.[417] Der Erbe hat die Möglichkeit, die reine und einfache Annahme der Erbschaft zu erklären oder aber die Annahme der Erbschaft unter dem Vorbehalt der Inventarerrichtung.[418] Im ersteren Fall obliegt es dem Erben, den Nachlassgläubigern gegenüber zu beweisen, dass zur Begleichung der Nachlassverbindlichkeiten keine ausreichenden Güter im Nachlass vorhanden sind.[419] Im Fall der Annahme der Erbschaft unter dem Vorbehalt der Inventarerrichtung haften hingegen nur die im Inventar verzeichneten Gegenstände, wenn nicht der Nachlassgläubiger die Zugehörigkeit weiterer Gegenstände zum Nachlass beweist.[420]

Erweist sich der Nachlass als unzureichend, besteht eine besondere Befriedigungsreihenfolge zugunsten der Kosten der Beerdigung des Erblassers sowie der Kosten einer etwaigen Testamentsvollstreckung und der Verwaltung des Nachlasses. Diese Verbindlichkeiten haben Vorrang vor den übrigen Forderungen.[421]

---

413 Art. 2024 des portugiesischen Código civil vom 25.11.1966; zur Annahme im Einzelnen Kroiß/Ann/Mayer/*Müller-Bromley*, Portugal Rn. 36 ff.; Ferid/Firsching/*Jayme/Malheiros*, Portugal Rn. 22.

414 Kroiß/Ann/Mayer/*Müller-Bromley*, Portugal Rn. 34.

415 Art. 2046, 2048 Código civil, Ferid/Firsching/*Jayme/Malheiros*, Portugal Rn. 46; Süß/*Huzel/Wollmann*, Portugal Rn. 97; Kroiß/Ann/Mayer/*Müller-Bromley*, Portugal Rn. 35.

416 Kroiß/Ann/Mayer/*Müller-Bromley*, Portugal Rn. 36.

417 Art. 2068 Código civil, Ferid/Firsching/*Jayme/Malheiros*, Portugal Rn. 53.

418 Art. 2052, 2053, 2071 Código civil; Süß/*Huzel/Wollmann*, Portugal Rn. 103; Kroiß/Ann/Mayer/*Müller-Bromley*, Portugal Rn. 41 f.

419 Art. 2071 Abs. 2 Código civil; hierzu Kroiß/Ann/Mayer/*Müller-Bromley*, Portugal Rn. 54; Süß/*Huzel/Wollmann*, Portugal Rn. 103.

420 Art. 2071 Abs. 1 Código civil, Ferid/Firsching/*Jayme/Malheiros*, Portugal Rn. 53; Süß/*Huzel/Wollmann*, Portugal Rn. 103; Kroiß/Ann/Mayer/*Müller-Bromley*, Portugal Rn. 54.

421 Art. 2070 Abs. 2, 2068 Código civil; Kroiß/Ann/Mayer/*Müller-Bromley*, Portugal Rn. 51.

Die Eröffnung eines Insolvenzverfahrens über das Nachlassvermögen ist nur bis zur Annahme der Erbschaft möglich.[422]

c) *Slowakei*

Das Recht der Slowakei sieht mit dem Eintritt des Erbfalls eine Gesamtrechtsnachfolge des Erben vor, womit dieser das Eigentum am Vermögen des Nachlasses erwirbt.[423] Die Gesamtrechtsnachfolge erfolgt im Wege des Vonselbsterwerbs mit dem Tod des Erblassers.[424] Dem Erben steht lediglich das befristete Recht zu, die Erbschaft auszuschlagen.[425] Mit dem Tod des Erblassers muss stets ein Nachlassverfahren bei dem örtlich zuständigen Amtsgericht oder Notar durchgeführt werden, innerhalb dessen das Erbrecht des oder der rechtmäßigen Erben verhandelt und der Umfang des Nachlasses bestimmt wird.[426] Bis zum Abschluss des Nachlassverfahrens kann das Gericht Sicherungsmaßnahmen anordnen.[427]

Grundsätzlich haftet der Erbe auch für die Verbindlichkeiten des Nachlasses. Seine Haftung ist jedoch von Gesetzes wegen auf die Höhe des Wertes des erworbenen Nachlasses beschränkt.[428] Dies hat zur Folge, dass der Erbe bis zur Höhe des geerbten Vermögens auch mit seinem Eigenvermögen zu haften hat und dem Gläubiger insoweit ein Wahlrecht bei der Vollstreckung zwischen dem Nachlassvermögen und dem Eigenvermögen des Erben zusteht.[429]

Erweist sich der Nachlass als unzureichend, so können die Erben mit den Gläubigern vereinbaren, dass der Nachlass zu ihrer Befriedigung vollständig an diese herausgegeben wird.[430]

---

422 Art. 2 Abs. 1 lit. b) des portugiesischen Insolvenzgesetzes Nr. 53/2004 vom 18.3.2004.

423 § 460 des slowakischen Bürgerlichen Gesetzbuches (SBGB); Ferid/Firsching/*Bohata*, Slowakische Republik Rn. 134 f.; Süß/*Sovova/Baloga*, Slowakei Rn. 96.

424 Ferid/Firsching/*Bohata*, Slowakische Republik Rn. 233; Süß/*Sovova/Baloga*, Slowakei Rn. 96.

425 § 463 ff. SBGB; Ferid/Firsching/*Bohata*, Slowakische Republik Rn. 236; Süß/*Sovova/Baloga*, Slowakei Rn. 97.

426 §§ 481 ff. SBGB; Ferid/Firsching/*Bohata*, Slowakische Republik Rn. 269 ff.; Süß/*Sovova/Baloga*, Slowakei Rn. 115 ff.

427 Ferid/Firsching/*Bohata*, Slowakische Republik Rn. 274; Süß/*Sovova/Baloga*, Slowakei Rn. 130.

428 § 470 Abs. 1 SBGB; Ferid/Firsching/*Bohata*, Slowakische Republik Rn. 258; Süß/*Sovova/Baloga*, Slowakei Rn. 107.

429 Ferid/Firsching/*Bohata*, Slowakische Republik Rn. 258; Süß/*Sovova/Baloga*, Slowakei Rn. 109.

430 § 471 Abs. 1 SBGB; Ferid/Firsching/*Bohata*, Slowakische Republik Rn. 283 f.; Süß/*Sovova/Baloga*, Slowakei Rn. 110.

Scheitert eine solche Einigung oder erfährt sie nicht die erforderliche Genehmigung durch das Gericht, so ordnet das Gericht die Liquidation des Nachlasses im Insolvenzverfahren an.[431] Hierbei findet eine Veräußerung des Nachlassvermögens unter Anwendung der Regeln über den Zwangsverkauf in der Zwangsvollstreckung durch den gerichtlich bestellten Gerichtskommissar statt.[432] Hinsichtlich des Erlöses besteht eine besondere Befriedigungsreihenfolge, nach der zuerst die Kosten für die Beerdigung und die medizinische Behandlung des Erblassers sowie die Kosten des Insolvenzverfahrens beglichen werden, anschließend rückständige Steuern und zuletzt die übrigen Forderungen.[433]

d) Slowenien

Nach slowenischem Recht findet mit dem Erbfall eine Universalsukzession des Erben in die Rechte und Pflichten des Erblassers statt.[434] Hiervon kann sich der Erbe nur durch eine rechtzeitige Ausschlagung befreien.[435] Mit dem Tod des Erblassers ist zwingend ein gerichtliches Nachlassverfahren durchzuführen, innerhalb dessen das Erbrecht des rechtmäßigen Erben verhandelt und der Umfang des Nachlasses bestimmt wird.[436] Aufgrund des Vonselbsterwerbs der Erbschaft ist die gerichtliche Feststellung des Erbrechts am Ende des Verfahrens lediglich deklaratorischer Natur.[437]

Der Erbe haftet hiernach auch für die Nachlassverbindlichkeiten.[438] Die Haftung des Erben für die Verbindlichkeiten des Nachlasses ist aber von Gesetzes

431 §§ 175t ff. der slowakischen Zivilprozessordnung; Ferid/Firsching/*Bohata*, Slowakische Republik Rn. 284; Süß/*Sovova/Baloga*, Slowakei Rn. 111.

432 Süß/*Sovova/Baloga*, Slowakei Rn. 111 f.; Ferid/Firsching/*Bohata*, Slowakische Republik Rn. 285.

433 Ferid/Firsching/*Bohata*, Slowakische Republik Rn. 286; Süß/*Sovova/Baloga*, Slowakei Rn. 112.

434 Art. 132 des slowenischen Erbschaftsgesetzes (ErbG) vom 26.5.1976; Ferid/Firsching/*Geč-Korošec/Paintner*, Slowenien Rn. 113, 125; Süß/*Rudolf*, Slowenien Rn. 64.

435 Art. 133 ErbG; Ferid/Firsching/*Geč-Korošec/Paintner*, Slowenien Rn. 114; Süß/*Rudolf*, Slowenien Rn. 66.

436 Art. 164 ErbG; Ferid/Firsching/*Geč-Korošec/Paintner*, Slowenien Rn. 130; Süß/*Rudolf*, Slowenien Rn. 80.

437 Ferid/Firsching/*Geč-Korošec/Paintner*, Slowenien Rn. 130.

438 Ferid/Firsching/*Geč-Korošec/Paintner*, Slowenien Rn. 125; Süß/*Rudolf*, Slowenien Rn. 69.

wegen auf den Wert des Nachlasses beschränkt.[439] Bis zu dieser Höhe haftet der Erbe gegenüber den Gläubigern auch mit seinem Eigenvermögen.[440]

Der Erbe darf bei der Befriedigung der Gläubiger grundsätzlich nach dem Prioritätsprinzip vorgehen.[441] Lediglich gegen den Zugriff der Eigengläubiger des Erben auf den Nachlass können sich die Nachlassgläubiger wehren, indem sie die Abtrennung des Nachlassvermögens vom Eigenvermögen des Erben verlangen.[442] Der Erbe darf sodann nur noch die Nachlassgläubiger aus dem Nachlassvermögen befriedigen.[443]

Sowohl die Nachlassgläubiger als auch der Erbe können jederzeit die Eröffnung eines Insolvenzverfahrens über den Nachlass beantragen.[444] Die Nachlassgläubiger können hierdurch eine gemeinschaftliche Befriedigung aus dem Nachlass erreichen.[445] Zugunsten des Erben hat das Nachlassinsolvenzverfahren die Wirkung, dass die Nachlassgläubiger während des Insolvenzverfahrens nicht mehr auf das Eigenvermögen des Erben zugreifen dürfen.[446]

e) Spanien („Foralrechte")

Nach dem Foralrecht Navarras findet abweichend vom Gemeinen Zivilrecht Spaniens sowie von dem Foralrecht Aragoniens ein Vonselbsterwerb der Erbschaft durch den Erben statt.[447] Nach dem Foralrecht Aragoniens ist die Annahme der Erbschaft durch den Erben erforderlich, bis zu der es sich um eine ruhende Erbschaft handelt.[448]

Eine Annahme der Erbschaft unter der Rechtswohltat des Inventars wie im Gemeinen Zivilrecht Spaniens ist in beiden Foralrechten nicht vorgesehen.

---

439 Art 142 Abs. 1 ErbG, hierzu Ferid/Firsching/*Geč-Korošec/Paintner*, Slowenien Rn. 125; Süß/*Rudolf*, Slowenien Rn. 69; Kroiß/Ann/Mayer/*Kristic*, Slowenien Rn. 118.

440 Ferid/Firsching/*Geč-Korošec/Paintner*, Slowenien Rn. 125; Süß/*Rudolf*, Slowenien Rn. 69.

441 Ferid/Firsching/*Geč-Korošec/Paintner*, Slowenien Rn. 127.

442 *Separatio bonorum*, Art. 143 des Erbschaftsgesetzes, hierzu Ferid/Firsching/*Geč-Korošec/Paintner*, Slowenien Rn. 128; Süß/*Rudolf*, Slowenien Rn. 73; Kroiß/Ann/Mayer/*Kristic*, Slowenien Rn. 119.

443 Ferid/Firsching/*Geč-Korošec/Paintner*, Slowenien Rn. 128; Süß/*Rudolf*, Slowenien Rn. 73.

444 *Dežman/Danko*, ZfRV 2011, S. 43 f.

445 *Dežman/Danko*, ZfRV 2011, S. 43.

446 *Dežman/Danko*, ZfRV 2011, S. 44.

447 Ferid/Firsching/*Hierneis*, Spanien Rn. 110, 113. Zum Gemeinen Zivilrecht Spaniens oben Seite 92.

448 Ferid/Firsching/*Hierneis*, Spanien Rn. 563.

Vielmehr wird die Haftung des Erben für die Verbindlichkeiten des Nachlasses von Gesetzes wegen gegenständlich auf den Bestand des Nachlasses (Aragonien)[449] beziehungsweise auf den Wert des Nachlasses (Navarra)[450] beschränkt.[451]

Reicht das Nachlassvermögen für die Erfüllung der Nachlassverbindlichkeiten nicht aus, unterliegt der Erbe der Pflicht, innerhalb von zwei Monaten ab Kenntniserlangung ein Nachlassinsolvenzverfahren zu beantragen.[452]

f) Ungarn

Das Recht Ungarns sieht eine Gesamtrechtsnachfolge des Erben in die vermögensrechtliche Stellung des Erblassers vor. Der Erwerb der Erbschaft erfolgt mit Eintritt des Erbfalls, ohne dass es einer Annahmeerklärung seitens des Erben bedarf.[453] Der Erbe kann die Erbschaft aber ausschlagen.[454] Mit dem Tod des Erblassers ist von Amts wegen ein gerichtliches Nachlassverfahren durchzuführen, innerhalb dessen das Erbrecht des rechtmäßigen Erben verhandelt und der Umfang des Nachlasses ermittelt wird.[455]

Der Erbe haftet von Gesetzes wegen nur gegenständlich mit dem Vermögen des Nachlasses für die Nachlassverbindlichkeiten.[456]

Erweist sich das Nachlassvermögen als unzureichend für die Befriedigung aller Nachlassgläubiger, so hat der Erbe die Gläubiger nach einer besonderen Reihenfolge zu befriedigen. Hierbei kommt den Bestattungskosten und etwaigen angefallenen Kosten für den Erwerb, die Sicherung und die Verwaltung des Nachlasses sowie für das Nachlassverfahren Vorrang vor den übrigen Nachlassverbindlichkeiten zu.[457] Innerhalb der jeweiligen Gruppe von Verbindlichkeiten findet bei Unzulänglichkeit des Nachlasses eine verhältnismäßige Befriedigung statt.[458]

---

449 Art. 40 Abs. 1 des Gesetzes über die Erbfolge Aragoniens vom 24.2.1999, hierzu Ferid/Firsching/*Hierneis*, Spanien Rn. 110.

450 Gesetz 318 des Navarrischen Fuero Nuevo vom 1.4.1987, hierzu Ferid/Firsching/*Hierneis*, Spanien Rn. 113.

451 Ferid/Firsching/*Hierneis*, Spanien Rn. 585a.

452 Siehe für das (einheitliche) Insolvenzrecht Spaniens oben Seite 92.

453 § 362 des ungarischen Zivilgesetzbuches (ZGB) von 1959; Ferid/Firsching/*Ember*, Ungarn Rn. 107.

454 Süß/*Tóth*, Ungarn Rn. 184.

455 Süß/*Tóth*, Ungarn Rn. 182.

456 § 679 Abs. 1 ZGB; Ferid/Firsching/*Ember*, Ungarn Rn. 114; Süß/*Tóth*, Ungarn Rn. 179, 183.

457 §§ 677 Abs. 1, 678 Abs. 1 ZGB, hierzu Süß/*Tóth*, Ungarn Rn. 181.

458 § 678 Abs. 2 des ZGB; Süß/*Tóth*, Ungarn Rn. 182.

3. *Treuhandmodelle*

Ein von den beiden vorherigen Modellen gänzlich verschiedenes Konzept der Erbenhaftung verfolgt die Gruppe der Rechtsordnungen des *common-law* sowie Finnland und Schweden.

Nach dem *common-law* geht der gesamte Nachlass mit Eintritt des Erbfalls nicht sogleich an die Erben über, sondern zunächst auf einen Treuhänder.[459] Zwar schließen andere Rechtsordnungen ebenfalls einen Vonselbsterwerb des Erben aus (etwa Österreich), jedoch wird der Nachlass dort zumeist als „ruhend" angesehen und ihm zugleich Rechtspersönlichkeit verliehen. Der vorübergehend „verwaltende" (spätere) Erbe ist dann regelmäßig ein Organ des Nachlasses. Dieser Konstruktion bedarf es bei dem Treuhandmodell nicht, weil es auch nach dem Tod des Erblassers einen Eigentümer des Nachlasses gibt. Die Bestellung des Treuhänders erfolgt testamentarisch durch den Erblasser oder nach dem Erbfall von Amts wegen durch das Gericht. Der Erbe erhält den Nachlass erst nach erfolgter Abwicklung durch den Treuhänder. Für Verbindlichkeiten des Nachlasses haftet der Erbe damit nicht. Durch dieses Modell wird auf der einen Seite Rechtssicherheit geschaffen, auf der anderen Seite ist für jeden einzelnen Erbfall der Aufwand einer Nachlassabwicklung zu betreiben.[460]

Ein ähnliches Konzept verfolgen die Rechtsordnungen Schwedens und Finnlands. Dort geht der Nachlass allerdings nicht vermögensrechtlich auf einen Treuhänder über, sondern bleibt eigenständig. Wie im *common-law* erfolgt eine zwingende Nachlassverwaltung, die erst abgeschlossen sein muss, bevor ein etwaiger Überschuss an den späteren Erben ausgekehrt werden kann.

a) *Vereinigtes Königreich: England und Wales sowie Nordirland*

Das Vereinigte Königreich ist ein Mehrrechtsstaat und gliedert sich in die Rechtsordnungen England und Wales, Nordirland sowie Schottland.[461] Das Recht Nordirlands orientiert sich hinsichtlich der hier betrachteten Fragestellungen der Erbenhaftung und der Nachlassabwicklung am Recht Englands und

459 „Prinzip der gesonderten Nachlassabwicklung", Kroiß/Ann/Mayer/*Odersky*, Großbritannien Rn. 60.

460 Zu den wenigen Sonderausnahmen zur Abwicklung durch den *personal representative*, Kroiß/Ann/Mayer/*Odersky*, Großbritannien Rn. 60.

461 Kroiß/Ann/Mayer/*Odersky*, Großbritannien Rn. 1.

Wales, sodass England und Wales sowie Nordirland gemeinsam betrachtet werden können.[462]

Nach englischem Recht findet mit dem Eintritt des Erbfalls kein Übergang des Vermögens des Erblassers auf den Erben statt, vielmehr fällt die Erbschaft zunächst als Ganzes an einen Treuhänder, der allgemein *personal representative* genannt wird.[463] Hat der Erblasser den Treuhänder testamentarisch bestimmt, erhält er die Funktionsbezeichnung *executor* und tritt mit dem Erbfall automatisch in die Stellung als *personal representative* ein.[464] Ansonsten fällt der Nachlass zunächst an einen staatlichen Treuhänder (*Public Trustee*), bis das Gericht einen *administrator* bestellt hat.[465] Der Treuhänder hat die Aufgabe, den Nachlass zu verwalten und auf Verlangen zu inventarisieren.[466] In diesem Rahmen begleicht er auch die Nachlassverbindlichkeiten.[467]

Ergibt sich ein Überschuss, wird dieser an den Erben ausgekehrt. Stellt sich dagegen heraus, dass der Nachlass unzulänglich ist, so werden testamentarische Anordnungen des Erblassers unwirksam und es greift zunächst eine besondere Befriedigungsreihenfolge ein, wonach vorrangig die Kosten der Beerdigung des Erblassers sowie die Kosten der Nachlassverwaltung zu begleichen sind.[468] Anschließend werden die Gläubiger durch den Treuhänder nach

---

462 Siehe für Nordirland: The Insolvency (Northern Ireland) Order 1989 (No. 2405 (N.I. 19)) und Administration of Insolvent Estates of Deceased Persons Order (Northern Ireland) 1991. Anders dagegen Schottland, siehe Seite 102.

463 Sec 1 Part I Administration of Estates Act 1925 (c. 23); *Kerridge*, Law of succession, Rn. 20–01; *Barlow/King/King*, Administration, Rn. 11.001; Kroiß/Ann/Mayer/*Odersky*, Großbritannien Rn. 70; Süß/*Odersky*, Großbritannien: England und Wales Rn. 28.

464 Die förmliche Ernennung durch das Gericht im Wege der Erteilung der sogenannten *probate* hat nur deklaratorische Wirkung, Kroiß/Ann/Mayer/*Odersky*, Großbritannien Rn. 63; *Kerridge*, Law of succession, Rn. 17–01; Süß/*Odersky*, Großbritannien: England und Wales Rn. 28.

465 Die Bestellung als *administrator* erfolgt anhand des testamentarischen Willens des Erblassers oder hilfsweise nach der gesetzlichen Erbfolge, hierzu Kroiß/Ann/Mayer/*Odersky*, Großbritannien Rn. 66. Zum *Public Trustee* siehe Sec 9 Part II Administration of Estates Act 1925 (c. 23).

466 Sec 25 Part II Administration of Estates Act 1925 (c. 23); *Kerridge*, Law of succession, Rn. 20–01 ff.; *Barlow/King/King*, Administration, Rn. 11.001 ff.; Süß/*Odersky*, Großbritannien: England und Wales Rn. 74 f.

467 *Kerridge*, Law of succession, Rn. 21–78; *Barlow/King/King*, Administration, Rn. 15.001; Süß/*Odersky*, Großbritannien: England und Wales Rn. 76.

468 Sec 421 Insolvency Act 1986 (c.45) und Administration of Insolvent Estates of Deceased Persons Order 1986, S.I. 1986/1999; *Kerridge*, Law of succession, Rn. 21–78.

Konkursgrundsätzen verhältnismäßig befriedigt.[469] Es steht dem *personal representative* sowie gegebenenfalls den Gläubigern zudem frei, die Eröffnung eines Insolvenzverfahrens über den Nachlass zu beantragen, damit das Restvermögen durch einen Insolvenzverwalter verteilt wird.[470] Eine Antragspflicht besteht allerdings nicht.[471]

b) Vereinigtes Königreich: Schottland

Das Erbrecht Schottlands sieht mit dem Tode des Erblassers den Übergang des ganzen Vermögens des Erblassers auf einen *personal representative* vor, der bei vorheriger testamentarischer Bestimmung *executor-nominate* und bei gerichtlicher Bestellung *executor-dative* genannt wird.[472] Dieser Treuhänder hat den Nachlass zu inventarisieren und zu verwalten. Grundsätzlich obliegt es ihm auch, die Nachlassverbindlichkeiten zu begleichen.[473] Ein Überschuss wird an den oder die Erben ausgekehrt.

Stellt sich die Überschuldung des Nachlasses heraus, so ist der Treuhänder verpflichtet, bei Gericht einen Antrag auf Eröffnung eines Insolvenzverfahrens zu stellen.[474] Verletzt er diese Pflicht, gerät er mit seinem Eigenvermögen in die Haftung.[475]

c) Irland

Nach irischem Recht geht mit dem Tod des Erblassers der gesamte Nachlass einschließlich der Verbindlichkeiten auf einen *personal representative* über.[476] Dieser wird Eigentümer des Nachlasses und hat auch die Nachlassverbindlichkeiten

---

469 Art. 4 (1) Administration of Insolvent Estates of Deceased Persons Order 1986; *Kerridge*, Law of succession, Rn. 21–78; *Barlow/King/King*, Administration, Rn. 15.024 ff.

470 Die Verteilung durch den *personal representative* stellt aber praktisch den Regelfall dar, *Kerridge*, Law of succession, Rn. 21–79; *Groves/Arden/Calland/Kalfon*, Insolvency, S. 1711; Süß/*Odersky*, Großbritannien: England und Wales Rn. 78.

471 *Barlow/King/King*, Administration, Rn. 15.027.

472 Sec 20 Succession (Scotland) Act 1964 (c 41); Süß/*Odersky*, Großbritannien: Schottland Rn. 3.

473 Süß/*Odersky*, Großbritannien: Schottland Rn. 3.

474 Sec 8 (4) Bankruptcy (Scotland) Act 1985 (c 66); *Crystal/Phillips/Davis*, Insolvency, Rn. 2511 f.

475 *Coull*, Bankruptcy in Scotland, S. 129.

476 Dieser kann wie im englischen Recht zuvor durch den Erblasser oder nachträglich durch das Gericht bestimmt werden, *Brady*, Succession Law, Rn. 9.01 f.; Ferid/Firsching/*Coester-Waltjen/Jakob*, Irland Rn. 22; Süß/*Worthmann*, Irland Rn. 129.

zu begleichen.[477] Wenn sich ein Überschuss ergibt, wird dieser an den Erben ausgekehrt. Während der Ausübung seiner Tätigkeit unterliegt der *personal representative* Sorgfaltspflichten, deren Verletzung die persönliche Haftung mit dem Eigenvermögen zur Folge haben kann.[478]

Ist der Nachlass für die Erfüllung der Nachlassverbindlichkeiten unzulänglich, sind zuerst die Kosten der Beerdigung des Erblassers, die testamentarischen Unkosten sowie die Kosten der Nachlassverwaltung zu begleichen.[479] Die weitere Befriedigung von Nachlassverbindlichkeiten durch den *personal representative* richtet sich nach den Vorschriften des Insolvenzrechts, die entsprechend angewandt werden.[480]

Der *personal representative* kann sich von diesen Pflichten befreien, indem er die Durchführung eines Insolvenzverfahrens über den Nachlass beantragt.[481] Ein solches Insolvenzantragsrecht steht darüber hinaus auch jedem Nachlassgläubiger zu.[482]

d) Zypern

Das Recht Zyperns sieht ähnlich dem englischen Recht vor, dass der Nachlass mit dem Eintritt des Erbfalls zunächst an einen Treuhänder übergeht.[483] Hat der Erblasser diesen testamentarisch bestimmt, handelt es sich um einen sogenannten *executor*, andernfalls wird der Treuhänder als *administrator* durch das Gericht bestellt. Der Erbe haftet grundsätzlich nicht für die Nachlassverbindlichkeiten, weil er einen etwaigen Überschuss aus dem Nachlass erst nach der Liquidation durch den Treuhänder erhält.[484]

Erweist sich der Nachlass als unzureichend, so greift eine besondere Befriedigungsreihenfolge ein, nach der zuerst die Kosten der Beerdigung und der Verwaltung des Nachlasses zu begleichen sind.[485]

---

477 *Brady*, Succession Law, Rn. 10.01; Süß/*Worthmann*, Irland Rn. 129.

478 *Brady*, Succession Law, Rn. 9.59 ff.; *Keating*, Probate Law, Rn. 9–74 ff.

479 *Brady*, Succession Law, Rn. 10.03; Ferid/Firsching/*Coester-Waltjen/Jakob*, Irland Rn. 97; Süß/*Worthmann*, Irland Rn. 147.

480 Sec 46, First Schedule, Part I Succession Act 1965, *Brady*, Succession Law, Rn. 10.03; *Keating*, Probate Law, Rn. 9–23; Süß/*Worthmann*, Irland Rn. 147.

481 *Sanfey/Holohan*, Bankruptcy Law, Rn. 17–06.

482 *Sanfey/Holohan*, Bankruptcy Law, Rn. 17–02.

483 Hierzu Campbell/*Tsikkinis*, Cyprus Law, S. 645 ff.; Süß/*Süß*, Zypern Rn. 13.

484 Eine Ausnahme gilt für sehr geringe Nachlässe, die direkt an den Erben fallen. Der Erbe haftet jedoch nicht über den Wert des angefallenen Vermögens hinaus, Campbell/*Tsikkinis*, Cyprus Law, S. 620.

485 Campbell/*Tsikkinis*, Cyprus Law, S. 650.

e) *Finnland*

Das finnische Recht unterscheidet wie das schwedische Recht streng zwischen Nachlassabwicklung und Nachlassteilung. Den Nachlassgläubigern haftet grundsätzlich nur das Vermögen des Nachlasses.[486] Eine Haftung des Erben mit seinem Eigenvermögen ist nur ausnahmsweise vorgesehen, wenn sich dieser im Verfahren der Nachlassabwicklung pflichtwidrig verhalten hat.[487]

Mit dem Eintritt des Erbfalls bleibt das Vermögen des Erblassers samt Verbindlichkeiten im Nachlass gebunden und wird zunächst durch die dem Nachlass am nächsten stehenden Personen – meistens also dem Ehepartner oder nahen Verwandten – treuhänderisch verwaltet.[488] Für jeden Nachlass ist unter Mitwirkung der treuhänderisch verwaltenden Personen ein öffentliches Inventar des Nachlassvermögens und der Verbindlichkeiten zu erstellen.[489] Abschließend haben die Treuhänder den Nachlass entsprechend dem Inventar abzuwickeln und die Gläubiger zu befriedigen.[490]

Die Nachlasstreuhänder haben das Recht, sich von diesen Pflichten zu befreien, indem sie eine gerichtliche Nachlassverwaltung beantragen. Sodann wird der Nachlass von einem gerichtlich bestellten Verwalter inventarisiert und liquidiert.[491]

Sowohl die Treuhänder als auch der Nachlassverwalter haben das Recht, die Eröffnung eines Insolvenzverfahrens über das Vermögen des Nachlasses zu beantragen.[492] Hierdurch endet eine etwaige Nachlassverwaltung und der Nachlass wird innerhalb des Insolvenzverfahrens abgewickelt. Gelingt es einem Nachlassverwalter bei einem unzureichenden Nachlass nicht, mit den Gläubigern Erlassverträge zu schließen, so unterliegt er der Pflicht, die Eröffnung eines Insolvenzverfahrens über den Nachlass zu beantragen.[493]

---

486 Ferid/Firsching/*Mincke*, Finnland Rn. 244.

487 Hierzu Ferid/Firsching/*Mincke*, Finnland Rn. 249 ff.

488 Möglich ist dabei die Bestellung einer oder mehrerer Personen, Ferid/Firsching/*Mincke*, Finnland Rn. 222 f.

489 Ferid/Firsching/*Mincke*, Finnland Rn. 213. Das Inventar ist zugleich Grundlage für die Erbschaftssteuer.

490 Ferid/Firsching/*Mincke*, Finnland Rn. 224.

491 Ferid/Firsching/*Mincke*, Finnland Rn. 223, 229.

492 Ferid/Firsching/*Mincke*, Finnland Rn. 245.

493 19. Kapitel, § 12 Abs. 2 Satz 2 des Finnischen Erbrechtsgesetzes vom 5.2.1965.

f) Schweden

Das schwedische Recht geht wie das finnische Recht von dem Grundsatz aus, dass mit dem Versterben einer Person deren Rechte und Pflichten zunächst im Nachlass als besondere Vermögensmasse gebunden werden. Der Nachlass wird in Schweden – anders als in Finnland – als juristische Person angesehen.[494] Von der Nachlassabwicklung ist die spätere Nachlassverteilung an die Erben zu unterscheiden, die im schwedischen Recht getrennte Verfahren darstellen.[495]

Den Nachlassgläubigern haftet hierbei bis zur Auseinandersetzung nur der Nachlass.[496] Bis dahin wird der Nachlass von dem derzeitigen Gewahrsamsinhaber (meistens dem Ehegatten) oder aber einem gerichtlich eingesetzten Nachlassverwalter treuhänderisch verwaltet.[497] Im Rahmen der Nachlassverwaltung ist stets ein öffentliches Inventar der Aktiva und Passiva des Nachlasses zu erstellen, dem zusätzlich die Wirkung eines Erbscheins zukommt.[498] Die Nachlassgläubiger werden sodann im Rahmen der Nachlassverwaltung befriedigt. Erst wenn alle Verbindlichkeiten beglichen wurden, wird der Überschuss an den Erben herausgegeben.

Stellt sich die Unzulänglichkeit des Nachlasses heraus, kann entweder versucht werden, mit den Gläubigern eine Vereinbarung zu schließen oder es wird eine Liquidation des Nachlasses im Insolvenzverfahren beantragt.[499]

4. Ergebnis

a) Vier verschiedene Modelle der Haftungsbeschränkung

Die Untersuchung zeigt, dass sich unter den Rechtsordnungen der Mitgliedstaaten der Europäischen Union vier grundsätzlich verschiedene Modelle der Haftungsbeschränkung des Erben unterscheiden lassen. Von dem deutschen Modell der Eröffnung eines Insolvenzverfahrens über das Vermögen des Nachlasses bzw. der Anordnung einer Nachlassverwaltung (bei solventem Nachlass) können die Erstellung eines Nachlassinventars, eine von vornherein gesetzlich

---

494 Ferid/Firsching/*Carsten*, Schweden Rn. 52; Süß/*Johansson*, Schweden Rn. 158.

495 Ferid/Firsching/*Carsten*, Schweden Rn. 23, 52. Ebenso im finnischen Recht.

496 Süß/*Johansson*, Schweden Rn. 158.

497 Regelmäßig wird dabei nach der vorläufigen Verwaltung durch den Ehepartner oder einen Verwandten seitens des Gerichts ein Nachlassverwalter mit besonderen Kenntnissen bestellt, Ferid/Firsching/*Carsten*, Schweden Rn. 53 f.

498 Ferid/Firsching/*Carsten*, Schweden Rn. 56 ff.

499 Ferid/Firsching/*Carsten*, Schweden Rn. 58.

beschränkte Haftung sowie die gesetzliche Anordnung einer Nachlasstreuhand unterschieden werden.

Damit ist zugleich gezeigt worden, dass in jedem Mitgliedstaat der Europäischen Union grundsätzlich die Möglichkeit besteht, die Haftung des Erben für die Nachlassverbindlichkeiten zu beschränken, sofern sie nicht von Anfang an bereits gesetzlich beschränkt ist. Dass dies keine Selbstverständlichkeit ist, ergibt sich bei einer Betrachtung afrikanischer Stammesrechte, nach denen die Erben für die Schulden des Erblassers unbeschränkbar haften.[500]

Sodann erweist sich der Siegeszug des justinianischen Inventarmodells als Mittel der Haftungsbeschränkung für den Erben. Die Mehrheit der 27 Mitgliedstaaten der Europäischen Union, die die EuInsVO/EuInsVO 2017 anwenden, sieht dieses Rechtskonzept heute noch als probates Mittel an.

Das Treuhandmodell beschränkt sich demgegenüber auf das *common-law* und nordische Rechtsordnungen, die vergleichbare Regelungen aufweisen. Das Regelungskonzept des Treuhandmodells weist Eigenheiten auf, die sich deutlich von anderen Rechtsordnungen unterscheiden. Im *common-law* kommt durch die Möglichkeit der vorherigen testamentarischen Bestimmung des Treuhänders der Gedanke der Privatautonomie zum Ausdruck, der es dem Erblasser ermöglicht, auf besonders einfache Weise weitreichende Entscheidungen über die Art der späteren Erbauseinandersetzung zu treffen.

Die Eröffnung eines Insolvenzverfahrens als Mittel der Haftungsbeschränkung ist dagegen unter den teilnehmenden Mitgliedstaaten im Anwendungsbereich der EuInsVO/EuInsVO 2017 – mit Ausnahme von Spanien, wo der Insolvenzantrag zugleich als Erklärung des Inventarvorbehaltes gilt – nur im deutschen Recht vorgesehen.[501]

b) Verteilungsverfahren bei unzureichendem Nachlassvermögen

Betrachtet man im Anschluss an die vier unterscheidbaren Systeme der Haftungsbeschränkung des Erben die Lösungen, die die jeweiligen Rechtsordnungen der Mitgliedstaaten für das Problem der Abwicklung eines unzureichenden Nachlasses gefunden haben, so fällt auf, dass einige der untersuchten Rechtsordnungen einen anderen Weg als das deutsche Recht eingeschlagen haben. Die

---

500 So etwa nach dem traditionellen Stammesrecht Malis, siehe Ferid/Firsching/*Nelle*, Mali Rn. 84. Allerdings sind die Gläubiger dort verpflichtet, ihre Forderungen ausschließlich auf der Trauerfeier für den Erblasser anzumelden, sodass für den Erben hieraus eine faktische Haftungserleichterung entstehen kann.

501 Zu der dem deutschen Recht ähnlichen Regelung in Dänemark siehe oben Fn. 263.

Durchführung eines Insolvenzverfahrens über das Nachlassvermögen ist dort nicht zwingend vorgesehen und oft nur zulässig, wenn der Erblasser Kaufmann oder Unternehmer war. Statt im Insolvenzverfahren wird das noch vorhandene Nachlassvermögen zumeist durch den Erben selbst an die Gläubiger verteilt. Maßstab der Verteilung ist dann oft eine besondere Befriedigungsreihenfolge, an die sich der Erbe zu halten hat.

Zudem wird ersichtlich, dass die Art der Haftungsbeschränkung des Erben für die Nachlassverbindlichkeiten die Durchführung eines Nachlassinsolvenzverfahrens nicht prädestiniert. Für alle untersuchten Möglichkeiten der Haftungsbeschränkung des Erben gibt es Rechtsordnungen, die die Eröffnung eines Insolvenzverfahrens über das Nachlassvermögen zulassen. Eine zwingende Verbindung zwischen der Art der Haftungsbeschränkung und der Durchführung eines Insolvenzverfahrens gibt es somit nicht.

(1) Mitgliedstaaten, die ein Nachlassinsolvenzverfahren vorsehen

Eine Untersuchung der mitgliedstaatlichen Rechtsordnungen ergibt, dass die Liquidation eines unzureichenden Nachlassvermögens im Wege eines Insolvenzverfahrens für 20 der 27 teilnehmenden Mitgliedstaaten nachgewiesen werden konnte.[502]

Zugleich wird deutlich, dass selbst dort, wo ein Nachlassinsolvenzverfahren bekannt ist, selten eine Antragspflicht der Erben oder des Nachlassverwalters besteht. Neben dem deutschen Recht sehen – soweit ersichtlich – nur das Recht Finnlands, Schottlands und Spaniens eine Antragspflicht vor, deren Verletzung Haftungsansprüche begründet.

Hingegen ist die Beantragung eines Nachlassinsolvenzverfahrens in den übrigen Ländern in das Ermessen der Erben beziehungsweise in England und Wales, Nordirland und in Schweden in das Ermessen des Treuhänders gestellt. Diese auf den ersten Blick ungewöhnliche Regelung wird verständlich, wenn man bedenkt, dass in den jeweiligen Rechtsordnungen regelmäßig zunächst Vergleichsverhandlungen der Erben mit den Gläubigern vorgesehen sind, um nach Möglichkeit eine einvernehmliche Regelung der Schuldentilgung herbeizuführen.

---

502 Dies sind neben Deutschland Belgien (nur Kaufmannskonkurs), Bulgarien (nur Kaufmannskonkurs), England und Wales (sowie Schottland), Estland, Finnland, Frankreich (nur Kaufmannskonkurs), Griechenland (nur Kaufmannskonkurs), Italien (nur Kaufmannskonkurs), Litauen, Luxemburg (nur Kaufmannskonkurs), Malta (nur Kaufmannskonkurs), Österreich, Polen (nur Unternehmerkonkurs), Portugal, Schweden, Slowakei, Slowenien, Spanien und die Tschechische Republik.

Angesichts der vorhandenen Haftungsbeschränkungen des Erben sowie der Liquidation des Nachlasses als inventarisierter Vermögensmasse werden solche Vergleichsverhandlungen auch meist erfolgversprechend verlaufen. Für den Fall des Scheiterns der einvernehmlichen Beilegung steht dann das Insolvenzverfahren bereit. In England kann der Treuhänder dagegen wählen, ob er die konkursmäßige Befriedigung der Nachlassgläubiger selbst vornehmen möchte oder aber das Verfahren an einen Insolvenzverwalter abgibt. Letzteres wird insbesondere bei umfangreichen Nachlässen der Fall sein.

Einen historisch bedingten dritten Weg gehen schließlich Frankreich und die vom französischen Recht geprägten Rechtsordnungen Belgiens, Bulgariens, Griechenlands, Italiens, Luxemburgs, Maltas und Polens, wo bei natürlichen Personen nur der Kaufmanns- bzw. Unternehmerkonkurs erlaubt ist.[503] Dies erklärt sich aus der dortigen Entwicklung des Konkursrechts aus dem Recht der Kaufleute.[504]

(2) Mitgliedstaaten mit Nachlassverteilung ohne Insolvenzverfahren

In vielen mitgliedstaatlichen Rechtsordnungen ist dagegen auch die Befriedigung der Nachlassgläubiger durch den Erben selbst möglich.[505]

Diese Art der Liquidation eines unzureichenden Nachlasses besticht zunächst durch ihre Einfachheit und die geringe Kostenlast für das Nachlassvermögen. Sie bedeutet aber auf der anderen Seite eine stärkere Belastung des Erben mit Abwicklungstätigkeiten. Zudem muss eine geordnete Abwicklung des Nachlasses gewährleistet werden. Hierzu wird dem Erben von offizieller Seite zumeist Unterstützung gewährt, etwa indem die Festlegung der Befriedigungsreihenfolge der Gläubiger durch das Gericht oder einen Notar erfolgt. Zudem kann sich der Erbe meist von der Pflicht zur Verwaltung des Nachlasses befreien, indem er den Nachlass an die Gläubiger vollständig herausgibt (*abandon*). Sieht man diese öffentlich festgelegte Gläubigerbefriedigung im Zusammenhang mit

---

503 Dieser ist in Frankreich im Jahr 2005 auf alle selbständig tätigen Personen ausgeweitet worden, unabhängig von der Kaufmannseigenschaft, siehe MünchKomm-InsO/*Niggemann*, Anhang Frankreich Rn. 4 und Rn. 8 m.w.N. In Polen sind hingegen nur Unternehmernachlässe insolvenzfähig, siehe oben Seite 90.

504 In Frankreich etwa wird bei Privatpersonen statt eines Insolvenzverfahrens ein Entschuldungsverfahren durchgeführt, siehe Gottwald/*Ahrens*, § 80 Rn. 28 ff.

505 Dies betrifft Belgien, Bulgarien, England und Wales (sowie Nordirland), Frankreich, Griechenland, Irland, Italien, Kroatien, Lettland, Luxemburg, Malta, Niederlande, Österreich, Polen, Portugal, Rumänien, Slowenien, Ungarn und Zypern.

dem regelmäßig zuvor erstellten Nachlassinventar, so wird die Nachlassliquidation durch den Erben hierdurch stark vereinfacht.

Unter denjenigen Rechtsordnungen, die eine Nachlassliquidation (auch) ohne Insolvenzverfahren vorsehen, nehmen Bulgarien, Griechenland, Italien, Luxemburg, Rumänien und Slowenien eine Sonderstellung ein, weil der Erbe hier – trotz eines bereits erstellten Inventars – die Gläubiger weiterhin nach dem Prioritätsprinzip befriedigen darf, bis einer der Gläubiger dieser Vorgehensweise widerspricht. Erst nach erfolgtem Widerspruch wird eine gleichmäßige Befriedigung der Gläubiger festgelegt. Es obliegt damit den Gläubigern, die Wirkungen eines Insolvenzverfahrens herbeizuführen.

In einigen anderen Mitgliedstaaten – so in Frankreich, Lettland und Malta – müssen besonders gesicherte Gläubiger dagegen vorrangig befriedigt werden, bevor der Erbe die übrigen Gläubiger nach dem Prioritätsprinzip befriedigen darf. Wollen sich die Gläubiger hiervor schützen, müssen sie bei Gericht die Trennung des Nachlassvermögens vom Eigenvermögen des Erben verlangen, woraufhin der Nachlass unter gerichtliche Verwaltung gestellt wird.

V. Bewertung und Schlussfolgerung

Die vorstehende Untersuchung hat gezeigt, dass in allen 27 Mitgliedstaaten, in denen die EuInsVO/EuInsVO 2017 anwendbar sind, die Möglichkeit besteht, eine gegebenenfalls bestehende Haftung des Erben für die Nachlassverbindlichkeiten zu beschränken.

Zugleich ist deutlich geworden, dass die mitgliedstaatlichen Rechtsordnungen in Bezug auf die Herbeiführung der Haftungsbeschränkung des Erben und die Verteilung eines unzureichenden Nachlassvermögens zu unterschiedlichen Lösungen gekommen sind, die sich vor dem Hintergrund der historischen Entwicklung der jeweiligen Rechtsordnung erklären lassen. So sieht jede Rechtsordnung einerseits einen Modus vor, dem Erben eine Beschränkung seiner gegebenenfalls bestehenden Haftung zu ermöglichen und andererseits finden sich in allen untersuchten Rechtsordnungen ferner Regelungen, wie die Abwicklung eines Nachlasses zu erfolgen hat, dessen Verbindlichkeiten die vorhandenen Aktiva übersteigen. Eine Koordination dieser verschiedenen Rechtsordnungen ist dabei trotz aller Unterschiede durchaus möglich, wie nunmehr die europäisch einheitlich geltende Erbrechtsverordnung EuErbVO mit ihrem differenzierten System der gegenseitigen Anerkennung zeigt.[506]

506 Verordnung (EU) Nr. 650/2012 des Europäischen Parlamentes und des Rates vom 4.7.2012 über die Zuständigkeit, das anzuwendende Recht, die Anerkennung und

Gerade im Hinblick auf die Regelungssystematik der EuErbVO wird die Bemühung des europäischen Gesetzgebers deutlich, statt der Vereinheitlichung des Sachrechts die Vereinheitlichung des Kollisionsrechts voranzutreiben, wie dies auch schon bei der EuInsVO/EuInsVO 2017 erfolgt ist. So bleibt es bei der Verschiedenheit der Rechtsordnungen in Europa, die untereinander durch das vereinheitlichte Kollisionsrecht stärker zusammenrücken.

Dies wirkt sich auch auf die Rechtsanwendung aus. Zunehmend wird es zur Selbstverständlichkeit, dass innerstaatliche Gerichte ausländisches Recht anzuwenden haben. Was in der Vergangenheit insbesondere auf dem Gebiet des Erbrechts große praktische Schwierigkeiten bereitet hat, soll insbesondere durch die EuErbVO schrittweise vereinfacht werden. An erster Stelle steht dabei die Transparenz der Rechtsordnungen in Europa, die Grundvoraussetzung für das gegenseitige Verständnis und Vertrauen ist.[507]

Die vorstehende rechtsvergleichende Untersuchung reiht sich in diese Transparenzbemühungen ein. Auch vor dem deutschen Nachlassinsolvenzverfahren macht die Anwendung fremden Rechts nicht Halt. Dort wird die rechtsvergleichende Untersuchung der erbrechtlichen Systematik in den anderen Rechtsordnungen der Europäischen Union relevant, wenn die Frage behandelt wird, ob und wie ein deutsches Nachlassinsolvenzverfahren auch bei Anwendbarkeit fremden Erbrechts durchgeführt werden kann. Um dies beurteilen zu können, ist der Blick über die eigene Rechtsordnung hinaus unerlässlich.

Vollstreckung von Entscheidungen und die Annahme und Vollstreckung öffentlicher Urkunden in Erbsachen sowie zur Einführung eines Europäischen Nachlasszeugnisses, ABl. EU Nr. L 201 v. 27.7.2012, S. 107 (EuErbVO). Hierzu Palandt/*Thorn*, Vorb. EuErbVO Rn. 1 ff.

507 Siehe Art. 77 EuErbVO, der spezifisch „Informationen für die Öffentlichkeit" über das Erbrecht jedes einzelnen Mitgliedstaates im Rahmen des Europäischen Justiziellen Netzes für Zivil- und Handelssachen vorsieht.

Zweiter Teil Nachlassinsolvenzverfahren mit Auslandsberührung

Die Untersuchung hat gezeigt, dass die Abwicklung eines insolventen Nachlasses innerhalb der Europäischen Union uneinheitlich erfolgt. Während das deutsche Recht seit der Zeit Preußens die Eröffnung eines Insolvenzverfahrens über das Nachlassvermögen vorsieht und sogar haftungsbewehrt gebietet, haben viele Mitgliedstaaten andersartige Lösungsansätze entwickelt.

Die Nachlassabwicklung erfolgt dort zumeist durch den Erben selbst und zwar auch dann, wenn der Nachlass unzureichend ist und eine vollständige Gläubigerbefriedigung damit unmöglich wird. Um dennoch eine gerechte Verteilung des noch vorhandenen Vermögens zu erreichen, obliegt es dann entweder dem Erben, eine gütliche Einigung mit den Gläubigern herbeizuführen (etwa in Belgien oder der Tschechischen Republik), oder aber es sind die Gläubiger gefordert, durch die Erhebung eines Widerspruches eine öffentlich festgelegte Nachlassverteilung zu erwirken (so in Bulgarien, Griechenland, Italien, Luxemburg, Rumänien und Slowenien). Nur in wenigen Rechtsordnungen besteht dagegen wie im deutschen Recht eine Pflicht zur Beantragung eines Nachlassinsolvenzverfahrens (so in Finnland, Schottland und Spanien).

Gänzlich anders gehen hingegen viele Rechtsordnungen des *common-law* (England und Wales, Irland, Nordirland und Zypern) sowie einige nordische Rechtsordnungen (Finnland und Schweden) vor, wo den Gläubigern von Anfang an ausschließlich der Nachlass haftet und den Erben das Nachlassvermögen erst nach erfolgter Nachlassliquidation ausgekehrt wird. Aber selbst dort ist regelmäßig auch eine Nachlassabwicklung außerhalb eines Insolvenzverfahrens möglich (so etwa in England und Wales).

Angesichts dieser Vielfalt an unterschiedlichen Regelungssystemen sind die Qualifikationsfragen, die durch das Kollisionsrecht im Fall grenzüberschreitender Bezüge beantwortet werden müssen, zahlreich und auch von erheblicher Bedeutung. So macht es etwa für den Erben einen großen (wirtschaftlichen) Unterschied, ob er in Deutschland gegebenenfalls einer haftungsbewehrten Insolvenzantragspflicht unterliegt oder nicht. Darüber hinaus wird sich ein von einem deutschen Gericht bestellter Nachlassinsolvenzverwalter fragen, welche Befugnisse ihm bei Belegenheit von Nachlassgegenständen im Ausland zukommen und wie sich das deutsche Nachlassinsolvenzverfahren zu einem bereits begonnenen ausländischen erbrechtlichen Nachlassabwicklungsverfahren verhält.

Die Probleme, die ein grenzüberschreitendes Nachlassinsolvenzverfahren aufwirft, sind in der Literatur in der Vergangenheit regelmäßig im Rahmen des internationalen Nachlassabwicklungsrechts diskutiert worden.[508] Eine spezifisch insolvenzrechtliche Betrachtung hat nur kursorisch stattgefunden.[509] Dies lag auch nahe, weil weder besondere Kollisionsnormen noch internationales Einheitsrecht bestanden. Das deutsche und europäische internationale Insolvenzrecht hat in der jüngeren Vergangenheit jedoch derart tiefgreifende Änderungen erfahren, dass eine Betrachtung aus dem spezifischen Blickwinkel des Insolvenzrechts notwendig geworden ist.[510]

Bis zum Inkrafttreten der Insolvenzordnung im Jahr 1999 war das Insolvenzkollisionsrecht zu großen Teilen durch Rechtsprechung und Schrifttum geprägt, weil die Konkursordnung selbst nur wenige Kollisionsnormen enthielt.[511] Die Insolvenzordnung brachte im Vergleich dazu nur wenig Verbesserung in Form der Vorschrift Art. 102 EGInsO a.F., weil die Rechtsentwicklungen auf europäischer Ebene abgewartet werden sollten.[512] Nachdem im Jahr 2002 die für alle 27 teilnehmenden Mitgliedstaaten der Europäischen Union bindende Verordnung EuInsVO in Kraft trat, konnte der deutsche Gesetzgeber ein hierauf abgestimmtes internationales Insolvenzrecht schaffen. Dieses soll nunmehr in den §§ 335–358 InsO die von der EuInsVO sachlich und räumlich nicht erfassten Sachverhalte regeln.[513]

Zum 26.6.2017 wird die EuInsVO durch eine Neufassung der Verordnung ersetzt, um die Anwendung einiger Vorschriften zu verbessern und

---

508 So etwa bei *Bünning*, Nachlassverwaltung und Nachlasskonkurs (1996), S. 103 ff., 157 ff., 177 ff.; *Schlechtriem*, Ausländisches Erbrecht (1966), S. 64 ff.

509 Siehe zum alten Rechtsstand unter der Konkursordnung Jaeger/*Jahr* (1973), §§ 237, 238 KO Rn. 442 ff.; *Hanisch*, ZIP 1990, S. 1241 und *ders.*, FS Henckel (1995), S. 370; zum neuen Recht unter Insolvenzordnung und EuInsVO siehe *Birk*, FS Pazdan (2005), S. 45; *Mankowski*, ZIP 2011, S. 1501 und *Riedemann/Schmidt*, ZVI 2015, S. 447.

510 *Birk*, FS Pazdan (2005), S. 45.

511 Zum alten Rechtsstand im Einzelnen *Trunk*, Internationales Insolvenzrecht (1998), S. 86 ff.; zur geschichtlichen Entwicklung MünchKomm-InsO/*Reinhart*, Vorb. vor §§ 335 ff. InsO Rn. 4 ff.

512 Es war beabsichtigt gewesen, nach erfolgreichem Abschluss des Europäischen Konkursübereinkommens, aus dem schließlich die EuInsVO hervorgegangen ist, dessen Geltungsbereich universell auch auf Drittländer zu erstrecken, wodurch eine detaillierte Regelung in der Insolvenzordnung obsolet geworden wäre, siehe BT-Drucks. 12/7303, S. 117 f.

513 Eingeführt durch das Gesetz zur Neuregelung des Internationales Insolvenzrechts vom 14.3.2003, BGBl. I, S. 345.

grenzüberschreitende Insolvenzverfahren noch effizienter zu gestalten.[514] Die Neufassung der EuInsVO wird im Folgenden mit „EuInsVO 2017“ angegeben. Sie findet auf Insolvenzverfahren Anwendung, die ab dem 26.6.2017 eröffnet werden.[515]

Eine Untersuchung der kollisionsrechtlichen Einordnung des Nachlassinsolvenzverfahrens hat sich an dieser Zweiteilung des Insolvenzkollisionsrechts zu orientieren. Im Folgenden soll daher zunächst auf das einheitliche europäische Kollisionsrecht der EuInsVO bzw. EuInsVO 2017 eingegangen werden, das eine deutliche Steigerung der Effizienz eines Nachlassinsolvenzverfahrens ermöglicht. Diese Effizienzsteigerung ergibt sich daraus, dass mitgliedstaatliche Insolvenzverfahren im Rahmen der EuInsVO und der EuInsVO 2017 in den übrigen Mitgliedstaaten automatisch anerkannt werden. Das in der Vergangenheit eher kritisch betrachtete deutsche Nachlassinsolvenzverfahren erhält dadurch im grenzüberschreitenden Kontext eine bisher nicht gekannte Durchsetzungskraft.

Im Anschluss soll das autonome internationale Insolvenzrecht betrachtet werden, das immer dann zur Anwendung kommt, soweit die EuInsVO bzw. EuInsVO 2017 nicht anwendbar ist. Aufgrund des Umstands, dass der deutsche Gesetzgeber das internationale Insolvenzrecht im Zuge der Neufassung an den Stand des europäischen internationalen Insolvenzrechts und damit auch an die EuInsVO anpassen wollte, ergeben sich viele systematische Übereinstimmungen.[516]

Im folgenden Teil soll, soweit nicht anders angegeben, davon ausgegangen werden, dass das deutsche Erbrecht Anwendung findet.[517] Auf diese Weise konzentriert sich die Darstellung zunächst auf die insolvenzrechtlichen Probleme einer Auslandsberührung. Das anwendbare Erbrecht kann jedoch auch dasjenige

---

514 Siehe Erwägungsgrund 1 der Verordnung (EU) 2015/848 des Europäischen Parlaments und des Rates vom 20. Mai 2015 über Insolvenzverfahren, ABl. EU Nr. L 141 vom 5.6.2015, S. 19.

515 Siehe Art. 84 Abs. 1 und Abs. 2 EuInsVO 2017.

516 Das autonome internationale Insolvenzrecht soll dabei aber „weniger kooperationsfreundlich“ als die EuInsVO sein, BT-Drucks. 15/16, S. 13.

517 Dies ist dann der Fall, wenn der Erblasser im Zeitpunkt seines Todes seinen gewöhnlichen Aufenthalt in Deutschland hatte (Art. 21 Abs. 1 EuErbVO) oder, wenn dies nicht zutrifft, deutsches Recht gewählt hat und im Zeitpunkt der Rechtswahl oder des Todes die deutsche Staatsangehörigkeit innehatte (Art. 22 Abs. 1 EuErbVO) oder sich ausnahmsweise im Zeitpunkt des Todes des Erblassers aus der Gesamtheit der Umstände eine offensichtlich engere Verbindung zu Deutschland ergibt (Art. 21 Abs. 2 EuErbVO).

eines anderen Staates sein. In diesem Fall verschiebt sich der Problemfokus auf das Ineinandergreifen von deutschem Insolvenzrecht und fremdem Erbrecht. Dass das Nachlassinsolvenzverfahren auch bei einem fremden Erbstatut durchgeführt werden kann, soll Gegenstand des Dritten Teils der Arbeit sein.[518]

A. Das Nachlassinsolvenzverfahren mit Auslandsberührung zu Ländern innerhalb der Europäischen Union

I. Einführung

Insolvenzverfahren mit Auslandsbezug werden seit dem 31.5.2002 kollisionsrechtlich von der EuInsVO erfasst, die gegenüber allen Mitgliedstaaten mit Ausnahme Dänemarks Wirkung entfaltet. Ab dem 26.6.2017 wird die EuInsVO durch die EuInsVO 2017 ersetzt.[519]

Mit der EuInsVO wurde das Insolvenzkollisionsrecht in Europa erstmals umfassend harmonisiert, obwohl mit den Arbeiten an einem europäischen Konkursabkommen bereits in den 1960er Jahren begonnen worden war.[520] Die übrigen europäischen Rechtsakte im Bereich des Kollisions- und Zuständigkeitsrechts schließen „Konkurse, Vergleiche und ähnliche Verfahren“ dagegen ausdrücklich aus ihrem Anwendungsbereich aus.[521]

Zweck der EuInsVO ist ausweislich ihres Erwägungsgrundes 8 (ebenso Erwägungsgrund 8 EuInsVO 2017) die Verbesserung der Effizienz und der Wirksamkeit von grenzüberschreitenden Insolvenzverfahren. Daraus wird deutlich, dass die Verordnung mit den gravierenden Missständen aus der Vergangenheit ausräumen soll, die vor allem durch Kompetenzkonflikte und die fehlende Durchsetzbarkeit von Insolvenzentscheidungen im Ausland entstanden waren.[522]

---

518 Siehe unten Seite 255.

519 Die EuInsVO 2017 findet auf Insolvenzverfahren Anwendung, die ab dem 26.6.2017 eröffnet werden, Art. 84 Abs. 1 und Abs. 2 EuInsVO 2017. Hierzu K.Schmidt/*Brinkmann*, Vor EuInsVO Rn. 11 ff.

520 Zu den zahlreichen Übereinkommen, die zwischenzeitlich auf der Ebene der Europäischen Gemeinschaften und des Europarates erarbeitet worden waren, aber nie in Kraft getreten sind, siehe MünchKomm-InsO/*Reinhart*, Vorb. vor Art. 1 EuInsVO Rn. 3 ff. Vgl. zur Entstehungsgeschichte der Verordnung auch die Schlussanträge des GA *Colomer* v. 6.9.2005, Rs. C-1/04, „Susanne Staubitz-Schreiber“, Rn. 6 ff.: „kafkaeske Züge“.

521 Siehe im Kollisionsrecht Art. 1 Abs. 2 lit. c) Rom-I-VO und Art. 1 Abs. 2 lit. b) Rom-II-VO sowie im Zuständigkeitsrecht Art. 1 Abs. 2 lit. b) Brüssel Ia-VO.

522 *Virgos/Schmit*, Erläuternder Bericht Rn. 7 f. Auf globaler Ebene soll dies das UNCITRAL-Modellgesetz der Kommission der Vereinten Nationen für internationales

Aufgrund der Eigenschaft als Verordnungen gelten die EuInsVO und die EuInsVO 2017 in allen teilnehmenden Mitgliedstaaten unmittelbar (Art. 288 Abs. 2 AEUV). EuInsVO und EuInsVO 2017 beschränken sich jedoch darauf, internationale Aspekte wie die internationale Zuständigkeit der Insolvenzgerichte, das anwendbare Insolvenzrecht und die Anerkennung ausländischer Insolvenzverfahren zu regeln. Fragen des materiellen Insolvenzrechts bleiben dagegen ausgeklammert und weiterhin der mitgliedstaatlichen Regelung überlassen.[523]

Kern der Verordnungen ist die grundsätzliche Universalität eines mitgliedstaatlichen Insolvenzverfahrens. Dessen Wirkungen sollen sich auf das gesamte Gebiet der Europäischen Union erstrecken, unabhängig davon, in welchem Mitgliedstaat das Insolvenzverfahren eröffnet wurde.[524] Um dieses weitreichende Ergebnis zu erreichen, wirkt sich die Eröffnung eines Insolvenzverfahrens innerhalb der Europäischen Union in mehrfacher Hinsicht unmittelbar auf andere Mitgliedstaaten aus.

Zunächst bewirkt die Eröffnung eines Insolvenzverfahrens eine Zuständigkeitssperre. Wurde in einem Mitgliedstaat ein Insolvenzverfahren eröffnet, dürfen sich die Gerichte der anderen Mitgliedstaaten nicht mehr für zuständig erklären (Grundsatz der automatischen Anerkennung nach Art. 16 Abs. 1 EuInsVO bzw. Art. 19 Abs. 1 EuInsVO 2017). Die Verordnungen beruhen dabei auf dem Grundsatz des gegenseitigen Vertrauens, der es insbesondere ausschließt, einen Eröffnungsbeschluss aus einem anderen Mitgliedstaat auf seine Rechtmäßigkeit hin zu überprüfen.[525] Durch diese Zuständigkeitssperre sollen zum einen Kompetenzkonflikte zwischen den Insolvenzgerichten vermieden und zum anderen Forum Shopping ausgeschlossen werden. Gläubiger und Schuldner sollen sich keinen Vorteil verschaffen können, indem sie bei sich

Handelsrecht über grenzüberschreitende Insolvenzen v. 30.5.1997 leisten, dazu Pannen/*Hollander/Graham*, UNCITRAL Rn. 19.

523 Dies unterscheidet die EuInsVO/EuInsVO 2017 etwa von dem in Westafrika geltenden Einheitsrecht *Acte sur l'organisation des procédures collectives et d'apurement du passif* der *Organisation pour l'Harmonisation en Afrique du Droit des Affaires* (OHADA) vom 10.4.1998, dazu Pannen/*Pannen/Riedemann*, Einl. EuInsVO Rn. 27 f. Nach Erwägungsgrund 11 EuInsVO (Erwägungsgrund 22 EuInsVO 2017) seien die nationalen Insolvenzrechte derart unterschiedlich, dass ein einheitliches europäisches Insolvenzverfahren „nicht realisierbar" wäre, zweifelnd aber *Paulus*, Einl. EuInsVO Rn. 26.

524 EuGH, Urteil v. 21.1.2010, Rs. C-444/07 „MG Probud", Rn. 22. Siehe auch Erwägungsgrund 12 EuInsVO (Erwägungsgrund 23 EuInsVO 2017).

525 EuGH, Urteil v. 2.5.2006, Rs. C-341/04 „Eurofood IFSC", Slg. 2006-I, S. 3813, Rn. 41 ff.

überschneidenden Zuständigkeiten eine Verfahrenseröffnung in dem für sie günstigeren Mitgliedstaat herbeiführen.

Darüber hinaus entfaltet das in einem Mitgliedstaat eröffnete Verfahren in allen anderen Mitgliedstaaten unmittelbare Wirkung nach Maßgabe des Insolvenzrechts des Eröffnungsstaates (Art. 17 Abs. 1 und Art. 25 EuInsVO bzw. Art. 20 Abs. 1 und Art. 32 Abs. 1 EuInsVO 2017). Dieses Insolvenzrecht wird gleichsam in die übrigen Mitgliedstaaten exportiert.[526] Dem gerichtlich bestellten Insolvenzverwalter stehen im gesamten Unionsgebiet die gleichen Handlungsbefugnisse wie im Heimatstaat zu, ohne dass es hierfür besonderer Anerkennungsverfahren bedarf (Art. 18 EuInsVO bzw. Art. 21 EuInsVO 2017). So soll insbesondere die Verbringung von Vermögen in das Hoheitsgebiet eines anderen Mitgliedstaats weder dem Schuldner noch den Gläubigern Vorteile verschaffen.[527] Insgesamt liegt den Verordnungen der Gedanke zugrunde, dass das Insolvenzrecht sämtlicher Mitgliedstaaten ein vergleichbares Maß an Rechtsstaatlichkeit und Gerechtigkeit aufweist, sodass es sowohl für den Schuldner als auch für die Gläubiger keinen wesentlichen Unterschied machen soll, ob ein ausländisches oder das heimische Verfahrensrecht zur Anwendung kommt.[528]

Lediglich für eine bestimmte Konstellation ist von Gesetzes wegen eine Sonderregelung vorgesehen, nämlich für den Fall, dass der Schuldner in einem (anderen) Mitgliedstaat eine Niederlassung unterhält. In dieser Konstellation wird den Gläubigern von den Verordnungen eine besondere Schutzwürdigkeit zuerkannt, indem ein territorial beschränktes Parallelinsolvenzverfahren nach dem Recht des betreffenden Mitgliedstaates für zulässig erklärt wird (Art. 3 Abs. 2 EuInsVO/EuInsVO 2017). Diese Vorschriften richten sich in erster Linie an Sicherungsnehmer und sollen deren Vertrauen in die Insolvenzfestigkeit ihrer Sicherungsrechte nach dem Insolvenzrecht im Mitgliedstaat der Niederlassung schützen.[529]

Die Vorzüge der EuInsVO/EuInsVO 2017 liegen damit trotz aller Kritik auf der Hand.[530] Die einheitliche Regelung der internationalen Zuständigkeit und

---

526 „Modell der Ausdehnung", *Virgos/Schmit*, Erläuternder Bericht Rn. 153.

527 Dazu Erwägungsgrund 4 EuInsVO (Erwägungsgrund 5 EuInsVO 2017). Ausgeklammert bleiben muss natürlich die praktische Wirksamkeit einer solchen Vermögensverbringung.

528 „Grundsatz des Gemeinschaftsvertrauens", *Virgos/Schmit*, Erläuternder Bericht Rn. 147. Siehe auch Erwägungsgrund 22 EuInsVO (Erwägungsgrund 65 EuInsVO 2017).

529 *Virgos/Schmit*, Erläuternder Bericht Rn. 12.

530 Kritisch zu den „Auslassungen" der EuInsVO etwa *Paulus*, Einl. EuInsVO Rn. 38 ff.

des anwendbaren Insolvenzrechts schafft zum einen eine zuvor nicht gekannte Klarheit. Zum anderen verleiht die Wirkungserstreckung auf das gesamte Unionsgebiet dem nationalen Insolvenzverfahren eine erheblich verbesserte Wirksamkeit, die zu einer höheren Quote für die Gläubiger führen kann und damit letztendlich ein Mehr an Gerechtigkeit bewirkt.

Ungeachtet der Verfahrenserleichterungen durch die EuInsVO wurde die Anwendbarkeit der EuInsVO auf das Nachlassinsolvenzverfahren bislang höchstrichterlich nicht bestätigt.[531] In der Literatur wird die Anwendbarkeit der EuInsVO dagegen allgemein befürwortet.[532] Die Haltung der Literatur wird zunehmend durch die Rechtsprechung der Insolvenzgerichte gefestigt.[533]

Zwei unterschiedliche Umstände sprechen indes dafür, die Anwendbarkeit der EuInsVO/EuInsVO 2017 auf das Nachlassinsolvenzverfahren einer eingehenden Prüfung zu unterziehen: zum einen ist das Nachlassinsolvenzverfahren ein Sonderinsolvenzverfahren.[534] Möglicherweise führt die Anwendung der Vorschriften des Regelinsolvenzverfahrens daher zu zweckwidrigen Ergebnissen. Zum anderen ist angesichts der erbrechtlichen Prägungen des Nachlassinsolvenzverfahrens in der Vergangenheit immer wieder die Frage aufgetreten, ob das Gleichlaufprinzip, das ehemals bei der Bestimmung der internationalen Zuständigkeit in Nachlasssachen galt, auch für das Nachlassinsolvenzverfahren gelten müsse.[535]

---

531 Offen gelassen von BGH, Beschl. v. 14.1.2010, IX ZB 76/09, ZInsO 2010, S. 348.

532 *Birk*, FS Pazdan (2005), S. 46; Kayser/Thole/*Marotzke*, § 315 InsO Rn. 9; Staudinger/*Ders.*, § 1975 BGB Rn. 52; Staudinger/*Dörner*, Art. 25 EGBGB Rn. 905; *Mankowski*, ZIP 2011, S. 1501; K.Schmidt/*K.Schmidt*, § 315 InsO Rn. 5; MünchKomm-BGB/*Dutta*, Art. 25 EGBGB Rn. 359; MünchKomm-BGB/*Ders.*, Art. 76 EuErbVO Rn. 3; Hüßtege/Mansel/*Magnus*, Art. 76 EuErbVO Rn. 4; Gottwald/*Döbereiner*, § 113 Rn. 28; Braun/*Bauch*, § 315 InsO Rn. 10; K.Schmidt/*Brinkmann*, Art. 2 EuInsVO Rn. 3; Gottwald/*Kolmann/Keller*, § 132 Rn. 183; Rauscher/*Mäsch*, Art. 1 EG-InsVO Rn. 4; MünchKomm-InsO/*Siegmann*, § 315 InsO Rn. 9; Scherer/*Pawlytta/Pfeiffer*, § 33 Rn. 130; *Paulus*, Art. 2 EuInsVO Rn. 4; Gebauer/Wiedmann/*Haubold*, Art. 1 EuInsVO Rn. 22; Geimer/Schütze/*Geimer*, Art. 1 EuInsVO Rn. 19; Graf-Schlicker/*Busch*, § 315 InsO Rn. 6; *Firsching/Graf*, Nachlassrecht Rn. 2.56; *Roth/Pfeuffer*, Nachlassinsolvenzverfahren, S. 394; Wimmer/*Schallenberg/Rafiqpoor*, § 315 InsO Rn. 7; *Riedemann/Schmidt*, ZVI 2015, S. 448; wohl auch Uhlenbruck/*Lüer*, Art. 16 EuInsVO Rn. 2.

533 AG Köln, Beschl. v. 12.11.2010, 71 IN 343/10, NZI 2011, S. 159; AG Düsseldorf, Beschl. v. 19.6.2012, 503 IN 6/12, ZInsO 2012, S. 1278.

534 Siehe hierzu oben Seite 36.

535 Hierzu näher unten Seite 137.

Vor diesem Hintergrund soll zunächst die Anwendbarkeit der EuInsVO/EuInsVO 2017 auf das Nachlassinsolvenzverfahren behandelt werden. Anschließend werden die Folgewirkungen untersucht, die das europäische Insolvenzrecht für das Nachlassinsolvenzverfahren hervorruft. Hierbei geht es um die Bestimmung der internationalen Zuständigkeit, die Bestimmung des anwendbaren Rechts und die Pflicht zur Anerkennung des Nachlassinsolvenzverfahrens im Ausland.

II. Die Anwendbarkeit der EuInsVO/EuInsVO 2017 auf das Nachlassinsolvenzverfahren

Weder die EuInsVO noch die EuInsVO 2017 enthalten besondere Bestimmungen in Bezug auf Nachlassinsolvenzverfahren. Dies war in den Entwürfen der Konkursübereinkommen von 1980 und 1984 noch anders, wo in Art. 9 der Übereinkommen eine Sonderregelung der internationalen Zuständigkeit bei Nachlasskonkursverfahren bestand.[536] Die Vorschrift erklärte für den Nachlasskonkurs die allgemeinen Zuständigkeitsregelungen für entsprechend anwendbar, sofern die jeweiligen Voraussetzungen durch den Schuldner *im Zeitpunkt seines Ablebens* erfüllt worden waren. Darüber hinausgehende Regelungen waren nicht vorgesehen. Angesichts der zahlreichen Anknüpfungsmerkmale, die die beiden Entwürfe bei der Bestimmung der internationalen Zuständigkeit vorsahen, war eine solche Klarstellung unter dem Gesichtspunkt der Rechtssicherheit durchaus sinnvoll.[537]

Aufgrund der unterschiedlichen Regelungskonzeptionen der beiden Übereinkommen im Vergleich zur EuInsVO/EuInsVO 2017 lassen sich aus der Streichung der Vorschriften keine Anhaltspunkte für die Auslegung der EuInsVO/EuInsVO 2017 herleiten. Die Existenz solcher Bestimmungen zeigt jedoch, dass das Nachlassinsolvenzverfahren unbeschadet seiner Eigenschaft als Sonderinsolvenzverfahren bereits zur damaligen Zeit auf internationaler Ebene als

---

536 Kommission der Europäischen Gemeinschaften, Entwurf eines Übereinkommens über den Konkurs, Vergleiche und ähnliche Verfahren von 1980, EG-Dok. III/D/72/80-DE, abgedruckt bei *Kegel/Thieme*, Vorschläge und Gutachten (1988), S. 45 ff. und Entwurf eines Übereinkommens der Mitgliedstaaten der Europäischen Gemeinschaften über den Konkurs, Vergleiche und ähnliche Verfahren von 1984, abgedruckt bei *Kegel/Thieme*, Vorschläge und Gutachten (1988), S. 417 ff. Im ersten Vorentwurf von 1970 war eine solche Regelung hingegen noch nicht enthalten gewesen, dazu *Thieme*, Grundsätze des EG-Konkursüberein-kommens, S. 268.

537 Wenn auch systematisch verfehlt, *Thieme*, Grundsätze des EG-Konkursübereinkommens, S. 268.

gleichwertig mit dem Regelinsolvenzverfahren angesehen wurde und als vom Anwendungsbereich der geplanten Konkursübereinkommen erfasst galt.[538]

Die Anwendbarkeit der EuInsVO/EuInsVO 2017 auf das Nachlassinsolvenzverfahren ist demnach anhand der allgemeinen Regeln der Verordnungen zu bestimmen. Erforderlich ist hiernach, dass der Anwendungsbereich der Verordnungen in sachlich-persönlicher und räumlicher Hinsicht gegeben ist.[539]

1. Sachlich-persönlicher Anwendungsbereich

a) Wortlaut und Systematik der Verordnungen

Nach Art. 1 Abs. 1 EuInsVO gilt die Verordnung für Gesamtverfahren, welche die Insolvenz des Schuldners voraussetzen und den vollständigen oder teilweisen Vermögensbeschlag gegen den Schuldner sowie die Bestellung eines Verwalters zur Folge haben.

In der EuInsVO 2017 ist der Anwendungsbereich insoweit erweitert worden, als auch solche „öffentlichen Gesamtverfahren" erfasst werden, die auf der Grundlage gesetzlicher Regelungen zur Insolvenz stattfinden und die dem Zweck der Rettung, Schuldenanpassung, Reorganisation oder Liquidation dienen, wenn sie die Kontrolle oder Aufsicht über das Vermögen oder die Geschäfte des Schuldners durch ein Gericht vorsehen oder die vorübergehende Aussetzung von Einzelzwangsvollstreckungsverfahren zum Gegenstand haben (Art. 1 Abs. 1 lit. b) und c) EuInsVO 2017).[540]

---

538 So auch bereits zum Vorentwurf von 1970 *Jahr*, RabelsZ 36 (1972), S. 624; *Thieme*, RabelsZ 45 (1981), S. 470 Fn. 57. Einschränkend aber für den Fall des Niederlassungskonkurses im Hinblick auf mögliche Konflikte mit dem jeweils anwendbaren Erb- und Nachlassverfahrensrecht *Thieme*, Grundsätze des EG-Konkursübereinkommens, S. 269.

539 Hinzu tritt das zeitliche Moment, wonach die EuInsVO nur auf Insolvenzverfahren Anwendung findet, die nach dem 31.5.2002 eröffnet wurden (Art. 47 Abs. 1 EuInsVO). Für die hiernach neuen Mitgliedstaaten der Europäischen Union gilt die EuInsVO dagegen erst mit dem Beitrittsdatum, siehe jeweils Art. 2 der Akten über die Bedingungen des Beitritts, ABl. EG Nr. L 236 vom 23.9.2003, S. 33, ABl. EG Nr. L 157 vom 21.6.2005, S. 203 und ABl. EU Nr. L 112 vom 24.4.2012, S. 10. Die EuInsVO 2017 findet auf Insolvenzverfahren Anwendung, die ab dem 26.6.2017 eröffnet werden, Art. 84 Abs. 1 und Abs. 2 EuInsVO 2017.

540 Hierdurch soll erreicht werden, dass insbesondere auch Sanierungsverfahren im Vorfeld einer Insolvenz in den Anwendungsbereich der EuInsVO 2017 fallen, siehe Erwägungsgrund 10 ff. EuInsVO 2017. Hierzu näher *Parzinger*, NZI 2016, S. 64; K.Schmidt/*Brinkmann*, Vor EuInsVO Rn. 12.

Ausdrücklich ausgenommen sind nach Art. 1 Abs. 2 EuInsVO/EuInsVO 2017 lediglich Versicherungsunternehmen und Kreditinstitute sowie einige Finanzdienstleister, weil für diese Unternehmen Sonderregelungen bestehen, die deren besonderer wirtschaftlicher Relevanz Rechnung tragen.[541]

Diese mehrgliedrigen Tatbestände der von der EuInsVO/EuInsVO 2017 erfassten Insolvenzverfahren sind einer Subsumtion nur beschränkt zugänglich. Aufgrund der insolvenzrechtlichen Unterschiede zwischen den Mitgliedstaaten ist der Verordnungsgeber bei beiden Verordnungen dazu übergegangen, die einzelnen in den Anwendungsbereich der EuInsVO/EuInsVO 2017 fallenden Insolvenzverfahren besonders zu enumerieren, Art. 2 lit. a) i.V.m. Anhang A EuInsVO bzw. Art. 1 Unterabs. 3 i.V.m. Anhang A EuInsVO 2017. In Anbetracht der weitreichenden Konsequenzen, die vor allem durch die Pflicht zur automatischen Anerkennung ausländischer Insolvenzverfahren durch die Verordnungen hervorgerufen werden, dient die Aufzählung in den Anhängen A nicht nur der Rechtsvereinfachung, sondern ganz wesentlich auch der Rechtssicherheit. Die Aufzählungen sind deshalb als abschließend zu verstehen.[542] Nur die in den Anhängen A aufgeführten Verfahren gelten im Rahmen der Verordnungen als Insolvenzverfahren nach Art. 1 Abs. 1 EuInsVO/EuInsVO 2017. Die Einbeziehung anderer, nicht erwähnter Verfahren in den Anwendungsbereich der Verordnungen scheidet aus. Soll ein in den Anhängen A nicht erwähntes Verfahren erfasst werden, ist dies nur im Wege der Änderung der Anhänge A möglich.[543]

---

541 Siehe insbesondere Richtlinie 2001/24/EG des Europäischen Parlaments und des Rates vom 4. April 2001 über die Sanierung und Liquidation von Kreditinstituten, ABl. EG Nr. L 125 vom 5.5.2001, S. 15 sowie die Richtlinie 2001/17/EG des Europäischen Parlaments und des Rates vom 19. März 2001 über die Sanierung und Liquidation von Versicherungsunternehmen, ABl. EG Nr. L 110 vom 20.4.2001, S. 28. Wesentlicher Unterschied dieser Regelungen ist die strenge Universalität, die die Eröffnung von Sekundärverfahren verbietet und eine einheitliche gemeinschaftsweite Sanierung oder Liquidation ermöglichen soll, dazu *Pannen*, Krise und Insolvenz bei Kreditinstituten (2010), S. 238 Rn. 13 f. Darüber hinaus bestehen zahlreiche Berichtspflichten gegenüber den jeweiligen Aufsichtsbehörden.

542 *Numerus clausus* der Insolvenzverfahren; *Virgos/Schmit*, Erläuternder Bericht Rn. 48; Pannen/*Pannen*, Art. 1 EuInsVO Rn. 8; MünchKomm-InsO/*Reinhart*, Art. 1 EuInsVO Rn. 2. Siehe auch Erwägungsgrund 9 Satz 2 EuInsVO 2017.

543 Dies geschieht im Fall der EuInsVO durch einen qualifizierten Mehrheitsbeschluss des Rates nach Art. 45 EuInsVO und im Fall der EuInsVO 2017 durch eine Änderung der Verordnung im ordentlichen Gesetzgebungsverfahren nach Art. 81 Abs. 2, 289 Abs. 1, 294 AEUV, hierzu *Parzinger*, NZI 2016, S. 64.

In Anbetracht dessen hat Deutschland jeweils vier Verfahren in die Anhänge A der Verordnungen aufnehmen lassen: die drei Verfahren des Konkurs- und Vergleichsrechts (Konkursverfahren, gerichtliches Vergleichsverfahren und Gesamtvollstreckungsverfahren) und das Insolvenzverfahren. Eine weitere Aufgliederung oder Einschränkung der einzelnen Verfahren ist nicht erfolgt.

Unternimmt man eine Zuordnung des Nachlassinsolvenzverfahrens zu den genannten Verfahrensarten, so fällt es nach dem Wortlaut ohne Weiteres unter den Begriff des Insolvenzverfahrens.[544] Dies ist umso offensichtlicher, wenn man den Zweck der Insolvenzordnung bedenkt, die drei bisherigen Verfahren des Konkurs- und Vergleichsrechts durch ein einheitliches Insolvenzverfahren zu ersetzen. Folgerichtig unterscheidet § 11 InsO nur noch zwischen den einzelnen Vermögensmassen, über die die Eröffnung eines Insolvenzverfahrens zulässig ist. Danach kann gemäß § 11 Abs. 2 Nr. 2 InsO über das Vermögen eines Nachlasses gemäß der §§ 315 ff. InsO das Insolvenzverfahren eröffnet werden.

Es ist aber über den Wortlaut der Anhänge A der Verordnungen hinaus zu fragen, ob das Nachlassinsolvenzverfahren auch der Definition der Anwendungsbereiche der Verordnungen in Art. 1 Abs. 1 EuInsVO/EuInsVO 2017 genügt. Wäre dies nicht der Fall, müssten die Anhänge A der Verordnungen aus Gründen der Rechtssicherheit entsprechend geändert werden, um deutlich zu machen, dass der Begriff des Insolvenzverfahrens das Nachlassinsolvenzverfahren nicht umfassen soll.

(1) Gesamtverfahren / öffentliches Gesamtverfahren

Die EuInsVO spricht von einem „Gesamtverfahren“, während in der EuInsVO 2017 der Begriff des „öffentlichen Gesamtverfahrens“ verwendet wird.

Was unter einem Gesamtverfahren zu verstehen ist, wird in der EuInsVO nicht näher definiert. Trotz des weitgefassten Wortlauts erfüllt sich die Funktion dieses Begriffes darin, eine Abgrenzung in sachlicher Hinsicht herbeizuführen, indem die gemeinschaftliche Bindung mehrerer Gläubiger in einem Verfahren erforderlich ist.[545] Damit werden zum einen Maßnahmen der Einzelzwangsvollstreckung ausgeschlossen, die lediglich der Befriedigung eines einzelnen Gläubigers dienen und von anderen Rechtsinstrumenten erfasst werden.[546] Zum

544 Kayser/Thole/*Marotzke*, § 315 InsO Rn. 9; *Birk*, FS Pazdan (2005), S. 46.

545 *Virgos/Schmit*, Erläuternder Bericht Rn. 49; Leonhardt/Smid/Zeuner/*Smid*, Art. 1 EuInsVO Rn. 9 ff.

546 Nach Art. 1 Abs. 2 lit. b) der Brüssel Ia-Verordnung werden Konkurse, Vergleiche und ähnliche Verfahren ausdrücklich vom Anwendungsbereich der Verordnung ausgenommen.

anderen werden aber auch solche Verfahren ausgeschlossen, die der Sache nach mehrere Gläubiger binden können, im Einzelfall jedoch nur der Befriedigung eines einzelnen Gläubigers dienen.[547]

Für die EuInsVO 2017 ist der Begriff des Gesamtverfahrens nunmehr in Art. 2 Nr. 1 EuInsVO 2017 legaldefiniert. Hiernach ist dies ein Verfahren, an dem alle oder ein wesentlicher Teil der Gläubiger des Schuldners beteiligt sind, sofern im letzteren Fall die Forderungen nicht beteiligter Gläubiger nicht erfasst werden. Erwägungsgrund 13 EuInsVO 2017 stellt darüber hinaus klar, dass vertraulich geführte Insolvenzverfahren nicht in den Anwendungsbereich der Verordnung fallen sollen, da hier weder Gläubiger noch Gerichte zuverlässig Kenntnis über die Insolvenzeröffnung erlangen könnten.

Vor diesem Hintergrund lässt sich das Nachlassinsolvenzverfahren sowohl unter den Begriff des Gesamtverfahrens nach der EuInsVO als auch unter den Begriff des öffentlichen Gesamtverfahrens nach der EuInsVO 2017 subsumieren.

Im Nachlassinsolvenzverfahren findet eine gemeinschaftliche Bindung mehrerer Gläubiger im Sinne der EuInsVO statt. Die Eröffnung des Nachlassinsolvenzverfahrens bewirkt nach § 87 InsO, dass die Insolvenzgläubiger ihre Forderungen nur noch im Insolvenzverfahren geltend machen können. Maßnahmen der Einzelzwangsvollstreckung sind nach § 89 InsO nicht mehr zulässig. § 325 InsO legt darüber hinaus fest, dass im Nachlassinsolvenzverfahren nur Nachlassverbindlichkeiten geltend gemacht werden können, was den Kreis der Insolvenzgläubiger auf die Nachlassgläubiger beschränkt.[548] Das Nachlassinsolvenzverfahren dient damit der gemeinschaftlichen Befriedigung der Nachlassgläubiger aus dem Vermögen des Nachlasses. Insoweit wird eine Insolvenzmasse gebildet und findet eine Bindung der Gläubiger statt. Richten sich die Forderungen der Gläubiger hingegen auch gegen den Erben persönlich, so hindert die Eröffnung des Nachlassinsolvenzverfahrens eine Rechtsverfolgung nicht, sofern der Erbe unbeschränkbar haftet.[549] Die gegebenenfalls bestehende Vollstreckungsmöglichkeit gegen den Erben steht allerdings auch nicht entgegen. Entscheidend ist einzig der Nachlass als Vermögensmasse, weil sich die Wirkungen des Insolvenzverfahrens nur auf diese beziehen. Insoweit werden Einzelzwangsvollstreckungen unzulässig.

547 Beispiele bei MünchKomm-InsO/*Reinhart*, Art. 1 EuInsVO Rn. 4.

548 Im Einzelnen MünchKomm-InsO/*Siegmann*, § 325 InsO Rn. 1; Uhlenbruck/*Lüer*, § 325 InsO Rn. 1.

549 Braun/*Bauch*, § 325 InsO Rn. 2; MünchKomm-InsO/*Siegmann*, § 325 InsO Rn. 12.

Beim Nachlassinsolvenzverfahren handelt es sich somit weder um Maßnahmen der Einzelzwangsvollstreckung noch um die Befriedigung nur eines Gläubigers. Eine Durchführung des Nachlassinsolvenzverfahrens im Interesse nur eines Gläubigers findet nicht statt, weil durch die Eröffnung des Verfahrens *ipso iure* die Gleichbehandlung *aller* Gläubiger im Rahmen der gesetzlich vorgesehenen Befriedigungsreihenfolge einsetzt.

Die vorstehenden Gründe gelten auch für die Definition des öffentlichen Gesamtverfahrens nach der EuInsVO 2017. Im Nachlassinsolvenzverfahren findet eine Beteiligung *aller* Gläubiger des Schuldners statt, denn als Schuldner ist hier der Nachlass anzusehen. Dies folgt aus den §§ 11 Abs. 2 Nr. 2, 325 InsO, wonach über das Vermögen des Nachlasses das Insolvenzverfahren eröffnet wird und in diesem Verfahren nur die Nachlassverbindlichkeiten geltend gemacht werden dürfen. Ein Ausschluss bestimmter Nachlassverbindlichkeiten vom Nachlassinsolvenzverfahren findet aber nicht statt. Vielmehr nehmen alle Nachlassverbindlichkeiten am Verfahren teil und werden nach der Rangfolge der §§ 38, 324–328 InsO verteilt. Nach § 30 Abs. 1 InsO ist der Eröffnungsbeschluss des Nachlassinsolvenzverfahrens öffentlich bekannt zu machen, sodass es sich nicht um ein vertraulich geführtes Insolvenzverfahren handelt.

(2) Insolvenz des Schuldners / Verfahren auf der Grundlage gesetzlicher Regelungen zur Insolvenz

Nach der EuInsVO ist die „Insolvenz des Schuldners" erforderlich. Die EuInsVO 2017 setzt demgegenüber ein Verfahren „auf der Grundlage gesetzlicher Regelungen zur Insolvenz" voraus.

In der EuInsVO wird nicht näher definiert, was unter der Insolvenz des Schuldners zu verstehen ist. Die Auslegung des Begriffs soll im Einzelfall dem anwendbaren nationalen Recht überlassen bleiben, das nach Art. 4 Abs. 2 Satz 1 EuInsVO die Voraussetzungen für die Eröffnung eines Insolvenzverfahrens bestimmt. An dieser Stelle kommt dem Begriff „Insolvenz" allein die Funktion zu, eine Abgrenzung zu solchen Verfahren zu leisten, die keine Finanzkrise des Schuldners verlangen.[550] Hierzu gehören etwa die Abwicklung und Verteilung des Schuldnervermögens aufgrund öffentlich-rechtlicher Sondernormen oder Verfahren zur Abwendung der endgültigen Zahlungsunfähigkeit des Schuldners, die nicht der Gläubigergleichbehandlung dienen.[551]

550 *Virgos/Schmit*, Erläuternder Bericht Rn. 49.

551 Beispiele bei MünchKomm-InsO/*Reinhart*, Art. 1 EuInsVO Rn. 5 sowie MünchKomm-BGB/*Kindler*, Art. 1 EuInsVO Rn. 5.

Innerhalb der EuInsVO 2017 sollen mit dem Erfordernis eines Verfahrens auf der Grundlage gesetzlicher Regelungen zur Insolvenz laut Erwägungsgrund 16 EuInsVO 2017 insbesondere Verfahren auf gesellschaftsrechtlicher Grundlage ausgeschlossen werden, die nicht auf Insolvenzfälle beschränkt sind. Zudem sollen Verfahren zum Schuldenerlass natürlicher Personen nicht unter die EuInsVO 2017 fallen, wenn diese Verfahren nie eine Zahlung an die Gläubiger vorsehen.[552]

Das Nachlassinsolvenzverfahren erfüllt hierbei sowohl die Voraussetzungen der EuInsVO als auch diejenigen der EuInsVO 2017.

Die Eröffnung des Nachlassinsolvenzverfahrens setzt nach § 320 Satz 1 InsO die Zahlungsunfähigkeit oder Überschuldung des Nachlasses voraus. Wird der Insolvenzantrag nicht von einem Nachlassgläubiger gestellt, so ist gemäß § 320 Satz 2 InsO auch die drohende Zahlungsunfähigkeit Eröffnungsgrund. Eine Finanzkrise liegt in diesen Fällen offenkundig vor.[553] Schuldner ist an dieser Stelle der Nachlass. Für die Feststellung der Zahlungsunfähigkeit oder Überschuldung des Nachlasses hat das Eigenvermögen des Erben außer Betracht zu bleiben. Dies gilt selbst für den Fall, dass der Erbe unbeschränkbar haftet. Der Nachlass stellt ein Sondervermögen dar, das vom Eigenvermögen des Erben unabhängig ist. Dass der Erbe Rechtsträger des Nachlasses ist, ist unerheblich.[554]

Im Hinblick auf die EuInsVO 2017 ist festzustellen, dass die Vorschriften des Nachlassinsolvenzverfahrens nicht auf gesellschaftsrechtlicher Grundlage basieren. Vielmehr handelt es sich bei den §§ 315 ff. InsO um gesetzliche Regelungen zur Insolvenz, da nach § 320 InsO das Vorliegen eines Insolvenzgrundes zwingende Voraussetzung ist. Auch handelt es sich nicht um ein Verfahren zum Schuldenerlass natürlicher Personen, das nie Zahlungen an die Gläubiger vorsieht. Zweck des Nachlassinsolvenzverfahrens ist nach §§ 1 Satz 1, 325 InsO vielmehr die gemeinschaftliche Befriedigung der Nachlassgläubiger aus dem Nachlass und nicht ein Schuldenerlass ohne Zahlung an die Nachlassgläubiger.

(3) Vollständiger oder teilweiser Vermögensbeschlag gegen den Schuldner / Entzug der Verfügungsgewalt

Nach der EuInsVO ist erforderlich, dass der Schuldner sich eines vollständigen oder teilweisen Vermögensbeschlages ausgesetzt sieht. Die EuInsVO 2017 formuliert die Voraussetzung dagegen leicht anders, indem in Art. 1 Abs. 1 lit. a)

552 Erwägungsgrund 16 Satz 2 EuInsVO 2017.

553 MünchKomm-BGB/*Kindler*, Art. 1 EuInsVO Rn. 5.

554 MünchKomm-InsO/*Ott*/*Vuia*, § 11 InsO Rn. 65; Kübler/Prütting/Bork/*Prütting*, § 11 InsO Rn. 30.

EuInsVO 2017 vorausgesetzt wird, dass dem Schuldner die Verfügungsgewalt über sein Vermögen ganz oder teilweise entzogen wird.

In der EuInsVO wird das Merkmal des Vermögensbeschlages nicht näher definiert. Allgemein wird darunter verstanden, dass die Verwaltungs- und Verfügungsbefugnis des Schuldners über sein Vermögen auf eine andere Person übergeht oder diese Befugnis Einschränkungen unterliegt, indem eine andere Person sie überwacht.[555] Anwendungsbeispiel eines nur teilweisen Vermögenbeschlages soll im deutschen Recht etwa die Eigenverwaltung nach §§ 270 ff. InsO sein, bei der dem Schuldner lediglich ein Sachwalter zur Seite gestellt wird (§ 270 Abs. 3 Satz 1 InsO).[556] Ausgeschlossen werden an dieser Stelle daher insbesondere solche Verfahren, die dem Schuldner die volle Verwaltungs- und Verfügungsbefugnis belassen.[557]

Die EuInsVO 2017 definiert den Entzug der Verfügungsgewalt des Schuldners über sein Vermögen ebenfalls nicht. Diese Voraussetzung könnte weniger streng zu verstehen sein als das Erfordernis des Vermögensbeschlages nach der EuInsVO, weil unter letzterem der Verlust sowohl der Verwaltungs- als auch der Verfügungsbefugnis verstanden wird. Diese Unterschied ist im Nachlassinsolvenzverfahren aber irrelevant, denn mit der Eröffnung des Nachlassinsolvenzverfahrens geht die Verwaltungs- und Verfügungsbefugnis über das Nachlassvermögen vollständig auf den Insolvenzverwalter über, § 80 Abs. 1 InsO. Der Erbe (bzw. der Nachlasspfleger oder Nachlassverwalter) hat das Nachlassvermögen an den Insolvenzverwalter herauszugeben, der es sodann in Besitz nimmt, § 148 Abs. 1 InsO. Es findet damit in Bezug auf den Nachlass ein vollständiger Vermögensbeschlag statt. Aus Sicht des Erben als Rechtsträger des Nachlasses stellt sich der Vermögensbeschlag hingegen nur als teilweiser Verlust der Verwaltungs- und Verfügungsbefugnis dar. Während er den Nachlass an den Insolvenzverwalter herausgeben muss, bleibt sein Eigenvermögen von der Insolvenzeröffnung unberührt.

Marotzke versteht unter dem Begriff des „Schuldners“ an dieser Stelle den Erben und nimmt deshalb bei der Eröffnung eines Nachlassinsolvenzverfahrens einen nur teilweisen Vermögensbeschlag an.[558] Dies ist richtig, weil es hier auf den Erben als Rechtsträger des Nachlasses ankommt. Dies gilt auch im Fall der

---

555 *Virgos/Schmit*, Erläuternder Bericht Rn. 49; MünchKomm-BGB/*Kindler*, Art. 1 EuInsVO Rn. 6; MünchKomm-InsO/*Reinhart*, Art. 1 EuInsVO Rn. 6.

556 MünchKomm-InsO/*Reinhart*, Art. 1 EuInsVO Rn. 6; MünchKomm-BGB/*Kindler*, Art. 1 EuInsVO Rn. 7.

557 MünchKomm-BGB/*Kindler*, Art. 1 EuInsVO Rn. 8.

558 Kayser/Thole/*Marotzke*, § 315 InsO Rn. 9.

Anordnung einer Nachlassverwaltung. Dort bleibt der Erbe ebenfalls Rechtsträger des Nachlasses. Der Nachlassverwalter nimmt die Verwaltungs- und Verfügungsbefugnis über den Nachlass lediglich treuhänderisch war. Kommt es zur Eröffnung eines Nachlassinsolvenzverfahrens, wird die Verwaltungs- und Verfügungsbefugnis über den Nachlass dem Erben erneut entzogen und geht auf den Nachlassinsolvenzverwalter über. Dem Erben wird hierbei das Sondervermögen „Nachlass" als Teil seines Gesamtvermögens entzogen.

Demnach erfüllt die Eröffnung eines Nachlassinsolvenzverfahrens sowohl die Voraussetzung des Vermögensbeschlages nach der EuInsVO als auch die Voraussetzung des Entzuges der Verfügungsgewalt nach der EuInsVO 2017.

(4) Bestellung eines Verwalters

Sowohl die EuInsVO als auch die EuInsVO 2017 erfordern die Bestellung eines Verwalters. Während dies im Rahmen der EuInsVO zwingend ist, stellt die Bestellung eines Verwalters nach Art. 1 Abs. 1 lit. a) EuInsVO 2017 lediglich eine von mehreren möglichen Varianten dar.[559]

Die EuInsVO definiert in Art. 2 lit. b) Satz 1 EuInsVO, was unter einem Verwalter zu verstehen ist. Danach ist Verwalter jede Person oder Stelle, deren Aufgabe es ist, die Masse zu verwalten oder zu verwerten oder die Geschäftstätigkeit des Schuldners zu überwachen. Aus Gründen der Rechtssicherheit sind die in Frage kommenden Personen nach Art. 2 lit. b) Satz 2 i.V.m Anhang C EuInsVO aufgelistet. Auch diese Auflistung ist abschließend.[560]

Die EuInsVO 2017 definiert den Verwalter in Art. 2 Nr. 5 EuInsVO 2017 in Anlehnung an die Definition der EuInsVO, lässt aber über die in Art. 2 lit. b) Satz 1 EuInsVO genannten Tätigkeiten hinaus weitere Einzeltätigkeiten genügen. Zu diesen zählen die Prüfung und Zulassung der im Insolvenzverfahren angemeldeten Forderungen, die Vertretung der Gesamtinteressen der Gläubiger und die Verwertung der Insolvenzmasse.[561] Nach Art. 2 Nr. 5 Unterabs. 2 i.V.m. Anhang B EuInsVO 2017 sind die unter diese Definition fallenden Personen und Stellen im Anhang B der EuInsVO 2017 aufgeführt. Auch bei der EuInsVO 2017 ist davon auszugehen, dass diese Auflistung abschließend ist.[562]

---

559 Die weiteren Varianten finden sich in Art. 1 Abs. 1 lit. b) und c) EuInsVO 2017.

560 MünchKomm-BGB/*Kindler*, Art. 1 EuInsVO Rn. 9; Uhlenbruck/*Lüer*, Art. 2 EuInsVO Rn. 3; MünchKomm-InsO/*Thole*, Art. 2 EuInsVO Rn. 6.

561 Siehe Art. 2 Nr. 5 Ziff. i)-v) EuInsVO 2017.

562 Vgl. Erwägungsgrund 21 Satz 1 EuInsVO 2017.

Für Deutschland ist sowohl in Anhang C EuInsVO als auch in Anhang B EuInsVO 2017 unter anderem der „Insolvenzverwalter" genannt. Dass dieser auch der Insolvenzverwalter eines Nachlassvermögens sein kann, ist ohne Weiteres möglich. Nach § 80 Abs. 1 InsO wird mit der Eröffnung des Nachlassinsolvenzverfahrens ein Insolvenzverwalter bestellt, auf den die Verwaltungs- und Verfügungsbefugnis über die Insolvenzmasse übergeht. Die Insolvenzmasse besteht im Nachlassinsolvenzverfahren nach § 11 Abs. 2 Nr. 2 InsO aus dem Vermögen des Nachlasses. Abweichende Regelungen über die Verwaltung oder Verwertung der Insolvenzmasse sind in den Vorschriften über das Nachlassinsolvenzverfahren nicht vorgesehen, sodass auch der Nachlassinsolvenzverwalter die Insolvenzmasse in Besitz zu nehmen und zu verwerten hat. Zudem hat er nach den §§ 174 ff. InsO die angemeldeten Forderungen zu überprüfen und nach den §§ 1 Satz 1, 325 InsO die Gesamtinteressen der Nachlassgläubiger zu vertreten.

Der Insolvenzverwalter im Nachlassinsolvenzverfahren ist somit ebenso wie der Insolvenzverwalter im Regelinsolvenzverfahren Verwalter nach Art. 2 lit. b) Satz 2 i.V.m. Anhang C EuInsVO bzw. nach Art. 2 Nr. 5 Unterabs. 2 i.V.m. Anhang B EuInsVO 2017.

(5) Zu Zwecken der Rettung, Schuldenanpassung, Reorganisation oder Liquidation

Im Zuge der Neufassung und Erweiterung des Anwendungsbereiches der EuInsVO 2017 ist in Art. 1 Abs. 1 EuInsVO 2017 die neue Voraussetzung aufgenommen worden, dass das Verfahren zu Zwecken der Rettung, Schuldenanpassung, Reorganisation oder Liquidation erfolgen muss.

Durch diese Neuregelung sollen insbesondere solche Verfahren in den Anwendungsbereich der EuInsVO 2017 fallen, die die Rettung wirtschaftlich bestandskräftiger Unternehmen begünstigen, wenn diese Unternehmen sich in finanziellen Schwierigkeiten befinden, Erwägungsgrund 10 Satz 1 EuInsVO 2017. Dies soll nach Erwägungsgrund 10 Satz 3 EuInsVO 2017 auf solche Verfahren zutreffen, die auf die Sanierung des Schuldners gerichtet sind und gegebenenfalls auch eine Schuldbefreiung oder Schuldenanpassung vorsehen.

Das Nachlassinsolvenzverfahren ist nach den §§ 1 Satz 1, 325 InsO auf die gemeinschaftliche Befriedigung der Nachlassgläubiger gerichtet. Zu diesem Zweck sind neben einer Liquidation auch im Nachlassinsolvenzverfahren die Aufstellung eines Insolvenzplans nach den §§ 217 ff. InsO oder die Anordnung der Eigenverwaltung nach den §§ 270 ff. InsO möglich.[563] Diese besonderen

563 Hierzu MünchKomm-InsO/*Siegmann*, Vorb. vor §§ 315 bis 331 InsO Rn. 9 f.; K.Schmidt/*K.Schmidt*, Vor § 315 InsO Rn. 18, 20.

Verfahrensweisen kommen vor allem dann in Betracht, wenn zum Nachlass ein Unternehmen des Erblassers gehört, das durch den Erben fortgeführt wird.[564] Damit ist auch im Nachlassinsolvenzverfahren neben der Liquidation die Rettung, Sanierung oder Schuldenanpassung im Sinne des Art. 1 Abs. 1 EuInsVO 2017 möglich.

(6) Ergebnis

Das Nachlassinsolvenzverfahren erfüllt folglich alle Voraussetzungen der Definitionen in Art. 1 Abs. 1 EuInsVO und Art. 1 Abs. 1 lit. a) EuInsVO 2017 und wird uneingeschränkt vom Regelungszweck der Verordnungen erfasst. Ein Anlass, das Nachlassinsolvenzverfahrens ganz oder teilweise aus dem Anwendungsbereich der EuInsVO/EuInsVO 2017 auszuschließen, besteht aus Sicht der Verordnungen nicht. Vielmehr ist die Anwendung der Verordnungen auf das Nachlassinsolvenzverfahren zwingend geboten, will man den Sinn und Zweck des Anhanges A EuInsVO bzw. des Anhanges B EuInsVO 2017, die erfassten Verfahren im Sinne der Rechtssicherheit abschließend aufzuzählen, nicht ins Gegenteil verkehren.

Dennoch ist zu fragen, ob die Anwendung der EuInsVO/EuInsVO 2017 auf das Nachlassinsolvenzverfahren Ergebnisse hervorbringt, die auch kohärent mit dem materiellen deutschen Recht sind. Die Eigenschaft als Sonderinsolvenzverfahren könnte eine abweichende Betrachtung erfordern. In diesem Fall wäre eine entsprechende Änderung des Anhanges A der EuInsVO/EuInsVO 2017 angezeigt, um das Nachlassinsolvenzverfahren aus ihrem Anwendungsbereich herauszunehmen.

Nicht ins Gewicht fällt zunächst der Umstand, dass das Nachlassinsolvenzverfahren in einigen anderen Rechtsordnungen nicht bekannt ist. Art. 4 Abs. 2 Satz 2 lit. a) EuInsVO (Art. 7 Abs. 2 Satz 2 lit. a) EuInsVO 2017) schreibt ausdrücklich vor, dass allein das Recht des Staates der Verfahrenseröffnung darüber bestimmt, bei welcher Art von Schuldnern die Eröffnung eines Insolvenzverfahrens zulässig ist.[565] Hauptanwendungsfall ist gewöhnlich die Insolvenzeröffnung über das Vermögen von nicht kaufmännisch oder gewerblich tätigen Privatpersonen, die in einigen Ländern nicht möglich ist (etwa in Frankreich oder Griechenland).[566]

564 K.Schmidt/*K.Schmidt*, Vor § 315 InsO Rn. 20; MünchKomm-InsO/*Siegmann*, Vorb. vor §§ 315 bis 331 InsO Rn. 10.

565 Dies gilt für das Hauptinsolvenzverfahren ebenso wie für das Sekundär- und das Partikularinsolvenzverfahren, *Virgos/Schmit*, Erläuternder Bericht Rn. 91.

566 Siehe dazu oben den Ersten Teil der Arbeit.

Aus der Formulierung der Vorschrift lässt sich aber keine Beschränkung auf bestimmte Verfahren entnehmen. Damit entfaltet sie hinsichtlich sämtlicher im Ausland unbekannter Verfahren gleichermaßen Wirkung. Die Eigenschaft des Nachlassinsolvenzverfahrens als Sonderinsolvenzverfahren fällt demnach nicht ins Gewicht.

b) Entgegenstehende Gründe aus dem nationalen Recht?

Die besondere Eigenart des Nachlassinsolvenzverfahrens folgt aus dem Ineinandergreifen von Erbrecht und Insolvenzrecht. Nimmt man diejenigen Rechtsordnungen als Vergleichsmaßstab, wo der nur beschränkt haftende Erbe die Gläubigerbefriedigung selbst durchführen kann (etwa Frankreich), so besteht die Besonderheit des Nachlassinsolvenzverfahrens in der Liquidation eines Nachlasses im Wege eines förmlichen Insolvenzverfahrens durch einen gerichtlich bestellten Verwalter. Der Erbe verliert im Zuge dieses Verfahrens zwangsläufig den Zugriff auf die Nachlassgegenstände und die Nachlassgläubiger sehen sich einem Insolvenzverwalter ausgesetzt, der eine geordnete Abwicklung des Nachlasses vorzunehmen hat. Hierbei handelt es sich um die erbrechtliche Sicht.

Nimmt man dagegen die Perspektive des Insolvenzrechts ein, so zeichnet sich das Nachlassinsolvenzverfahren durch die Modifikation durch erbrechtliche Vorschriften aus, wodurch der Charakter des Insolvenzverfahrens im Vergleich zum Regelinsolvenzverfahren verändert wird. Besonders prägend wirkt dabei die Erweiterung des Umfangs der Masseverbindlichkeiten, weil sie dem Insolvenzverfahren die zusätzliche Funktion der Gewährleistung einer geordneten Nachlassabwicklung verleiht.

Beide Eigenarten führen dennoch nicht dazu, dass dem Nachlassinsolvenzverfahren im europäischen Insolvenzrecht eine Sonderbehandlung zukommen müsste.

(1) Insolvenzverfahren als Nachlassliquidation

Die Eigenschaft des Nachlassinsolvenzverfahrens, der Sache nach eine besondere Art der Nachlassliquidation darzustellen, lässt dem Nachlassinsolvenzverfahren im europäischen Kontext eine Sonderstellung zukommen. Jedoch ändert dieser Umstand nichts an der Einordnung als Insolvenzverfahren im eigentlichen Sinne. Dies zeigt sich gerade auch darin, dass das Nachlassinsolvenzverfahren die allgemeine europäische Begriffsdefinition eines Insolvenzverfahrens gemäß Art. 1 Abs. 1 EuInsVO/EuInsVO 2017 erfüllt.

Wie darüber hinaus gezeigt wurde, ist es nicht erst eine Entscheidung des heutigen Gesetzgebers, einen unzureichenden Nachlass im Wege eines

Insolvenzverfahrens abzuwickeln. Die historische Betrachtung ergibt, dass ein Nachlass im deutschen Recht seit der Konkursordnung von 1877 als besondere Vermögenmasse Gegenstand eines Konkursverfahrens sein kann. Zudem sah bereits das Recht Preußens einen Nachlasskonkurs vor. Seit dieser Zeit ist die Durchführung eines Nachlasskonkurses Bestandteil des deutschen Rechts, der sich über alle Systembrüche hinweg gehalten hat.

Die Eigenschaft des Nachlassinsolvenzverfahrens als vollwertiges Insolvenzverfahren zeigt sich auch daran, dass nicht immer eine Liquidation des Nachlasses erforderlich ist. Dies kann insbesondere bei der Nachlasszugehörigkeit eines einzelunternehmerisch geführten Geschäftsbetriebes relevant werden. Die Insolvenzordnung trägt diesem Umstand dadurch Rechnung, dass auch im Nachlassinsolvenzverfahren die Aufstellung eines Insolvenzplans möglich ist, der die Sanierung des Nachlasses vorsieht.[567]

Darüber hinaus hat sich die von der Kommission für Insolvenzrecht im Jahr 1986 vorgeschlagene Unterteilung, nur noch Unternehmernachlässe im Insolvenzverfahren abzuwickeln, nicht durchsetzen können.[568] Die Eröffnung eines Nachlassinsolvenzverfahrens ist damit weiterhin für alle Nachlässe gleichermaßen zulässig, ohne dass nach einer selbständigen wirtschaftlichen Tätigkeit des Erblassers unterschieden würde.

(2) Die enge Verbindung zum Erbrecht

Auch aus der Verzahnung des Nachlassinsolvenzverfahrens mit dem Erbrecht ergibt sich kein Erfordernis für eine abweichende Einordnung des Nachlassinsolvenzverfahrens. Es liegt in der Natur eines Insolvenzverfahrens, dass Bezüge zu mehreren Rechtsgebieten bestehen. Dies ist eine Folge des umfassenden insolvenzrechtlichen Vermögensbeschlages, der den jeweiligen Schuldner in seinem status quo erfasst und gilt gleichermaßen hinsichtlich erbrechtlicher Rechtsverhältnisse.

Das Nachlassinsolvenzverfahren wird allerdings durch zahleiche erbrechtliche Vorschriften modifiziert. So führt etwa die Erweiterung der Masseverbindlichkeiten in § 324 Abs. 1 InsO dazu, dass es sich beim Nachlassinsolvenzverfahren auch um ein Verfahren zur geordneten Nachlassabwicklung handelt. Hierdurch unterscheidet es sich von den übrigen Verfahrensarten der Insolvenzordnung. Im grenzüberschreitenden Kontext ändert dies allerdings nichts an der Eigenschaft

567 Im Einzelnen MünchKomm-InsO/*Siegmann*, Vorb. vor §§ 315 bis 331 InsO Rn. 10; K.Schmidt/*K.Schmidt*, Vor § 315 InsO Rn. 20.

568 Hierzu *BMJ*, Zweiter Bericht, S. 165 f.

des Nachlassinsolvenzverfahrens als Insolvenzverfahren im Sinne der EuInsVO/EuInsVO 2017. Dafür ist allein entscheidend, dass das Nachlassinsolvenzverfahren die Begriffsmerkmale der Art. 1 Abs. 1 EuInsVO/EuInsVO 2017 erfüllt. Dass dem Nachlassinsolvenzverfahren noch darüber hinausgehende Funktionen zukommen, ist unschädlich.

Dies wird ferner durch einen Blick ins Ausland gestützt. Dort wird ebenfalls kein Bedürfnis gesehen, Nachlassinsolvenzverfahren vom Anwendungsbereich der EuInsVO/EuInsVO 2017 auszunehmen. So hat beispielsweise Irland die *administration* eines insolventen Nachlasses explizit in den Anhang A der EuInsVO/EuInsVO 2017 aufnehmen lassen, sodass diesem Verfahren die unionsweite Wirkungserstreckung zukommt.[569] Auch Großbritannien geht von einer Anwendbarkeit der EuInsVO/EuInsVO 2017 auf die *administration* eines Nachlasses aus und hat das interne Recht entsprechend angepasst.[570]

Würde man dem deutschen Nachlassinsolvenzverfahren dagegen die Eigenschaft als Insolvenzverfahren im Sinne der EuInsVO/EuInsVO 2017 absprechen, so würden die Verfahrenserleichterungen und Effizienzverbesserungen nicht greifen. Dies würde eine Schlechterstellung der heimischen Nachlassgläubiger im Vergleich zum europäischen Ausland bedeuten. In Ermangelung eines entsprechenden rechtlichen Bedürfnisses wäre dies nicht gerechtfertigt.

(3) Versterben des Insolvenzschuldners während des Insolvenzverfahrens

Schließlich führt auch eine Gegenüberlegung dazu, dem Nachlassinsolvenzverfahren die Anwendbarkeit der EuInsVO/EuInsVO 2017 nicht zu versagen. Verstirbt ein Insolvenzschuldner während der Durchführung eines Insolvenzverfahrens über sein Vermögen, so wird das Verfahren grundsätzlich als Nachlassinsolvenzverfahren fortgeführt.[571] Dies ist sinnvoll, da sich der Insolvenzgrund

---

569 Dies betrifft das Verfahren der *administration in bankruptcy of the estate of persons dying insolvent* nach Sec 46, First Schedule, Part I Succession Act 1965. Hierbei handelt es sich um die Nachlassabwicklung in einem echten Insolvenzverfahren, das von dem *personal representative* oder einem Gläubiger beantragt worden ist, *Sanfey/Holohan*, Bankruptcy Law, Rn. 17-01 ff.

570 Siehe die Explanatory Notes der *Administration of Insolvent Estates of Deceased Persons (Amendment) Order 2002* (S.I. 2002/1309), mit der die *Administration of Insolvent Estates of Deceased Persons Order 1986* an die EuInsVO angeglichen wurde.

571 Eine Ausnahme besteht lediglich für das Verfahren der Restschuldbefreiung, weil hier der Verfahrenszweck nicht mehr erreicht werden kann, dazu MünchKomm-InsO/*Siegmann*, Vorb. vor §§ 315 bis 331 InsO Rn. 7; K.Schmidt/*K.Schmidt*, Vor § 315 InsO Rn. 25 f.

und die Haftungsmasse durch den Tod des Schuldners nicht verändern und das Bedürfnis der Gläubiger nach der Durchführung eines Insolvenzverfahrens fortbesteht.

Würde man das Nachlassinsolvenzverfahren aus dem Anwendungsbereich der EuInsVO/EuInsVO 2017 ausklammern, so entstünde das widersprüchliche Ergebnis, dass das zu Lebzeiten eröffnete Insolvenzverfahren von der EuInsVO/ EuInsVO 2017 erfasst wurde und als Hauptinsolvenzverfahren grenzüberschreitende Wirkung hatte. Mit der Überleitung in ein Nachlassinsolvenzverfahren würde diese Wirkung aber entfallen, weil der Anwendungsbereich der Verordnungen nicht mehr gegeben wäre. Dies könnte auch der Grundsatz des Erhalts einer einmal begründeten Zuständigkeit (*perpetuatio fori*) nicht ändern, weil sich dieser nur auf die Veränderung prozessualer Umstände im laufenden Verfahren bezieht.[572] Die Überleitung in ein Nachlassinsolvenzverfahren käme damit ohne Rücksicht auf den tatsächlichen Stand des Insolvenzverfahrens einer Beendigung des Verfahrens gleich. Hätte der Insolvenzverwalter zu diesem Zeitpunkt noch nicht alle Massegegenstände in Besitz nehmen können, würde sich die Position der Gläubiger erheblich verschlechtern, weil kein direkter Zugriff auf das Auslandsvermögen mehr bestünde. Dem Regelungsinteresse von EuInsVO und EuInsVO 2017, die Wirksamkeit grenzüberschreitender Insolvenzverfahren zu verbessern, liefe dies offensichtlich zuwider.[573] Die Anwendbarkeit der EuInsVO/EuInsVO 2017 auf das Nachlassinsolvenzverfahren ist somit auch unter diesem Gesichtspunkt geboten.

Abschließend ist zu folgern, dass das Nachlassinsolvenzverfahren vom Anwendungsbereich der EuInsVO und der EuInsVO 2017 erfasst wird. Das Erfordernis einer Ausnahme vom Anwendungsbereich der Verordnungen besteht nicht.

2. *Räumlicher Anwendungsbereich*

Der räumliche Anwendungsbereich ist in den Verordnungen nicht ausdrücklich geregelt.[574] Erwägungsgrund 14 der EuInsVO (Erwägungsgrund 25 der EuInsVO 2017) bestimmt lediglich, dass die Verordnung nur für Verfahren gilt, in denen

572 Der Grundsatz der *perpetuatio fori* betrifft insbesondere die Verlegung des Mittelpunktes der hauptsächlichen Interessen nach Insolvenzantragstellung, hierzu EuGH, Urteil v. 17.1.2006, Rs. C-1/04 „Staubitz-Schreiber“, Slg. 2006-I, S. 701, Rn. 29.

573 Siehe Erwägungsgrund 8 EuInsVO (ebenfalls Erwägungsgrund 8 EuInsVO 2017).

574 MünchKomm-BGB/*Kindler*, Art. 1 EuInsVO Rn. 23; Nerlich/Römermann/*Nerlich*, Art. 1 EuInsVO Rn. 31.

der Mittelpunkt der hauptsächlichen Interessen des Schuldners in der Europäischen Union liegt. Hieraus wird gefolgert, dass die EuInsVO nicht anwendbar ist, wenn der Mittelpunkt der hauptsächlichen Interessen des Schuldners in einem Drittstaat liegt.[575] Aufgrund der inhaltsgleichen Regelung ist dies auch für die EuInsVO 2017 anzunehmen.

In der Literatur wird überwiegend gefordert, dass darüber hinaus ein grenzüberschreitender Bezug gegenüber einem anderen Mitgliedstaat vorliegen müsse. Grenzüberschreitende Bezüge zu Drittstaaten sollen von der EuInsVO/EuInsVO 2017 ebensowenig erfasst werden wie reine Binnensachverhalte, die nur innerhalb eines Mitgliedstaates stattfinden.[576] Der *EuGH* hat demgegenüber entschieden, dass das Vorliegen eines grenzüberschreitenden Bezuges zu einem anderen Mitgliedstaat keine Anwendungsvoraussetzung für die EuInsVO ist, da solche grenzüberschreitenden Bezüge im Zeitpunkt der Insolvenzantragstellung möglicherweise noch nicht erkennbar seien.[577] Daher genüge es, wenn ein grenzüberschreitender Bezug zu einem Drittstaat vorliege, ein grenzüberschreitender Bezug zu einem anderen Mitgliedstaat sei nicht erforderlich.[578]

Der Ansicht des *EuGH* ist zuzustimmen.[579] Weder aus der EuInsVO noch aus der EuInsVO 2017 ergibt sich zwingend, dass ein grenzüberschreitender Bezug zu einem Mitgliedstaat erforderlich ist, um das Regelungssystem der Verordnungen eingreifen zu lassen.[580] Vor allem im Hinblick auf die internationale Zuständigkeitsregel nach Art. 3 Abs. 1 Satz 1 EuInsVO/EuInsVO 2017 kann es aus Gründen der Effektivität der Insolvenzverfahren keinen Unterschied machen, ob zum Zeitpunkt der Insolvenzeröffnung bereits ein grenzüberschreitender Bezug gegenüber einem anderen Mitgliedstaat oder gegenüber einem Drittstaat

---

575 MünchKomm-BGB/*Kindler*, Art. 1 EuInsVO Rn. 24; Uhlenbruck/*Lüer*, Art. 1 EuInsVO Rn. 2; dies betont auch der EuGH, Urteil v. 16.1.2014, Rs. C-328/12 „Schmid", Rn. 21.

576 MünchKomm-BGB/*Kindler*, Art. 1 EuInsVO Rn. 23; Uhlenbruck/*Lüer*, Art. 1 EuInsVO Rn. 2; Pannen/*Pannen*, Art. 1 EuInsVO Rn. 117; *Paulus*, Einl. EuInsVO Rn. 33; Nerlich/Römermann/*Nerlich*, Art. 1 EuInsVO Rn. 5. Nur für den Ausschluss von Binnensachverhalten hingegen K.Schmidt/*Brinkmann*, Art. 1 EuInsVO Rn. 13.

577 EuGH, Urteil v. 16.1.2014, Rs. C-328/12 „Schmid", Rn. 21, 29. Ebenso die Schlussanträge der Generalanwältin *Sharpston* v. 10.9.2013, Rs. C-328/12 „Schmid", Rn. 25 f. Hierzu MünchKomm-BGB/*Kindler*, Art. 1 EuInsVO Rn. 23.

578 EuGH, Urteil v. 16.1.2014, Rs. C-328/12 „Schmid", Rn. 25, 29.

579 MünchKomm-InsO/*Reinhart*, Art. 1 EuInsVO Rn. 15; K.Schmidt/*Brinkmann*, Art. 1 EuInsVO Rn. 14; *Schulz*, EuZW 2014, S. 264. Ablehnend dagegen MünchKomm-BGB/*Kindler*, Art. 1 EuInsVO Rn. 28.

580 So bereits *Haubold*, IPRax 2003, S. 34; Haß/Huber/Gruber/Heiderhoff/*Huber*, Art. 1 EuInsVO Rn. 19.

bekannt geworden ist.[581] Vielmehr muss jedes Gericht, das ein Insolvenzverfahren eröffnet, stets seine internationale Zuständigkeit nach Art. 3 Abs. 1 Satz 1 EuInsVO/EuInsVO 2017 prüfen. Für die EuInsVO 2017 schreibt Art. 4 Abs. 1 Satz 1 EuInsVO 2017 dies ausdrücklich vor.[582] Zudem lassen die einzelnen Vorschriften der EuInsVO/EuInsVO 2017 erkennen, ob sie universell oder nur gegenüber anderen Mitgliedstaaten eingreifen.[583] Damit steht auch der Grundsatz des Gemeinschaftsvertrauens, der den Verordnungen zugrunde liegt, nicht entgegen.[584]

Über die vorstehenden Grundsätze hinaus wäre der Effektivität eines Insolvenzverfahrens gedient, wenn Art. 3 Abs. 1 Satz 1 EuInsVO/EuInsVO 2017 auch dann anzuwenden wäre, wenn zum Zeitpunkt der Insolvenzeröffnung noch kein Auslandsbezug bekannt ist.[585] Denn ein Auslandsbezug kann sich im eröffneten Insolvenzverfahren jederzeit nachträglich ergeben, etwa wenn Gegenstände der Insolvenzmasse im Ausland aufgedeckt werden oder der Insolvenzschuldner nach Insolvenzeröffnung unerlaubt Gegenstände der Insolvenzmasse in einen anderen Mitgliedstaat verbringt. Ist das Insolvenzverfahren in diesen Fällen nicht nach Art. 3 Abs. 1 Satz 1 EuInsVO/EuInsVO 2017 eröffnet worden, muss es in den anderen Mitgliedstaaten nicht nach Art. 16 Abs. 1 EuInsVO (Art. 19 Abs. 1 EuInsVO 2017) anerkannt werden. Ein solches Ergebnis schränkt die Effektivität eines Insolvenzverfahrens erheblich ein. Der Mehraufwand, der sich für die Gerichte durch die Prüfung der internationalen Zuständigkeit ergeben würde, wäre dabei durch den Aspekt der potentiellen Massemehrung zugunsten der Insolvenzgläubiger aufgewogen.

Geht man hingegen von der Erforderlichkeit eines grenzüberschreitenden Bezuges zu einem anderen Mitgliedstaat oder einem Drittstaat aus, stellt sich die Frage, welcher Art dieser Bezug sein muss. Im Hinblick auf die Prinzipien

---

581 Die Effektivität betont *Haubold*, IPRax 2003, S. 34.

582 Siehe auch Erwägungsgrund 27 EuInsVO 2017. Hierzu MünchKomm-InsO/*Thole*, Art. 4 EuInsVO 2017 Rn. 2 f.

583 EuGH, Urteil v. 16.1.2014, Rs. C-328/12 „Schmid", Rn. 22 f. Hierzu K.Schmidt/*Brinkmann*, Art. 1 EuInsVO Rn. 15.

584 Dies betont aber MünchKomm-BGB/*Kindler*, Art. 1 EuInsVO Rn. 28.

585 *Haubold*, IPRax 2003, S. 34; MünchKomm-BGB/*Kindler*, Art. 1 EuInsVO Rn. 23 (mit Verweis auf EuGH, Urteil v. 16.1.2014, Rs. C-328/12 „Schmid"). Ebenso die Schlussanträge der Generalanwältin *Sharpston* v. 10.9.2013, Rs. C-328/12 „Schmid", Rn. 25 f. Zweifelnd MünchKomm-InsO/*Reinhart*, Art. 1 EuInsVO Rn. 13; Kayser/Thole/*Dornblüth*, Art. 1 EuInsVO Rn. 8. Ablehnend aber K.Schmidt/*Brinkmann*, Art. 1 EuInsVO Rn. 13.

der EuInsVO/EuInsVO 2017, einem nationalen Insolvenzverfahren unionsweite Wirkung zukommen zu lassen und hierbei auch eine gleichberechtigte Einbeziehung ausländischer Verfahrensbeteiligter zu erreichen, wird in der Literatur gefolgert, dass ein grenzüberschreitender Bezug jedenfalls dann gegeben ist, wenn zur Insolvenzmasse gehöriges Vermögen im Ausland belegen ist oder im Ausland ansässige Gläubiger vorhanden sind.[586]

In einem Nachlassinsolvenzverfahren sind beide Fallgestaltungen praktisch relevant. Die Frage nach der Wirkungserstreckung der EuInsVO/EuInsVO 2017 wird sich insbesondere dann stellen, wenn der Erblasser über Vermögen verfügte, das in anderen Mitgliedstaaten belegen ist. Dieses Vermögen kann folglich mithilfe der EuInsVO/EuInsVO 2017 zur Masse gezogen werden.

Im Wege eines Erst-Recht-Schlusses muss dies gelten, wenn der oder die Erben im Ausland ansässig sind. Im Nachlassinsolvenzverfahren kommt dem Erben eine Doppelstellung zu, weil er zugleich Schuldner und Gläubiger sein kann.[587] Als Rechtsträger des Nachlasses ist er Subjekt des Insolvenzbeschlages nach § 80 Abs. 1 InsO und hat den Nachlass an den Insolvenzverwalter herauszugeben. Darüber hinaus treffen ihn die Auskunfts- und Mitwirkungspflichten im Insolvenzverfahren nach § 97 InsO, weil der Erblasser nicht mehr lebt. Gleichzeitig leben mit der Insolvenzeröffnung nach § 1976 BGB die durch Konfusion und Konsolidation erloschenen Rechtsverhältnisse wieder auf und der Erbe kann seine Forderungen gegen den Nachlass im Insolvenzverfahren geltend machen, § 326 Abs. 1 InsO. Der Erbe ist im Nachlassinsolvenzverfahren also gleichzeitig Verfahrenssubjekt wie auch Gläubiger. Diese besondere Rolle führt dazu, dass ein vermögensrechtlicher Auslandsbezug besteht, wenn der Erbe im Ausland ansässig ist. Ein grenzüberschreitender Bezug im Anwendungsbereich der EuInsVO/EuInsVO 2017 ist daher in diesem Fall gegeben.

Anders als bei einem ausländischen Wohnsitz des Erben ist dies jedoch nicht der Fall, wenn der Erbe lediglich Staatsangehöriger eines anderen Mitgliedstaates ist, weil die Staatsangehörigkeit aufgrund des fehlenden vermögensrechtlichen Bezuges keine insolvenzrechtlichen Folgen mit sich bringt. Dies gilt gleichermaßen für den Erblasser, dessen ausländische Staatsangehörigkeit

---

586 K.Schmidt/*Brinkmann*, Art. 1 EuInsVO Rn. 13; Kayser/Thole/*Dornblüth*, Art. 1 EuInsVO Rn. 8; Pannen/*Pannen*, Art. 1 EuInsVO Rn. 119; Nerlich/Römermann/*Nerlich*, Art. 1 EuInsVO Rn. 5; *Paulus*, Art. 3 EuInsVO Rn. 4a; Kübler/Prütting/Bork/*Kemper*, Art. 1 EuInsVO Rn. 13;. So schreibt Art. 39 EuInsVO (Art. 53 EuInsVO 2017) vor, dass jeder in der Europäischen Union ansässige Gläubiger ein Recht auf Teilnahme an einem Insolvenzverfahren in einem anderen Mitgliedstaat hat.

587 MünchKomm-InsO/*Siegmann*, Anh. zu § 315 InsO Rn. 1.

insolvenzrechtlich ebenfalls unerheblich ist.[588] Dass sich aufgrund der Staatsangehörigkeit im Fall einer Rechtswahl des Erblassers das anwendbare Erbstatut ändern kann, ist im Rahmen der EuInsVO/EuInsVO 2017 unbedeutend, weil an dieser Stelle eine ausschließlich insolvenzrechtliche Betrachtung stattzufinden hat. Sofern keine zusätzlichen (vermögensrechtlichen) Umstände hinzutreten, ist eine ausländische Staatsangehörigkeit des Erblassers nicht ausreichend, einen grenzüberschreitenden Bezug nach der EuInsVO/EuInsVO 2017 zu begründen.

Wiederum anders ist der Fall zu beurteilen, wenn im Ausland ein Testamentsvollstrecker, Nachlassverwalter oder Nachlasspfleger bestellt worden ist. Durch den insolvenzrechtlichen Eingriff in den Wirkungskreis dieser Personen ist ein direkter vermögensrechtlicher Bezug gegeben. Dies trifft ebenso auf andere Nachlassbeteiligte wie Vermächtnisnehmer oder Pflichtteilsberechtigte zu, die potentielle Nachlassgläubiger sind. Ein grenzüberschreitender Bezug nach der EuInsVO/EuInsVO 2017 liegt in diesen Fällen vor.

III. Internationale und örtliche Zuständigkeit der deutschen Gerichte

Ist der Anwendungsbereich der EuInsVO/EuInsVO 2017 eröffnet, unterfällt das Nachlassinsolvenzverfahren dem Zuständigkeitssystem des einheitlichen europäischen internationalen Insolvenzrechts. Die Frage nach der internationalen Zuständigkeit der Gerichte ist hierbei ein zentraler Umstand. Denn anders als im streitigen Zivilprozess, wo neben der internationalen Zuständigkeit viele weitere Anknüpfungsregeln auf den konkreten Fall Anwendung finden, bestimmt im internationalen Insolvenzrecht die internationale Zuständigkeit zugleich das anwendbare Sachrecht. So findet nach Art. 4 Abs. 1 EuInsVO (Art. 7 Abs. 1 EuInsVO 2017) auf das Insolvenzverfahren und seine Wirkungen das Insolvenzrecht desjenigen Mitgliedstaates Anwendung, in dem das Insolvenzverfahren eröffnet wird. Nach diesem Recht richten sich auch die unionsweit anzuerkennenden Befugnisse des bestellten Insolvenzverwalters (Art. 18 EuInsVO bzw. Art. 21 EuInsVO 2017) sowie die ergehenden Entscheidungen des Insolvenzgerichts, die im gesamten Unionsgebiet ohne weitere Formalitäten anerkannt werden müssen (Art. 25 EuInsVO bzw. Art. 32 EuInsVO 2017). Die Vorschrift über die Bestimmung der internationalen Zuständigkeit (Art. 3 EuInsVO/EuInsVO 2017) wird daher zu Recht als Zentralnorm der Verordnungen bezeichnet.[589]

---

588 Allgemein für die Unerheblichkeit der Staatsangehörigkeit einer natürlichen Person als Schuldner im Rahmen der EuInsVO/EuInsVO 2017, K.Schmidt/*Brinkmann*, Art. 3 EuInsVO Rn. 8, 10. Anders aber offenbar Scherer/*Pawlytta/Pfeiffer*, § 33 Rn. 134.

589 *Paulus*, Art. 3 EuInsVO Rn. 1.

1. Keine Geltung des Gleichlaufgrundsatzes

Die EuInsVO und die EuInsVO 2017 regeln die internationale Zuständigkeit auf dem Gebiet des Insolvenzrechts abschließend und unmittelbar bindend.

Bis zum Inkrafttreten der EuInsVO war heftig umstritten, nach welchen Regeln sich die internationale Zuständigkeit zur Eröffnung eines Nachlassinsolvenzverfahrens bestimmen sollte. Hintergrund war die von der Rechtsprechung für das Nachlassverfahrensrecht aufgestellte Maxime, dass den deutschen Gerichten eine internationale Zuständigkeit grundsätzlich nur dann zukommen sollte, sofern im zu entscheidenden Fall deutsches Erbrecht auch das anwendbare Sachrecht war (Gleichlaufgrundsatz).[590]

Begründet wurde der Gleichlaufgrundsatz in erster Linie mit der Sachrechtsbezogenheit des damaligen Verfahrensrechts in Nachlasssachen. Diese führe dazu, dass aufgrund der engen Verbindung von Verfahrensrecht und Erbrecht eine Anwendung der deutschen Verfahrensnormen bei ausländischem Erbrecht ausscheide. In der Konsequenz erklärten sich die deutschen Gerichte regelmäßig für unzuständig, sofern ausländisches Erbrecht die maßgebliche *lex causae* war.[591] Dies führte in einigen Fällen zu einer Rechtsverweigerung gegenüber den Verfahrensbeteiligten, wenn sich neben den deutschen Gerichten aufgrund unterschiedlicher Anknüpfungsregeln auch die Gerichte des aus deutscher Sicht eigentlich zuständigen Staates für unzuständig hielten. Um diese Härten abzumildern, ließ die Rechtsprechung dort Ausnahmen vom Gleichlaufprinzip zu, wo eine Rechtsverweigerung eingetreten wäre oder ein dringendes Fürsorgebedürfnis bestand.[592]

Die Literatur sprach sich nahezu einhellig gegen die Anwendung des Gleichlaufgrundsatzes aus.[593] Zum einen sei es systematisch verfehlt, Umstände des

---

590 Dazu eingehend *Bünning*, Nachlassverwaltung und Nachlasskonkurs (1996), S. 57 ff.; *Berenbrok*, Internationale Nachlaßabwicklung (1989), S. 16 ff.; *Wiethölter*, Internationales Nachlassverfahrensrecht, S. 146 ff.; Palandt/*Thorn* (2010), Art. 25 EGBGB Rn. 18; Staudinger/*Dörner*, Art. 25 EGBGB Rn. 835 ff.; MünchKomm-BGB/*Birk* (2010), Art. 25 EGBGB Rn. 315 ff.; Jaeger/*Jahr* (1973), §§ 237, 238 KO Rn. 443. Zuletzt OLG Hamm, Beschl. v. 28.2.2005, 15 W 117/04, ZEV 2005, S. 436; BayObLG, Beschl. v. 10.5.2004, 1Z BR 110/03, ZEV 2005, S. 167; OLG Zweibrücken, Beschl. v. 28.5.2002, 3 W 218/01, ZEV 2003, S. 164.

591 Vgl. die Nachweise bei Staudinger/*Dörner*, Art. 25 EGBGB Rn. 838.

592 Siehe dazu im Einzelnen MünchKomm-BGB/*Birk* (2010), Art. 25 EGBGB Rn. 319 ff.

593 Statt vieler heute Staudinger/*Dörner*, Art. 25 EGBGB Rn. 849; MünchKomm-BGB/*Sonnenberger* (2010), Einl. IPR Rn. 456; MünchKomm-BGB/*Dutta*, Art. 25 EGBGB Rn. 315; Soergel/*Schurig*, Art. 25 EGBGB Rn. 49; *Kegel/Schurig*, IPR, S. 1018 ff.; *v. Hoffmann/Thorn*, IPR, S. 423 f.; Bamberger/Roth/*S. Lorenz*, Art. 25 EGBGB Rn. 63 f.

Sachrechts in die Prüfung der internationalen Zuständigkeit hineinzuheben.[594] Zum anderen bestehe hierfür auch kein Bedürfnis, weil die auftretenden Probleme im Wege der funktionalen Qualifikation gelöst werden könnten.[595]

Schon früh wurden Zweifel laut, ob der Gleichlaufgrundsatz des Nachlassverfahrensrechts ohne Weiteres auch auf das Nachlasskonkursverfahren übertragen werden könne.[596] Als Argument dafür wurde die Verwobenheit des Nachlasskonkurses mit dem materiellen Erbrecht vorgebracht, die es erfordere, schon aus praktischen Gründen den Gleichlaufgrundsatz auch beim Nachlasskonkursverfahren anzuwenden.[597] Beispiele aus der Rechtsprechung lagen hierfür, anders als zum Nachlassverfahrensrecht, allerdings nicht vor.[598]

Gegen die Anwendung des Gleichlaufgrundsatzes wurde dagegen zu Recht angeführt, dass eine Schutzlücke im Insolvenzrecht entstünde, indem inländischen Gläubigern regelmäßig der insolvenzrechtliche Zugriff auf das Nachlassvermögen verwehrt bliebe, wenn der Erblasser Ausländer war. In der Konsequenz erhielte der Erbe damit mehr, als ihm eigentlich zustünde.[599] Die internationale Zuständigkeit für Nachlasskonkursverfahren sei daher allein nach den Vorschriften des autonomen Rechts über die örtliche Zuständigkeit im Wege einer doppelfunktionalen Anwendung zu bestimmen.[600]

Die Ablösung der Konkursordnung durch die Insolvenzordnung im Jahr 1999 brachte diesbezüglich keine gesetzgeberische Entscheidung, weil Art. 102

Vorsichtig dagegen *Lange/Kuchinke*, Erbrecht, S. 58. Anders noch aus der älteren Literatur *Firsching*, Reform des deutschen internationalen Erbrechts, S. 212 f.; *Dölle*, RabelsZ 27 (1962), S. 213.

594 MünchKomm-BGB/*Sonnenberger* (2010), Einl. IPR Rn. 456: „willkürlich".

595 Hierzu insbesondere *Berenbrok*, Internationale Nachlaßabwicklung (1989), S. 114 ff.; MünchKomm-BGB/*Sonnenberger* (2010), Einl. IPR Rn. 455; Staudinger/*Dörner*, Art. 25 EGBGB Rn. 849. Jetzt auch BT-Drucks. 16/6308, S. 221.

596 *Firsching*, DNotZ 1963, S. 335, mit der Begründung, der Nachlasskonkurs sei der streitigen Gerichtsbarkeit zuzuordnen, auf die der Gleichlaufgrundsatz keine Anwendung finde; *Schlechtriem*, Ausländisches Erbrecht (1966), S. 65 Fn. 88; *Pinckernelle/Spreen*, DNotZ 1967, S. 218; Jaeger/*Jahr* (1973), §§ 237, 238 KO Rn. 443; Jaeger/*Weber* (1973), § 214 KO Rn. 39; zweifelnd auch *Kegel/Schurig*, IPR, S. 1019.

597 *Ebenroth*, Erbrecht Rn. 1314 f., wenn auch im Ergebnis ablehnend.

598 Ausdrücklich bemerkt dies Jaeger/*Jahr* (1973), §§ 237, 238 KO Rn. 443 Fn 3.

599 *Hanisch*, ZIP 1990, S. 1244; *Bünning*, Nachlassverwaltung und Nachlasskonkurs (1996), S. 104; Gottwald/*Kolmann/Keller*, § 132 Rn. 183.

600 *Bünning*, Nachlassverwaltung und Nachlasskonkurs (1996), S. 104 f.; *Hanisch*, ZIP 1990, S. 1242; Jaeger/*Weber* (1973), § 214 KO Rn. 39; Jaeger/*Jahr* (1973), §§ 237, 238 KO Rn. 445.

EGInsO a.F. keine allgemeine Regelung der internationalen Zuständigkeit vorsah. Erst seit dem Inkrafttreten der EuInsVO im Jahr 2002 besteht eine ausdrückliche gesetzliche Regelung zur Bestimmung der internationalen Zuständigkeit für Insolvenzverfahren.

Im Anwendungsbereich der EuInsVO und der EuInsVO 2017 ist für den Gleichlaufgrundsatz kein Platz mehr. Aufgrund der Eigenschaft als unmittelbar geltendes Europarecht verdrängen die Verordnungen insoweit das nationale Zuständigkeitsrecht. Im Rahmen der EuInsVO/EuInsVO 2017 kommt es für die Bestimmung der internationalen Zuständigkeit allein auf den Mittelpunkt der hauptsächlichen Interessen des Schuldners (Art. 3 Abs. 1 Satz 1 EuInsVO/EuInsVO 2017) bzw. auf das Vorhandensein einer Niederlassung (Art. 3 Abs. 2 EuInsVO/EuInsVO 2017) an. Weitergehende Kriterien bestehen nicht, die Regelungen sind als abschließend zu verstehen.[601] Ein Verweis auf das nationale Recht findet nicht statt.

Aus dem nationalen Recht können daher auch keine weiteren Anknüpfungsmomente zur Anwendung gebracht werden, ohne gegen die Regelungen der Verordnungen zu verstoßen.[602] Es wäre somit nicht zulässig, die internationale Zuständigkeit zunächst anhand der EuInsVO/EuInsVO 2017 zu bestimmen und dieses Ergebnis in einem weiteren Schritt im Sinne eines „hypothetischen Gleichlaufgrundsatzes" zu modifizieren.[603] Die Weigerung eines nach der EuInsVO/EuInsVO 2017 international zuständigen Gerichts, ein Insolvenzverfahren zu eröffnen, kann sich nach der Systematik der Verordnungen ausschließlich auf Gesichtspunkte des nationalen Sachrechts stützen, sofern dieses im konkreten Fall die Insolvenzeröffnung nicht erlaubt.[604] Sachrechtliche Beschränkungen bestehen im deutschen Recht in Bezug auf das Nachlassinsolvenzverfahren aber nicht. Wie unten im Dritten Teil der Arbeit gezeigt werden wird, ist die

601 *Paulus*, Art. 3 EuInsVO Rn. 2.

602 Allgemein für die Unanwendbarkeit des Gleichlaufgrundsatzes im europäischen Zivilprozessrecht schon MünchKomm-BGB/*Sonnenberger* (2010), Einl. IPR Rn. 451.

603 Im internationalen Nachlassverfahrensrecht ist der Gleichlaufgrundsatz durch das FamFG und die EuErbVO abgeschafft worden, MünchKomm-ZPO/*Rauscher*, § 105 FamFG Rn. 2; Keidel/*Engelhardt*, § 105 FamFG Rn. 4; Palandt/*Thorn* (2014), Art. 25 EGBGB Rn. 18; *Kroiß*, ZEV 2009, S. 493; MünchKomm-BGB/*Dutta*, Art. 25 EGBGB Rn. 315.

604 *Virgos/Schmit*, Erläuternder Bericht Rn. 74. Besteht eine internationale Zuständigkeit, richtet sich die Insolvenzfähigkeit eines Schuldners sodann gemäß Art. 4 Abs. 2 Satz 2 lit. a) EuInsVO (Art. 7 Abs. 2 Satz 2 lit. a) EuInsVO 2017) allein nach der *lex fori concursus*.

Zulässigkeit des Nachlassinsolvenzverfahrens nicht auf die Anwendbarkeit deutschen Erbrechts beschränkt. Die Bezüge zum Erbrecht des BGB sind historischer Natur und stellen keine statische Verweisung auf das deutsche Erbrecht dar. Eine „Geschlossenheit" der Vorschriften des deutschen Nachlassinsolvenzverfahrens gegenüber einem fremden Erbrecht besteht nicht.[605]

Als (ehemaligem) Rechtssatz aus dem nationalen Verfahrensrecht kommt dem Gleichlaufgrundsatz daher im Rahmen der EuInsVO/EuInsVO 2017 keine Bedeutung zu. Das jeweils sachlich anwendbare Erbrecht spielt folglich für die Bestimmung der internationalen Zuständigkeit im Nachlassinsolvenzverfahren keine Rolle.[606]

2. *Die Eröffnung eines Nachlassinsolvenzverfahrens als Hauptinsolvenzverfahren nach der EuInsVO/EuInsVO 2017*

Die EuInsVO und die EuInsVO 2017 sehen zwei Arten der internationalen Zuständigkeit zur Eröffnung eines Insolvenzverfahrens vor, die von einander zu unterscheiden sind und sich gegenseitig ergänzen: zum einen das Hauptinsolvenzverfahren nach Art. 3 Abs. 1 Satz 1 EuInsVO/EuInsVO 2017 und zum anderen das Sekundär- bzw. Partikularinsolvenzverfahren nach Art. 3 Abs. 2 EuInsVO/EuInsVO 2017.[607]

a) *Abgrenzung zum Sekundär- und Partikularinsolvenzverfahren*

Ein wesentliches Regelungsziel des Verordnungsgebers war es, den mitgliedstaatlichen Insolvenzverfahren eine größere Effizienz zu verleihen. Ihre Wirkungen sollen sich auf das gesamte Gebiet der Europäischen Union erstrecken, ohne dass es dabei besonderer Anerkennungsverfahren in den anderen Mitgliedstaaten bedarf (Universalitätsprinzip). Als notwendige Folge müssen die Gerichte der anderen Mitgliedstaaten grundsätzlich daran gehindert sein, in ihrem Staat weitere Insolvenzverfahren über dasselbe Rechtssubjekt zu eröffnen,

---

605 Zur Zulässigkeit des Nachlassinsolvenzverfahrens bei Anwendbarkeit eines fremden Erbrechts im Einzelnen unten Seite 259.

606 *Mankowski*, ZIP 2011, S. 1503; *Birk*, FS Pazdan (2005), S. 46; MünchKomm-BGB/*Dutta*, Art. 25 EGBGB Rn. 359 f.; Staudinger/*Dörner*, Art. 25 EGBGB Rn. 906; Gottwald/*Döbereiner*, § 113 Rn. 28; Kayser/Thole/*Marotzke*, § 315 InsO Rn. 10; MünchKomm-InsO/*Siegmann*, § 315 InsO Rn. 9. So auch schon zur Rechtslage vor dem Inkrafttreten der EuInsVO *Hanisch*, ZIP 1990, S. 1242; *Bünning*, Nachlassverwaltung und Nachlasskonkurs (1996), S. 104 f.; Jaeger/*Jahr* (1973), §§ 237, 238 KO Rn. 445; Jaeger/*Weber* (1973), § 214 KO Rn. 39.

607 EuGH, Urteil v. 21.1.2010, Rs. C-444/07 „MG Probud", Rn. 22.

um die unionsweite Einheitlichkeit des zuerst eröffneten Insolvenzverfahrens zu gewährleisten. Diese Funktion übernimmt das Hauptinsolvenzverfahren nach Art. 3 Abs. 1 Satz 1 EuInsVO/EuInsVO 2017. Aufgrund der unionsweiten Wirkungserstreckung kann es stets nur ein Hauptinsolvenzverfahren geben.[608] Halten sich mehrere Gerichte zugleich für die Eröffnung eines Hauptinsolvenzverfahrens für international zuständig, so gilt das Prioritätsprinzip und die zeitlich nachfolgend eröffneten Verfahren sind zugunsten des ersten Hauptinsolvenzverfahrens einzustellen.[609]

Die einzige von den Verordnungen zugelassene Ausnahme zu dem Grundsatz der unionsweiten Geltung des Hauptinsolvenzverfahrens ist die Eröffnung eines Insolvenzverfahrens in einem Mitgliedstaat, in dem der Schuldner eine Niederlassung hat.[610] Der Verordnungsgeber ging davon aus, dass diejenigen Gläubiger besonders schutzwürdig seien, die auf die Anwendbarkeit des dort geltenden Insolvenzrechts vertrauten und ihre (Kredit-)Sicherheiten entsprechend ausgestalten würden.[611] Daher soll es zulässig sein, in einem solchen Mitgliedstaat ein weiteres Insolvenzverfahren zu eröffnen, dessen Wirkungen sich aber auf das in diesem Mitgliedstaat belegene Vermögen zu beschränken haben, Art. 3 Abs. 2 Satz 2 EuInsVO/EuInsVO 2017.[612] Ein solches Insolvenzverfahren kann vor oder nach der Eröffnung eines Hauptinsolvenzverfahrens eröffnet werden und wird dann entsprechend als Partikular- oder als Sekundärinsolvenzverfahren bezeichnet. Eine Beschränkung hinsichtlich der Anzahl der zulässigen Partikular- bzw. Sekundärinsolvenzverfahren besteht nicht.[613]

Für die internationale Zuständigkeit zur Eröffnung eines Hauptinsolvenzverfahrens kommt es dagegen allein auf den Mittelpunkt der hauptsächlichen Interessen (*centre of main interests* – COMI) des Schuldners an, der von dem angerufenen Gericht erst ermittelt werden muss, Art. 3 Abs. 1 Satz 1 EuInsVO/

608 *Virgos/Schmit*, Erläuternder Bericht Rn. 15.

609 Zum Prioritätsprinzip in der EuInsVO EuGH, Urteil v. 2.5.2006, Rs. C-341/04 „Eurofood IFSC", Slg. 2006-I, S. 3813, Rn. 49 sowie Erwägungsgrund 22 Satz 6 EuInsVO (Erwägungsgrund 65 Satz 6 EuInsVO 2017). Nach Art. 102 § 3 Abs. 1 Satz 2 EGInsO hat bei einem Verstoß gegen das Prioritätsprinzip in Deutschland eine Einstellung des später eröffneten Verfahrens zu erfolgen.

610 Erwägungsgrund 12 Satz 3 f. EuInsVO (Erwägungsgrund 23 Satz 3 f. EuInsVO 2017).

611 *Virgos/Schmit*, Erläuternder Bericht Rn. 32; ebenso Erwägungsgrund 11 Satz 3 f. EuInsVO.

612 Das Vermögen muss aber nicht aus dem Betrieb der Niederlassung stammen, MünchKomm-BGB/*Kindler*, Art. 3 EuInsVO Rn. 61.

613 *Virgos/Schmit*, Erläuternder Bericht Rn. 83.

EuInsVO 2017.[614] Hierbei handelt es sich um einen nur innerhalb der EuInsVO/EuInsVO 2017 verwendeten Rechtsbegriff. Entsprechend ist er verordnungsautonom auszulegen.[615]

b) Der Mittelpunkt der hauptsächlichen Interessen (COMI) im Nachlassinsolvenzverfahren

Ein Nachlassinsolvenzverfahren kann als Hauptinsolvenzverfahren nach Art. 3 Abs. 1 Satz 1 EuInsVO/EuInsVO 2017 eröffnet werden. Wie bereits gezeigt wurde, ist das Nachlassinsolvenzverfahren des deutschen Rechts zwar ein Insolvenzverfahren über eine besondere Vermögensmasse, jedoch verliert es dadurch seine Eigenschaft als Insolvenzverfahren im Sinne der Verordnungen nicht.

Fraglich ist jedoch, wie die Vorschrift des Art. 3 Abs. 1 Satz 1 EuInsVO/EuInsVO 2017 im Nachlassinsolvenzverfahren anzuwenden ist.

In der EuInsVO wurde die Norm in erster Linie auf die Insolvenz juristischer Personen zugeschnitten, für die Art. 3 Abs. 1 Satz 2 EuInsVO die (widerlegbare) gesetzliche Vermutung der Belegenheit des Mittelpunkts der hauptsächlichen Interessen an dem Ort des satzungsmäßigen Sitzes aufstellt. Natürliche Personen werden von der EuInsVO gleichermaßen erfasst, nur bestehen für diese keine gesetzlichen Vermutungsregeln.[616]

In der EuInsVO 2017 sind auch für natürliche Personen Vermutungsregeln geschaffen worden.[617] Nach Art. 3 Abs. 1 Unterabs. 3 EuInsVO 2017 wird für natürliche Personen, die eine selbständige gewerbliche oder freiberufliche Tätigkeiten ausüben, bis zum Beweis des Gegenteils vermutet, dass der Mittelpunkt ihrer hauptsächlichen Interessen der Ort ihrer Hauptniederlassung ist. Dies soll nicht gelten, wenn die Hauptniederlassung in einem Zeitraum von drei Monaten vor dem Antrag auf Eröffnung des Insolvenzverfahrens in einen anderen Mitgliedstaat verlegt wurde. Bei allen anderen natürlichen Personen wird nach Art. 3 Abs. 1 Unterabs. 4 EuInsVO 2017 bis zum Beweis des Gegenteils vermutet, dass der Mittelpunkt ihrer hauptsächlichen Interessen der Ort ihres gewöhnlichen Aufenthalts ist, wenn der gewöhnliche Aufenthalt nicht in einem Zeitraum von drei Monaten vor dem Antrag auf Eröffnung des Insolvenzverfahrens in einen anderen Mitgliedstaat verlegt wurde.

---

614 Ausdrücklich Art. 4 Abs. 1 Satz 1 EuInsVO 2017.

615 EuGH, Urteil v. 2.5.2006, Rs. C-341/04 „Eurofood IFSC“, Slg. 2006-I, S. 3813, Rn. 31.

616 Erwägungsgrund 9 Satz 1 EuInsVO.

617 Hierzu K.Schmidt/*Brinkmann*, Art. 3 EuInsVO Rn. 21.

Im Nachlassinsolvenzverfahren können allerdings weder die im Rahmen der EuInsVO entwickelten Kriterien für natürliche Personen noch die ausdrücklichen Vermutungsregeln für natürliche Personen der EuInsVO 2017 noch die Vermutungsregeln der Verordnungen für juristische Personen angewandt werden, denn ein Nachlass ist nach dem Verständnis des deutschen Erbrechts weder eine natürliche noch eine juristische Person.[618]

Art. 3 Abs. 1 Satz 1 EuInsVO/EuInsVO 2017 erklärt für die Anknüpfung des Mittelpunktes der hauptsächlichen Interessen „den Schuldner" für maßgeblich. Im Nachlassinsolvenzverfahren gibt es jedoch im Gegensatz zu den Insolvenzverfahren über das Vermögen von natürlichen oder juristischen Personen keine Person oder Vermögensmasse, die einheitlich als Schuldner anzusehen wäre.[619] Dies erklärt sich daraus, dass der Erblasser, der an sich die Rolle des Schuldners einnehmen müsste, nicht mehr lebt. Dennoch scheidet mit seinem Tod nicht die Möglichkeit aus, über das von ihm hinterlasse Vermögen ein Insolvenzverfahren zu eröffnen. Weil es im deutschen Erbrecht anders als etwa in Österreich keinen ruhenden Nachlass (*hereditas iacens*) gibt, obliegt die Verwaltung des Nachlassvermögens bis zum Zeitpunkt der Insolvenzeröffnung zwangsläufig anderen Personen, bei denen es sich um Erben, Nachlasspfleger, Nachlassverwalter oder Testamentsvollstrecker handeln kann. Diese sorgen für die notwendige Überbrückung zweier Zeitpunkte, nämlich des Zeitpunkts des Todes des Erblassers auf der einen Seite und des Zeitpunkts der Eröffnung des Nachlassinsolvenzverfahrens auf der anderen.

Insolvenzrechtlich wird auf den letzteren Zeitpunkt abgestellt. Dies ergibt sich daraus, dass Gegenstand des Insolvenzbeschlages nur das Nachlassvermögen zum Zeitpunkt der Insolvenzeröffnung ist.[620] Aus der Anknüpfung an diesen späteren Zeitpunkt folgt zugleich, dass bei der Anwendung der materiellen insolvenzrechtlichen Vorschriften für jeden Tatbestand gesondert geprüft werden muss, ob die Anknüpfung an den „Schuldner" im jeweiligen Fall den Erblasser, den Nachlass, den Erben oder auch weitere beteiligte Personen umfasst.[621]

618 Gegen die schematische Übertragung der allgemeinen Grundsätze zur Bestimmung der internationalen Zuständigkeit auf das Nachlassinsolvenzverfahren bereits *Thieme*, Grundsätze des EG-Konkursüberein-kommens, S. 269.

619 Im Einzelnen K.Schmidt/*K.Schmidt*, Vor § 315 InsO Rn. 8 f.

620 MünchKomm-InsO/*Siegmann*, Anh. zu § 315 InsO Rn. 9; Kübler/Prütting/Bork/*Holzer*, § 315 InsO Rn. 11; Braun/*Bauch*, § 315 InsO Rn. 5; K.Schmidt/*K.Schmidt*, Vor § 315 InsO Rn. 15.

621 So ist etwa im Rahmen von § 35 Abs. 1 InsO unter dem „Schuldner" der Nachlass zu verstehen, wenn es um die Bestimmung der Insolvenzmasse geht. Dies ergibt sich systematisch aus § 11 Abs. 2 Nr. 2 InsO, der die Zulässigkeit der Insolvenzeröffnung

Im internationalen Zuständigkeitsrecht gilt insoweit nichts anderes. Weder die EuInsVO noch die EuInsVO 2017 enthalten eine ausdrückliche Regelung für das Nachlassinsolvenzverfahren.[622] Die Bestimmung des Begriffs „Schuldner“ im Sinne von Art. 3 Abs. 1 Satz 1 EuInsVO/EuInsVO 2017 ist damit durch Auslegung zu ermitteln.

(1) Ungeeignetheit der Anknüpfung an den Erben oder andere Verwaltungspersonen

Zunächst liegt es nahe, als Schuldner im Sinne von Art. 3 Abs. 1 Satz 1 EuInsVO/EuInsVO 2017 den Erben anzusehen. Dieser ist Rechtsträger des Nachlasses und unterliegt damit im Hinblick auf das Nachlassvermögen unmittelbar dem Insolvenzbeschlag nach § 80 Abs. 1 InsO. Darüber hinaus treffen den Erben auch weitere Schuldnerpflichten im Nachlassinsolvenzverfahren, etwa die Auskunfts- und Mitwirkungspflichten nach § 97 InsO. Der Erbe wird daher gemeinhin als „Schuldner“ im Nachlassinsolvenzverfahren angesehen.[623] Ist ein Nachlasspfleger, Nachlassverwalter oder Testamentsvollstrecker bestellt worden, unterliegt dieser ebenfalls den Schuldnerpflichten, soweit er die Rechtsstellung des Erben übernimmt.[624]

Auf die Ebene der internationalen Zuständigkeit können diese Grundsätze jedoch nicht übertragen werden. Die Handlungen dieser Personen dienen lediglich der Überbrückung des Zeitraums zwischen dem Erbfall und der Insolvenzeröffnung, ohne dass ihr Eigenvermögen Gegenstand des Nachlassinsolvenzverfahrens werden würde. Sie stehen dem Nachlass vielmehr als Dritte gegenüber. Während dies bei gerichtlich bestellten Verwaltungspersonen von

---

über einen Nachlass festschreibt, MünchKomm-InsO/*Siegmann*, Anh. zu § 315 InsO Rn. 9. Dagegen fallen bei der Vorsatzanfechtung nach § 133 Abs. 1 InsO unter die Rechtshandlungen des „Schuldners“ nicht nur solche des Erblassers, sondern nach seinem Tod auch solche des Erben und anderer verwaltenden Personen, siehe MünchKomm-InsO/*Kirchhof*, Vorb. vor §§ 129 bis 147 InsO Rn. 100; Uhlenbruck/*Lüer*, § 315 InsO Rn. 14.

622 Anders demgegenüber noch die Entwürfe der Konkursübereinkommen von 1980 und 1984, die eine Anknüpfung an den Erblasser zum Zeitpunkt seines Ablebens vorsahen, dazu Seite 118.

623 MünchKomm-InsO/*Reinhart*, Anh. zu § 315 InsO Rn. 1; Uhlenbruck/*Lüer*, § 315 InsO Rn. 11; K.Schmidt/*K.Schmidt*, Vor § 315 InsO Rn. 8.

624 Dies ergibt sich aus § 101 Abs. 1 Satz 1 InsO, der die Schuldnerpflichten auch auf Vertretungsberechtigte des Schuldners erstreckt, MünchKomm-InsO/*Reinhart*, Anh. zu § 315 InsO Rn. 3; MünchKomm-InsO/*Stephan*, § 101 InsO Rn. 14.

Anfang an der Fall ist, steht spätestens mit der Insolvenzeröffnung auch der Erbe dem Nachlass wie ein Dritter gegenüber und muss sich für seine zwischenzeitliche Verwaltungstätigkeit nach Auftragsrecht rechtfertigen.[625] Die Eigenschaft als Adressat der insolvenzrechtlichen Verfahrenspflichten ergibt sich dabei aus dem Umstand, dass der Erblasser nicht mehr lebt und nur natürlichen Personen die Vornahme tatsächlicher Handlungen möglich ist.[626]

Eine Anknüpfung an lediglich mit Geschäftsführungsaufgaben betraute Dritte stünde zudem im Widerspruch zur Bestimmung des COMI bei anderen beschränkten Vermögensmassen, etwa Gesellschaften. Auch dort wird nicht auf die handelnden Personen, sondern auf die jeweils vertretene Vermögensmasse abgestellt.[627]

Wie *Marotzke* richtig bemerkt hat, wäre überdies bei einer Mehrheit von Erben nicht klar, auf welchen der Erben abgestellt werden sollte.[628] In vergleichbarer Weise gilt dies auch für den Fall, dass ein Nachlasspfleger, Nachlassverwalter oder Testamentsvollstrecker bestellt wurde und zusätzlich zum Erben für eine Anknüpfung in Betracht käme.

Der Erbe und die etwaigen anderen Verwaltungspersonen des Nachlasses sind somit für eine Anknüpfung als Schuldner im Sinne von Art. 3 Abs. 1 Satz 1 EuInsVO/EuInsVO 2017 ungeeignet.

Scheiden diese Personen aus, kommen für eine Anknüpfung nur der Erblasser und der Nachlass selbst in Betracht.

(2) Anknüpfung an den Erblasser als „Schuldner"?

Mankowski spricht sich dafür aus, den Erblasser als „Zentralfigur" des Nachlassinsolvenzverfahrens anzusehen und folglich auf diesen abzustellen.[629] Eine derartige Anknüpfung habe den Vorteil, dass sie im Einklang mit der örtlichen Zuständigkeitsvorschrift des § 315 InsO stehe. Demgegenüber sieht *Birk* schon gar kein Auslegungsproblem, weil der Begriff des „Schuldners" auch

---

625 § 1978 Abs. 1 BGB.

626 MünchKomm-InsO/*Reinhart*, Anh. zu § 315 InsO Rn. 1.

627 Zur Anknüpfung des COMI bei Gesellschaften siehe Uhlenbruck/*Lüer*, Art. 3 EuInsVO Rn. 11 ff., Pannen/*Pannen*, Art. 3 EuInsVO Rn. 34 ff.; MünchKomm-BGB/*Kindler*, Art. 3 EuInsVO Rn. 23.

628 Kayser/Thole/*Marotzke*, § 315 InsO Rn. 10 Fn. 14; ebenso *Mankowski*, ZIP 2011, S. 1502.

629 *Mankowski*, ZIP 2011, S. 1502; ihm folgend *Riedemann/Schmidt*, ZVI 2015, S. 448; MünchKomm-BGB/*Dutta*, Art. 76 EuErbVO Rn. 5.

den „verstorbenen Schuldner" umfasse.[630] Diese Ansicht wird von denjenigen gestützt, die ohne weitere Differenzierung auf den Erblasser abstellen und zur Bestimmung des Mittelpunktes der hauptsächlichen Interessen im Nachlassinsolvenzverfahren auf die im Rahmen der EuInsVO für natürliche Personen entwickelten Regeln zurückgreifen.[631] Im Anwendungsbereich der EuInsVO wird bei natürlichen Personen im Fall einer selbständigen Tätigkeit auf die gewerbliche Niederlassung abgestellt, andernfalls auf den gewöhnlichen Aufenthalt oder aber den Wohnsitz der Person.[632] In Art. 3 Abs. 1 Unterabs. 3 und 4 EuInsVO 2017 sind ähnliche Anknüpfungen vorgesehen, indem bei selbständig tätigen Personen grundsätzlich deren Hauptniederlassung und bei allen anderen natürlichen Personen grundsätzlich ihr gewöhnlicher Aufenthalt maßgeblich sein soll.

Die Anknüpfung an den Erblasser als natürliche Person besticht zunächst durch ihre Einfachheit und Prägnanz. Der Mittelpunkt der hauptsächlichen Interessen des Erblassers lässt sich für dessen Gläubiger leicht bestimmen, sofern sie im Zeitpunkt seines Todes mit ihm in Kontakt standen. Durch das Abstellen auf den Erblasser wird dessen COMI für das spätere Nachlassinsolvenzverfahren eingefroren. Ganz gleich, wie viel Zeit zwischen dem Erbfall und der Insolvenzeröffnung vergeht, kommt es damit immer auf die Umstände zur Zeit des Erbfalls an. Eine Änderung der Zuständigkeitskriterien ist damit nach dem Erbfall nicht mehr möglich. Die internationale Zuständigkeit zur Eröffnung eines Nachlassinsolvenzverfahrens bleibt auf unbeschränkte Zeit am letzten COMI des Erblassers bestehen. Dies erzeugt Rechtssicherheit.

So prägnant diese Herangehensweise ist, wirft sie doch auch Fragen auf. Insbesondere blendet sie aus, dass Gegenstand des Nachlassinsolvenzverfahrens nicht der Nachlass zum Zeitpunkt des Todes des Erblassers ist, sondern das

---

630 *Birk*, FS Pazdan (2005), S. 51; MünchKomm-BGB/*Ders.* (2010), Art. 25 EGBGB Rn. 371.

631 Kayser/Thole/*Marotzke*, § 315 InsO Rn. 10 Fn. 14; Scherer/*Pawlytta/Pfeiffer*, § 33 Rn. 134; Gottwald/*Döbereiner*, § 113 Rn. 28; Gottwald/*Kolmann/Keller*, § 132 Rn. 183; MünchKomm-BGB/*Dutta*, Art. 76 EuErbVO Rn. 5; HambKomm-InsO/*Undritz*, Art. 3 EuInsVO Rn. 18; Wimmer/*Schallenberg/Rafiqpoor*, § 315 InsO Rn. 7; ebenso AG Düsseldorf, Beschl. v. 19.6.2012, 503 IN 6/12, ZInsO 2012, S. 1278; AG Köln, Beschl. v. 12.11.2010, 71 IN 343/10, NZI 2011, S. 159. Vorsichtiger dagegen bereits Staudinger/*Dörner*, Art. 25 EGBGB Rn. 905.

632 Hierzu MünchKomm-BGB/*Kindler*, Art. 3 EuInsVO Rn. 41; Pannen/*Pannen*, Art. 3 EuInsVO Rn. 28; siehe auch die Schlussanträge des Generalanwalts *Colomer* v. 6.9.2005, Rs. C-1/04 „Staubitz-Schreiber", Rn. 62.

Nachlassvermögen zum Zeitpunkt der Insolvenzeröffnung.[633] Auf den Zeitpunkt des Erbfalls kommt es dagegen grundsätzlich nicht an.

Die §§ 315 ff. InsO sehen keine generelle zeitliche Beschränkung für die Eröffnung eines Nachlassinsolvenzverfahrens vor. Die Ausschlussfrist von zwei Jahren in § 319 InsO bezieht sich nur auf Insolvenzanträge von Nachlassgläubigern, nicht dagegen auf Insolvenzanträge anderer antragsberechtigter Personen.[634] Es ist damit möglich, dass zwischen dem Erbfall und der Nachlassinsolvenz viel Zeit verstreicht. Während dieser Zeit ruht der Nachlass nicht, sondern wird zwangsläufig von einer oder mehreren Personen verwaltet. Durch diese Verwaltungstätigkeit kann das Nachlassvermögen in vielerlei Hinsicht Veränderungen erfahren, die sich unmittelbar auf ein späteres Nachlassinsolvenzverfahren auswirken. Hierzu gehören in erster Linie die Veräußerung von Nachlassgegenständen und die Begleichung von Nachlassverbindlichkeiten. War der Erblasser Unternehmer, gehört das Einzelunternehmen als solches ebenfalls zum Nachlass und kann von dem Erben nach dem Tod des Erblassers fortgeführt werden.[635] Geht der Erbe hierbei neue Verbindlichkeiten ein, können sich diese im Rahmen einer ordnungsgemäßen Nachlassverwaltung als sogenannte „Nachlasserbenschulden“ auch auf den Nachlass erstrecken.[636] Eine derartige Begründung neuer Nachlassverbindlichkeiten ist gleichermaßen für Privatnachlässe anerkannt, wenn der Erblasser nicht unternehmerisch tätig war.[637]

Die Annahme, dass das Nachlassinsolvenzverfahren ausschließlich der Befriedigung der Gläubiger des Erblassers dient, ist damit überholt.[638] Vielmehr dient das Nachlassinsolvenzverfahren der Befriedigung der Nachlassverbindlichkeiten,

---

633 Uhlenbruck/*Lüer*, § 315 InsO Rn. 7; MünchKomm-InsO/*Reinhart*, Anh. zu § 315 InsO Rn. 9; Braun/*Bauch*, § 315 InsO Rn. 5; K.Schmidt/*K.Schmidt*, Vor § 315 InsO Rn. 15. Anders aber *Hess*, GK-InsO, § 315 InsO Rn. 18.

634 MünchKomm-InsO/*Siegmann*, § 319 InsO Rn. 1; Kübler/Prütting/Bork/*Holzer*, § 319 InsO Rn. 2.

635 Hierbei gehören grundsätzlich auch die erwirtschafteten Erträge zum Nachlass, im Einzelnen K.Schmidt/*K.Schmidt*, Vor § 315 InsO Rn. 15; MünchKomm-BGB/*Küpper*, § 1978 BGB Rn. 7; Staudinger/*Marotzke*, § 1967 BGB Rn. 57 ff.

636 Staudinger/*Marotzke*, § 1967 BGB Rn. 42; MünchKomm-BGB/*Küpper*, § 1967 BGB Rn. 16; Soergel/*Stein*, § 1967 BGB Rn. 13; ebenso BGH, Urteil v. 10.2.1960, V ZR 39/58, NJW 1960, S. 961; ferner bereits Staudinger/*Herzfelder* (1928), § 1967 BGB, S. 160.

637 MünchKomm-BGB/*Küpper*, § 1967 BGB Rn. 15; Staudinger/*Marotzke*, § 1967 BGB Rn. 39 ff.; Soergel/*Stein*, § 1967 BGB Rn. 8.

638 So noch die Motive zur KO von 1877, siehe *Hahn*, Materialien Bd. IV, S. 399. In diese Richtung allerdings die Argumentation von *Mankowski*, ZIP 2011, S. 1502.

wie sie sich zum Zeitpunkt der Insolvenzeröffnung darstellen, §§ 38, 324, 325 InsO. Diese müssen nicht mit den zum Zeitpunkt des Erbfalls bestehenden Verbindlichkeiten übereinstimmen.[639]

Mit zunehmendem Zeitablauf löst sich die Anknüpfung an den Erblasser zugunsten einer stärker nachlassbezogenen Sichtweise. Mag der Erblasser kurz nach seinem Tod noch als „Zentralfigur" gelten, so nimmt diese Bedeutung im Anschluss stetig ab. Vergehen bis zur Eröffnung des Nachlassinsolvenzverfahrens gar mehrere Jahre, können sich die Verhältnisse des Nachlasses stark verändert haben.[640] Knüpft man gleichwohl an den Erblasser an, bleiben diese Veränderungen gänzlich unberücksichtigt.

Im Mittelpunkt steht stattdessen der Nachlass als solcher, wie er sich zum Zeitpunkt der Insolvenzeröffnung darstellt. Den Gläubigern haftet im Nachlassinsolvenzverfahren ausschließlich das Nachlassvermögen. Ob der Erbe durch die Insolvenzeröffnung gleichzeitig eine Haftungsbeschränkung erfährt, ist dagegen irrelevant und außerhalb des Insolvenzverfahrens zu klären.[641] Zugleich findet eine Beschränkung des Gläubigerkreises statt, denn im Nachlassinsolvenzverfahren dürfen nur Nachlassverbindlichkeiten geltend gemacht werden, § 325 InsO. Andere Forderungen, etwa gegen den Erben persönlich, bleiben außen vor.

Den Nachlassgläubigern bleibt somit zur Durchsetzung ihrer Rechte nur eine Verfolgung ihrer Ansprüche gegenüber dem Nachlass. Durch die Verleihung der Insolvenzfähigkeit wird der Nachlass dabei als hinreichend eigenständige Vermögensmasse angesehen, unabhängig vom Bestehen einer eigenen Rechtspersönlichkeit.[642]

Dies legt die Überlegung nahe, als „Schuldner" im Sinne von Art. 3 Abs. 1 Satz 1 EuInsVO/EuInsVO 2017 den Nachlass und nicht den Erblasser anzusehen.

---

639 Vgl. hierzu K.Schmidt/*K.Schmidt*, § 320 InsO Rn. 3: „Dynamisierung des Nachlassinsolvenzverfahrens".

640 K.Schmidt/*K.Schmidt*, § 320 InsO Rn. 1 ff. Dies war ein Beweggrund für den Gesetzgeber, bei Einführung der Insolvenzordnung auch die (drohende) Zahlungsunfähigkeit als Eröffnungsgrund im Nachlassinsolvenzverfahren einzuführen, BT-Drucks. 12/2443, S. 230 f.

641 Aus diesem Grund stellt § 316 Abs. 1 InsO klar, dass die Eröffnung des Nachlassinsolvenzverfahrens auch bei einer unbeschränkten Haftung des Erben zulässig ist, hierzu MünchKomm-InsO/*Siegmann*, § 316 InsO Rn. 3.

642 Dass die Insolvenzfähigkeit des Nachlasses unabhängig von der Frage einer eigenen Rechtspersönlichkeit des Nachlasses sein soll, wurde bereits in den Motiven zur KO von 1877 klargestellt, siehe *Hahn*, Materialien Bd. IV, S. 399.

Eine solche Anknüpfung würde auch durch die allgemeine Systematik der EuInsVO/EuInsVO 2017 gestützt, wonach sich der Begriff des „Schuldners" auf das jeweilige Rechtssubjekt beziehen soll, über dessen Vermögen das Insolvenzverfahren eröffnet wird.[643]

Aufgrund der besonderen Eigenschaften des Nachlassinsolvenzverfahrens ist jedoch vorab zu klären, ob eine solche Anknüpfung auch tatsächlich möglich wäre und welche Folgen sie mit sich brächte. Erst im Anschluss kann entschieden werden, ob sie einer Anknüpfung an den Erblasser als „Schuldner" vorzuziehen ist.

(3) Der Nachlass als „Schuldner" im Sinne von Art. 3 Abs. 1 Satz 1 EuInsVO/EuInsVO 2017

Will man an den Nachlass als „Schuldner" im Sinne von Art. 3 Abs. 1 Satz 1 EuInsVO/EuInsVO 2017 anknüpfen, sind zunächst zwei Bedenken des deutschen Rechts auszuräumen.

Zum einen stellt sich die Frage, ob der Umstand, dass das Nachlassinsolvenzverfahren auf den Namen des Erblassers lautet, hinderlich ist.[644] Dies ist zu verneinen, da dahinter lediglich historische Gründe stehen, wonach der Erbe in der Öffentlichkeit durch die Eröffnung eines Nachlasskonkurses nicht belastet werden sollte.[645] Eine systematische Determinierung für die Zuweisung der Haftungsmasse im Insolvenzverfahren ergibt sich hieraus nicht.

Zum anderen würde eine Anknüpfung an den Nachlass möglicherweise im Widerspruch zur Zuständigkeitsvorschrift des § 315 InsO stehen. Nach dieser Vorschrift ist auf die Verhältnisse des Erblassers zur Zeit seines Todes abzustellen. § 315 InsO regelt allerdings nur die örtliche Zuständigkeit und grundsätzlich nicht die internationale, sodass insoweit keine Überschneidung besteht.[646] § 315

---

643 *Virgos/Schmit*, Erläuternder Bericht Rn. 74.

644 Der Eröffnungsbeschluss des Nachlassinsolvenzverfahrens hat den Namen des Erblassers als Schuldner zu nennen, Uhlenbruck/*Zipperer*, § 27 InsO Rn. 5.

645 Der oder die Erben sollten nach dem Willen des Gesetzgebers der Konkursordnung von 1877 durch die Eröffnung eines Konkursverfahrens über den Nachlass keine Nachteile erleiden. Es sollte vielmehr eine deutlich nach außen sichtbare Trennung zwischen dem Erblasser und dem Erben geben, zu der auch die Einrichtung eines umfassenden Gerichtsstands der Erbschaft am letzten Wohnsitz des Erblassers gehörte, *Hahn*, Materialien Bd. IV, S. 399.

646 Die bisherige doppelfunktionale Anwendung von § 315 InsO zur Bestimmung der internationalen Zuständigkeit folgte aus einer Analogie, da eine planwidrige Regelungslücke angenommen wurde. Hierzu näher unten Seite 232.

InsO steht damit in einem anderen Regelungszusammenhang. Für die Ebene der internationalen Zuständigkeit kann die Norm keine Vorbildwirkung entfalten.

Kommt eine Anknüpfung an den Nachlass als „Schuldner" im Sinne von Art. 3 Abs. 1 Satz 1 EuInsVO/EuInsVO 2017 vom Grunde her in Betracht, stellt sich die Frage, wie der Mittelpunkt der hauptsächlichen Interessen eines Nachlasses bestimmt werden soll. Anders als eine natürliche oder juristische Person hat ein Nachlass weder eine Hauptniederlassung noch einen Wohnsitz noch einen gewöhnlichen Aufenthalt noch einen satzungsmäßigen Sitz, sodass die üblichen Auslegungshilfen nicht greifen.

Dennoch kann auch der Nachlass einen Mittelpunkt der hauptsächlichen Interessen haben. Dies folgt bereits aus dem Umstand, dass der Nachlass nach dem Verständnis des deutschen Rechts insolvenzfähig ist. Um eine eigene internationale Zuständigkeit im Sinne der EuInsVO/EuInsVO 2017 begründen zu können, muss ein „Schuldner" nach der Rechtsprechung des *EuGH* eine „juristisch selbständige Einheit" darstellen.[647] Dies ist bei einem Nachlass der Fall. Wie gesehen, führt die Eröffnung des Nachlassinsolvenzverfahrens in Bezug auf den Nachlass eine Beschränkung auf der Aktivseite wie auf der Passivseite herbei. Zum einen gehört zur Insolvenzmasse ausschließlich das Nachlassvermögen, zum anderen dürfen im Nachlassinsolvenzverfahren ausschließlich Nachlassverbindlichkeiten geltend gemacht werden. Der Nachlass bildet damit eine selbständige Einheit. Dies zeigt sich auch daran, dass der Nachlass das Objekt einer Überschuldungsprüfung (§§ 19, 320 InsO) und einer haftungsbewehrten Pflicht zur Insolvenzantragstellung (§ 1980 Abs. 1 BGB) ist.

Letztlich schließt auch die gesetzlich verliehene Fähigkeit, Gegenstand eines Insolvenzverfahrens zu sein, logisch das Vorhandensein eines Mittelpunktes der hauptsächlichen Interessen mit ein. Denn hierbei handelt es sich gerade um eine insolvenzverfahrensrechtliche Fragestellung.[648] Fraglich kann daher nur sein, wie der Mittelpunkt der hauptsächlichen Interessen bei einem Nachlass zu bestimmen ist.

Die Verordnungen selbst beschreiben den Mittelpunkt der hauptsächlichen Interessen als den Ort, an dem der Schuldner gewöhnlich der Verwaltung seiner Interessen nachgeht und der für Dritte feststellbar ist.[649]

---

647 Vgl. EuGH, Urteil v. 2.5.2006, Rs. C-341/04 „Eurofood IFSC", Slg. 2006-I, S. 3813, Rn. 30.

648 Aus Gründen der Rechtssicherheit kann es in jedem Insolvenzverfahren nur einen einzigen Mittelpunkt der hauptsächlichen Interessen geben, Kübler/Prütting/Bork/*Kemper*, Art. 3 EuInsVO Rn. 5; Pannen/*Pannen*, Art. 3 EuInsVO Rn. 7.

649 Erwägungsgrund 13 EuInsVO bzw. Art. 3 Abs. 1 Satz 2 EuInsVO 2017.

Der *EuGH* hat in Bezug auf die EuInsVO klargestellt, dass dieser Ort ausschließlich anhand objektiver und zugleich für Dritte feststellbarer Elemente zu bestimmen ist, um die erforderliche Rechtssicherheit und Vorhersehbarkeit bei der Bestimmung des international zuständigen Gerichts zu gewährleisten.[650] Zu den hierbei maßgeblichen Faktoren sollen insbesondere die Ausübung einer wirtschaftlichen Tätigkeit und die Belegenheit schuldnerischen Vermögens gehören, sofern dieses durch Dritte feststellbar ist.[651]

Diese Rechtsprechung lässt sich auf die EuInsVO 2017 übertragen.[652] Die EuInsVO 2017 geht von der gleichen Regelungssystematik aus wie die EuInsVO und ergänzt diese um die Pflicht der Gerichte zu einer Prüfung und Begründung, wenn der Mittelpunkt der hauptsächlichen Interessen des Schuldners im eigenen Staat verortet wird.[653] Eine sachliche Änderung ist hiermit nicht verbunden. Nach Erwägungsgrund 28 Satz 1 EuInsVO 2017 soll bei der Prüfung des Mittelpunktes der hauptsächlichen Interessen des Schuldners besonders berücksichtigt werden, welchen Ort die Gläubiger als denjenigen wahrnehmen, an dem der Schuldner der Verwaltung seiner Interessen nachgeht. Dies entspricht der Rechtsprechung des *EuGH* zur EuInsVO.[654]

Durch die EuInsVO 2017 neu aufgenommen ist dagegen die Pflicht der Gerichte, stets von Amts wegen einen möglichen Missbrauch der Zuständigkeitsvorschriften durch ein Forum Shopping zu prüfen.[655] So sollen die Vermutungsregeln für natürliche Personen, die nicht selbständig tätig sind, nicht gelten, wenn sich ein Großteil des Vermögens des Schuldners außerhalb des Mitgliedstaats befindet, in dem der Schuldner seinen gewöhnlichen Aufenthalt halt oder wenn der Schuldner in missbräuchlicher Weise vor der Stellung des Insolvenzantrages in einen anderen Mitgliedstaat umgezogen ist.[656]

Hieraus wird deutlich, dass es ganz wesentlich auf die Sicht der Gläubiger als außenstehender Dritter ankommen soll, deren vermögensrechtlichem Schutz

650 EuGH, Urteil v. 2.5.2006, Rs. C-341/04 „Eurofood IFSC", Slg. 2006-I, S. 3813, Rn. 33, bestätigt in EuGH, Urteil v. 20.10.2011, Rs. C-396/09 „Interedil Srl", Rn. 49. Hierzu K.Schmidt/*Brinkmann*, Art. 3 EuInsVO Rn. 5.

651 EuGH, Urteil v. 20.10.2011, Rs. C-396/09 „Interedil Srl", Rn. 52. Hierzu MünchKomm-BGB/*Kindler*, Art. 3 EuInsVO Rn. 20 ff.

652 K.Schmidt/*Brinkmann*, Art. 3 EuInsVO Rn. 21.

653 Art. 4 Abs. 1 Satz 1 und 2 EuInsVO 2017. Hierzu K.Schmidt/*Brinkmann*, Art. 3 EuInsVO Rn. 22.

654 Siehe EuGH, Urteil v. 20.10.2011, Rs. C-396/09 „Interedil Srl", Rn. 49.

655 Siehe Erwägungsgrund 29 und Erwägungsgrund 30 Satz 1 EuInsVO 2017.

656 Erwägungsgrund 30 Satz 3 EuInsVO 2017 und Erwägungsgrund 31 EuInsVO 2017.

das Insolvenzverfahren dient.[657] Die Gläubiger sollen den Mittelpunkt der hauptsächlichen Interessen ihres Schuldners kennen und damit in der Lage sein, ihr rechtliches Risiko im Insolvenzfall zu kalkulieren.[658] Die maßgebliche Frage muss daher sowohl im Rahmen der EuInsVO als auch im Rahmen der EuInsVO 2017 lauten: Wo würden die Nachlassgläubiger anhand der ihnen sichtbaren Umstände den Ort der Verwaltung der hauptsächlichen Interessen des Nachlasses vermuten?

Was unter dem Begriff der „Interessen" zu verstehen ist, wird in beiden Verordnungen nicht näher erläutert. Durch die bewusst gewählte Offenheit dieses Begriffs soll gewährleistet werden, dass hiervon nicht nur gewerbliche Tätigkeiten erfasst werden, sondern jegliche Art von wirtschaftlicher Betätigung einer Person oder eines Rechtssubjekts unter die Vorschrift fällt, mit der diese am Rechtsverkehr teilnimmt.[659] Die nötige Eingrenzung findet sodann durch die Ermittlung der *hauptsächlichen* Interessen statt, die stets nur an einem einzigen Ort belegen sein können. Es ist daher erforderlich, eine wertende Gesamtschau aller Umstände des Einzelfalls vorzunehmen.[660]

Wendet man diese Kriterien auf die Verwaltung eines Nachlasses an, so fällt auf, dass der Nachlass anders als eine natürliche Person die Verwaltung nicht selbst vornehmen kann, sondern hierfür eine dritte Person erforderlich ist. Dies ergibt sich aus der Eigenschaft des Nachlasses als unselbständiges Sondervermögen. Im Einklang mit der Anknüpfung bei juristischen Personen kommt es für die Bestimmung des COMI bei beschränkten Vermögensmassen aber nicht auf die handelnden Personen an.[661] Damit ist der Ort der Verwaltung der Interessen des Nachlasses nicht automatisch gleichzusetzen mit demjenigen des Erben oder einer anderen verwaltenden Person. Vielmehr ist zu fragen, ob der Nachlass als

---

657 Ausdrücklich EuGH, Urteil v. 20.10.2011, Rs. C-396/09 „Interedil Srl", Rn. 49; ebenso die Schlussanträge der Generalanwältin *Kokott* v. 10.3.2011, Rs. C-396/09 „Interedil Srl", Rn. 65.

658 *Virgos/Schmit*, Erläuternder Bericht Rn. 75.

659 *Virgos/Schmit*, Erläuternder Bericht aaO. Hierzu MünchKomm-BGB/*Kindler*, Art. 3 EuInsVO Rn. 17.

660 EuGH, Urteil v. 20.10.2011, Rs. C-396/09 „Interedil Srl", Rn. 52; ebenso *Virgos/Schmit*, Erläuternder Bericht aaO.

661 Allgemein MünchKomm-BGB/*Kindler*, Art. 3 EuInsVO Rn. 23. Siehe für eine Anknüpfung an den Ort der werbenden Tätigkeit einer *Gesellschaft* und nicht an den *Geschäftsführer* im Fall einer „Briefkastenfirma", AG Ludwigshafen, Beschl. v. 4.7.2014, 3f IN 260/14 Ft, NZI 2014, S. 761. Zur Frage der Anknüpfung an Verwaltungspersonen bereits auch oben Seite 144.

solcher aus Sicht der Gläubiger einen feststellbaren eigenen Interessenmittelunkt hat.

Dies kann beispielsweise der Fall sein, wenn zum Nachlass ein Einzelunternehmen gehört, das nach dem Tod des Erblassers fortgeführt wird. Wird durch eine werbende Tätigkeit nach außen hin kenntlich, dass es sich um das vom Erblasser herrührende Unternehmen handelt, so ist an die Hauptniederlassung des Einzelunternehmens anzuknüpfen. Es läge in diesem Fall fern, den Mittelpunkt der hauptsächlichen Interessen des Nachlasses im Wege der Gesamtbetrachtung am Ort des gewöhnlichen Aufenthaltes des Erben oder am Ort des Geschäftssitzes eines Nachlassverwalters (oder einer anderen Amtsperson) zu verorten, wenn dieser das Unternehmen fortführt. Denn die jeweilige Person wird lediglich *für den Nachlass* tätig.

War der Erblasser dagegen nicht selbständig tätig oder wird ein Einzelunternehmen des Erblassers nicht fortgeführt, so steht die abwickelnde Verwaltung des Nachlasses im Vordergrund. Eine Veränderung des Mittelpunktes der hauptsächlichen Interessen des Nachlasses nach dem Tod des Erblassers scheidet dann meist mangels einer werbenden Tätigkeit des Nachlasses aus. Die Nachlassgläubiger würden den Mittelpunkt der hauptsächlichen Interessen des Nachlasses in diesem Fall dort vermuten, wo er im Zeitpunkt des Todes des Erblassers bestand. Diese Betrachtungsweise deckt sich mit der Rechtsprechung des *EuGH* zur Bestimmung des COMI nach der Einstellung des aktiven Geschäftsbetriebes einer ehemals werbenden Gesellschaft. Der *EuGH* hat in dieser Konstellation festgestellt, dass es durchaus möglich sein kann, dass zur Zeit der Insolvenzantragstellung ein Mittelpunkt der hauptsächlichen Interessen des Schuldners nicht feststellbar ist.[662] Ist dies der Fall, etwa weil ein vormals bestehender Geschäftsbetrieb zwischenzeitlich eingestellt worden ist, so soll stattdessen der *letzte feststellbare* Mittelpunkt der hauptsächlichen Interessen des Schuldners maßgeblich bleiben.[663] Diese Annahme lässt sich auch für die Bestimmung des COMI eines Nachlasses fruchtbar machen. Kommt die Ermittlung der hauptsächlichen Interessen des Nachlasses zu dem Ergebnis, dass diese zur Zeit der Insolvenzantragstellung objektiv und in für Dritte wahrnehmbarer Weise nicht feststellbar sind, kann auf den Erblasser abgestellt werden, dessen letzter COMI im Zeitpunkt seines Todes dann für den Nachlass fortwirkt.

---

662 EuGH, Urteil v. 20.10.2011, Rs. C-396/09 „Interedil Srl", Rn. 58.

663 EuGH, Urteil v. 20.10.2011, Rs. C-396/09 „Interedil Srl", Rn. 58; ebenso die Schlussanträge der Generalanwältin *Kokott* v. 10.3.2011, Rs. C-396/09 „Interedil Srl", Rn. 51 und 54.

Die Feststellung eines COMI ist damit auch bei einem Nachlass möglich. Die Verordnungen erlauben es hierbei, Veränderungen des Nachlasses nach dem Tod des Erblassers in die Betrachtung mit einzubeziehen, indem eine wertende Gesamtschau aller Umstände aus Sicht der Nachlassgläubiger vorgenommen wird.

(4) Abwägung zwischen einer Anknüpfung an den Erblasser und an den Nachlass als „Schuldner"

Aus den vorstehenden Erwägungen ergibt sich, dass ein Abstellen auf den Nachlass als „Schuldner" im Sinne von Art. 3 Abs. 1 Satz 1 EuInsVO/EuInsVO 2017 grundsätzlich möglich ist.

Zugleich hat sich gezeigt, dass diese Lösung gegenüber einer Anknüpfung an den Erblasser als Schuldner in systematischer Hinsicht kohärenter ist. Statt einer statischen Anknüpfung an den Erblasser zum Zeitpunkt seines Todes kann eine dynamische Anknüpfung erfolgen, bei der sich der Zeitpunkt der Ermittlung des COMI mit dem Zeitpunkt der Insolvenzbeantragung deckt.

Hierdurch können Veränderungen des Nachlasses, die etwa der Fortführung eines Einzelunternehmens des Erblassers durch den Erben oder eine andere Verwaltungsperson geschuldet sind, berücksichtigt werden. Die aus Gläubigersicht zu erfolgende Ermittlung des COMI des Nachlasses bezieht in diesem Fall auch diejenigen Gläubiger mit ein, deren Forderungen gegen den Nachlass erst nach dem Zeitpunkt des Erbfalls entstanden sind. Da diese Gläubiger als Nachlassgläubiger am Nachlassinsolvenzverfahren teilnahmeberechtigt sind, wäre es sachgerecht, ihre Sicht bei der Ermittlung des COMI im Nachlassinsolvenzverfahren zu berücksichtigen. Zugleich würde ein Gleichlauf mit der Zuständigkeitsbestimmung bei natürlichen und juristischen Personen erreicht. Denn auch für diese ist bei der Bestimmung des COMI auf den Zeitpunkt der Insolvenzantragstellung abzustellen.[664] Wäre ein COMI des Nachlasses dagegen nicht feststellbar, würde auch hier an den Erblasser angeknüpft werden können, dessen letzter COMI dann für den Nachlass fortwirken würde.

(a) Dynamische Anknüpfung an den Nachlass

Eine Anknüpfung an den Nachlass bringt jedoch noch weitergehende Folgen mit sich.

664 EuGH, Urteil v. 20.10.2011, Rs. C-396/09 „Interedil Srl", Rn. 55; EuGH, Urteil v. 17.1.2006, Rs. C-1/04 „Staubitz-Schreiber", Slg. 2006-I, S. 701, Rn. 29. Hierzu MünchKomm-BGB/*Kindler*, Art. 3 EuInsVO Rn. 32.

Eine statische Anknüpfung an den Erblasser zum Zeitpunkt seines Todes führt dazu, dass eine Zuständigkeit zur Eröffnung eines Nachlassinsolvenzverfahrens als Hauptinsolvenzverfahren nach Art. 3 Abs. 1 Satz 1 EuInsVO/EuInsVO 2017 nur möglich ist, wenn *der Erblasser* den Mittelpunkt seiner hauptsächlichen Interessen zum Todeszeitpunkt im Inland hatte.[665]

Diese Annahme ist hingegen bei einer dynamischen Anknüpfung an den COMI des Nachlasses zum Zeitpunkt der Insolvenzantragstellung nicht mehr zwingend. Hat der Nachlass feststellbare hauptsächliche Interessen, kann im Rahmen der Prüfung des Art. 3 Abs. 1 Satz 1 EuInsVO/EuInsVO 2017 ein Rückgriff auf den Erblasser entbehrlich werden. Wo der Erblasser zum Zeitpunkt seines Todes seinen COMI hatte, verliert damit an Bedeutung. Vielmehr wird entscheidend, dass der Mittelpunkt der hauptsächlichen Interessen *des Nachlasses* zum Zeitpunkt der Insolvenzantragstellung im Inland belegen ist. Als Folge ist beispielsweise ein Unternehmernachlass denkbar, bei dem der Erbe oder ein Nachlassverwalter (oder eine andere Amtsperson) das Einzelunternehmen mit Wirkung für den Nachlass fortführt und zwischen dem Erbfall und der Insolvenzantragstellung den Geschäftssitz des Unternehmens in einen anderen Staat verlegt.

Als Konsequenz hieraus ergeben sich zwei Fallgestaltungen, die im Fall einer statischen Anknüpfung an den Erblasser nicht möglich wären. Zum einen kann durch die dynamische Anknüpfung zum Zeitpunkt der Insolvenzantragstellung eine Inlandszuständigkeit gegeben sein, obwohl der letzte COMI des Erblassers im Ausland lag. Zum anderen kann aber auch der Fall eintreten, dass eine inländische Zuständigkeit zum Zeitpunkt der Insolvenzantragstellung nicht mehr besteht, weil der COMI des Nachlasses zwischenzeitlich in das Ausland verlagert wurde. Während die erste Variante im Inland für die Eröffnung eines Nachlassinsolvenzverfahrens zuständigkeitsbegründend wirkt, kann die andere Variante dazu führen, dass die Eröffnung eines Nachlassinsolvenzverfahrens weder im Inland noch im Ausland möglich ist. Hierdurch können Rechtsschutzlücken auftreten, die die Praktikabilität einer Anknüpfung an den Nachlass in Frage stellen.

(b) COMI-Verlagerung ins Inland: Zuständigkeitsgewinne

Lag der letzte COMI des Erblassers im EU-Ausland, wird dort regelmäßig eine Zuständigkeit für Nachlassangelegenheiten bestehen, da Art. 4 EuErbVO für die internationale Zuständigkeit in Erbsachen an den letzten gewöhnlichen

665 *Mankowski*, ZIP 2011, S. 1502; *Birk*, FS Pazdan (2005), S. 50; Scherer/*Pawlytta/Pfeiffer*, § 33 Rn. 137, 139.

Aufenthalt des Erblassers anknüpft.[666] Der letzte gewöhnliche Aufenthalt des Erblassers ist nach Art. 21 Abs. 1 EuErbVO grundsätzlich auch für das anwendbare Erbrecht maßgeblich. Hatte der Erblasser keine anderweitige Rechtswahl getroffen, gilt damit für den Erbfall das Erbrecht des Mitgliedstaates, in dem der Erblasser im Zeitpunkt seines Todes seinen gewöhnlichen Aufenthalt hatte. Nach diesem Erbrecht bestimmen sich unter anderem die Frage der Haftungsbeschränkung des Erben und die Befriedigung der Nachlassgläubiger nach erbrechtlichen Vorschriften.[667]

Wird nun nach dem Tod des Erblassers der COMI des Nachlasses nach Deutschland verlagert, ergibt sich nach der EuInsVO/EuInsVO 2017 in Deutschland eine internationale Zuständigkeit für die Eröffnung eines Nachlassinsolvenzverfahrens, auch wenn ein solches in dem anderen Staat nicht bekannt ist.[668] Dieses Nachlassinsolvenzverfahren muss nach den Vorschriften der EuInsVO/EuInsVO 2017 innerhalb der Europäischen Union anerkannt werden, selbst wenn es einer erbrechtlichen Nachlassabwicklung widerspricht.[669] Die Verlagerung des COMI des Nachlasses nach Deutschland löst damit die bestehenden Bezüge zum Ursprungsstaat. Durch die grenzüberschreitende Verlagerung endet zugleich der Schutz der ausländischen Rechtsordnung.

Aus Sicht der Nachlassgläubiger wäre eine solche Zuständigkeitsbegründung in Deutschland vorteilhaft, da ihnen damit gegebenenfalls die Möglichkeit eröffnet würde, eine gemeinschaftliche Gläubigerbefriedigung im Nachlassinsolvenzverfahren zu erzwingen.[670] Gleichzeitig würde die Zulässigkeit einer Insolvenzeröffnung eine zusätzliche Rechtsschutzmöglichkeit darstellen, wenn der Nachlass im Ursprungsstaat nicht insolvenzfähig wäre. Gemessen an den Regelungsinteressen der EuInsVO/EuInsVO 2017 wäre dies zu begrüßen, weil die Nachlassgläubiger ihre Interessen nach einer grenzüberschreitenden Verlagerung des COMI des Nachlasses effektiv durchsetzen könnten.

---

666 Diese Regelanknüpfung gilt vorbehaltlich einer abweichenden Rechtswahl des Erblassers oder einer anderweitigen Zuständigkeit nach den Art. 5 ff. EuErbVO, näher MünchKomm-BGB/*Dutta*, Vorb. zu Art. 4 EuErbVO Rn. 9.

667 Siehe Art. 23 Abs. 2 lit. e) bis g) EuErbVO. Hierzu MünchKomm-BGB/*Dutta*, Art. 23 EuErbVO Rn. 23, 25.

668 Auf das anwendbare Erbrecht kommt es dabei aus insolvenzrechtlicher Sicht nicht an, hierzu näher oben Seite 136.

669 Zu dieser Problematik ausführlich unten Seite 217.

670 Dies gilt insbesondere im Hinblick auf diejenigen Erbrechtsordnungen, die eine Befriedigung nach dem Prioritätsprinzip erlauben, bis ein Gläubiger dieser Vorgehensweise widerspricht.

(c) COMI-Verlagerung ins Ausland: mögliche Zuständigkeitsverluste

Anders stellt sich die Situation dar, wenn der letzte COMI des Erblassers im Inland lag und der COMI des Nachlasses nach dem Tod des Erblassers ins Ausland verlagert wurde. Sofern dort die Eröffnung eines Nachlassinsolvenzverfahrens möglich wäre, fände mit dem Wechsel der internationalen Zuständigkeit ein Statutenwechsel statt, wie ihn die EuInsVO/EuInsVO 2017 vorsehen. Der Nachlass wäre dann in dem Insolvenzverfahren nach ausländischem Insolvenzrecht abzuwickeln, Art. 4 Abs. 1 EuInsVO (Art. 7 Abs. 1 EuInsVO 2017).

Sollte der Nachlass im Ausland jedoch nicht insolvenzfähig sein oder eine dortige Insolvenzeröffnung an anderen Zulässigkeitsvoraussetzungen, etwa Antragsfristen, scheitern, würde die ausschließliche Zuständigkeit der ausländischen Gerichte nach Art. 3 Abs. 1 Satz 1 EuInsVO/EuInsVO 2017 eine Sperrwirkung für die Gerichte in Deutschland bewirken. Diese Sperrwirkung könnte nur durch die Eröffnung eines Partikularinsolvenzverfahrens in Deutschland nach Art. 3 Abs. 4 lit. a) EuInsVO/EuInsVO 2017 durchbrochen werden, dessen Wirkung sich auf das in Deutschland belegene Vermögen zu beschränken hätte.[671] Zwingende Voraussetzung für die Eröffnung eines Partikularinsolvenzverfahrens wäre aber das Vorhandensein einer Niederlassung im Inland.[672] Bestünde keine Niederlassung, wäre eine Insolvenzeröffnung ausgeschlossen.

Im Ergebnis würde dies dazu führen, dass das Nachlassinsolvenzverfahren damit in seinen Voraussetzungen genauso zu behandeln wäre wie das Insolvenzverfahren über das Vermögen einer natürlichen oder juristischen Person.

(d) Funktionsverlust des Nachlassinsolvenzverfahrens

Hier fragt sich allerdings, ob eine solche Gleichbehandlung des Nachlassinsolvenzverfahrens die Eigenart dieses Verfahrens ausreichend berücksichtigt.

Wie die rechtsvergleichende Untersuchung ergeben hat, ist ein förmliches Insolvenzverfahren über einen Nachlass nicht in allen Rechtsordnungen vorgesehen. Stattdessen findet im Ausland oftmals ein erbrechtliches Abwicklungsverfahren statt, das in seinen Wirkungen einem Insolvenzverfahren durchaus nahe kommen kann.[673] Als Insolvenzverfahren im Sinne des Anhangs A der EuInsVO/

---

671 Zur Sperrwirkung der EuInsVO/EuInsVO 2017 in diesen Fällen *Virgos/Schmit*, Erläuternder Bericht Rn. 30.

672 Siehe Art. 3 Abs. 2 EuInsVO/EuInsVO 2017.

673 So seien beispielhaft etwa die erbrechtlichen Abwicklungsverfahren in Italien oder Luxemburg genannt, wo der Erbe die Gläubiger zunächst nach dem Prioritätsprinzip befriedigen darf, nach der Erhebung eines Widerspruches jedoch eine verhältnismäßige Befriedigung angeordnet wird, siehe dazu den rechtsvergleichenden Teil der Arbeit oben Seite 66.

EuInsVO 2017 zählen diese Verfahren aber überwiegend nicht.[674] Damit würde bei einer Verlagerung des COMI des Nachlasses ins Ausland in Deutschland gegebenenfalls eine Sperrwirkung für die Eröffnung eines Hauptinsolvenzverfahrens über den Nachlass eintreten. Die Folge wäre, dass die Gläubiger auf die Einzelzwangsvollstreckung zu verweisen wären. Nur für den Fall, dass im Inland eine Niederlassung im Sinne des Art. 3 Abs. 2 Satz 1 EuInsVO/EuInsVO 2017 bestehen sollte, könnte diese Wirkung durch die Eröffnung eines Partikularinsolvenzverfahrens durchbrochen werden. Einen vollwertigen Ersatz stellt das Partikularinsolvenzverfahren durch die territoriale Beschränkung jedoch nicht dar. Hinsichtlich des im Ausland belegenen Vermögens kann es keine Wirkung entfalten. Aus Sicht der Gläubiger ergäbe sich damit im Fall des Eintretens einer Sperrwirkung eine Rechtsschutzverkürzung.

Darüber hinaus würde auch der Erbe, der die Erbschaft nach deutschem Recht angenommen hat, Nachteile erleiden. Im Fall einer fehlenden internationalen Insolvenzeröffnungszuständigkeit in Deutschland und einer fehlenden Insolvenzfähigkeit des Nachlasses im Ausland wäre ihm die Herbeiführung der Haftungsbeschränkung für die Nachlassverbindlichkeiten durch die Beantragung eines Nachlassinsolvenzverfahrens verwehrt. Es wäre dem Erben dann weder im Inland noch im Ausland möglich, die Eröffnung eines Nachlassinsolvenzverfahrens zu beantragen. Es träte damit auch für den Erben eine Rechtsschutzverkürzung ein.

Wollte der Erbe für die Nachlassverbindlichkeiten nicht unbeschränkt haften, verbliebe ihm nur die Beantragung einer Nachlassverwaltung.[675] Die internationale Zuständigkeit für die Anordnung einer Nachlassverwaltung würde sich hier abweichend vom Nachlassinsolvenzverfahren grundsätzlich anhand der Anknüpfung an den letzten gewöhnlichen Aufenthalt des Erblassers nach Art. 4 EuErbVO beurteilen, wenn nicht die Sondervorschriften der Art. 5 ff. EuErbVO greifen.[676] Hiernach kann auch die Zuständigkeit eines ausländischen Gerichts

---

674 So hat etwa Irland die konkursmäßige Abwicklung eines Nachlasses im Wege der „administration in bankruptcy of the estate of persons dying insolvent" eigens in den Anhang A der EuInsVO/EuInsVO 2017 aufnehmen lassen, um eine Erstreckung der Wirkungen der Verordnung zu erreichen. Andere Mitgliedstaaten haben dies hingegen für erbrechtliche Abwicklungsverfahren nicht getan.

675 Der Anordnung einer Nachlassverwaltung nach deutschem Recht soll die Überschuldung des Nachlasses indes grundsätzlich nicht entgegenstehen, MünchKomm-BGB/*Küpper*, § 1981 BGB Rn. 2; Staudinger/*Marotzke*, § 1981 BGB Rn. 8.

676 MünchKomm-BGB/*Dutta*, Art. 76 EuErbVO Rn. 1. Die Ausnahmevorschrift des Art. 13 EuErbVO, wonach der Erbe die Beschränkung der Haftung für die Nachlassverbindlichkeiten auch vor einem Gericht des Mitgliedstaates, in dem der Erbe seinen

gegeben sein, etwa wenn der Erblasser seinen letzten gewöhnlichen Aufenthalt im Ausland hatte und für die Rechtsnachfolge von Todes wegen deutsches Recht gewählt hat.[677]

Käme die Beantragung einer Nachlassverwaltung in Betracht, würde sich jedoch das weitere Problem ergeben, dass statt des Erben nunmehr der Nachlassverwalter gehalten wäre, den Nachlass abzuwickeln. Die Möglichkeit der Beantragung eines Nachlassinsolvenzverfahrens bestünde dabei auch für den Nachlassverwalter nicht. Trotz des Vorliegens eines Insolvenzgrundes müsste demnach eine außerinsolvenzrechtliche Gläubigerbefriedigung stattfinden. Zumindest der Nachlassverwalter nach deutschem Recht ist hierzu seinem Amt nach grundsätzlich aber nicht berufen.[678]

(e) Ergebnis

Im Ergebnis ergibt sich damit, dass eine dynamische Bestimmung der internationalen Zuständigkeit durch die Anknüpfung an den Nachlass als „Schuldner" im Rahmen von Art. 3 Abs. 1 Satz 1 EuInsVO/EuInsVO 2017 eine Reihe von Folgeproblemen mit sich bringt, die in der Eigenart des Nachlassinsolvenzverfahrens begründet liegen. Die dabei auftretende Möglichkeit des Verlustes einer inländischen internationalen Zuständigkeit nach dem Tod des Erblassers kann sich dabei sowohl für die Nachlassgläubiger als auch für den Erben in besonderer Weise nachteilig auswirken, wenn der Nachlass im Ausland nicht insolvenzfähig ist. Derartige Nachteile würden hingegen bei einer statischen Anknüpfung an den Erblasser als „Schuldner" nicht auftreten, weil eine im Inland begründete internationale Zuständigkeit in diesem Fall nicht mehr verloren gehen könnte.

Die in der systematischen Kohärenz mit der Anknüpfung bei natürlichen und juristischen Personen liegenden Vorteile einer Anknüpfung an den Nachlass stellen sich damit insbesondere für die Nachlassgläubiger als potentiell nachteilig dar. Aus deren Sicht wäre eine statische Anknüpfung an den Erblasser als „Schuldner" vorzuziehen, um nicht eine Rechtsschutzverkürzung aufgrund einer fehlenden Insolvenzfähigkeit des Nachlasses im Ausland zu erleiden.

---

gewöhnlichen Aufenthalt hat, erklären kann, ist weder auf das Nachlassinsolvenzverfahren noch auf die Nachlassverwaltung deutschen Rechts anwendbar, MünchKomm-BGB/*Dutta*, Art.13 EuErbVO Rn. 9.

677 In diesem Fall können aber die Sondervorschriften der Art. 5 ff. EuErbVO greifen, hierzu MünchKomm-BGB/*Dutta*, Art. 5 EuErbVO Rn. 1.

678 Nach der Systematik des deutschen Rechts hat der Nachlassverwalter vielmehr unverzüglich die Eröffnung des Nachlassinsolvenzverfahrens zu beantragen, §§ 1985 Abs. 2 Satz 2, 1980 Abs. 1 BGB. Bei Fehlen einer internationalen Zuständigkeit gilt dies jedoch nicht, MünchKomm-BGB/*Küpper*, § 1980 BGB Rn. 3.

Dies gilt auch für diejenigen Nachlassgläubiger, deren Forderungen erst nach dem Erbfall entstanden sind. Die praktischen Vorteile, die eine Anknüpfung an den Nachlass bei der Bestimmung des COMI und damit an den objektiv erkennbaren „Vertragspartner" für diese Gläubiger bringen würde, werden dadurch neutralisiert, dass auch sie ihre Forderungen im Fall eines unzureichenden Nachlasses gegebenenfalls nur im Wege der Einzelzwangsvollstreckung durchsetzen könnten, wenn der Nachlass im Ausland nicht insolvenzfähig sein sollte. Anders als der konkrete „Vertragspartner" ist das auf den Erbfall anwendbare Erbrecht für die Nachlassgläubiger zudem regelmäßig nicht erkennbar. Bei einer Verlagerung des COMI des Nachlasses vom Inland ins Ausland wäre damit nicht vorhersehbar, ob im Fall der mangelnden Insolvenzfähigkeit des Nachlasses im Ausland gegebenenfalls eine erbrechtliche Nachlassverteilung stattfinden würde, die eine verhältnismäßige Befriedigung der Nachlassverbindlichkeiten vorsieht. Auch für die nach dem Tod des Erblassers hinzugekommenen Nachlassgläubiger wäre das Ausfallrisiko ihrer Forderungen im Fall einer dynamischen Anknüpfung an den Nachlass als „Schuldner" damit nicht vorhersehbar.

Gerade dem Schutz der Gläubiger sollen die Regelungen der EuInsVO/EuInsVO 2017 durch die Verbesserung der Effizienz und Wirksamkeit von Insolvenzverfahren aber dienen.[679] Effizienz und Wirksamkeit des Nachlassinsolvenzverfahrens werden bei einer dynamischen Anknüpfung an den Nachlass als „Schuldner" aufgrund der uneinheitlichen Insolvenzfähigkeit eines Nachlasses im Ausland jedoch nicht gestärkt.

Dem Regelungszweck der Verordnungen entspricht es angesichts der derzeit noch bestehenden Rechtszersplitterung innerhalb der Europäischen Union eher, im Rahmen von Art. 3 Abs. 1 Satz 1 EuInsVO/EuInsVO 2017 eine statische Anknüpfung an den Erblasser als „Schuldner" vorzunehmen.

Diese von der Systematik der Verordnungen abweichende Bestimmung des COMI des „Schuldners" rechtfertigt sich im Ergebnis aufgrund der mangelnden Austauschbarkeit des Nachlassinsolvenzverfahrens mit den Insolvenzverfahren ausländischen Rechts. Solange in der Europäischen Union die Eröffnung von Nachlassinsolvenzverfahren nicht einheitlich möglich ist, kann eine dynamische Anknüpfung an den Nachlass als „Schuldner" zu ungewollten Zuständigkeitslücken führen.[680] Aufgrund der im deutschen Erbrecht mit der Eröffnung eines

679 Siehe hierzu Erwägungsgrund 8 EuInsVO/EuInsVO 2017.

680 Es gibt allerdings auch hier Vereinheitlichungsbemühungen, siehe die Entschließung des Europäischen Parlaments vom 15.11.2011 mit Empfehlungen an die Kommission zu Insolvenzverfahren im Rahmen des EU-Gesellschaftsrechts, mit der sich das Europäische Parlament unter anderem für eine Harmonisierung der Zulässigkeit von

Nachlassinsolvenzverfahrens verbundenen Wirkungen wirkt sich dies auch auf die Frage der Haftungsbeschränkung des Erben aus.

Eine flexible Abgrenzung internationaler Zuständigkeiten, wie sie die EuInsVO/EuInsVO 2017 durch die Anknüpfung an den Mittelpunkt der hauptsächlichen Interessen eines Schuldners grundsätzlich ermöglichen, erweist sich damit für das Nachlassinsolvenzverfahren bei dem derzeitigen Stand der Rechtsharmonisierung innerhalb der Europäischen Union als wenig praktikabel.

Einer Anknüpfung an den Erblasser als „Schuldner" im Sinne von Art. 3 Abs. 1 Satz 1 EuInsVO/EuInsVO 2017 ist deshalb der Vorzug zu geben.

3. *Das Nachlassinsolvenzverfahren als Sekundär- und Partikularinsolvenzverfahren*

Die EuInsVO und die EuInsVO 2017 gehen von dem Regelfall aus, dass über das Vermögen eines Schuldners nur ein Insolvenzverfahren eröffnet wird, zu dessen Eröffnung ausschließlich die Gerichte am Ort des Mittelpunktes der hauptsächlichen Interessen des Schuldners zuständig sind (Art. 3 Abs. 1 Satz 1 EuInsVO/EuInsVO 2017). Nach dem Universalitätsprinzip erstrecken sich die Wirkungen dieses Insolvenzverfahrens auf das gesamte Unionsgebiet, sodass die Eröffnung weiterer Insolvenzverfahren in anderen Mitgliedstaaten zugunsten des Hauptinsolvenzverfahrens verhindert wird. Wie gesehen, kann in Deutschland auch ein Nachlassinsolvenzverfahren als Hauptinsolvenzverfahren eröffnet werden, sofern der Mittelpunkt der hauptsächlichen Interessen des Erblassers zur Zeit seines Todes im Inland lag.

Zugunsten der (Sicherungs-)Gläubiger erlauben die EuInsVO/EuInsVO 2017 darüber hinaus die Eröffnung eines territorial beschränkten Insolvenzverfahrens in einem Mitgliedstaat, in dem der Schuldner über eine Niederlassung verfügt (Art. 3 Abs. 2 Satz 1 EuInsVO/EuInsVO 2017). Ein solches Insolvenzverfahren richtet sich grundsätzlich nach dem Insolvenzrecht des betreffenden Mitgliedstaates, sodass die Gläubiger in den Genuss der Geltung des lokalen Insolvenzrechts kommen (Art. 4 Abs. 1 EuInsVO bzw. Art. 7 Abs. 1 EuInsVO 2017).

Diese systematische Ausnahme zur universellen Geltung des Hauptinsolvenzverfahrens geht auf einen Kompromiss bei den Verhandlungen über das EU-Übereinkommen über Insolvenzverfahren aus dem Jahr 1995 zurück, nachdem die vorherigen Entwürfe aus den Jahren 1970 bis 1984 noch vom Grundsatz

---

Insolvenzverfahren über einen Nachlass ausgesprochen hat, siehe die Anlage zum Parlamentsbeschluss Nr. T7-TA-0484/2011 v. 15.11.2011.

der strengen Universalität getragen waren.[681] Durch die Zulässigkeit territorial beschränkter Parallelverfahren hoffte man, den unterschiedlichen nationalen Interessen besser gerecht zu werden, ohne dabei den Universalitätsgrundsatz aufgeben zu müssen; zugleich sollte auch die Struktur des Übereinkommens deutlich vereinfacht werden.[682]

Die Voraussetzungen, unter denen die Eröffnung eines Parallelverfahrens zulässig sein sollte, blieben unter den Verhandlungspartnern äußerst streitig. Letztlich konnte man sich darauf verständigen, die bloße Belegenheit von Vermögen für die Durchbrechung des Universalitätsgrundsatzes nicht ausreichen zu lassen. Im Gegenzug sollten die stattdessen geltenden Anforderungen nicht zu hoch angesetzt werden.[683] Das Ergebnis der Verhandlungen ist die Anknüpfung an das Vorhandensein einer Niederlassung. Hiermit ist absichtlich ein weit gefasster Begriff gewählt worden, der als Ausgleich für die Absage an den Vermögensgerichtsstand gedacht ist.[684]

a) Niederlassung als gemeinsame Voraussetzung

Der Begriff der Niederlassung ist in Art. 2 lit. h) EuInsVO (Art. 2 Nr. 10 EuInsVO 2017) legaldefiniert.

Nach Art. 2 lit. h) EuInsVO ist eine Niederlassung jeder Tätigkeitsort, an dem der Schuldner einer wirtschaftlichen Aktivität von nicht vorübergehender Art nachgeht, die den Einsatz von Personal und Vermögenswerten voraussetzt.

In Art. 2 Nr. 10 EuInsVO 2017 ist diese Definition um den Zusatz erweitert worden, dass eine Niederlassung auch dann vorliegt, wenn der Schuldner einer solchen wirtschaftlichen Aktivität „in den drei Monaten vor dem Antrag auf Eröffnung des Hauptinsolvenzverfahrens nachgegangen ist". Durch diese Erweiterung wird nun auch der Fall erfasst, dass der Betrieb einer Niederlassung bereits vor Insolvenzantragstellung im Sekundärinsolvenzverfahren eingestellt wurde. In Anbetracht des Wortlauts der Vorschrift ist diese Variante aber nur anwendbar, wenn zuvor ein Hauptinsolvenzverfahren eröffnet worden ist.

---

681 Rat der Europäischen Union, Übereinkommen über Insolvenzverfahren vom 23.11.1995, abgedruckt bei *Stoll*, Vorschläge und Gutachten (1997), S. 3 ff. Die vorherigen Entwürfe sind abgedruckt bei *Kegel/Thieme*, Vorschläge und Gutachten (1988), S. 1 ff., 45 ff. und 417 ff.

682 „Kombinierte Lösung", *Virgos/Schmit*, Erläuternder Bericht Rn. 13.

683 *Virgos/Schmit*, Erläuternder Bericht Rn. 70.

684 *Virgos/Schmit*, Erläuternder Bericht aaO; MünchKomm-BGB/*Kindler*, Art. 2 EuInsVO Rn. 23; *Paulus*, Art. 2 EuInsVO Rn. 28; Leonhardt/Smid/Zeuner/*Smid*, Art. 2 EuInsVO Rn. 26; Kübler/Prütting/Bork/*Kemper*, Art. 2 EuInsVO Rn. 20.

Diese Legaldefinitionen sind verordnungsautonom auszulegen, weil sich der Verordnungsgeber von dem (engeren) Niederlassungsbegriff nach Art. 5 Nr. 5 Brüssel I-VO (jetzt Art. 7 Nr. 5 Brüssel Ia-VO) abgrenzen wollte, um die Ziele der EuInsVO/EuInsVO 2017 nicht zu gefährden.[685]

(1) Der Begriff der Niederlassung

Die Legaldefinition in Art. 2 lit. h) EuInsVO (Art. 2 Nr. 10 EuInsVO 2017) wird derart verstanden, dass der Schuldner in dem betreffenden Mitgliedstaat mit einem Mindestmaß an Organisation und einer gewissen Stabilität wirtschaftlich auf dem Markt in Erscheinung treten muss.[686] Die wirtschaftliche Aktivität des Schuldners muss nach außen hin für die Gläubiger erkennbar sein. Es kommt insoweit wie bei Art. 3 Abs. 1 Satz 1 EuInsVO/EuInsVO 2017 auf objektive und durch Dritte feststellbare Umstände an, nicht dagegen auf das Selbstverständnis des Schuldners.[687]

Ein Mindestmaß an Organisation soll insbesondere dann gegeben sein, wenn der Schuldner vor Ort Arbeitnehmer beschäftigt.[688] Hierbei ist es jedoch keine zwingende Voraussetzung, dass der Schuldner selbst Arbeitnehmer angestellt hat und damit als Arbeitgeber auftritt. Vielmehr ist es unter dem Gesichtspunkt der Beschäftigung von Personal ausreichend, dass der Schuldner Geschäftsbesorgungsverträge abschließt, sofern die auf diese Weise vom Schuldner

---

685 *Virgos/Schmit*, Erläuternder Bericht Rn. 70; Pannen/*Riedemann*, Art. 2 EuInsVO Rn. 47 f.; Leonhardt/Smid/Zeuner/*Smid*, Art. 2 EuInsVO Rn. 26; MünchKomm-BGB/*Kindler*, Art. 2 EuInsVO Rn. 22; MünchKomm-InsO/*Thole*, Art. 2 EuInsVO Rn. 29. Ablehnend dagegen *Dawe*, Der Sonderkonkurs (2005), S. 146 f., wonach ein einheitlicher Niederlassungsbegriff im Europäischen Zivilverfahrensrecht anzustreben sei.

686 EuGH, Urteil v. 20.10.2011, Rs. C-396/09 „Interedil Srl", Rn. 62; dem EuGH folgend BGH, Beschl. v. 8.3.2012, IX ZB 178/11, NZI 2012, S. 377; ebenso *Virgos/Schmit*, Erläuternder Bericht Rn. 71; MünchKomm-BGB/*Kindler*, Art. 2 EuInsVO Rn. 24; Pannen/*Riedemann*, Art. 2 EuInsVO Rn. 51; *Paulus*, Art. 2 EuInsVO Rn. 27; Kübler/Prütting/Bork/*Kemper*, Art. 2 EuInsVO Rn. 21 f.

687 EuGH, Urteil v. 20.10.2011, Rs. C-396/09 „Interedil Srl", Rn. 63; MünchKomm-BGB/*Kindler*, Art. 2 EuInsVO Rn. 25; ähnlich *Virgos/Schmit*, Erläuternder Bericht Rn. 71; MünchKomm-InsO/*Thole*, Art. 2 EuInsVO Rn. 32; Kübler/Prütting/Bork/*Kemper*, Art. 2 EuInsVO Rn. 21.

688 *Virgos/Schmit*, Erläuternder Bericht Rn. 71; MünchKomm-InsO/*Thole*, Art. 2 EuInsVO Rn. 34; Kübler/Prütting/Bork/*Kemper*, Art. 2 EuInsVO Rn. 22.

Beauftragten aus Sicht eines objektiven Dritten vor Ort im Rechtsverkehr für den Schuldner auftreten und für ihn geschäftlich tätig werden.[689]

Zusammenfassend lässt sich hieraus schließen, dass eine hinreichend gefestigte wirtschaftliche Repräsentanz vorhanden sein muss, um von einer Niederlassung in dem betreffenden Mitgliedstaat ausgehen zu können. Als absolute Untergrenze hat dabei jedenfalls der bloße Vermögensgerichtsstand zu dienen, der gerade nicht zulässig sein soll.[690]

(2) Der Nachlass als „Schuldner" im Sinne von Art. 3 Abs. 2 Satz 1 EuInsVO/EuInsVO 2017

Ebenso wie im Rahmen der Bestimmung des Mittelpunktes der hauptsächlichen Interessen nach Art. 3 Abs. 1 Satz 1 EuInsVO/EuInsVO 2017 stellt sich bei der Prüfung des Niederlassungserfordernisses die Frage, wer als „Schuldner" im Sinne von Art. 3 Abs. 2 Satz 1 EuInsVO/EuInsVO 2017 anzusehen ist. Eine Regelung für Nachlassinsolvenzverfahren findet sich auch hier nicht.

Für das Hauptinsolvenzverfahren nach Art. 3 Abs. 1 Satz 1 EuInsVO/EuInsVO 2017 hat sich die Anknüpfung an den Erblasser als vorzugswürdig erwiesen, um Zuständigkeitslücken zu vermeiden. Bei einer Betrachtung *a maiore ad minus* liegt es daher nahe, ebenso für Sekundär- und Partikularinsolvenzverfahren auf den Erblasser abzustellen, um eine einheitliche Anknüpfung zu erreichen.[691]

Dennoch ist bei der Suche nach dem richtigen Anknüpfungspunkt zu beachten, dass der Zuständigkeitsbestimmung für Sekundär- und Partikularinsolvenzverfahren ein anderes Regelungsinteresse zugrunde liegt. Statt um die Bestimmung einer einzelnen Universalzuständigkeit für die Abwicklung des gesamten Nachlassvermögens geht es hier um die Voraussetzungen, unter denen die Universalität eines Hauptinsolvenzverfahrens ausnahmsweise durchbrochen werden kann.

---

689 MünchKomm-InsO/*Thole*, Art. 2 EuInsVO Rn. 35; *Paulus*, Art. 2 EuInsVO Rn. 33; Pannen/*Riedemann*, Art. 2 EuInsVO Rn. 58 ff.; Kübler/Prütting/Bork/*Kemper*, Art. 2 EuInsVO Rn. 22.

690 Ausdrücklich gegen einen bloßen Vermögensgerichtsstand EuGH, Urteil v. 20.10.2011, Rs. C-396/09 „Interedil Srl", Rn. 62. *Paulus* schlägt als Anhaltspunkt vor, die Auslegung des Niederlassungsbegriffes der EuInsVO zwischen einem Vermögensgerichtsstand ähnlich § 23 ZPO und dem Niederlassungsbegriff nach Art. 5 Nr. 5 Brüssel I-VO (jetzt Art. 7 Nr. 5 Brüssel Ia-VO) zu verorten, *Paulus*, Art. 2 EuInsVO Rn. 29; ebenso Kayser/Thole/*Dornblüth*, Art. 2 EuInsVO Rn. 13.

691 Hierfür plädiert *Mankowski*, ZIP 2011, S. 1504.

An dieser Stelle kommt erneut die Besonderheit des Nachlassinsolvenzverfahrens zum Tragen, dass zwischen dem Zeitpunkt des Todes des Erblassers und dem Zeitpunkt der Beantragung eines Nachlassinsolvenzverfahrens erhebliche Zeitspannen liegen können. Nach der Systematik der Verordnungen ist für die Beurteilung des Bestehens einer Niederlassung nach Art. 3 Abs. 2 Satz 1 EuInsVO/EuInsVO 2017 der Zeitpunkt der Beantragung des Sekundär- oder Partikularinsolvenzverfahrens maßgeblich.[692] Damit kommt es in tatsächlicher Hinsicht stets auf die konkreten Umstände des Nachlasses an. Dies hat zur Folge, dass eine zum Zeitpunkt des Erbfalls bestehende Niederlassung des Erblassers nur dann später noch zuständigkeitsbegründend wirken kann, wenn sie unbeschadet des Todes des Erblassers bis zur Insolvenzantragstellung fortbesteht (bzw. innerhalb der Dreimonatsfrist des Art. 2 Nr. 10 EuInsVO 2017 eingestellt wurde).

Knüpft man an den Erblasser als „Schuldner" an, wird dieser zum maßgeblichen Bezugspunkt für die Prüfung des Niederlassungstatbestandes erhoben. Weil der Erblasser nicht mehr lebt, kann es an dieser Stelle nur noch um die Zurechnung der konkreten Umstände des Nachlasses zum Erblasser gehen. Sie müssen von ihm „herrühren". Hieraus ergibt sich, dass neben dem Fortbestehen einer bereits vorhandenen Niederlassung als zweite mögliche Variante insbesondere der Fall in Betracht kommt, dass eine zum Zeitpunkt seines Todes noch vorhandene Niederlassung bei Insolvenzantragstellung nicht mehr vorhanden ist. So kann etwa der Erbe, ein Nachlasspfleger oder aber auch der Insolvenzverwalter des Hauptinsolvenzverfahrens zwischenzeitlich die vom Erblasser geschlossenen Verträge mit dem Personal aufgelöst oder die Niederlassung insgesamt geschlossen haben, wodurch die Tatbestandsvoraussetzungen der Niederlassung nicht mehr erfüllt werden (sofern auch die Dreimonatsfrist nach Art. 2 Nr. 10 EuInsVO 2017 überschritten wird). Die Eröffnung eines Territorialinsolvenzverfahrens ist dann nicht mehr möglich.

Nimmt man demgegenüber eine Anknüpfung an den Nachlass als „Schuldner" vor, wäre als zusätzliche Variante die Neugründung einer Niederlassung mit Wirkung für den Nachlass denkbar. Dies käme insbesondere dann in Betracht, wenn zum Nachlass ein Einzelunternehmen des Erblassers gehört, das nach

---

692 *Thole* spricht sich hierbei für eine Übertragung der im Rahmen der Bestimmung des COMI nach Art. 3 Abs. 1 Satz 1 EuInsVO/EuInsVO 2017 geltenden Grundsätze der *perpetuatio fori* aus, wonach sich die maßgeblichen Umstände nach der Insolvenzantragstellung nicht mehr ändern können, MünchKomm-InsO/*Thole*, Art. 3 EuInsVO Rn. 54. Eine rechtssichere und vorhersehbare Anknüpfung bei der Niederlassung fordert auch der EuGH, Urteil v. 20.10.2011, Rs. C-396/09 „Interedil Srl", Rn. 63.

dessen Tod durch den Erben (oder eine Amtsperson) fortgeführt wird.[693] Das fortgeführte Unternehmen wird grundsätzlich dem Nachlass und nicht dem Eigenvermögen des Erben zugerechnet, sodass die erzielten Erlöse später in die Insolvenzmasse fallen.[694] Hat im Rahmen einer solchen Unternehmensfortführung die Neugründung einer Niederlassung stattgefunden, spricht nichts dagegen, diese Umstände auch im Rahmen von Art. 3 Abs. 2 Satz 1 EuInsVO/EuInsVO 2017 zu berücksichtigen.

Anders als bei der Bestimmung des Mittelpunktes der hauptsächlichen Interessen nach Art. 3 Abs. 1 Satz 1 EuInsVO/EuInsVO 2017 führt eine Anknüpfung an den Nachlass als „Schuldner" bei Art. 3 Abs. 2 Satz 1 EuInsVO/EuInsVO 2017 nicht zu Rechtsschutzlücken.[695] Eine Sperrwirkung in Bezug auf die internationale Zuständigkeit besteht bei einem Sekundär- oder Partikularinsolvenzverfahren nicht. Durch die Anknüpfung an die tatsächlichen Verhältnisse des Nachlasses wird stattdessen im Fall einer nach dem Tod des Erblassers neu gegründeten Niederlassung des Nachlasses die nach Art. 3 Abs. 2 Satz 1 EuInsVO/EuInsVO 2017 vorgesehene Eröffnung eines Sekundär- oder Partikularinsolvenzverfahren möglich.

Im Sinne der Kohärenz zwischen dem zeitlichen Anknüpfungspunkt für das Vorhandensein einer Niederlassung und dem Nachlass als Bezugsobjekt der Niederlassung ist deshalb im Rahmen von Art. 3 Abs. 2 Satz 1 EuInsVO/EuInsVO 2017 an den Nachlass als „Schuldner" anzuknüpfen.

(3) Beschränkung auf Unternehmernachlässe?

Trotz der vom Verordnungsgeber beabsichtigten Weite des Niederlassungsbegriffes folgt aus der Definition, dass sie sich in erster Linie auf einen gewerblich tätigen Schuldner bezieht. Unter den Begriff der wirtschaftlichen Aktivität des Schuldners werden demnach sämtliche kommerziellen, industriellen und selbständigen Tätigkeiten gefasst.[696]

Würde sich der Niederlassungsbegriff auf eine solche Auslegung beschränken, würde dies dazu führen, dass die Eröffnung eines Sekundär- oder

693 Hierzu K.Schmidt/*K.Schmidt*, Vor § 315 InsO Rn. 15; MünchKomm-BGB/*Küpper*, § 1978 BGB Rn. 7.

694 K.Schmidt/*K.Schmidt*, Vor § 315 InsO Rn. 15.

695 Zu den Rechtsschutzlücken bei einer Anknüpfung an den Nachlass als „Schuldner" im Rahmen von Art. 3 Abs. 1 Satz 1 EuInsVO/EuInsVO 2017 siehe oben Seite 159.

696 MünchKomm-InsO/*Thole*, Art. 2 EuInsVO Rn. 32; K.Schmidt/*Brinkmann*, Art. 2 EuInsVO Rn. 18; MünchKomm-BGB/*Kindler*, Art. 2 EuInsVO Rn. 24; Pannen/*Riedemann*, Art. 2 EuInsVO Rn. 52; *Virgos/Schmit*, Erläuternder Bericht Rn. 71.

Partikularinsolvenzverfahrens in der Insolvenz eines nicht gewerblich tätigen Schuldners von vornherein ausgeschlossen wäre. Dies hätte eine massive Einschränkung der Rechte der (Sicherungs-)Gläubiger zur Folge und würde in einem Nachlassinsolvenzverfahren die Möglichkeit zur Eröffnung von Sekundär- oder Partikularinsolvenzverfahren auf Unternehmernachlässe reduzieren.[697] Bei Privatnachlässen müsste die Eröffnung von Sekundär- und Partikularinsolvenzverfahren dagegen gänzlich ausscheiden.

Ist die Eröffnung eines Hauptinsolvenzverfahrens über das Nachlassvermögen in einem anderen Mitgliedstaat möglich, so können die Gläubiger auf die Teilnahme am Hauptinsolvenzverfahren verwiesen werden und erhalten dort Rechtsschutz. Anders liegt der Fall jedoch, falls die Eröffnung eines Insolvenzverfahrens über das Nachlassvermögen in dem zur Eröffnung eines Hauptinsolvenzverfahrens international zuständigen Mitgliedstaat nicht möglich ist (so etwa für nicht gewerblich tätige Personen in Frankreich, Griechenland oder Polen). Wäre das Partikularinsolvenzverfahren auf Unternehmernachlässe zu beschränken, so träte für die Nachlassgläubiger im Fall eines Privatnachlasses eine Rechtsschutzlücke auf, weil weder in dem einen noch in dem anderen Mitgliedstaat ein Insolvenzverfahren eröffnet werden könnte. Die Gerichte in dem einen Mitgliedstaat wären international zuständig, könnten jedoch nach dem nationalen Recht kein Insolvenzverfahren eröffnen, wogegen die Gerichte des anderen Mitgliedstaates ein Insolvenzverfahren eröffnen könnten, jedoch nicht international zuständig wären. Es bliebe dann nur noch die Möglichkeit, die Nachlassgläubiger auf die Teilnahme an der erbrechtlichen Abwicklung des insolventen Nachlasses in dem hierfür zuständigen Mitgliedstaat oder auf die Einzelzwangsvollstreckung zu verweisen.

Eine Beschränkung des Niederlassungsbegriffes auf gewerblich tätige Schuldner kann der EuInsVO/EuInsVO 2017 jedoch nicht entnommen werden.[698] Schon der Wortlaut der Definition ist derart weit gefasst, dass auch wirtschaftliche Aktivitäten von Privatpersonen darunter fallen können, sofern diese die erforderliche Außenwirkung aufweisen. Maßgeblich sind daher stets die Umstände des

---

697 So aber *Mankowski*, ZIP 2011, S. 1504.

698 Eine Gewinnerzielungsabsicht des Schuldners wird allgemein nicht für erforderlich gehalten, MünchKomm-InsO/*Thole*, Art. 2 EuInsVO Rn. 32; K.Schmidt/*Brinkmann*, Art. 2 EuInsVO Rn. 18; MünchKomm-BGB/*Kindler*, Art. 2 EuInsVO Rn. 24; Pannen/*Riedemann*, Art. 2 EuInsVO Rn. 52; *Carstens*, Internationale Zuständigkeit (2005), S. 74. In diese Richtung auch *Virgos/Schmit*, Erläuternder Bericht Rn. 71, wonach es allein auf das äußere Erscheinungsbild der wirtschaftlichen Aktivität ankommen soll, unabhängig davon, welchen Zweck der Schuldner verfolgt.

Einzelfalles, die jeweils gesondert geprüft werden müssen. Andernfalls könnte der Zweck der Verordnungen, sämtliche Arten von Insolvenzverfahren zu erfassen, unabhängig davon, ob der Schuldner Gewerbetreibender oder Privatperson ist, nicht erreicht werden.[699]

Für diese Sichtweise spricht auch, dass der Verordnungsgeber durch die Definition der Niederlassung lediglich diejenigen Umstände festlegen wollte, unter denen die Durchbrechung der Universalität des Hauptinsolvenzverfahrens gerechtfertigt sein soll. Diese Problematik tritt aber bei Gewerbetreibenden und Privatpersonen gleichermaßen auf, sofern schuldnerisches Vermögen in unterschiedlichen Mitgliedstaaten belegen ist und dort Personal beschäftigt wird.

(4) Anordnung einer Nachlassverwaltung als Niederlassung?

In einem Nachlassinsolvenzverfahren kann sich darüber hinaus die Frage stellen, ob die Anordnung einer Nachlassverwaltung eine Niederlassung im Sinne der Verordnungen begründet, da der Nachlassverwalter im Rechtsverkehr für den Nachlass handelt und wirtschaftlich aktiv wird.

Problematisch ist hierbei, dass es sich bei einem gerichtlich bestellten Nachlassverwalter schon nach dem Wortlaut nicht um Personal des Nachlasses im Sinne von Art. 2 lit. h) EuInsVO (Art. 2 Nr. 10 EuInsVO 2017) handelt. Statt vom Schuldner erhält der Nachlassverwalter die Verwaltungs- und Verfügungsbefugnis über das Nachlassvermögen vom anordnenden Gericht. Damit fehlt es aber am notwendigen Bezug zum Willen des Schuldners, wirtschaftlich aktiv zu werden. Der Nachlassverwalter tritt im Rechtsverkehr nicht neben den Schuldner, sondern an seine Stelle. Auch aus Sicht eines objektiven Dritten handelt es sich bei einem Nachlassverwalter weder um einen Arbeitnehmer noch um einen Beauftragten des Nachlasses.

Für die Annahme einer Niederlassung nach Art. 2 lit. h) EuInsVO (Art. 2 Nr. 10 EuInsVO 2017) ist dies nicht ausreichend. Die Anordnung einer Nachlassverwaltung begründet deshalb keine Niederlassung des Nachlasses.

b) Das Nachlassinsolvenzverfahren als Sekundärinsolvenzverfahren

Wurde in einem anderen Mitgliedstaat bereits ein Hauptinsolvenzverfahren über das Vermögen eines Nachlasses eröffnet, so kann in Deutschland ein Nachlassinsolvenzverfahren nur noch als Sekundärinsolvenzverfahren eröffnet werden,

699 Vgl. Erwägungsgrund 9 Satz 1 EuInsVO/EuInsVO 2017.

Art. 3 Abs. 3 Satz 1 EuInsVO/EuInsVO 2017.[700] Die Wirkungen des Nachlassinsolvenzverfahrens haben sich dann gemäß Art. 27 Satz 3 EuInsVO (Art. 34 Satz 3 EuInsVO 2017) auf das in Deutschland belegene Vermögen zu beschränken.

Im Rahmen der EuInsVO muss es sich bei dem Sekundär-Nachlassinsolvenzverfahren gemäß Art. 3 Abs. 3 Satz 2, 27 Satz 2 EuInsVO um ein Liquidationsverfahren nach Anhang B der EuInsVO handeln. Mit der EuInsVO 2017 ist das Sekundärinsolvenzverfahren grundlegend umgestaltet worden. Es ist nicht mehr erforderlich, dass das Sekundärinsolvenzverfahren ein Liquidationsverfahren ist.[701] Die Art. 36 ff. EuInsVO 2017 sehen stattdessen neue Möglichkeiten einer Koordinierung zwischen Sekundärinsolvenzverfahren und Hauptinsolvenzverfahren vor, um beide Verfahren besser aufeinander abstimmen zu können.[702]

Eine weitere Besonderheit des Sekundärinsolvenzverfahrens ist, dass im Rahmen der EuInsVO das Vorliegen eines Insolvenzgrundes (vgl. § 320 InsO) nicht mehr geprüft werden darf, Art. 27 Satz 1 EuInsVO. Die Eröffnung eines Nachlassinsolvenzverfahrens als Hauptinsolvenzverfahren in einem anderen Mitgliedstaat stellt insoweit einen nach Art. 16 Abs. 1 EuInsVO anerkennungspflichtigen Umstand dar. Dies gilt im Rahmen der EuInsVO 2017 nicht mehr uneingeschränkt: nach Art. 34 Satz 2 EuInsVO 2017 wird der Insolvenzgrund nur dann nicht mehr geprüft, wenn die Insolvenz des Schuldners Voraussetzung für die Eröffnung des Hauptinsolvenzverfahrens war.[703]

(1) Vorrangiges Hauptinsolvenzverfahren

Diejenigen Insolvenzverfahren, die als vorrangige Hauptinsolvenzverfahren über einen Nachlass in Betracht kommen, sind ausschließlich dem Anhang A der EuInsVO/EuInsVO 2017 zu entnehmen, denn nur im Hinblick auf diese Verfahren ist die Eröffnung eines Hauptinsolvenzverfahrens nach Art. 3 Abs. 1 Satz 1 EuInsVO/EuInsVO 2017 möglich.[704]

---

700 Kayser/Thole/*Marotzke*, § 315 InsO Rn. 11; K.Schmidt/*K.Schmidt*, § 315 InsO Rn. 5; *Mankowski*, ZIP 2011, S. 1504; *Birk*, FS Pazdan (2005), S. 48.

701 Hierzu K.Schmidt/*Brinkmann*, Vor EuInsVO Rn. 13.

702 Hierdurch soll insbesondere vermieden werden können, dass das Sekundärinsolvenzverfahren die effektive Verwaltung der Insolvenzmasse des Hauptinsolvenzverfahrens behindert, siehe Erwägungsgrund 41 EuInsVO 2017. Zur Reform siehe K.Schmidt/*Brinkmann*, Vor EuInsVO Rn. 13.

703 Diese Einschränkung erklärt sich aus der Öffnung der EuInsVO 2017 auch für insolvenznahe Verfahren, die keine materielle Insolvenz des Schuldners voraussetzen, hierzu MünchKomm-InsO/*Reinhart*, Art. 34 EuInsVO 2017 Rn. 4.

704 Allgemein MünchKomm-BGB/*Kindler*, Art. 27 EuInsVO Rn. 10; MünchKomm-InsO/*Reinhart*, Art. 27 EuInsVO Rn. 12; Pannen/*Herchen*, Art. 27 EuInsVO Rn. 19.

Handelt es sich bei einem zuvor im Ausland eröffneten Verfahren um ein Nachlassabwicklungsverfahren, das nicht im Anhang A EuInsVO/EuInsVO 2017 aufgeführt ist (etwa das französische Verfahren der Annahme der Erbschaft bis zur Höhe der Nettoaktiva), kann in Deutschland ein Sekundärinsolvenzverfahren nicht eröffnet werden. Stattdessen kommt die Eröffnung eines Partikularinsolvenzverfahrens in Betracht.[705]

Marotzke hat die Frage aufgeworfen, wie zu verfahren ist, wenn in einem anderen Mitgliedstaat bereits ein Hauptinsolvenzverfahren über das Vermögen des Erben eröffnet worden ist.[706] Kann in diesem Fall über den Nachlass in Deutschland nur noch ein Sekundärinsolvenzverfahren eröffnet werden, weil das Hauptinsolvenzverfahren über das Erbenvermögen eine Sperrwirkung herbeiführt? Richtigerweise wird man dies verneinen müssen, weil sich das hiesige Nachlassinsolvenzverfahren nach dem Verständnis des deutschen Insolvenzrechts auf eine andere Vermögensmasse bezieht, nämlich auf den Nachlass und nicht auf das Eigenvermögen des Erben.[707] Hinsichtlich des Nachlasses tritt durch das Hauptinsolvenzverfahren über das Eigenvermögen des Erben keine Sperrwirkung ein.[708] In Deutschland bliebe demnach auch im Fall einer zeitlich vorausgehenden ausländischen Erbeninsolvenz die Eröffnung eines Hauptinsolvenzverfahrens über den Nachlass möglich, sofern der Erblasser hier den Mittelpunkt seiner hauptsächlichen Interessen hatte.[709] Eine hiervon zu unterscheidende Frage ist allerdings, welche praktischen Auswirkungen das zeitlich vorausgehende ausländische Erbeninsolvenzverfahren auf ein deutsches Nachlassinsolvenzverfahren hat, wenn das ausländische Insolvenzverfahren im

705 Siehe dazu unten Seite 174. Dies gilt natürlich nur, sofern sich in Deutschland eine Niederlassung und nicht der Mittelpunkt der hauptsächlichen Interessen des Erblassers befindet. Ansonsten kann in Deutschland nur ein Hauptinsolvenzverfahren eröffnet werden.

706 Kayser/Thole/*Marotzke*, § 315 InsO Rn. 12.

707 Nach § 331 Abs. 1 InsO wird ausdrücklich unterschieden zwischen der Nachlassinsolvenz und der Eigeninsolvenz des Erben, die auch gleichzeitig auftreten können („Doppelinsolvenz"), hierzu K.Schmidt/*K.Schmidt*; § 331 InsO Rn. 1.

708 Ebenso Kayser/Thole/*Marotzke*, § 315 InsO Rn. 12.

709 Eine Anwendung des § 331 Abs. 1 InsO, wonach die Nachlassgläubiger im Insolvenzverfahren über das Erbenvermögen nur die Stellung von Absonderungsberechtigten haben, damit ihnen keine übermäßige Befriedigung zukommt, muss allerdings ausscheiden, weil das Insolvenzverfahren über das Erbenvermögen nicht nach deutschem Recht abgewickelt wird. Eine Lösung dieser Problematik hat daher durch das dortige Insolvenzrecht zu erfolgen.

Inland anerkannt wird.[710] Erstreckt sich der Insolvenzbeschlag des ausländischen Erbeninsolvenzverfahrens auch auf das gesamte Nachlassvermögen, etwa weil der Erbe die Erbschaft bereits angenommen hat, so muss diese insolvenzrechtliche Wirkung im Inland anerkannt werden. Einem nachfolgenden Nachlassinsolvenzverfahren in Deutschland wäre dann die Insolvenzmasse entzogen. Dies folgt aus dem Prioritätsprinzip nach Art. 16 Abs. 1 EuInsVO (Art. 19 Abs. 1 EuInsVO 2017). Dieses Ergebnis ist richtig, denn es besteht keine Notwendigkeit, den Vorranganspruch des Hauptinsolvenzverfahrens einzuschränken. Die Nachlassgläubiger wären dann gezwungen, am Erbeninsolvenzverfahren teilzunehmen und ihre Forderungen dort anzumelden.

(2) Antragsbefugnis und -frist im Sekundär-Nachlassinsolvenzverfahren

Die Antragsberechtigung für ein Sekundär-Nachlassinsolvenzverfahren kommt gemäß Art. 29 lit. a) und b) EuInsVO (Art. 37 Abs. 1 lit. a) und b) EuInsVO 2017) neben dem Insolvenzverwalter des ausländischen Hauptinsolvenzverfahrens auch jeder anderen Person zu, die nach dem nationalen Recht antragsberechtigt ist. In Deutschland findet damit § 317 Abs. 1 InsO Anwendung, wonach neben den Nachlassgläubigern auch der Erbe sowie ein Nachlassverwalter, Nachlasspfleger oder ein Testamentsvollstrecker mit Verwaltungsbefugnis antragsberechtigt ist.

Allerdings wird Art. 29 lit. b) EuInsVO (Art. 37 Abs. 1 lit. b) EuInsVO 2017) als bloße Kollisionsnorm angesehen, sodass mit dem Verweis auf die Antrags*berechtigung* nationalen Rechts nichts ausgesagt ist über die tatsächliche Antrags*befugnis* der jeweiligen Person.[711] Diese ist im Zusammenhang mit Art. 16 Abs. 1 und Art. 17 Abs. 1 EuInsVO (Art. 19 Abs. 1 und Art. 20 Abs. 1 EuInsVO 2017) zu lesen, sodass aufgrund der Pflicht zur automatischen Anerkennung der Wirkungen des eröffneten Hauptinsolvenzverfahrens dem Schuldner regelmäßig die erforderliche Verwaltungs- und Verfügungsbefugnis fehlt. Damit scheidet ein Eigenantrag des Schuldners auf Eröffnung eines Sekundärinsolvenzverfahrens grundsätzlich aus.[712]

---

710 Zur Anerkennung näher unten Seite 217.

711 MünchKomm-BGB/*Kindler*, Art. 29 EuInsVO Rn. 10; Leonhardt/Smid/Zeuner/*Smid*, Art. 29 EuInsVO Rn. 9; *Paulus*, Art. 29 EuInsVO Rn. 6 f.; Pannen/*Herchen*, Art. 29 EuInsVO Rn. 22; MünchKomm-InsO/*Reinhart*, Art. 29 EuInsVO Rn. 9; Duursma-Kepplinger/*Duursma-Kepplinger/Chalupsky*, Art. 29 EuInsVO Rn. 5; Rauscher/*Mäsch*, Art. 29 EG-InsVO Rn. 5; für einen generellen Ausschluss der Antragsberechtigung des Schuldners dagegen *Dawe*, Der Sonderkonkurs (2005), S. 151 ff.

712 MünchKomm-InsO/*Reinhart*, Art. 29 EuInsVO Rn. 9; K.Schmidt/*Brinkmann*, Art. 29 EuInsVO Rn. 6; MünchKomm-BGB/*Kindler*, Art. 29 EuInsVO Rn. 12. Anders dagegen

Für ein Sekundär-Nachlassinsolvenzverfahren hieße das, dass aus dem Kreise der in § 317 Abs. 1 InsO genannten Personen nur den Nachlassgläubigern noch eine Antragsbefugnis zukäme, weil den übrigen Genannten aufgrund des grenzüberschreitenden Insolvenzbeschlages regelmäßig keine Handlungsbefugnis für die Insolvenzmasse mehr zustünde.[713] Für eine solche Auslegung von Art. 29 lit. b) EuInsVO (Art. 37 Abs. 1 lit. b) EuInsVO 2017) wird zu Recht angeführt, dass es der Schuldner (also der Erbe) nicht in der Hand haben soll, die Masse des Hauptinsolvenzverfahrens durch zusätzliche Insolvenzanträge zu verkürzen.[714]

Gegen dieses Verständnis der Norm wird vorgebracht, dass Art. 29 lit. b) EuInsVO (Art. 37 Abs. 1 lit. b) EuInsVO 2017) leerliefe, wenn man den hiernach grundsätzlich berechtigten Personen das Antragsrecht aufgrund der Wirkungen des Hauptinsolvenzverfahrens wieder abspreche.[715] Diese Ansicht verkennt jedoch, dass Art. 29 lit. b) EuInsVO (Art. 37 Abs. 1 lit. b) EuInsVO 2017) anders als Art. 29 lit. a) EuInsVO (Art. 37 Abs. 1 lit. a) EuInsVO 2017) gerade kein materiellrechtlicher Gehalt zukommt, sodass ein „Leerlaufen" nicht eintreten kann.[716] Es kommt damit allein auf das nationale Recht an.

In einem Nachlassinsolvenzverfahren sind die Interessen der Beteiligten insoweit anders gelagert, als die Berechtigung zur Antragstellung eng mit der Geltendmachung bevorrechtigter eigener Ansprüche gegen den Nachlass verknüpft ist. Einem Nachlassverwalter, Nachlasspfleger oder Testamentsvollstrecker wird (wie auch dem Erben) durch die Eröffnung des Hauptinsolvenzverfahrens die Verwaltungs- und Verfügungsbefugnis über den Nachlass vollständig entzogen, sodass die Beantragung eines Sekundärinsolvenzverfahrens nur noch der bevorzugten Geltendmachung eigener Ansprüche gegen den Nachlass dienen könnte.

AG Köln, Beschl. v. 23.1.2004, 71 IN 1/04, NZI 2004, S. 153; *Liersch*, NZI 2004, S. 272; Uhlenbruck/*Lüer*, Art. 29 EuInsVO Rn. 3; einschränkend Haß/Huber/Gruber/Heiderhoff/*Heiderhoff*, Art. 29 EuInsVO Rn. 4; Nerlich/Römermann/*Commandeur*, Art. 29 EuInsVO Rn. 8.

713 Im Ergebnis wohl auch Kayser/Thole/*Marotzke*, § 317 InsO Rn. 24.

714 MünchKomm-BGB/*Kindler*, Art. 29 EuInsVO Rn. 12; K.Schmidt/*Brinkmann*, Art. 29 EuInsVO Rn. 6; MünchKomm-InsO/*Reinhart*, Art. 29 EuInsVO Rn. 9; Kübler/Prütting/Bork/*Kemper*, Art. 29 EuInsVO Rn. 6; Kayser/Thole/*Schultz*, Art. 29 EuInsVO Rn. 5.

715 AG Köln, Beschl. v. 23.1.2004, 71 IN 1/04, NZI 2004, S. 153.

716 MünchKomm-InsO/*Reinhart*, Art. 29 EuInsVO Rn. 9; Pannen/*Herchen*, Art. 29 EuInsVO Rn. 24.

Der Vorteil der Geltendmachung dieser Ansprüche liegt auf der Hand, weil sie hier zumeist Masseverbindlichkeiten darstellen werden.[717]

Jedoch spricht nichts dagegen, denjenigen Personen, die keine Verfügungsbefugnis über das Nachlassvermögen mehr innehaben, zur Sicherung ihrer eigenen Ansprüche gegen den Nachlass ein Antragsrecht in ihrer Eigenschaft als Nachlassgläubiger zuzusprechen.[718] Die Eigenschaft als Nachlassgläubiger wird durch die Eröffnung des Hauptinsolvenzverfahrens nicht eingeschränkt, sofern der vermögensrechtliche Anspruch gegen den Nachlass zum Zeitpunkt der Insolvenzeröffnung bereits bestand.[719] In diesem Zusammenhang kommt ihnen die gleiche Schutzwürdigkeit zu, wie sie auch anderen Nachlassgläubigern zugestanden wird. Durch die Erweiterung der Masseverbindlichkeiten im Nachlassinsolvenzverfahren wird das Interesse an der Eröffnung eines Sekundärinsolvenzverfahrens zudem besonders groß sein.

Zusammenfassend lässt sich damit sagen, dass zwar regelmäßig eine Beschränkung der Antragsbefugnis der in § 317 Abs. 1 InsO genannten Personen mit Ausnahme der Nachlassgläubiger eintreten wird. Diese Personen bleiben aber nicht schutzlos, weil ihnen gegebenenfalls noch eine Antragsbefugnis in ihrer Eigenschaft als Nachlassgläubiger zukommen kann.

Marotzke hält darüber hinaus die Beschränkung der Antragsfrist für Nachlassgläubiger nach § 319 InsO auf zwei Jahre ab der Annahme der Erbschaft für unanwendbar im Sekundärverfahren, weil sie nicht auf diese Konstellation zugeschnitten sei.[720] Nach Sinn und Zweck der Norm ist dies richtig, weil die Eröffnung des Hauptinsolvenzverfahrens bereits eine Trennung des Nachlassvermögens vom Eigenvermögen des Erben herbeigeführt hat und sich der Normzweck, die zunehmenden Schwierigkeiten dieser Trennung infolge Zeitablaufs zu vermeiden, damit erschöpft.[721]

---

717 Siehe § 324 Abs. 1 Nr. 1 und Nr. 4 InsO, wonach die Aufwendungsersatzansprüche des Erben wie auch die Kosten der Nachlasssicherung und der Nachlasspflegschaft Masseverbindlichkeiten sind.

718 Unter die Nachlassverbindlichkeiten nach § 1967 Abs. 2 BGB fallen auch die Kosten der Verwaltung und Pflegschaft des Nachlasses sowie der Testamentsvollstreckung, MünchKomm-BGB/*Küpper*, § 1967 BGB Rn. 12 m.w.N.

719 Dies übersieht Kayser/Thole/*Marotzke*, § 317 InsO Rn. 23.

720 Kayser/Thole/*Marotzke*, § 319 InsO Rn. 2; ebenso K.Schmidt/*K.Schmidt*, § 319 InsO Rn. 1.

721 Siehe zum Normzweck von § 319 InsO ausführlich unten Seite 190.

c) *Die Eröffnung eines Nachlassinsolvenzverfahrens als Partikularinsolvenzverfahren*

Ein territorial beschränktes Parallelverfahren kann auch vor der Eröffnung eines Hauptinsolvenzverfahrens und unabhängig hiervon eröffnet werden. Letzteres ist insbesondere dann der Fall, wenn ein Hauptinsolvenzverfahren nach den Vorschriften des Mitgliedstaates, in dem sich der Mittelpunkt der hauptsächlichen Interessen des Erblassers befindet, gar nicht eröffnet werden kann. Diese Konstellation tritt im Nachlassinsolvenzverfahren besonders häufig auf, weil nicht alle EU-Mitgliedstaaten ein förmliches Insolvenzverfahren für die Nachlassabwicklung vorsehen. Der Verordnungsgeber hat für diese auch bei Privatinsolvenzen auftretende Situation die Eröffnung eines Partikularinsolvenzverfahrens ohne weitere Beschränkungen zugelassen (Art. 3 Abs. 4 lit. a) EuInsVO/EuInsVO 2017). Das Erfordernis des Vorhandenseins einer Niederlassung in dem betreffenden Mitgliedstaat wurde jedoch nicht gelockert, sodass eine Niederlassung des Nachlasses auch hier zwingende Voraussetzung für die Eröffnung eines Partikularinsolvenzverfahrens ist.[722]

(1) Sperrwirkung der EuInsVO/EuInsVO 2017 bei fehlender Niederlassung

Ist eine Niederlassung im Sinne der Verordnungen nicht vorhanden, kann ein Partikularinsolvenzverfahren mangels internationaler Zuständigkeit nicht eröffnet werden. Die EuInsVO/EuInsVO 2017 entfalten in diesem Fall eine (gewollte) Sperrwirkung, auch wenn hierdurch die Möglichkeit der Eröffnung eines Insolvenzverfahrens gänzlich ausgeschlossen wird. Die Gläubiger können ihre Rechte dann nur noch im Wege der Einzelzwangsvollstreckung gegenüber dem Schuldner durchsetzen.[723] Für Nachlassgläubiger gilt dies gleichermaßen. Je nach anwendbarem Erbrecht kann es dann sein, dass zur Geltendmachung eigener Ansprüche nur die Teilnahme an dem erbrechtlichen Abwicklungsverfahren in dem betreffenden Mitgliedstaat bleibt.

Kommt am Ort der Vermögensbelegenheit des Nachlasses das heimische Erbrecht zur Anwendung, bewirkt diese spezifisch insolvenzverfahrensrechtliche Sperrwirkung auf der anderen Seite eine Aufwertung eines stattdessen anwendbaren erbrechtlichen Abwicklungsverfahrens. Dessen Wirksamkeit wird durch eine Insolvenzeröffnung in einem anderen Mitgliedstaat nicht beeinträchtigt.

---

722 Allgemein MünchKomm-InsO/*Thole*, Art. 3 EuInsVO Rn. 82; K.Schmidt/*Brinkmann*, Art. 3 EuInsVO Rn. 27; Uhlenbruck/*Lüer*, Art. 3 EuInsVO Rn. 49; *Virgos/Schmit*, Erläuternder Bericht Rn. 30.

723 *Virgos/Schmit*, Erläuternder Bericht, aaO.

Das Nachlassvermögen, das sonst in die Insolvenzmasse gefallen wäre, steht nun für die erbrechtliche Abwicklung zur Verfügung. Diese verfahrensrechtliche Balance besteht freilich nur solange, wie eine Niederlassung des Nachlasses nicht vorhanden ist und somit auch keine anerkennungspflichtige Partikular-Insolvenzeröffnung das erbrechtliche Abwicklungssystem überlagern kann.[724]

(2) Mittelpunkt der hauptsächlichen Interessen des Erblassers in einem Mitgliedstaat

Neben dem Vorhandensein einer örtlichen Niederlassung ist zwingende Voraussetzung für die Eröffnung eines hiesigen Partikular-Nachlassinsolvenzverfahrens, dass sich der Mittelpunkt der hauptsächlichen Interessen des Schuldners (also des Erblassers) in einem anderen Mitgliedstaat der Europäischen Union befindet, weil die Verordnungen andernfalls gar keine Anwendung finden.[725]

(3) Zusätzliche Eröffnungsvoraussetzungen

Die Eröffnung eines Partikularinsolvenzverfahrens stellt nach der Systematik der EuInsVO/EuInsVO 2017 eine Ausnahme dar, weil sie die grundsätzlich unionsweite Wirkung des vorrangigen Hauptinsolvenzverfahrens noch vor dessen Eröffnung durchbricht. Ist die Eröffnung eines Hauptinsolvenzverfahrens rechtlich möglich, so kann die vorherige Eröffnung eines Partikularinsolvenzverfahrens dessen Effektivitätsanspruch als umfassendes unionsweites Insolvenzverfahren beeinträchtigen. Nach dem Willen des Verordnungsgebers soll die Eröffnung eines Partikularinsolvenzverfahrens vor der Eröffnung eines Hauptinsolvenzverfahrens „auf das unumgängliche Maß“ beschränkt werden.[726] Nach Eröffnung des Hauptinsolvenzverfahrens ist das Partikularinsolvenzverfahren, das nun zu einem Sekundärinsolvenzverfahren wird, mit diesem zu koordinieren, Art. 36 EuInsVO (Art. 50 EuInsVO 2017).[727]

---

724 Kritisch hierzu *Dawe*, der das unabhängige Partikularinsolvenzverfahren insgesamt als einen zu weit gehenden Eingriff in die mitgliedstaatliche Souveränität ansieht und insoweit im Hinblick auf das Niederlassungserfordernis von einer „Bremse (…) gegen unabhängige Partikularverfahren“ spricht, *Dawe*, Der Sonderkonkurs (2005), S. 203.

725 Erwägungsgrund 14 EuInsVO und Erwägungsgrund 25 EuInsVO 2017; ebenso *Virgos/Schmit*, Erläuternder Bericht Rn. 82.

726 So ausdrücklich Erwägungsgrund 17 Satz 2 EuInsVO und Erwägungsgrund 37 Satz 2 EuInsVO 2017.

727 Dies gilt insbesondere im Hinblick auf eine gegenseitige Unterrichtungspflicht und die Pflicht zur Herausgabe eines eventuellen Überschusses im Partikularinsolvenzverfahren an den Insolvenzverwalter des Hauptinsolvenzverfahrens, dazu MünchKomm-InsO/*Reinhart*, Art. 36 EuInsVO Rn. 4 ff.

Ist die Eröffnung eines Hauptinsolvenzverfahrens noch möglich, so wird die Befugnis zur Beantragung eines Partikularinsolvenzverfahrens deshalb erheblich eingeschränkt, Art. 3 Abs. 4 lit. b) EuInsVO/EuInsVO 2017.

Eine gänzlich andere Situation ergibt sich, wenn die Eröffnung eines Hauptinsolvenzverfahrens nach dem Recht des international zuständigen Mitgliedstaates nicht möglich ist. In diesem Fall kann die Eröffnung eines Partikularinsolvenzverfahrens die Wirkungen eines späteren Hauptinsolvenzverfahrens nicht beeinträchtigen. Vielmehr ist das Partikularinsolvenzverfahren die einzige Möglichkeit, überhaupt eine Gesamtvollstreckung in das Nachlassvermögen zu gewährleisten.

(4) Eröffnung eines Hauptinsolvenzverfahrens ist noch möglich

Ob die Eröffnung eines Hauptinsolvenzverfahrens über das Nachlassvermögen zulässig ist, entscheidet sich nach dem Recht des Mitgliedstaates, in dem sich der Mittelpunkt der hauptsächlichen Interessen des Erblassers befindet, Art. 3 Abs. 1 Satz 1 EuInsVO/EuInsVO 2017. In Betracht kommen wiederum nur diejenigen Insolvenzverfahren, die im Anhang A der EuInsVO/EuInsVO 2017 aufgeführt sind, ansonsten handelt es sich nicht um ein Insolvenzverfahren im Sinne der Verordnungen und es kommen stattdessen die Vorschriften über die Eröffnung eines unabhängigen Partikularinsolvenzverfahrens zur Anwendung.[728]

(a) Antragsbefugnis

Ist die Eröffnung eines Hauptinsolvenzverfahrens noch möglich, erlauben die Verordnungen die vorherige Beantragung eines Partikularinsolvenzverfahrens nur unter strengen Voraussetzungen. Diese Voraussetzungen werden vom *EuGH* eng ausgelegt.[729]

Im Rahmen der EuInsVO gilt nach Art. 3 Abs. 4 lit. b) EuInsVO, dass der beantragende Gläubiger entweder seinen Wohnsitz, seinen gewöhnlichen Aufenthalt oder seinen Sitz in dem Mitgliedstaat haben muss, in dem sich die Niederlassung des Nachlasses befindet, oder der Gläubiger Inhaber einer Forderung ist, die aus dem Betrieb eben dieser Niederlassung resultiert.

In der EuInsVO 2017 sind diese Beschränkungen leicht modifiziert worden: nach Art. 3 Abs. 4 lit. b) Ziff. i) EuInsVO 2017 muss sich die Forderung des Gläubigers aus dem Betrieb der Niederlassung ergeben oder damit im Zusammenhang stehen. Dies entspricht inhaltlich der bisherigen Regelung.[730] Neu

---

728 Hierzu unten Seite 179.

729 EuGH, Urteil v. 17.11.2011, Rs. C-112/10, „Zaza Retail", Rn. 29.

730 MünchKomm-InsO/*Thole*, Art. 3 EuInsVO 2017 Rn. 14.

eingeführt wurde dagegen in Art. 3 Abs. 4 lit. b) Ziff. ii) EuInsVO 2017 das Recht einer Behörde, die Eröffnung eines Partikularinsolvenzverfahrens zu beantragen, wenn die Behörde nach dem Recht des Mitgliedstaats der Niederlassung zur Insolvenzantragstellung berechtigt ist.[731]

Durch diese Voraussetzungen wird der von den Verordnungen bezweckte Schutz der lokalen Gläubigerinteressen ermöglicht und zugleich das Rechtsschutzbedürfnis des jeweiligen Gläubigers konkretisiert.[732] Aufgrund der strengen Anforderungen bleibt aber auch das spätere Hauptinsolvenzverfahren vor übermäßigen Schmälerungen im Vorfeld verschont.

Für das Nachlassinsolvenzverfahren bedeutet dies, dass aus dem Kreis der in § 317 Abs. 1 InsO Genannten lediglich den Nachlassgläubigern ein Antragsrecht zukommt, wenn sie die zusätzlichen Eröffnungsvoraussetzungen erfüllen.[733] Im Hinblick auf die übrigen dort genannten Personen wird § 317 Abs. 1 InsO durch Art. 3 Abs. 4 lit. b) EuInsVO/EuInsVO 2017 überlagert, sodass die Vorschrift insoweit nicht zur Anwendung gelangen kann. Jedoch erscheint es nicht ausgeschlossen, dass etwa ein Nachlasspfleger oder Nachlassverwalter im Rahmen der Durchsetzung des Vergütungsanspruches für die erbrachte Tätigkeit zugleich auch als Nachlassgläubiger angesehen werden kann, sodass ein Antragsrecht zumindest in dieser Konstellation besteht.[734] Andernfalls scheidet ein Insolvenzantragsrecht mangels Gläubigereigenschaft aus. Im Übrigen werden die Vergütungsansprüche eines Nachlassverwalters, Nachlasspflegers oder Testamentsvollstreckers regelmäßig auch die erforderliche Betriebsbezogenheit zur Niederlassung gemäß Art. 3 Abs. 4 lit. b) EuInsVO (Art. 3 Abs. 4 lit. b) Ziff. i) EuInsVO 2017) aufweisen, sofern das Vermögen der Niederlassung zum Wirkungskreis der jeweiligen Person gehört.

---

731 Diese Neuerung geht auf ein Urteil des *EuGH* zurück, mit dem dieser dem belgischen „Procureur des Konings“ im Rahmen der EuInsVO das Recht zur Beantragung eines Partikularinsolvenzverfahrens versagt hat, EuGH, Urteil v. 17.11.2011, Rs. C-112/10, „Zaza Retail“, Rn. 32. Hierzu MünchKomm-InsO/*Thole*, Art. 3 EuInsVO 2017 Rn. 14.

732 MünchKomm-InsO/*Reinhart*, Art. 3 EuInsVO Rn. 92; Kübler/Prütting/Bork/*Kemper*, Art. 3 EuInsVO Rn. 40; Duursma-Kepplinger/*Duursma-Kepplinger*, Art. 3 EuInsVO Rn. 93; *Virgos/Schmit*, Erläuternder Bericht Rn. 84.

733 Ebenso Kayser/Thole/*Marotzke*, § 317 InsO Rn. 23.

734 Der Vergütungsanspruch des Nachlasspflegers wird zwar vom Gericht festgesetzt, fällt allerdings dem Erben zur Last, der wiederum die Mittel des Nachlasses heranzuziehen hat (§§ 1960, 1915 Abs. 1, 1835 Abs. 1 Satz 1, 1836 BGB). Er ist Nachlassverbindlichkeit, Bamberger/Roth/*Siegmann/Höger*, § 1960 BGB Rn. 22; Staudinger/*Marotzke*, § 1960 BGB Rn. 37. Für die Vergütung des Nachlassverwalters gemäß § 1987 BGB haftet dagegen ausschließlich der Nachlass, Staudinger/*Marotzke*, § 1987 BGB Rn. 18.

In Bezug auf den Erben ist in diesem Fall anders als im Sekundärinsolvenzverfahren bislang weder ein Verlust der Verfügungsbefugnis über das Nachlassvermögen eingetreten, noch wurden Konfusion und Konsolidation nach § 1976 BGB aufgehoben, sodass der Erbe kein Nachlassgläubiger ist.[735] Wurde dagegen bereits eine Nachlassverwaltung angeordnet, so steht der Erbe dem Nachlass seitdem wie ein Dritter gegenüber und es können ihm Aufwendungsersatzansprüche gegen den Nachlass nach § 1978 Abs. 3 BGB zustehen, sodass der Erbe aufgrund dessen Nachlassgläubiger sein kann.

(b) Insolvenzgrund

Anders als beim Sekundärinsolvenzverfahren muss im Verfahren zur Eröffnung eines Partikularinsolvenzverfahrens der Insolvenzgrund geprüft werden, weil ein anerkennungsfähiges Hauptverfahren noch nicht besteht.[736] Gemäß Art. 4 Abs. 1 EuInsVO (Art. 7 Abs. 1 EuInsVO 2017) findet die *lex fori concursus* Anwendung, weshalb im Nachlassinsolvenzverfahren § 320 InsO einschlägig ist. In der Literatur wird insoweit hinsichtlich der Prüfung der Eröffnungsgründe differenziert: Die Prüfung der Zahlungsunfähigkeit des Schuldners (in diesem Fall des Nachlasses) soll sich auf das im Mitgliedstaat der Niederlassung vorhandene Vermögen beschränken, wogegen in die Überschuldungsbilanz grundsätzlich auch sämtliche im Ausland belegene Vermögenswerte mit einzubeziehen sein sollen.[737] Diese Auslegung spaltet die Prüfung des Insolvenzgrundes zugunsten einer lediglich territorial zu bestimmenden Aktivainsuffizienz im Fall der Zahlungsunfähigkeit, da nur diese Vermögenswerte auch Gegenstand des Partikularinsolvenzverfahrens sein können. Dies bringt erhebliche Beweiserleichterungen für den antragstellenden Gläubiger mit sich.[738]

---

735 Dies ist im Sekundärinsolvenzverfahren anders, siehe hierzu oben Seite 171.

736 MünchKomm-BGB/*Kindler*, Art. 3 EuInsVO Rn. 74; Haß/Huber/Gruber/Heiderhoff/*Haß/Herweg*, Art. 3 EuInsVO Rn. 53; MünchKomm-InsO/*Thole*, Art. 3 EuInsVO Rn. 96; Nerlich/Römermann/*Nerlich*, Art. 3 EuInsVO Rn. 86.

737 Die Überschuldung könne nur einheitlich beurteilt werden, hierzu näher MünchKomm-BGB/*Kindler*, Art. 3 EuInsVO Rn. 75 ff.; Kübler/Prütting/Bork/*Kemper*, Art. 3 EuInsVO Rn. 46 f.; Pannen/*Pannen*, Art. 3 EuInsVO Rn. 133; Kayser/Thole/*Dornblüth*, Art. 3 EuInsVO Rn. 32; *Paulus*, Art. 3 EuInsVO Rn. 65 f. Für eine territoriale Betrachtung auch bei der Überschuldungsprüfung hingegen MünchKomm-InsO/*Thole*, Art. 3 EuInsVO Rn. 96. Gegen territoriale Beschränkungen insgesamt K.Schmidt/*Brinkmann*, Art. 3 EuInsVO Rn. 31.

738 MünchKomm-BGB/*Kindler*, Art. 3 EuInsVO Rn. 76.

(5) Das unabhängige Partikularinsolvenzverfahren

Ist die Eröffnung eines Insolvenzverfahrens über das Nachlassvermögen nach dem Recht des Mitgliedstaates, in dem sich der Mittelpunkt der hauptsächlichen Interessen des Erblassers befindet, nicht möglich, so erlaubt Art. 3 Abs. 4 lit. a) EuInsVO/EuInsVO 2017 die Eröffnung eines Partikular-Nachlassinsolvenzverfahrens ohne weitere Beschränkungen im Hinblick auf die Antragsbefugnis. Für eine Koordination mit einem Hauptinsolvenzverfahren besteht in diesem Fall kein Bedürfnis. Vielmehr geht es hier um die Frage, unter welchen Voraussetzungen überhaupt ein Nachlassinsolvenzverfahren eröffnet werden kann.[739]

Insolvenzverfahren im Sinne von Art. 3 Abs. 4 lit. a) EuInsVO/EuInsVO 2017 sind ausschließlich die im Anhang A der EuInsVO/EuInsVO 2017 aufgeführten Verfahren, auf deren insolvenzrechtliche Zulässigkeit es damit im Rahmen der Vorschrift allein ankommt.

Darüber hinaus besteht in dieser Fallgestaltung keine Beschränkung der Antragsberechtigung. Weil es sich um ein isoliertes Nachlassinsolvenzverfahren ohne weiteren insolvenzrechtlichen Bezug zum Ausland handelt, ist § 317 Abs. 1 InsO ohne Einschränkungen anwendbar. Deshalb sind auch der Erbe oder der Nachlassverwalter antragsberechtigt.[740] Dies kann vorteilhaft sein, weil die Aufwendungsersatzansprüche des Erben wie auch die Vergütung des Nachlassverwalters im Nachlassinsolvenzverfahren nach § 324 Abs. 1 Nr. 1 und Nr. 4 InsO Masseverbindlichkeiten darstellen, sodass hierdurch gegenüber einer Verteilung im Rahmen der Zwangsvollstreckung eine Besserstellung eintreten kann.

Des Weiteren spricht nichts dagegen, die Zweijahresfrist für Gläubigeranträge nach § 319 InsO an dieser Stelle anzuwenden, weil kein vorheriges Insolvenzereignis besteht.

Schließlich muss das Vorliegen eines Insolvenzgrundes gemäß § 320 InsO geprüft werden.[741]

4. *Die örtliche Zuständigkeit der deutschen Gerichte*

Die örtliche Zuständigkeit der Gerichte wird von der EuInsVO/EuInsVO 2017 nicht geregelt, sodass insoweit auf die Regelungen des nationalen Rechts abzustellen ist.[742] Deutschland hat diesbezüglich in Art. 102 § 1 EGInsO

---

739 Zur Sperrwirkung der Verordnungen bei fehlender Niederlassung im Inland siehe bereits oben Seite 174.

740 Missverständlich insoweit Kayser/Thole/*Marotzke*, § 317 InsO Rn. 23.

741 Hierzu oben Seite 178.

742 *Virgos/Schmit*, Erläuternder Bericht Rn. 72.

besondere Vorschriften erlassen, die eine Koordination von Insolvenzordnung und EuInsVO/EuInsVO 2017 ermöglichen sollen.

a) Nachlassinsolvenzverfahren als Hauptinsolvenzverfahren

Die örtliche Zuständigkeit für die Eröffnung eines Nachlassinsolvenzverfahrens als Hauptinsolvenzverfahren richtet sich nach § 315 InsO.[743] Hiernach ist entweder gemäß §§ 315 Satz 1 InsO, 13 ZPO auf den letzten Wohnsitz des Erblassers abzustellen oder es kommt gegebenenfalls nach § 315 Satz 2 InsO auf den Ort des Mittelpunktes einer selbständigen wirtschaftlichen Tätigkeit des Erblassers an.

Diese Anknüpfung wird in nahezu allen Fällen zu einer örtlichen Zuständigkeit führen. Weil die EuInsVO/EuInsVO 2017 in Art. 3 Abs. 1 Satz 1 mit dem Abstellen auf den Mittelpunkt der hauptsächlichen Interessen eine andere Anknüpfung bereithält als dies in § 315 InsO der Fall ist, kann es theoretisch dazu kommen, dass zwar eine internationale Zuständigkeit nach der EuInsVO/EuInsVO 2017 begründet ist, § 315 InsO jedoch keine örtliche Zuständigkeit vermittelt.[744] Zur Lösung eines solchen Konflikts hat der Gesetzgeber in Art. 102 § 1 Abs. 1 EGInsO festgelegt, dass in diesem Fall die örtliche Zuständigkeit ebenfalls durch Abstellen auf den Mittelpunkt der hauptsächlichen Interessen zu ermitteln ist. Allerdings wird hier lediglich § 3 InsO als betreffende Norm genannt, die erforderlichenfalls durch Art. 102 § 1 Abs. 1 EGInsO verdrängt wird, nicht hingegen § 315 InsO. Hierbei handelt es sich um ein Redaktionsversehen des Gesetzgebers, denn es ist nicht ersichtlich, dass Regelinsolvenzverfahren und Nachlassinsolvenzverfahren eine unterschiedliche Behandlung erfahren sollen.[745] Vielmehr enthält Art. 102 § 1 Abs. 1 EGInsO ein allgemeines Regelungsprinzip, das ebenso im Nachlassinsolvenzverfahren Geltung beanspruchen muss. Weil es sich um eine planwidrige Regelungslücke handelt, ist in diesem Fall die örtliche Zuständigkeit im Nachlassinsolvenzverfahren durch eine analoge Anwendung von Art. 102 § 1 Abs. 1 EGInsO zu bestimmen.[746]

---

743 *Mankowski*, ZIP 2011, S. 1503; Kayser/Thole/*Marotzke*, § 315 InsO Rn. 10.

744 Im Nachlassinsolvenzverfahren entspricht die Problemlage dabei derjenigen von natürlichen Personen, bei denen es in Ausnahmefällen denkbar ist, dass die Anknüpfungen zu unterschiedlichen Ergebnissen kommen, hierzu MünchKomm-InsO/*Thole*, Art. 102 § 1 EGInsO Rn. 5; MünchKomm-BGB/*Kindler*, Art. 102 § 1 EGInsO Rn. 3.

745 *Mankowski*, ZIP 2011, S. 1503.

746 Im Ergebnis ebenso *Mankowski*, ZIP 2011, S. 1503, der allerdings eine teleologische Korrektur vornimmt.

b) *Nachlassinsolvenzverfahren als Sekundär- und Partikularinsolvenzverfahren*

Da die Anknüpfung an eine Niederlassung nach Art. 3 Abs. 2 Satz 1 EuInsVO/EuInsVO 2017 im deutschen Recht keine Entsprechung findet, bedurfte es einer neuen Norm zur Festlegung der örtlichen Zuständigkeit. Diese Funktion füllt Art. 102 § 1 Abs. 2 Satz 1 EGInsO aus, wonach in diesem Fall zur Bestimmung der örtlichen Zuständigkeit auf die Belegenheit der Niederlassung abzustellen ist.[747]

Solle der Fall eintreten, dass mehrere Niederlassungen vorhanden sind, so ist gemäß Art. 102 § 1 Abs. 2 Satz 2 EGInsO die Regelung des § 3 Abs. 2 InsO entsprechend anzuwenden. Hiernach schließt bei mehrfacher örtlicher Zuständigkeit das zuerst angerufene Gericht die übrigen aus. Dies gilt gleichermaßen im Nachlassinsolvenzverfahren.

IV. Das anwendbare Recht

Die EuInsVO/EuInsVO 2017 regeln ausschließlich insolvenzrechtliche Sachverhalte. Dies folgt aus Art. 1 Abs. 1 EuInsVO/EuInsVO 2017, wonach die Verordnungen lediglich auf Insolvenzverfahren Anwendung finden. Andere Rechtsgebiete werden von ihrem Anwendungsbereich nicht erfasst. Die Verordnungen beschränken sich deshalb auf die Definition derjenigen Rechtsverhältnisse, die als insolvenzrechtlich zu qualifizieren sind.

Ein Nachlassinsolvenzverfahren berührt jedoch eine Reihe weiterer Anknüpfungsgegenstände, für die sich im Fall des Bestehens eines Auslandsbezuges die Frage nach der Qualifikation stellt. Qualifikationsfragen ergeben sich hier insbesondere im Hinblick auf das Erbrecht. Da sich die EuInsVO/EuInsVO 2017 aus Gründen der Verhältnismäßigkeit auf die Regelung insolvenzspezifischer Sachverhalte beschränken, gelten sie für andere Rechtsgebiete gerade nicht.[748] Für die Ermittlung des auf ein bestimmtes Rechtsverhältnis anwendbaren Rechts ist daher, sofern es sich nicht um einen von den Verordnungen erfassten insolvenzrechtlichen Sachverhalt handelt, auf die allgemeinen Qualifikationsregeln des

---

747 Der Niederlassungsbegriff nach Art. 102 § 1 Abs. 2 Satz 1 EGInsO ist dabei inhaltlich mit dem nach Art. 2 lit. h) EuInsVO (Art. 2 Nr. 10 EuInsVO 2017) identisch, MünchKomm-BGB/*Kindler*, Art. 102 § 1 EGInsO Rn. 5; MünchKomm-InsO/*Thole*, Art. 102 § 1 EGInsO Rn. 12; Kübler/Prütting/Bork/*Kemper*, Art. 102 § 1 EGInsO Rn. 8; Leonhardt/Smid/Zeuner/*Smid*, Art. 102 § 1 EGInsO Rn. 7.

748 Vgl. Erwägungsgrund 6 Satz 2 EuInsVO/EuInsVO 2017.

internationalen Privatrechts zurückzugreifen.[749] Im Hinblick auf erbrechtliche Sachverhalte sind dies die Qualifikationsvorschriften der EuErbVO.

Das Nachlassinsolvenzverfahren weist gegenüber einem gewöhnlichen Insolvenzverfahren die Besonderheit auf, dass es mit der Erbenhaftung nach dem BGB verknüpft ist und zahlreiche Vorschriften des Nachlassinsolvenzverfahrens erbrechtliche Rechtsverhältnisse voraussetzen. Angesichts dieser engen Verbindung stellt sich die Frage, in welchem Verhältnis die beiden Normenkomplexe zueinander stehen. Die Antwort hierauf liefern die Anwendungsbereiche bzw. die Qualifikationsregeln der EuInsVO/EuInsVO 2017 und der EuErbVO. Indem diese Verordnungen definieren, welche Reichweite die Verweisungen auf das anwendbare Insolvenz- und Erbrecht jeweils haben, wird das Insolvenzstatut vom Erbstatut abgegrenzt. Diese Abgrenzung zwischen beiden Statuten soll im Folgenden vorgenommen werden.

Steht die Reichweite von Insolvenzstatut und Erbstatut fest, bildet dies die Grundlage für die Anwendung eines fremden Erbrechts im Nachlassinsolvenzverfahren. Diese Problematik ist Gegenstand des Dritten Teils der Arbeit.

1. „Interne Verweisung" auf das deutsche Erbrecht?

Zunächst könnte man davon ausgehen, dass sich eine Abgrenzung des Insolvenzstatuts vom Erbstatut von Anfang an erübrigt, sofern die Berufung des deutschen Insolvenzrechts durch die EuInsVO/EuInsVO 2017 derart zu verstehen wäre, dass das mit dem Nachlassinsolvenzverfahren verknüpfte Erbrecht stets dasjenige des BGB sei.[750] Dann würde es sich um eine sog. „interne Verweisung" auf das deutsche Erbrecht handeln, die international-privatrechtlich nicht gesondert anzuknüpfen wäre.[751] Die Vorschriften des Nachlassinsolvenzverfahrens würden demnach immer deutsches Erbrecht berufen, ganz gleich, welcher

749 MünchKomm-InsO/*Reinhart*, Art. 4 EuInsVO Rn. 3; Nerlich/Römermann/*Nerlich*, Art. 4 EuInsVO Rn. 6; MünchKomm-BGB/*Kindler*, Vorb. zu Art. 4 bis 15 EuInsVO Rn. 1; K.Schmidt/*Brinkmann*, Art. 4 EuInsVO Rn. 5; Uhlenbruck/*Lüer*, Art. 4 EuInsVO Rn. 13; Pannen/*Pannen/Riedemann*, Art. 4 EuInsVO Rn. 13; Kübler/Prütting/Bork/*Kemper*, Art. 4 EuInsVO Rn. 1; *Paulus*, Art. 4 EuInsVO Rn. 4; Haß/Huber/Gruber/Heiderhoff/*Haß/Herweg*, Art. 4 EuInsVO Rn. 10; Duursma-Kepplinger/*Duursma-Kepplinger*, Art. 4 EuInsVO Rn. 6; *Virgos/Schmit*, Erläuternder Bericht Rn. 90.

750 Bereits im Konkursrecht tauchte die Frage auf, ob das Nachlasskonkursverfahren untrennbar mit dem Erbrecht des BGB verknüpft sei, vgl. Jaeger/*Jahr* (1973), §§ 237, 238 KO Rn. 442.

751 Zum Begriff der „internen Verweisung" *v. Bar/Mankowski*, IPR I, § 7 Rn. 187.

Art die erbrechtlichen Bezüge wären. Auf die erbrechtlichen Kollisionsnormen käme es dann nicht an.

Für diese Sichtweise spricht immerhin, dass die Insolvenzordnung vom Erbrecht des BGB als dem anwendbaren Erbrecht ausgeht.[752] So bezieht sich etwa § 317 Abs. 1 InsO auf den Nachlassverwalter und andere Nachlasspfleger sowie auf den Testamentsvollstecker mit und ohne Verwaltungsbefugnis. Dies sind typische Rechtsinstitute des deutschen Erbrechts.

Die Verknüpfung mit dem Erbrecht des BGB ist jedoch rechtshistorischer Natur und erklärt sich aus einem rein nationalen Kontext. Der Ursprung liegt darin, dass man die damalige Konkursordnung durch die Konkursnovelle von 1898 an das gerade zwei Jahre zuvor verabschiedete einheitliche BGB angeglichen hatte.[753]

Eine untrennbare Einheit von Insolvenzrecht und Erbrecht ergibt sich hieraus nicht. Zum einen würde dies den Anwendungsbereich der EuInsVO/EuInsVO 2017 überschreiten, denn die Verordnungen sind ausdrücklich auf die Regelung insolvenzrechtlicher Sachverhalte beschränkt. Nur sofern das mit dem Nachlassinsolvenzverfahren zusammenwirkende Erbrecht aufgrund der gegenseitigen Verknüpfung insgesamt als „insolvenzrechtlich" qualifiziert werden würde, könnte diese Schranke umgangen werden. Dies ist jedoch offensichtlich fernliegend, weil die erbrechtlichen Tatbestände durch ihre Verknüpfung mit dem Insolvenzrecht ihre Rechtsnatur nicht verlieren.

Eine pauschale Berufung des deutschen Erbrechts im Nachlassinsolvenzverfahren würde zum anderen dazu führen, dass das deutsche Erbrecht unter Umgehung der bestehenden erbrechtlichen Kollisionsnormen in Art. 21 und Art. 22 EuErbVO auch auf ausländische Erbfälle angewandt werden müsste. Dies würde im Widerspruch zur Anknüpfung derjenigen Rechtsverhältnisse stehen, die keinen Insolvenzbezug aufweisen und damit ihrerseits dem fremden Erbrecht unterliegen. Eine solche Aufspaltung wäre widersinnig, weil sie das Prinzip der Anknüpfung an die engste Verbindung offensichtlich ignorieren würde.[754]

Schließlich ergibt sich auch aus teleologischen Gründen kein Argument für eine feste Verknüpfung des Nachlassinsolvenzverfahrens mit dem deutschen Erbrecht. Der Verfahrenszweck der gemeinschaftlichen Gläubigerbefriedigung kann auch bei Anwendbarkeit eines fremden Erbrechts erreicht werden. Eine

---

752 Hierzu *Hanisch*, FS Henckel (1995), S. 370 f.

753 Siehe hierzu oben Seite 62.

754 Die „international-privatrechtliche Relevanz" der erbrechtlichen Fragen würde dann ausgeblendet, hierzu allgemein *Kegel/Schurig*, IPR, S. 376.

Beschränkung der Insolvenzfähigkeit auf Nachlässe, die deutschem Recht unterliegen, besteht nicht.[755]

Eine gesonderte Anknüpfung des Erbrechts im Nachlassinsolvenzverfahren ist folglich erforderlich. Damit bleibt die Frage der Reichweite von Insolvenzstatut und Erbstatut von Bedeutung.

2. *Das Insolvenzstatut*

Gemäß Art. 4 Abs. 1 EuInsVO (Art. 7 Abs. 1 EuInsVO 2017) findet auf „das Insolvenzverfahren und seine Wirkungen" das Insolvenzrecht des Staates der Verfahrenseröffnung (*lex fori concursus*) Anwendung, soweit in den Verordnungen nichts anderes bestimmt ist. Bei dieser von den Verordnungen ausgesprochenen Verweisung handelt es sich nach dem Sinn und Zweck der Verordnungen um eine Sachnormverweisung, sodass die Verweisung unter Ausschluss der Normen des internationalen Privatrechts erfolgt.[756] Diese Verweisung gilt unabhängig davon, ob es sich bei dem eröffneten Verfahren um ein Hauptinsolvenzverfahren, ein Sekundär- oder ein Partikularinsolvenzverfahren handelt.[757]

a) *Verordnungsautonome Qualifikation*

Der Anknüpfungsgegenstand „Insolvenzverfahren und seine Wirkungen" ist als europarechtlicher Normbegriff autonom im Lichte der EuInsVO/EuInsVO 2017 auszulegen. Die Frage der Qualifikation einer Norm als „insolvenzrechtlich" hat damit durch Auslegung der Verordnungen zu erfolgen und nicht durch die Anwendung nationalen Rechts.[758]

---

755 Hierzu ausführlich unten Seite 261.

756 Anders als das europäische Kollisionsrecht für vertragliche und außervertragliche Schuldverhältnisse enthalten die EuInsVO/EuInsVO 2017 keine entsprechende klarstellende Regelung, siehe Art. 20 Rom-I-VO und Art. 24 Rom-II-VO. Dennoch ergibt sich aus dem Vereinheitlichungsgedanken der EuInsVO/EuInsVO 2017, dass eine Rück- oder Weiterverweisung ausgeschlossen sein soll, MünchKomm-InsO/*Reinhart*, Art. 4 EuInsVO Rn. 1; MünchKomm-BGB/*Kindler*, Art. 4 EuInsVO Rn. 1 f.; Nerlich/Römermann/*Nerlich*, Art. 4 EuInsVO Rn. 1; Haß/Huber/Gruber/Heiderhoff/*Haß/Herweg*, Art. 4 EuInsVO Rn. 5; *Paulus*, Art. 4 EuInsVO Rn. 1; Uhlenbruck/*Lüer*, Art. 4 EuInsVO Rn. 8; Leonhardt/Smid/Zeuner/*Smid*, Art. 4 EuInsVO Rn. 1; Kübler/Prütting/Bork/*Kemper*, Art. 4 EuInsVO Rn. 1.

757 Vgl. Erwägungsgrund 23 Satz 3 EuInsVO (Erwägungsgrund 66 Satz 3 EuInsVO 2017); *Virgos/Schmit*, Erläuternder Bericht Rn. 89.

758 MünchKomm-InsO/*Reinhart*, Art. 4 EuInsVO Rn. 2; Pannen/*Pannen/Riedemann*, Art. 4 EuInsVO Rn. 13; *Paulus*, Art. 4 EuInsVO Rn. 4; Haß/Huber/Gruber/Heiderhoff/*Haß/Herweg*, Art. 4 EuInsVO Rn. 15; MünchKomm-BGB/*Kindler*, Art. 4 EuInsVO

Aufgrund der weitreichenden Bedeutung der *lex fori concursus* enthalten die Verordnungen in Art. 4 Abs. 2 Satz 2 lit. a) bis m) EuInsVO (Art. 7 Abs. 2 Satz 2 lit. a) bis m) EuInsVO 2017) einen klarstellenden Beispielkatalog von Sachverhalten, die in jedem Fall als insolvenzrechtlich zu qualifizieren sind. Darüber hinaus ergibt sich aus den Sonderanknüpfungen der Art. 5 bis 15 EuInsVO (Art. 8 bis 18 EuInsVO 2017), dass auch die dort angesprochenen Fragen grundsätzlich dem Insolvenzrecht unterliegen sollen.[759]

Der Beispielkatalog in Art. 4 Abs. 2 Satz 2 EuInsVO (Art. 7 Abs. 2 Satz 2 EuInsVO 2017) ist nicht abschließend zu verstehen, sondern soll der Rechtssicherheit dienen.[760] Trotz dieser Hilfestellung des Unionsgesetzgebers ist in Bezug auf Sachverhalte, die weder im Beispielkatalog noch in den Art. 5 bis 15 EuInsVO (Art. 8 bis 18 EuInsVO 2017) aufgeführt sind, fraglich, ob sie dem Insolvenzrecht oder einem anderen Sachrecht unterfallen. Dies ist eine Frage der Reichweite des Insolvenzstatuts.

b) Reichweite des Insolvenzstatuts nach der EuInsVO/EuInsVO 2017

Die Verordnungen geben vor, dass das Insolvenzstatut „alle verfahrensrechtlichen und materiellrechtlichen Wirkungen des Insolvenzverfahrens auf die davon betroffenen Personen und Rechtsverhältnisse" umfassen soll, insbesondere „alle Voraussetzungen für die Eröffnung, Abwicklung und Beendigung

---

Rn. 4. Anders aber Kübler/Prütting/Bork/*Kemper*, Art. 4 EuInsVO Rn. 5, der hinsichtlich der *materiellrechtlichen* Wirkungen des Insolvenzverfahrens einen Verweis auf das nationale Recht annehmen will. Diese Ansicht irrt allerdings darin, dass sie die Trennung von Anknüpfungsgegenstand (das Insolvenzverfahren und seine Wirkungen) und Anknüpfungsmoment (das Insolvenzrecht des Staates der Verfahrenseröffnung) verkennt: während letzteres notwendig ein Verweis auf das nationale Recht ist, kann die Abgrenzung der Reichweite dieses Verweises hingegen nur durch eine Auslegung der Verordnungen geschehen. Diese Auslegung muss jedoch ausschließlich nach den Regeln der Verordnungen erfolgen, weil eine einheitliche Regelung für alle teilnehmenden Mitgliedstaaten gerade Zweck der Verordnungen ist.

759 MünchKomm-InsO/*Reinhart*, Art. 4 EuInsVO Rn. 3; *Paulus*, Art. 4 EuInsVO Rn. 1; MünchKomm-BGB/*Kindler*, Art. 4 EuInsVO Rn. 3; Haß/Huber/Gruber/Heiderhoff/*Haß/Herweg*, Art. 4 EuInsVO Rn. 10; Nerlich/Römermann/*Nerlich*, Art. 4 EuInsVO Rn. 6.

760 Im Wege einer Auslegungshilfe, *Virgos/Schmit*, Erläuternder Bericht Rn. 91; K.Schmidt/*Brinkmann*, Art. 4 EuInsVO Rn. 5; MünchKomm-InsO/*Reinhart*, Art. 4 EuInsVO Rn. 4; MünchKomm-BGB/*Kindler*, Art. 4 EuInsVO Rn. 3.

des Insolvenzverfahrens".[761] Der *EuGH* folgert hieraus allgemein einen engen Anwendungsbereich.[762]

Aufgrund dieser im Ergebnis vage gehaltenen Leitlinien wird in der Literatur davon ausgegangen, dass zumindest all diejenigen Bestimmungen zum Insolvenzstatut zu zählen sind, die für das Funktionieren des Insolvenzverfahrens von derart grundlegender Bedeutung sind, dass dieses nur so seinen Zweck erfüllen kann.[763] Hieraus folgt, dass die jeweilige Norm eine „Insolvenzspezifik" aufweisen muss, um sie dem Insolvenzstatut zuordnen zu können.[764] In die gleiche Richtung geht auch die Forderung, die Norm müsse „insolvenzpolitischen Zielen dienen" oder „insolvenztypisch" sein.[765]

Im Folgenden sollen die Vorschriften des Nachlassinsolvenzverfahrens anhand der Maßgaben der EuInsVO/EuInsVO 2017 qualifiziert werden, um die Reichweite des Insolvenzstatuts zu bestimmen. Die Abgrenzung des Insolvenzstatuts zum Erbstatut erfordert dabei, dass auch die Qualifikationsvorschriften der EuErbVO mit in den Blick genommen werden müssen.[766] Erst das Zusammenspiel von EuInsVO/EuInsVO 2017 und EuErbVO ermöglicht eine systematisch kohärente Abgrenzung. Hierbei ist zu beachten, dass dem Insolvenzstatut Vorrang vor dem Erbstatut eingeräumt wird, was sich aus der Spezialität der insolvenzrechtlichen Materie ergibt.[767]

---

761 Erwägungsgrund 23 Satz 4 EuInsVO (Erwägungsgrund 66 Satz 4 EuInsVO 2017).

762 EuGH, Urteil v. 10.9.2009, Rs. C-292/08 „German Graphics", Slg. 2009-I, S. 8421, Rn. 25.

763 *Virgos/Schmit*, Erläuternder Bericht Rn. 90; K.Schmidt/*Brinkmann*, Art. 4 EuInsVO Rn. 6; Leonhardt/Smid/Zeuner/*Smid*, Art. 4 EuInsVO Rn. 5; Pannen/*Pannen/Riedemann*, Art. 4 EuInsVO Rn. 14; MünchKomm-InsO/*Reinhart*, Art. 4 EuInsVO Rn. 4; Uhlenbruck/*Lüer*, Art. 4 EuInsVO Rn. 12; MünchKomm-BGB/*Kindler*, Art. 4 EuInsVO Rn. 7; Nerlich/Römermann/*Nerlich*, Art. 4 EuInsVO Rn. 17; Kübler/Prütting/Bork/*Kemper*, Art. 4 EuInsVO Rn. 5; Haß/Huber/Gruber/Heiderhoff/*Haß/Herweg*, Art. 4 EuInsVO Rn. 11; Duursma-Kepplinger/*Duursma-Kepplinger*, Art. 4 EuInsVO Rn. 7.

764 *Paulus*, Art. 4 EuInsVO Rn. 4; Uhlenbruck/*Lüer*, Art. 4 EuInsVO Rn. 12; MünchKomm-InsO/*Reinhart*, Art. 4 EuInsVO Rn. 4; Pannen/*Pannen/Riedemann*, Art. 4 EuInsVO Rn. 14; Leonhardt/Smid/Zeuner/*Smid*, Art. 4 EuInsVO Rn. 5; wohl auch Nerlich/Römermann/*Nerlich*, Art. 4 EuInsVO Rn. 17.

765 *Virgos/Schmit*, Erläuternder Bericht Rn. 90; Haß/Huber/Gruber/Heiderhoff/*Haß/Herweg*, Art. 4 EuInsVO Rn. 11.

766 Siehe zum Erbstatut ausführlich unten Seite 206.

767 Siehe Art. 76 EuErbVO, wonach die EuInsVO (und EuInsVO 2017) unberührt bleibt. Hierzu näher unten Seite 227.

Sodann erfolgt die Bestimmung der Reichweite des Erbstatuts anhand der Vorschriften der EuErbVO. Auch hier können die Vorschriften des Nachlassinsolvenzverfahrens nur im Zusammenspiel mit der EuInsVO/EuInsVO 2017 systematisch kohärent qualifiziert werden.

Hierbei wird sich zeigen, dass sich die Reichweite des Insolvenzstatuts aufgrund der ausdrücklichen Qualifikationsanordnung der EuInsVO/EuInsVO 2017 zum einen auch auf Vorschriften erstreckt, die gesetzessystematisch im BGB verankert sind. Zum anderen werden aber auch solche Vorschriften dem Insolvenzstatut zugeordnet, die auf bestimmte erbrechtliche Rechtsverhältnisse des BGB zugeschnitten sind und damit ihre Funktion grundsätzlich nur im Zusammenwirken mit der erbrechtlichen Haftungsordnung des BGB entfalten können. Diese Zuordnung gilt es aufgrund der Qualifikationsanordnung der EuInsVO/EuInsVO 2017 zu respektieren. Kommt deutsches Erbrecht im Nachlassinsolvenzverfahren zur Anwendung, wirft dies keine besonderen Probleme auf. Ist jedoch ein fremdes Erbrecht das maßgebliche Erbstatut, kann der Normzweck mancher insolvenzrechtlicher Vorschriften ins Leere laufen. Die Behandlung dieser Problematik erfolgt unten im Dritten Teil der Arbeit.

c) Als insolvenzrechtlich zu qualifizierende Vorschriften des Nachlassinsolvenzverfahrens

Für den Vorgang der Qualifikation einer Vorschrift ist es grundsätzlich unerheblich, welchen Standort sie im Gesetz hat.[768] Dieses Grundprinzip des internationalen Privatrechts gilt ebenso auf europäischer Ebene und damit auch im Rahmen der Qualifikation nach der EuInsVO/EuInsVO 2017.[769] Gleiches gilt im Rahmen der EuErbVO.[770]

(1) Unmittelbar verfahrensbezogene Bestimmungen

Nach der Systematik der EuInsVO/EuInsVO 2017 richten sich die verfahrensrechtlichen Wirkungen des Insolvenzverfahrens grundsätzlich nach der *lex fori concursus*.[771] Dies dient der Einheitlichkeit des Insolvenzverfahrens, weshalb die

---

768 Allgemein Palandt/*Thorn*, Einl. v. Art. 3 EGBGB Rn. 27; MünchKomm-BGB/*v. Hein*, Einl. IPR Rn. 115.

769 Uhlenbruck/*Lüer*, Art. 4 EuInsVO Rn. 12; MünchKomm-InsO/*Reinhart*, Art. 4 EuInsVO Rn. 3; Pannen/*Pannen/Riedemann*, Art. 4 EuInsVO Rn. 11; *Paulus*, Art. 4 EuInsVO Rn. 2.

770 Vgl. MünchKomm-BGB/*Dutta*, Vor Art. 20 EuErbVO Rn. 26.

771 Erwägungsgrund 23 Satz 4 EuInsVO (Erwägungsgrund 66 Satz 4 EuInsVO 2017). Ebenso *Virgos/Schmit*, Erläuternder Bericht Rn. 90.

lex fori concursus in der Folge über die Fragen der Eröffnungsvoraussetzungen, der Durchführung und der Beendigung des Insolvenzverfahrens entscheidet, Art. 4 Abs. 2 Satz 1 EuInsVO (Art. 7 Abs. 2 Satz 1 EuInsVO 2017).

(a) Insolvenzfähigkeit, § 11 Abs. 2 Nr. 2 InsO

Der Nachlass einer natürlichen Person ist gemäß § 11 Abs. 2 Nr. 2 InsO insolvenzfähig. Es ist eines der zentralen Anliegen der EuInsVO/EuInsVO 2017, über die Frage der Insolvenzfähigkeit eines Rechtssubjekts das Insolvenzrecht des Mitgliedstaates der Verfahrenseröffnung entscheiden zu lassen, Art. 4 Abs. 2 Satz 2 lit. a) EuInsVO (Art. 7 Abs. 2 Satz 2 lit. a) EuInsVO 2017).[772]

(b) Zulässigkeit der Insolvenzeröffnung, § 316 InsO

§ 316 Abs. 1 InsO bestimmt, dass die Eröffnung eines Nachlassinsolvenzverfahrens auch dann zulässig ist, wenn der Erbe die Erbschaft noch nicht angenommen hat oder der Erbe für die Nachlassverbindlichkeiten unbeschränkt haftet. Nach § 316 Abs. 2 InsO kann ein Nachlassinsolvenzverfahren darüber hinaus auch noch nach erfolgter Teilung des Nachlasses stattfinden.

Aus dieser Vielzahl an Zulässigkeitssituationen für eine Insolvenzeröffnung wird deutlich, dass die Befriedigung der Nachlassgläubiger im Nachlassinsolvenzverfahren möglichst unabhängig von den erbrechtlichen Umständen sein soll.[773] Zudem können durch eine frühe Insolvenzeröffnung die Nachlassgläubiger besser vor etwaigen Eigengläubigern des Erben geschützt werden.[774] Das Nachlassinsolvenzverfahren stellt sich damit gläubigerfreundlich dar.[775] § 316 Abs. 3 InsO hat demgegenüber keine echte Funktion, weil hierdurch lediglich klargestellt wird, dass das Nachlassinsolvenzverfahren der insolvenzrechtlichen Abwicklung des tatsächlich vorhandenen Nachlassvermögens dient und nicht der Abwicklung ideeller Nachlassteile.[776]

§ 316 InsO bestimmt damit die Voraussetzungen für die Eröffnung eines Nachlassinsolvenzverfahrens vor dem Hintergrund erbrechtlicher Rechtsverhältnisse. Aufgrund dieser erbrechtlichen Prägung wurde früher angenommen, dass die Norm Bestandteil des Regelungssystems der Haftungsbeschränkung

---

772 MünchKomm-InsO/*Reinhart*, Art. 4 EuInsVO Rn. 18; *Paulus*, Art. 4 EuInsVO Rn. 9; Pannen/*Pannen/Riedemann*, Art. 4 EuInsVO Rn. 40.

773 Dies dient dem Schutz der Nachlassgläubiger, Uhlenbruck/*Lüer*, § 316 InsO Rn. 4; Kübler/Prütting/Bork/*Holzer*, § 316 InsO Rn. 4.

774 Kübler/Prütting/Bork/*Holzer*, § 316 InsO Rn. 2.

775 Zur Wahrung der Interessen der Nachlassgläubiger siehe auch bereits die Begründung zur KO von 1898, *Hahn/Mugdan*, Materialien Bd. VII, S. 251.

776 MünchKomm-InsO/*Siegmann*, § 316 InsO Rn. 5.

des Erben für die Nachlassverbindlichkeiten sei. Folglich müsse es sich um eine Norm des Erbrechts handeln.[777]

Eine erbrechtliche Qualifikation der Vorschrift ist unter Geltung der EuInsVO/EuInsVO 2017 nicht haltbar. Gemäß Art. 4 Abs. 2 Satz 1 EuInsVO (Art. 7 Abs. 2 Satz 1 EuInsVO 2017) handelt es sich bei den Voraussetzungen für die Eröffnung des Insolvenzverfahrens um Fragen, die als insolvenzrechtlich zu qualifizieren sind. Hierzu ist auch § 316 InsO zu zählen. Dass die insolvenzrechtliche Qualifikation richtig ist, zeigt sich daran, dass § 316 InsO den Schutz der Nachlassgläubiger bezweckt. Ihre Befriedigungsmöglichkeiten im Nachlassinsolvenzverfahren sollen durch die erbrechtlichen Fragen, ob der Erbe die Erbschaft bereits angenommen hat, er für die Nachlassverbindlichkeiten unbeschränkbar haftet oder ob eine Teilung des Nachlasses stattgefunden hat, nicht eingeschränkt werden. Die Vorschrift steht damit im Zusammenhang mit dem insolvenzrechtlichen Verfahrenszweck.

Der Zusammenhang mit der erbrechtlichen Haftungsordnung, insbesondere der Haftung des Erben für die Nachlassverbindlichkeiten (vgl. Art. 23 Abs. 2 lit. g) EuErbVO), tritt demgegenüber zurück. Ob der Erbe für die Nachlassverbindlichkeiten beschränkt (§ 1975 BGB) oder unbeschränkbar (§ 2013 Abs. 1 Satz 1 BGB) haftet, ist eine außerhalb des Nachlassinsolvenzverfahrens zu klärende Frage, die sich nach dem Erbstatut richtet.

§ 316 InsO ist daher als insolvenzrechtlich zu qualifizieren.

(c) Antragsberechtigung, §§ 317, 318 InsO

Antragsberechtigt ist im Nachlassinsolvenzverfahren nach § 317 InsO jeder Erbe, ein Nachlassverwalter sowie ein anderer Nachlasspfleger, ein Testamentsvollstrecker, dem die Verwaltung des Nachlasses zusteht sowie jeder Nachlassgläubiger. In besonderen Fällen besteht zudem eine Antragsberechtigung des nicht erbenden Ehegatten oder Lebenspartners, wenn der Nachlass zum Gesamtgut einer Gütergemeinschaft zählt, § 318 Abs. 1 und 3 InsO.

Eine ausdrückliche Zuweisung der Frage der Antragsberechtigung zum Insolvenzstatut gibt die EuInsVO/EuInsVO 2017 nicht vor. Jedoch ergibt sich aus Art. 4 Abs. 2 Satz 1 EuInsVO (Art. 7 Abs. 2 Satz 1 EuInsVO 2017), dass die Voraussetzungen der Eröffnung eines Insolvenzverfahrens als insolvenzrechtlich zu qualifizieren sind. Hierzu ist auch die Antragsberechtigung zu zählen.[778]

---

777 Jaeger/*Jahr* (1973), §§ 237, 238 KO Rn. 465.

778 MünchKomm-InsO/*Reinhart*, Art. 4 EuInsVO Rn. 16; K.Schmidt/*Brinkmann*, Art. 4 EuInsVO Rn. 6; Pannen/*Pannen/Riedemann*, Art. 4 EuInsVO Rn. 37; *Paulus*, Art. 4 EuInsVO Rn. 9. So auch bereits zum Konkursrecht Jaeger/*Jahr* (1973), §§ 237, 238 KO Rn. 469 ff.

Eine hiervon zu unterscheidende Frage ist die erbrechtliche Qualifikation der Rechte des Erben und etwaiger Nachlassverwalter und Testamentsvollstrecker in Bezug auf den Nachlass nach Art. 23 Abs. 2 lit. f) EuErbVO. Sie betrifft die Rechtsverhältnisse außerhalb des Nachlassinsolvenzverfahrens. Im Hinblick auf die Berechtigung zur Beantragung eines Nachlassinsolvenzverfahrens ist die insolvenzrechtliche Qualifikation spezieller.

Die §§ 317, 318 InsO sind deshalb als insolvenzrechtlich zu qualifizieren.

(d) Eröffnungsgründe, § 320 InsO

Seit der Einführung der Insolvenzordnung kann das Nachlassinsolvenzverfahren nicht nur wegen einer Überschuldung des Nachlasses, sondern auch aufgrund von Zahlungsunfähigkeit eröffnet werden, § 320 Satz 1 InsO. Im Falle des Eigenantrages einer zur Verwaltung oder Pflege des Nachlasses berufenen Person ist zudem auch die drohende Zahlungsunfähigkeit nach § 18 Abs. 2 InsO Eröffnungsgrund, § 320 Satz 2 InsO.

Bei den Eröffnungsgründen für das Nachlassinsolvenzverfahren handelt es sich um Normen, die den Gläubigerschutz bewirken sollen, dessen Verwirklichung das Nachlassinsolvenzverfahren dient. Dieser Gläubigerschutz ist Teil des insolvenzrechtlichen Verfahrenszwecks. Als notwendige Voraussetzung für die Eröffnung eines Nachlassinsolvenzverfahrens sind die Eröffnungsgründe gemäß Art. 4 Abs. 2 Satz 1 EuInsVO (Art. 7 Abs. 2 Satz 1 EuInsVO 2017) dem Insolvenzstatut zuzuordnen.[779]

Anpassungen in der Form, dass die Eröffnungsgründe eines Nachlassinsolvenzverfahrens etwa bei Maßgeblichkeit eines fremden Erbrechts einer ausländischen Rechtsordnung entnommen werden könnten, um dem fremden Erbstatut möglichst viel Bedeutung beizumessen, sind unter Geltung der EuInsVO/EuInsVO 2017 nicht zulässig.[780]

(2) Antragsfrist, § 319 InsO

Aus Gründen des Rechtsfriedens und der Praktikabilität schreibt § 319 InsO für Insolvenzanträge von Nachlassgläubigern eine zeitliche Begrenzung von zwei Jahren ab Annahme der Erbschaft vor. Für einen Eigenantrag des Erben besteht dagegen keine Frist. Vielmehr geht die Insolvenzordnung davon aus, dass ein

---

779 *Mankowski*, ZIP 2011, S. 1503. Allgemein zur insolvenzrechtlichen Qualifikation der Eröffnungsgründe MünchKomm-InsO/*Reinhart*, Art. 4 EuInsVO Rn. 16; Pannen/*Pannen/Riedemann*, Art. 4 EuInsVO Rn. 37; *Paulus*, Art. 4 EuInsVO Rn. 9.

780 So aber noch zum Konkursrecht Jaeger/*Jahr* (1973), §§ 237, 238 KO Rn. 468.

solcher Antrag auch noch später als fünf Jahre nach dem Erbfall gestellt werden kann, wie sich aus § 328 Abs. 2 InsO ergibt.

Hintergrund der Norm ist der Schutz des Erben, der aufgrund der Universalsukzession und des Vonselbsterwerbs das Nachlassvermögen mit seinem Eigenvermögen vermischen darf. Nach Ablauf von zwei Jahren soll er nicht mehr gezwungen werden können, diese Vermischungen rückgängig zu machen.[781] Zwar bewirkt die Insolvenzeröffnung lediglich in schuldrechtlicher Hinsicht eine auf den Erbfall rückwirkende Vermögenstrennung und nicht in dinglicher Hinsicht, aber auch vor einer solchen Vermögenstrennung soll der Erbe mit zunehmendem Zeitablauf geschützt werden. Beantragt er hingehen selbst das Nachlassinsolvenzverfahren, weiß er um die Folgen und bedarf dieses Schutzes nicht. Außerhalb des Nachlassinsolvenzverfahrens besteht für die Anordnung einer Nachlassverwaltung in § 1981 Abs. 2 Satz 2 BGB eine vergleichbare Regelung.

Es handelt sich damit bei § 319 InsO um eine Norm, die den Erben als faktischen Verwalter des Nachlasses nach Ablauf einer bestimmten Zeit privilegieren soll, um ihm keine übermäßigen Sorgfaltspflichten in Bezug auf die Nachlassgegenstände aufzubürden. Dennoch unterliegt er weiterhin der haftungsbewehrten Insolvenzantragspflicht nach § 1980 Abs. 1 BGB, sodass er nach Ablauf der Zweijahresfrist nicht haftungsfrei wird.[782]

Indem sich die Vorschrift auf die rechtlichen Folgen der Tätigkeit des Erben als Verwalter des Nachlasses bezieht, zeigt sich, dass die Antragsfrist für Nachlassgläubiger gedanklich die erbrechtliche Haftungsordnung voraussetzt, zu der auch die Verwaltung des Nachlasses durch den Erben gehört.[783] Nach Art. 23 Abs. 2 lit. f) EuErbVO ist die Verwaltung des Nachlasses durch den Erben grundsätzlich als erbrechtlich zu qualifizieren.[784]

---

781 Dies soll in der praktischen Schwierigkeit einer Trennung der Vermögensmassen begründet liegen, MünchKomm-InsO/*Siegmann*, § 319 InsO Rn. 1; Kübler/Prütting/Bork/*Holzer*, § 319 InsO Rn. 1; ebenso BT-Drucks. 12/2443, S. 230.

782 Kübler/Prütting/Bork/*Holzer*, § 319 InsO Rn. 2; MünchKomm-InsO/*Siegmann*, § 319 InsO Rn. 1; Uhlenbruck/*Lüer*, § 319 InsO Rn. 2; ebenso BT-Drucks. 12/2443, S. 230.

783 So schon Jaeger/*Jahr* (1973), §§ 237, 238 KO Rn. 476. Aus diesem Grund befürwortet *Muscheler*, die Zweijahresfrist des § 319 InsO im Fall der Verwaltung des Nachlasses durch einen Dauertestamentsvollstrecker erst mit dem Ende der Dauervollstreckung beginnen zu lassen, *Muscheler*, Haftungsordnung der Testamentsvollstreckung (1994), S. 135; zustimmend Uhlenbruck/*Lüer*, § 319 InsO Rn. 3; Kayser/Thole/*Marotzke*, § 319 InsO Rn. 4. Angesichts des Wortlauts von § 319 InsO ablehnend aber MünchKomm-InsO/*Siegmann*, § 319 InsO Rn. 4; Gottwald/*Döbereiner*, § 113 Rn. 10 m.w.N.

784 Siehe hierzu ausführlich unten Seite 215.

Dennoch ordnet Art. 4 Abs. 2 Satz 1 EuInsVO (Art. 7 Abs. 2 Satz 1 EuInsVO 2017) an, dass die Voraussetzungen zur Eröffnung des Insolvenzverfahrens insolvenzrechtlicher Natur sind. Als zwingend zu beachtende Antragsfrist stellt § 319 InsO eine Eröffnungsvoraussetzung für das Nachlassinsolvenzverfahren dar, sodass die Qualifikationsanordnung der EuInsVO/EuInsVO 2017 eingreift. Dieses Ergebnis ist richtig, denn die Antragsfrist nach § 319 InsO richtet sich an die Nachlassgläubiger und nicht an den Erben. Die Vorschrift regelt nicht die Pflichten des Erben, sondern den Umfang des Rechtsschutzes, den die Nachlassgläubiger im Nachlassinsolvenzverfahren erlangen können. Dies ist eine insolvenzrechtlich zu beurteilende Frage. Der Bezug zur erbrechtlichen Haftungsordnung ist demgegenüber unbeachtlich.[785]

Folglich ist § 319 InsO als insolvenzrechtlich zu qualifizieren.

(3) Kein Absonderungsrecht aus Zwangsvollstreckung, § 321 InsO

Gemäß § 321 InsO gewähren Einzelzwangsvollstreckungen in den Nachlass, die zwischen dem Eintritt des Erbfalls und der Verfahrenseröffnung erfolgt sind, im Nachlassinsolvenzverfahren kein Recht auf abgesonderte Befriedigung.

Hintergrund der Norm ist das Bestreben, auch diejenigen Gläubiger in den Kreis der normalen Insolvenzgläubiger zu überführen, die sich im Wege der Zwangsvollstreckung einen rangmäßigen Vorteil verschafft haben. Die Norm wirkt auf diese Weise als Erweiterung des Insolvenzanfechtungsrechts. Zugleich wird erreicht, dass nach Eintritt des Erbfalls keine insolvenzfesten Pfändungspfandrechte an dem Nachlassvermögen entstehen können, sodass einem Gläubigerwettlauf insoweit Grenzen gesetzt werden.[786]

Die Norm regelt damit unmittelbar die Wirkungen der Insolvenzeröffnung auf Rechtsverfolgungsmaßnahmen der Gläubiger gegen den Nachlass. Nach der Systematik der Verordnungen unterliegen diese gemäß Art. 4 Abs. 2 Satz 2 lit. f) EuInsVO (Art. 7 Abs. 2 Satz 2 lit. f) EuInsVO 2017) dem Insolvenzstatut.[787]

§ 321 InsO ist somit als insolvenzrechtlich zu qualifizieren.

---

785 Bereits zum Konkursrecht einen insolvenzrechtlichen Vorrang bejahend Jaeger/*Jahr* (1973), §§ 237, 238 KO Rn. 476.

786 MünchKomm-InsO/*Siegmann*, § 321 InsO Rn. 2; Braun/*Bauch*, § 321 InsO Rn. 1; Uhlenbruck/*Lüer*, § 321 InsO Rn. 1; Kübler/Prütting/Bork/*Holzer*, § 321 InsO Rn. 2.

787 Für eine insolvenzrechtliche Qualifikation der Vorschrift bereits zum Konkursrecht (noch zu § 221 KO) Jaeger/*Jahr* (1973), §§ 237, 238 KO Rn. 487. Allgemein zu Vollstreckungsmaßnahmen MünchKomm-InsO/*Reinhart*, Art. 4 EuInsVO Rn. 31.

(4) Anfechtbarkeit der Erfüllung von Pflichtteilen, Vermächtnissen und Auflagen nach § 322 InsO

Wurden vor der Insolvenzeröffnung durch den Erben Zahlungen aus dem Nachlassvermögen an Pflichtteilsberechtigte, Vermächtnisnehmer oder aufgrund von Auflagen geleistet, so sind diese Handlungen als unentgeltliche Leistung nach § 134 InsO anfechtbar, § 322 InsO.

Durch die Ermöglichung einer Anfechtung der durch den Erben vorgenommenen Zahlungen wird bewirkt, dass die Empfänger einer solchen Zahlung dem Nachlass ausgleichspflichtig sind, der hierdurch um den erlittenen Verlust wieder angereichert wird. Die wieder auflebenden Verbindlichkeiten aus Pflichtteilsansprüchen, Vermächtnissen und Auflagen stellen sodann im Nachlassinsolvenzverfahren gemäß § 327 InsO nachrangige Forderungen dar, sodass ihnen die unterste Rangklasse zukommt. Die Vorschrift dient damit der Durchsetzung der Rangfolge im Nachlassinsolvenzverfahren.[788]

Sowohl die Rangfolge der Gläubiger als auch die insolvenzrechtliche Anfechtung unterliegen nach Art. 4 Abs. 2 Satz 2 lit. g) und lit. m) EuInsVO (Art. 7 Abs. 2 Satz 2 lit. g) und lit. m) EuInsVO 2017) der *lex fori concursus* und damit dem Insolvenzrecht.[789]

§ 322 InsO ist damit als insolvenzrechtlich zu qualifizieren.

(5) Aufwendungen des Erben, § 323 InsO

Gemäß § 323 InsO wird dem Erben ein Zurückbehaltungsrecht im Hinblick auf diejenigen Aufwendungen verwehrt, die ihm nach den §§ 1978, 1979 BGB zu ersetzen sind.

Diese Norm steht ersichtlich im Zusammenhang mit der Haftung des Erben für seine Verwaltungstätigkeit bis zur Insolvenzeröffnung, die einen erbrechtlichen Hintergrund hat.[790] Sofern dem Erben aus der Verwaltung des Nachlasses Aufwendungsersatzansprüche zustehen, kann er diese im Nachlassinsolvenzverfahren als Masseverbindlichkeiten geltend machen, § 324 Abs. 1 Nr. 1 InsO.

---

788 Braun/*Bauch*, § 322 InsO Rn. 1; MünchKomm-InsO/*Siegmann*, § 322 InsO Rn. 2; Kübler/Prütting/Bork/*Holzer*, § 322 InsO Rn. 1.

789 Siehe zu den Voraussetzungen der Ausnahme nach Art. 13 EuInsVO (Art. 16 EuInsVO 2017) zur Anfechtbarkeit nach Art. 4 Abs. 2 Satz 2 lit. m) EuInsVO (Art. 7 Abs. 2 Satz 2 lit. m) EuInsVO 2017) auch EuGH, Urteil v. 15.10.2015, Rs. C-310/14, „Nike", Rn. 24; Urteil v. 16.4.2015, Rs. C-557/13, „Hermann Lutz", Rn. 34 f.; allgemein zur Anfechtung K.Schmidt/*Brinkmann*, Art. 4 EuInsVO Rn. 38; MünchKomm-InsO/*Reinhart*, Art. 4 EuInsVO Rn. 45.

790 Zur Qualifikation von § 1978 BGB siehe unten Seite 214.

Trotz dieser Nähe zum Erbrecht besteht die Wirkung der Norm in einer insolvenzrechtlichen Funktion, nämlich darin, die Verwertung des Nachlasses nicht zu behindern.[791] Der Nachlassinsolvenzverwalter soll im Interesse aller Gläubiger nicht gehindert sein, die Insolvenzmasse zu sichern und in Besitz zu nehmen. Dem Erben verbleibt dagegen die Möglichkeit, etwaige Ersatzansprüche privilegiert als Masseverbindlichkeiten geltend zu machen.

Diese Problematik fällt unter Art. 4 Abs. 2 Satz 2 lit. c) EuInsVO (Art. 7 Abs. 2 Satz 2 lit. c) EuInsVO 2017), der die jeweiligen Befugnisse des Schuldners und des Verwalters im Insolvenzverfahren der *lex fori concursus* zuordnet.

§ 323 InsO ist damit als insolvenzrechtlich zu qualifizieren.

(6) Rang der Forderungen im Nachlassinsolvenzverfahren, §§ 324, 327 InsO

Neben dem Grundsatz der gemeinschaftlichen Gläubigerbefriedigung ist die Rangfolge der Gläubiger entscheidend für den Sinn und Zweck eines Insolvenzverfahrens. Steht eine nur geringe Masse zur Verteilung an, gehen die hinteren Forderungskategorien regelmäßig leer aus, ohne dass den jeweiligen Gläubigern der Grundsatz der Gläubigergleichbehandlung helfen könnte. Nach der gesetzlichen Wertung sind sie weniger schutzwürdig, wodurch sich das Ausfallrisiko der Gläubiger erheblich erhöht.

Das Nachlassinsolvenzverfahren sieht eine gegenüber dem Regelinsolvenzverfahren veränderte Befriedigungsreihenfolge vor, indem aus dem Kreise derjenigen, die sonst in die mittlere Kategorie der gewöhnlichen Insolvenzgläubiger nach § 38 InsO fallen würden, einige Gläubiger nach vorne und andere ganz nach hinten geordnet werden.

Auf der einen Seite werden die vorrangigen Masseverbindlichkeiten nach den §§ 54, 55 InsO, zu denen etwa die Kosten des Insolvenzverfahrens gehören, gemäß § 324 Abs. 1 InsO um eine Reihe von Verbindlichkeiten erweitert. Hierzu zählen die zu ersetzenden Aufwendungen des Erben für die bisherige Verwaltung des Nachlasses, die Kosten der Beerdigung des Erblassers sowie die Kosten, die aufgrund des Erbfalls bis zur Insolvenzeröffnung entstanden sind, etwa für eine Nachlasssicherung oder eine Nachlassverwaltung. Durch die Privilegierung dieser Forderungen wird erreicht, dass der Erbe einen Anreiz erhält, den Nachlass von Anfang an ordentlich zu verwalten, um seiner

791 MünchKomm-InsO/*Siegmann*, § 323 InsO Rn. 1; Braun/*Bauch*, § 323 InsO Rn. 1; Kübler/Prütting/Bork/*Holzer*, § 323 InsO Rn. 1.

Aufwendungsersatzansprüche nicht verlustig zu gehen.[792] Darüber hinaus werden aber auch diejenigen Verbindlichkeiten bevorrechtigt beglichen, die infolge einer geordneten Nachlassabwicklung entstehen, so etwa die Kosten der Beerdigung des Erblassers, einer Testamentseröffnung oder aber die Vergütung eines Nachlasspflegers. Die geordnete Nachlassabwicklung soll durch das erst nach dem Erbfall eröffnete Insolvenzverfahren nicht beeinträchtigt werden.

Auf der anderen Seite werden den nachrangigen Insolvenzforderungen nach § 39 InsO durch § 327 InsO weitere Forderungen angefügt, die selbst zu den gewöhnlich nachrangigen Forderungen nachrangig sind. Zu diesen zählen insbesondere Pflichtteilsansprüche, Vermächtnisse und Auflagen, denen folglich im Nachlassinsolvenzverfahren der letzte Rang zukommt.

Die EuInsVO/EuInsVO 2017 ordnen die Rangfolge der Gläubiger umfassend dem Insolvenzstatut zu, Art. 4 Abs. 2 Satz 2 lit. i) EuInsVO (Art. 7 Abs. 2 Satz 2 lit. i) EuInsVO 2017).[793] Die Unterscheidung zwischen Insolvenzforderungen und Masseverbindlichkeiten unterliegt folgerichtig gemäß Art. 4 Abs. 2 Satz 2 lit. g) EuInsVO (Art. 7 Abs. 2 Satz 2 lit. g) EuInsVO 2017) ebenfalls dem Insolvenzstatut.[794] Nichts anderes kann für nachrangige Verbindlichkeiten gelten. Als Regelung über die Rangfolge der Gläubiger unterliegen auch sie dem Insolvenzstatut.

Die §§ 324, 327 InsO sind damit als insolvenzrechtlich zu qualifizieren.[795]

(7) Beschränkung auf Nachlassverbindlichkeiten, § 325 InsO

Nach § 325 InsO können im Nachlassinsolvenzverfahren nur Nachlassverbindlichkeiten geltend gemacht werden.

---

792 Uhlenbruck/*Lüer*, § 324 InsO Rn. 1; Braun/*Bauch*, § 324 InsO Rn. 1; Kübler/Prütting/Bork/*Holzer*, § 324 InsO Rn. 1. Ebenso die RegBegr zu § 367 InsO des Entwurfs, BT-Drucks. 12/2443, S. 231.

793 *Virgos/Schmit*, Erläuternder Bericht Rn. 68; MünchKomm-BGB/*Kindler*, Art. 4 EuInsVO Rn. 42; MünchKomm-InsO/*Reinhart*, Art. 4 EuInsVO Rn. 40; K.Schmidt/*Brinkmann*, Art. 4 EuInsVO Rn. 32; Uhlenbruck/*Lüer*, Art. 4 EuInsVO Rn. 56; Pannen/*Pannen/Riedemann*, Art. 4 EuInsVO Rn. 60.

794 MünchKomm-InsO/*Reinhart*, Art. 4 EuInsVO Rn. 37; Uhlenbruck/*Lüer*, Art. 4 EuInsVO Rn. 50 f.; MünchKomm-BGB/*Kindler*, Art. 4 EuInsVO Rn. 37 f.; Pannen/*Pannen/Riedemann*, Art. 4 EuInsVO Rn. 57 f.

795 Ebenso *Mankowski*, ZIP 2011, S. 1503; MünchKomm-InsO/*Siegmann*, § 315 InsO Rn. 9; Gottwald/*Kolmann/Keller*, § 132 Rn. 188. So auch schon zu den §§ 224, 226 KO *Bünning*, Nachlassverwaltung und Nachlasskonkurs (1996), S. 162; *Hanisch*, FS Henckel (1995), S. 371.

Durch diese Vorschrift wird klargestellt, dass das Nachlassinsolvenzverfahren ausschließlich der Befriedigung derjenigen Gläubiger dient, die eine Forderung gegen den Nachlass haben, nicht aber der Eigengläubiger des Erben.[796] Dieser Umstand ergibt sich bereits aus der Systematik des Nachlassinsolvenzverfahrens, wird aber zur Verdeutlichung noch einmal ausdrücklich gesetzlich erwähnt.[797]

Welche Verbindlichkeiten zu den Nachlassverbindlichkeiten gehören, ist im deutschen Erbrecht beispielhaft in § 1967 Abs. 2 BGB geregelt.[798] Die Norm ist allerdings nicht abschließend. So gehören neben den Verbindlichkeiten, die bereits der Erblasser begründet hat sowie den durch den Erbfall entstandenen Verbindlichkeiten auch diejenigen Verbindlichkeiten des Nachlasses dazu, die der Erbe nach dem Erbfall im Rahmen einer ordnungsgemäßen Verwaltung des Nachlasses eingegangen ist.[799]

Die Frage, welche Verbindlichkeiten im Insolvenzverfahren angemeldet werden können, unterwirft Art. 4 Abs. 2 Satz 2 lit. g) EuInsVO (Art. 7 Abs. 2 Satz 2 lit. g) EuInsVO 2017) ausdrücklich der *lex fori concursus* und damit dem Insolvenzstatut.[800]

§ 325 InsO ist folglich als insolvenzrechtlich zu qualifizieren.

(8) Ansprüche des Erben, § 326 InsO

Die Vorschrift des § 326 InsO steht im engen Zusammenhang mit der Erbenhaftung nach dem BGB. Gemäß § 326 Abs. 1 InsO kann der Erbe im Nachlassinsolvenzverfahren diejenigen Ansprüche geltend machen, die ihm gegen den Erblasser zustehen.

Diese Ansprüche, die mit dem Eintritt des Erbfalls durch die Vermögensvermischung von Nachlassvermögen und Eigenvermögen des Erben zunächst aufgrund von Konsolidation und Konfusion erloschen waren, leben gemäß § 1976

---

796 BT-Drucks. 12/2443, S. 232; Uhlenbruck/*Lüer*, § 325 InsO Rn. 1; Braun/*Bauch*, § 325 InsO Rn. 1; Kübler/Prütting/Bork/*Holzer*, § 325 InsO Rn. 1.

797 *Siegmann* hält die Bedeutung der Norm daher für unklar, MünchKomm-InsO/*Siegmann*, § 325 InsO Rn. 1.

798 K.Schmidt/*K.Schmidt*, § 325 InsO Rn. 3.

799 Sog. Nachlasserbenschulden, hierzu im Einzelnen Staudinger/*Marotzke*, § 1967 BGB Rn. 40 ff.; MünchKomm-BGB/*Küpper*, § 1967 BGB Rn. 15 ff.; K.Schmidt/*K.Schmidt*, § 325 InsO Rn. 7 f.

800 MünchKomm-BGB/*Kindler*, Art. 4 EuInsVO Rn. 37; Uhlenbruck/*Lüer*, Art. 4 EuInsVO Rn. 50; MünchKomm-InsO/*Reinhart*, Art. 4 EuInsVO Rn. 36; Pannen/*Pannen/Riedemann*, Art. 4 EuInsVO Rn. 57.

BGB mit Eröffnung des Nachlassinsolvenzverfahrens wieder auf, sodass sie wieder als gegen den Erblasser bestehend gelten.[801]

Angesichts des Wirkungszusammenhangs der Vorschrift mit der erbrechtlichen Haftungsordnung des BGB läge eine erbrechtliche Qualifikation nach Art. 23 Abs. 2 lit. g) EuErbVO nahe. Allerdings ordnet Art. 4 Abs. 2 Satz 2 lit. g) EuInsVO (Art. 7 Abs. 2 Satz 2 lit. g) EuInsVO 2017) ausdrücklich an, dass es sich hinsichtlich der im Insolvenzverfahren geltend zu machenden Forderungen um insolvenzrechtliche Fragestellungen handelt.[802] Dies gilt auch für § 326 Abs. 1 InsO.

In ähnlicher Weise verhält es sich mit § 326 Abs. 2 und Abs. 3 InsO. Nach § 326 Abs. 2 InsO kann der Erbe die Forderung eines Nachlassgläubigers, die er pflichtwidrig mit Mitteln des Nachlasses oder eigenen Mitteln beglichen hat, im Nachlassinsolvenzverfahren im eigenen Namen geltend machen.[803] Hierdurch soll eine Haftungserleichterung des Erben bewirkt werden, weil dieser dem Nachlass für die Zahlung in voller Höhe persönlich nach § 1978 Abs. 1 BGB ersatzpflichtig ist, sofern sie aus Nachlassmitteln getätigt wurde.[804] Hat der Erbe dagegen eigene Mittel aufgewandt, stehen ihm in diesem Fall keine Ersatzansprüche gegen den Nachlass nach § 1978 Abs. 3 BGB zu, obwohl die Nachlassgläubiger durch die weggefallenen Verbindlichkeiten bereichert sind.[805] Diese Regelungen bilden folglich eine Einheit mit der Haftung des Erben für seine Verwaltungstätigkeit bis zur Insolvenzeröffnung nach § 1978 Abs. 1 BGB. Hierbei handelt es sich um einen erbrechtlichen Regelungskomplex.

Dennoch hat eine erbrechtliche Qualifikation dieser Vorschrift aufgrund der Anordnung nach Art. 4 Abs. 2 Satz 2 lit. g) EuInsVO (Art. 7 Abs. 2 Satz 2 lit. g) EuInsVO 2017) zu unterbleiben. Vorschriften über die im Insolvenzverfahren geltend zu machenden Forderungen unterliegen hiernach ausdrücklich dem Insolvenzstatut. Der erbrechtliche Regelungszusammenhang tritt demgegenüber zurück.

---

801 Diese Rechtsfolge tritt mit Eröffnung des Nachlassinsolvenzverfahrens automatisch ein, Staudinger/*Marotzke*, § 1976 BGB Rn. 1.

802 MünchKomm-InsO/*Reinhart*, Art. 4 EuInsVO Rn. 36; K.Schmidt/*Brinkmann*, Art. 4 EuInsVO Rn. 32; MünchKomm-BGB/*Kindler*, Art. 4 EuInsVO Rn. 37.

803 Es findet ein gesetzlicher Forderungsübergang auf den Erben statt, Kübler/Prütting/Bork/*Holzer*, § 326 InsO Rn. 4; MünchKomm-InsO/*Siegmann*, § 326 InsO Rn. 6; Uhlenbruck/*Lüer*, § 326 InsO Rn. 3.

804 MünchKomm-InsO/*Siegmann*, § 326 InsO Rn. 1.

805 Uhlenbruck/*Lüer*, § 326 InsO Rn. 4.

Gleiches gilt in Bezug auf § 326 Abs. 3 InsO. Nach dieser Norm kann der Erbe, der gegenüber einem einzelnen Gläubiger unbeschränkt haftet, dessen Forderung im Nachlassinsolvenzverfahren geltend machen, sofern der Gläubiger sie nicht geltend macht. Die Vorschrift bewirkt eine weitere Privilegierung des Erben, der dem betreffenden Gläubiger gegenüber unbeschränkt haftet. Daneben bewirkt die Norm auch eine Gleichbehandlung der Gläubiger, indem die dem Gläubiger zustehende Forderung durch den haftenden Erben geltend gemacht werden kann.[806] Diese Funktion ist allerdings nachrangig zu dem Zweck, den haftenden Erben zu privilegieren, weil es regelmäßig im Belieben der Gläubiger steht, ihre Forderung im Insolvenzverfahren geltend zu machen oder nicht.[807]

Die Nähe zur erbrechtlichen Haftungsordnung tritt auch hier wegen der Qualifikationsanordnung in Art. 4 Abs. 2 Satz 2 lit. g) EuInsVO (Art. 7 Abs. 2 Satz 2 lit. g) EuInsVO 2017) zurück.

§ 326 InsO ist damit insgesamt als insolvenzrechtlich zu qualifizieren.

(9) Zurückgewährte Gegenstände, § 328 InsO

Nach § 328 Abs. 1 InsO darf dasjenige, was infolge der Anfechtung einer vom Erblasser oder ihm gegenüber vorgenommenen Rechtshandlung zur Masse gelangt, nicht für die Befriedigung der in § 327 Abs. 1 InsO genannten Verbindlichkeiten verwandt werden.

Die Vorschrift steht im engen Bezug zur Anfechtungsvorschrift des § 322 InsO sowie der generellen Nachrangigkeit von unentgeltlich Begünstigten, insbesondere den Vermächtnisnehmern und den Pflichtteilsberechtigten im Nachlassinsolvenzverfahren nach § 327 Abs. 1 InsO. § 328 Abs. 1 InsO erweitert die insolvenzrechtliche Benachteiligung der nachrangigen Gläubiger dahingehend, dass ihnen Massezuflüsse aus bestimmten Anfechtungskonstellationen nicht zugute kommen sollen. Darüber hinaus lässt sich diese Benachteiligung auch auf die systematische Erwägung stützen, dass die in § 327 Abs. 1 InsO genannten Gläubiger zum Zeitpunkt der anfechtbaren Rechtshandlung noch gar keine Gläubiger waren, weil der Erbfall noch nicht eingetreten war.[808]

---

806 MünchKomm-InsO/*Siegmann*, § 326 InsO Rn. 7; Uhlenbruck/*Lüer*, § 326 InsO Rn. 5; Nerlich/Römer-mann/*Riering*, § 326 InsO Rn. 6.

807 Diese Situation ist insoweit mit der Haftung mehrerer Personen nach § 43 InsO vergleichbar, hinsichtlich derer es dem Gläubiger freigestellt ist, seine Forderung gegen jede Person ist voller Höhe zu verfolgen.

808 MünchKomm-InsO/*Siegmann*, § 328 InsO Rn. 1; Uhlenbruck/*Lüer*, § 328 InsO Rn. 1.

Im Ergebnis bewirkt die Norm damit ein Verteilungsverbot zulasten der gemäß § 327 Abs. 1 InsO nachrangigen Gläubiger. Die Verteilung des Erlöses aus der Verwertung der Insolvenzmasse wie auch die Rangfolge der Forderungen unterfällt gemäß Art. 4 Abs. 2 Satz 2 lit. i) EuInsVO (Art. 7 Abs. 2 Satz 2 lit. i) EuInsVO 2017) dem Insolvenzstatut.[809] § 328 Abs. 1 InsO ist demnach als insolvenzrechtlich zu qualifizieren.

In ähnlicher Weise verhält es sich mit der Vorschrift des § 328 Abs. 2 InsO. Hiernach haftet der Erbe denjenigen Gläubigern, die im Wege des Aufgebotsverfahrens ausgeschlossen sind oder denen gegenüber er die Verschweigungseinrede nach § 1974 BGB geltend machen kann, aus den Vorschriften über die Haftung nach den §§ 1978 bis 1980 BGB nur nach Bereicherungsgrundsätzen.

Hintergrund der Norm ist eine Gleichstellung dieser Gläubiger innerhalb und außerhalb des Insolvenzverfahrens, weil der Erbe diesen Gläubigern gegenüber außerhalb des Insolvenzverfahrens ebenfalls nur nach Bereicherungsrecht hinsichtlich des noch vorhandenen Nachlassvermögens haftet, §§ 1973 Abs. 1 Satz 1, 1974 Abs. 1 Satz 1 BGB.[810] Die ausgeschlossenen Gläubiger sollen durch die Eröffnung des Nachlassinsolvenzverfahrens nicht besser gestellt werden, nur weil mit der Insolvenzeröffnung die besonderen Haftungsansprüche gegen den Erben nach den §§ 1978, 1980 BGB greifen. Der Normzweck erklärt sich danach aus dem Zusammenhang mit den Vorschriften über die Erbenhaftung, die nach Art. 23 Abs. 2 lit. g) EuErbVO dem Erbstatut angehören.

Dennoch greift auch an dieser Stelle die besondere Qualifikationsanweisung des Art. 4 Abs. 2 Satz 2 lit. i) EuInsVO (Art. 7 Abs. 2 Satz 2 lit. i) EuInsVO 2017), wonach die Verteilung des Erlöses aus der Verwertung der Insolvenzmasse und der Rang der Forderungen dem Insolvenzstatut unterliegen sollen. Indem § 328 Abs. 2 InsO die Ersatzpflicht des Erben im Nachlassinsolvenzverfahren zulasten der ausgeschlossenen Gläubiger auf die Herausgabepflicht nach den Vorschriften einer ungerechtfertigten Bereicherung beschränkt, berührt die Vorschrift unmittelbar den Einzug und die Verteilung des zur Insolvenzmasse zählenden Vermögens. Zugleich wird hierdurch der in § 327 Abs. 3 InsO angeordnete besondere Nachrang der ausgeschlossenen Gläubiger ergänzt. Damit ist § 328 Abs. 2 InsO als insolvenzrechtlich zu qualifizieren.

---

809 K.Schmidt/*Brinkmann*, Art. 4 EuInsVO Rn. 32; MünchKomm-InsO/*Reinhart*, Art. 4 EuInsVO Rn. 40; MünchKomm-BGB/*Kindler*, Art. 4 EuInsVO Rn. 42; Uhlenbruck/*Lüer*, Art. 4 EuInsVO Rn. 56.

810 MünchKomm-InsO/*Siegmann*, § 328 InsO Rn. 1.

(10) Nacherbfolge, § 329 InsO

§ 329 InsO ordnet an, dass die §§ 323, 324 Abs. 1 Nr. 1 sowie § 326 Abs. 2 und Abs. 3 InsO auch für den Vorerben nach dem Eintritt der Nacherbfolge gelten.

Hierdurch wird erreicht, dass der Vorerbe (oder dessen Erben) auch nach dem Eintritt der Nacherbfolge seine Rechte aus den §§ 324 Abs. 1 Nr. 1, 326 Abs. 2 und Abs. 3 InsO im Nachlassinsolvenzverfahren nicht verliert, sondern weiterhin geltend machen kann. Seine Erbenstellung hat der Vorerbe jedoch nach § 2139 BGB verloren, wodurch der Nacherbe die Verfahrensstellung als Schuldner übernimmt.[811]

Die Norm betrifft damit in erster Linie erbrechtliche Ansprüche, die dem Vorerben zu seinem Schutz auch nach einer Insolvenzeröffnung verbleiben sollen. Allerdings steht hierhinter auch der insolvenzrechtliche Gedanke, dass ein gegebenenfalls bestehender Aufwendungsersatzanspruch des Vorerben aus seiner Zeit der Nachlassverwaltung als bevorrechtigte Masseverbindlichkeit bestehen bleiben soll und nicht mit dem Eintritt der Nacherbfolge erlischt. Im Gegenzug darf sich der Vorerbe nicht auf ein gegebenenfalls bestehendes Zurückbehaltungsrecht berufen. Damit ist nicht die erbrechtliche Binnenhaftung zwischen Vorerbe und Nacherbe betroffen (etwa aus den §§ 2124 ff. BGB), sondern die Möglichkeit des Vorerben, gegebenenfalls bestehende Ersatzansprüche im Nachlassinsolvenzverfahren geltend zu machen. Im Nachlassinsolvenzverfahren ist die Rangordnung der Gläubiger jedoch derart geregelt, dass Verbindlichkeiten aus der Verwaltungstätigkeit des Nachlasses allgemein gegenüber den sonstigen Verbindlichkeiten bevorrechtigt sind.[812]

Die Rangordnung der Gläubiger ist eine insolvenzrechtliche Frage, Art. 4 Abs. 2 Satz 2 lit. i) EuInsVO (Art. 7 Abs. 2 Satz 2 lit. i) EuInsVO 2017). Darüber hinaus trifft § 329 InsO Regelungen hinsichtlich der im Insolvenzverfahren geltend zu machenden Forderungen, die nach Art. 4 Abs. 2 Satz 2 lit. g) EuInsVO (Art. 7 Abs. 2 Satz 2 lit. g) EuInsVO 2017) insolvenzrechtlich sind.

§ 329 InsO ist folglich als insolvenzrechtlich zu qualifizieren.

811 Braun/*Bauch*, § 329 InsO Rn. 2; Andres/Leithaus/*Andres*, § 329 InsO Rn. 1; Kübler/Prütting/Bork/*Holzer*, § 329 InsO Rn. 2. *Siegmann* möchte die Vorschrift darüber hinaus auch auf den Fall des Eintritts der Nacherfolge vor der Eröffnung des Nachlassinsolvenzverfahrens ausdehnen, MünchKomm-InsO/*Siegmann*, § 329 InsO Rn. 4.

812 Siehe § 324 Abs. 1 Nr. 4 bis 6 InsO.

(11) Erbschaftskauf, § 330 InsO

Die Vorschrift des § 330 Abs. 1 InsO erlaubt die Eröffnung eines Nachlassinsolvenzverfahrens auch über eine bereits veräußerte Erbschaft mit der Maßgabe, dass der Käufer im Verfahren die Rechte und Pflichten des Erben übernimmt. Nach § 330 Abs. 3 InsO gilt dies entsprechend auch für Weiterveräußerungen. § 330 Abs. 2 Satz 1 und 2 InsO sehen darüber hinaus ein Antragsrecht des Erben vor, obwohl er die Erbschaft bereits veräußert hat. Seiner Ansprüche nach den §§ 323, 324 Abs. 1 Nr. 1 und 326 InsO geht der Erbe ferner durch die Veräußerung nicht verlustig, § 330 Abs. 2 Satz 3 InsO.

Diese Spezialregelungen beruhen auf dem Grundgedanken, dass durch den Erbschaftskauf die Haftung des Verkäufers nicht beschränkt wird, sondern der Käufer den Gläubigern gegenüber zusätzlich als zweiter Schuldner haftet, § 2382 Abs. 1 Satz 1 BGB. Ein etwaiger Ausgleich hat damit im Innenverhältnis stattzufinden, § 2378 BGB.[813] Für die Zwecke des Nachlassinsolvenzverfahrens wird jedoch nur auf den Käufer abgestellt, der die Stellung des Erben insoweit vollständig übernimmt.[814]

Die Vorschrift des § 330 InsO steht damit erkennbar in Zusammenhang mit den erbrechtlichen Vorschriften über den Erbschaftskauf der §§ 2371 ff. BGB. Trotz der Nähe zum Erbrecht kommt ihr aber insolvenzrechtlicher Gehalt zu, indem die Eröffnung eines Nachlassinsolvenzverfahrens über eine veräußerte Erbschaft als zulässig erachtet wird und hierfür Folgeregelungen getroffen werden. Insoweit greift die insolvenzrechtliche Qualifikationsanordnung des Art. 4 Abs. 2 Satz 1 EuInsVO (Art. 7 Abs. 2 Satz 1 EuInsVO 2017), wonach die Vorschriften über die Eröffnung und die Durchführung des Insolvenzverfahrens dem Insolvenzstatut unterliegen. Indem der veräußernde Erbe nach § 330 Abs. 2 Satz 3 InsO auch weiterhin Ansprüche gegen den Nachlass behält, berührt die Norm darüber hinaus auch die Rangordnung der Gläubiger gemäß Art. 4 Abs. 2 Satz 2 lit. i) EuInsVO (Art. 7 Abs. 2 Satz 2 lit. i) EuInsVO 2017), die insolvenzrechtlicher Natur ist.

§ 330 InsO ist damit als insolvenzrechtlich zu qualifizieren.

---

813 Die Nachlassgläubiger erfahren durch den Erbschaftskauf währenddessen eine Besserstellung durch eine Erweiterung ihrer Rechte, MünchKomm-BGB/*Musielak*, § 2383 BGB Rn. 1.

814 MünchKomm-InsO/*Siegmann*, § 330 InsO Rn. 4; Kübler/Prütting/Bork/*Holzer*, § 330 InsO Rn. 3.

(12) Insolvenzantragspflicht und Insolvenzverschleppungshaftung nach § 1980 Abs. 1 BGB

Die Pflicht des Erben zur unverzüglichen Beantragung eines Nachlassinsolvenzverfahrens bei Kenntniserlangung von der Zahlungsunfähigkeit oder der Überschuldung des Nachlasses nach § 1980 Abs. 1 Satz 1 BGB, die gleichermaßen auch einen bestellten Nachlassverwalter trifft (§ 1985 Abs. 2 Satz 2 BGB), kann erhebliche Auswirkungen haben. Verletzt der Erbe diese Pflicht auch nur fahrlässig (§ 1980 Abs. 2 Satz 1 BGB), so ist er den Nachlassgläubigern gemäß § 1980 Abs. 1 Satz 2 BGB zum Ersatz des hieraus entstehenden Schadens verpflichtet.[815]

Zweck der Norm ist die Sicherstellung der Gläubigerbefriedigung.[816] Dem Erben soll im Fall der Unzulänglichkeit des Nachlassvermögens die Verwaltungsbefugnis genommen werden, um weitere Masseschmälerungen zu vermeiden. Zögert der Erbe die Insolvenzeröffnung mindestens fahrlässig hinaus, so soll den Gläubigern hierdurch kein Schaden entstehen, weil der Erbe die verursachte Schmälerung aus seinem Privatvermögen ersetzen muss.

Einen ähnlichen Regelungszweck weist die allgemeine Insolvenzantragspflicht in § 15a Abs. 1 InsO auf, die für juristische Personen sowie Personengesellschaften ohne persönliche Gesellschafterhaftung gilt, sofern keine vorrangigen Spezialregelungen bestehen.[817] Allen Insolvenzantragspflichten gemein ist dabei die Beschränkung des Anwendungsbereichs auf Vermögensmassen, die den Gläubigern nur beschränkt haften.[818] Da nach der Systematik des deutschen Erbrechts gemäß § 1975 BGB mit der Eröffnung des Nachlassinsolvenzverfahrens den Gläubigern gegenüber ebenfalls eine Haftungsbeschränkung auf das

---

815 Dies gilt jedoch nicht, sofern der Erbe den Gläubigern gegenüber unbeschränkbar haftet, § 2013 Abs. 1 Satz 1 BGB. In diesem Fall besteht für eine Insolvenzverschleppungshaftung des Erben kein Bedürfnis, weil er die Möglichkeit der Haftungsbeschränkung gegenüber den Gläubigern bereits verloren hat.

816 Bamberger/Roth/*Lohmann*, § 1980 BGB Rn. 1; MünchKomm-BGB/*Küpper*, § 1980 BGB Rn. 1; Staudinger/*Marotzke*, § 1975 BGB Rn. 8; K.Schmidt/*K.Schmidt*, § 320 InsO Rn. 8.

817 K.Schmidt/*K.Schmidt*, § 320 InsO Rn. 7. § 15a InsO soll die zuvor spezialgesetzlich geregelten Insolvenzantragspflichten bei juristischen Personen ersetzen, siehe RegBegr des MoMiG zu § 15a InsO, BT-Drucks. 16/6140, S. 55; Uhlenbruck/*Hirte*, § 15a InsO Rn. 2. Weiterhin spezialgesetzlich geregelt bleiben aber die Insolvenzantragspflichten nach §§ 42 Abs. 2 BGB (Verein), 86 Satz 1, 42 Abs. 2 BGB (Stiftung) und 89 Abs. 2, 42 Abs. 2 BGB (Körperschaften, Anstalten und Stiftungen des öffentlichen Rechts).

818 Uhlenbruck/*Hirte*, § 15a InsO Rn. 1; Kübler/Prütting/Bork/*Preuß*, § 15a InsO Rn. 2; Andres/Leithaus/*Leit-haus*, § 15a InsO Rn. 1.

Nachlassvermögen eintritt, fügt sich § 1980 Abs. 1 BGB von seiner Schutzrichtung insoweit in die Reihe der anderen Insolvenzantragspflichten ein. Dennoch ist die Vorschrift nicht verzichtbar, weil der Nachlass im deutschen Recht keine juristische Person darstellt, sodass § 15a InsO nicht eingreift.

Die EuInsVO/EuInsVO 2017 führen die Insolvenzantragspflicht und die Insolvenzverschleppungshaftung in dem Beispielkatalog nach Art. 4 Abs. 2 Satz 2 EuInsVO (Art. 7 Abs. 2 Satz 2 EuInsVO 2017) nicht auf.

Für die Insolvenzantragspflicht des Gesellschaftsrechts ist umstritten, ob diese dem Insolvenzstatut oder dem Gründungsstatut der Gesellschaft zuzuordnen ist; überwiegend wird sie als insolvenzrechtlich qualifiziert.[819] Die mit der Insolvenzantragspflicht eng verbundene Insolvenzverschleppungshaftung des Geschäftsführers einer GmbH nach § 64 Satz 1 und Satz 2 GmbHG ist vom *EuGH* ausdrücklich als insolvenzrechtlich qualifiziert worden.[820] Zur Begründung führt der *EuGH* aus, dass zu den Voraussetzungen für die Eröffnung eines Insolvenzverfahrens nach Art. 4 Abs. 2 Satz 1 EuInsVO (Art. 7 Abs. 2 Satz 1 EuInsVO 2017) auch die Regeln für die Bestimmung der zur Stellung des Antrags Verpflichteten Personen sowie die Folgen eines Verstoßes gegen diese Verpflichtung zu zählen seien.[821] Dies gebiete die praktische Wirksamkeit des Art. 4 Abs. 2 Satz 1 EuInsVO (Art. 7 Abs. 2 Satz 1 EuInsVO 2017). Hieraus lässt sich folgern, dass nach dem *EuGH* auch die Insolvenzantragspflicht des Gesellschaftsrechts als insolvenzrechtlich zu qualifizieren ist.[822]

Im Hinblick auf die Insolvenzantragspflicht und die Insolvenzverschleppungshaftung des Erben im Nachlassinsolvenzverfahren stellen sich diese Abgrenzungsprobleme in vergleichbarer Weise, nur geht es hier um die Abgrenzung

---

819 Siehe hierzu im Einzelnen K.Schmidt/*Brinkmann*, Art. 4 EuInsVO Rn. 11; MünchKomm-InsO/*Reinhart*, Art. 4 EuInsVO Rn. 8; MünchKomm-BGB/Kindler, Art. 4 EuInsVO Rn. 63; MünchKomm-AktG/*Altmeppen/Ego*, Europ. Niederlassungsfreiheit Rn. 391 ff.; Uhlenbruck/*Lüer*, Art. 4 EuInsVO Rn. 14; Haß/Huber/Gruber/Heiderhoff/*Haß/Herweg*, Art. 4 EuInsVO Rn. 15; Pannen/*Pannen/Riedemann*, Art. 4 EuInsVO Rn. 83.

820 EuGH, Urteil v. 10.12.2015, Rs. C-594/14, „Kornhaas", Rn. 19 (noch zu § 64 Abs. 2 GmbHG a.F.). Ebenfalls für eine insolvenzrechtliche Qualifikation BGH, Urteil v. 15.3.2016, II ZR 119/14, NZI 2016, S. 461; KG, Urteil v. 24.9.2009, 8 U 250/08, NZI 2010, S. 542; LG Kiel, Urteil v. 20.4.2006, 10 S 44/05; NZI 2006, S. 482; K.Schmidt/*Brinkmann*, Art. 4 EuInsVO Rn. 12; MünchKomm-InsO/*Reinhart*, Art. 4 EuInsVO Rn. 7; *Mankowski*, NZG 2016, S. 282. Für eine gesellschaftsrechtliche Qualifikation dagegen *Poertzgen*, NZI 2013, S. 809; *Mock*, NZI 2015, S. 88.

821 EuGH, Urteil v. 10.12.2015, Rs. C-594/14, „Kornhaas", Rn. 19.

822 MünchKomm-InsO/*Reinhart*, Art. 4 EuInsVO Rn. 8.

zwischen Insolvenzrecht und Erbrecht. Aufgrund der unterschiedlichen Regelungszusammenhänge können die Wertungen des Gesellschaftsrechts nicht ohne Weiteres übertragen werden.

Zu fragen ist damit, ob die Insolvenzantragspflicht und die Insolvenzverschleppungshaftung des Erben eher Teil der insolvenzrechtlichen oder aber der erbrechtlichen Haftungsordnung sind. Die praktischen Auswirkungen des Zuordnungsergebnisses sind enorm. Geht man wie hier davon aus, dass das Nachlassinsolvenzverfahren auch mit einem fremden Erbrecht durchgeführt werden kann, so findet die Insolvenzantragspflicht im Fall der Zuordnung zum Insolvenzstatut Anwendung, auch wenn das anwendbare Erbrecht eine solche Verpflichtung des Erben nicht kennen sollte. Der nach einem fremden Erbrecht Erbende würde sich bei einer Verfahrenseröffnung in Deutschland damit möglicherweise Haftungsansprüchen wegen Insolvenzverschleppung ausgesetzt sehen, die ihm nach dem heimischen Erbrecht unbekannt sind.

Für beide möglichen Zuordnungen sprechen gewichtige Gründe. Eine erbrechtliche Qualifikation kann für sich in Anspruch nehmen, dass sich die Insolvenzantragspflicht innerhalb eines differenzierten erbrechtlichen Pflichtenmodells direkt an den Erben richtet und damit das Verhältnis zwischen dem Erben und den Nachlassgläubigern regelt. Diesen gegenüber ist der Erbe ersatzpflichtig, wenn er den Insolvenzantrag verspätet stellt. Das Verhältnis zwischen Erben und Nachlassgläubigern ist dabei ein typisch erbrechtlicher Regelungsgegenstand, wie ein Blick auf die Verantwortlichkeit des Erben für seine Verwaltung des Nachlasses nach § 1978 Abs. 1 BGB zeigt.[823] Es wird hier aber bereits die andere Schutzrichtung von § 1980 Abs. 1 BGB gegenüber § 1978 Abs. 1 BGB deutlich. Während die Verwalterhaftung des Erben in erster Linie Verfügungen über das Nachlassvermögen erfasst, geht es bei § 1980 Abs. 1 BGB um die umfassende Sanktionierung einer verspäteten Insolvenzantragstellung, sodass auch nutzlose Aufwendungen der Nachlassgläubiger durch erfolglose Zwangsvollstreckungsmaßnahmen oder eingeleitete Prozesse hiervon erfasst werden.[824] Ein einheitliches Haftungsgefüge mit § 1978 Abs. 1 BGB besteht insofern nicht.

Darüber hinaus könnte auch die Abhängigkeit der Insolvenzantragspflicht von erbrechtlichen Rechtsverhältnissen auf eine erbrechtliche Einordnung hindeuten, da sie hierdurch nicht uneingeschränkt Anwendung findet. So besteht die Insolvenzantragspflicht erst, wenn der Erbe die Erbschaft angenommen

---

823 Zur erbrechtlichen Qualifikation von § 1978 Abs. 1 BGB siehe unten Seite 215.

824 MünchKomm-BGB/*Küpper*, § 1980 BGB Rn. 10; Staudinger/*Marotzke*, § 1980 BGB Rn. 16.

hat und auch nur, wenn der Erbe nicht bereits unbeschränkbar haftet.[825] Ist der Nachlass dagegen dürftig, entfällt auch die Insolvenzantragspflicht.[826] Diesem Regelungsgefüge kann allerdings der allgemeine Gedanke entnommen werden, dass eine Insolvenzantragspflicht nur dann bestehen soll, wenn der Erbe durch die Annahme der Erbschaft die endgültige Verantwortlichkeit für den Nachlass übernommen hat. Für die Nachlassgläubiger ist dann eine Haftungsbeschränkung des Erben nach § 1975 BGB durch eine spätere Insolvenzeröffnung zu befürchten. Aus dem gleichen Grund besteht auch für den Nachlassverwalter eine Insolvenzantragspflicht, weil die den Nachlassgläubigern zur Verfügung stehende Haftungsmasse in diesem Fall bereits seit der Anordnung der Nachlassverwaltung beschränkt ist.[827] Hierbei handelt es sich um eine Interessenlage, die typisch für das Bestehen einer Insolvenzantragspflicht zum Schutz der Gläubiger in einem Insolvenzverfahren ist.

Die Gewährleistung des Gläubigerschutzes ist demgegenüber das wesentliche Argument für die Qualifikation der Insolvenzantragspflicht als insolvenzrechtlich. Der Zweck des Nachlassinsolvenzverfahrens liegt in der gemeinschaftlichen Befriedigung der Nachlassgläubiger, § 1 Satz 1 InsO. Je frühzeitiger bei einer beschränkten Vermögensmasse eine Insolvenzeröffnung herbeigeführt wird, desto besser wird die Quote für die Gläubiger sein. Es liegt also im Interesse der Gläubiger, dem Erben oder Nachlassverwalter bei Vorliegen eines Insolvenzgrundes den Zugriff auf das Nachlassvermögen zu entziehen, um Masseschmälerungen zu verhindern. Die Verschleppungshaftung des Erben kommt dabei nach ihrer Schutzrichtung einem Zahlungsverbot gleich, wie es auch als insolvenzrechtliche Sicherungsmaßnahme im Vorfeld einer Insolvenzeröffnung typisch ist.[828]

Insolvenzantragspflicht und Verschleppungshaftung des Erben sind damit unmittelbar auf die Herbeiführung eines Insolvenzverfahrens gerichtet. Hierin liegt zugleich der wesentliche Unterschied zu § 1978 Abs. 1 BGB. Die Verwaltungshaftung des Erben nach § 1978 Abs. 1 BGB ist nicht auf Insolvenzsituationen

825 MünchKomm-BGB/*Küpper*, § 1980 BGB Rn. 2; Staudinger/*Marotzke*, § 1980 BGB Rn. 4.

826 Siehe § 1990 Abs. 1 Satz 1 BGB. Bei der Frage der Beurteilung der Dürftigkeit des Nachlasses sind Haftungsansprüche nach § 1980 BGB allerdings zu berücksichtigen, Staudinger/*Marotzke*, § 1991 BGB Rn. 8.

827 MünchKomm-BGB/*Küpper*, § 1975 BGB Rn. 1.

828 So zum insoweit vergleichbaren Fall der Insolvenzverschleppungshaftung im Gesellschaftsrecht MünchKomm-BGB/*Kindler*, Art. 4 EuInsVO Rn. 63 ff.; MünchKomm-InsO/*Reinhart*, Art. 4 EuInsVO Rn. 8.

beschränkt, sondern findet ebenso bei der Nachlassverwaltung Anwendung. Auch dort tritt eine Haftungsbeschränkung ein, weshalb sich der Erbe für seine Verwaltungshandlungen zwischen Erbfall und dem Eintritt der Haftungsbeschränkung rechtfertigen muss. Schmälerungen des Nachlassvermögens durch pflichtwidrige Handlungen des Erben sind dabei auszugleichen. Von der Zulänglichkeit des Nachlasses zur Befriedigung aller Nachlassverbindlichkeiten ist die Haftungsvorschrift des § 1978 Abs. 1 BGB demnach unabhängig. Demgegenüber setzen Insolvenzantragspflicht und Verschleppungshaftung zwingend das Vorliegen eines Insolvenzgrundes voraus. Zweckrichtung von § 1980 Abs. 1 BGB ist daher nicht die Beurteilung von Verwaltungshandlungen des Erben, sondern die Sicherung der späteren Insolvenzmasse. Diese ist entscheidend für die Befriedigungsaussichten der Gläubiger und damit für den Erfolg des Nachlassinsolvenzverfahrens. Insolvenzantragspflicht und Verschleppungshaftung dienen dem unmittelbar.

Insolvenzantragspflicht und Verschleppungshaftung nach § 1980 Abs. 1 BGB haben demnach beide eine insolvenzrechtliche Zielrichtung, indem sie den Erben haftungsbewehrt zur Abwicklung des Nachlasses im Nachlassinsolvenzverfahren zwingen. Sie sind beide auf die Eröffnung eines Insolvenzverfahrens gerichtet. Damit fallen sie nach der Rechtsprechung des *EuGH* unter den Normzweck von Art. 4 Abs. 2 Satz 1 EuInsVO (Art. 7 Abs. 2 Satz 1 EuInsVO 2017).

Die Insolvenzantragspflicht und die Verschleppungshaftung nach § 1980 Abs. 1 BGB sind daher einheitlich als insolvenzrechtlich zu qualifizieren.[829]

3. *Das Erbstatut*

Während für die insolvenzrechtliche Qualifikation Art. 4 EuInsVO (Art. 7 EuInsVO 2017) maßgeblich ist, richtet sich die erbrechtliche Qualifikation im Anwendungsbereich der EuErbVO nach Art. 21–23 EuErbVO. Die kollisionsrechtliche Grundnorm des Art. 21 Abs. 1 EuErbVO ordnet hierbei an, dass „die gesamte Rechtsnachfolge von Todes wegen“ dem Recht desjenigen Staates unterliegen soll, in dem der Erblasser zum Zeitpunkt seines Todes seinen gewöhnlichen Aufenthalt hatte.[830]

829 Ebenso (zumindest für die Insolvenzantragspflicht) *Mankowski*, ZIP 2011, S. 1503, jedoch ohne nähere Begründung; in diese Richtung bereits auch *Trunk*, Internationales Insolvenzrecht (1998), S. 104. Die hieraus folgenden Probleme im Fall der Anwendbarkeit eines fremden Erbstatuts werden im Dritten Teil der Arbeit behandelt, Seite 255.

830 Hierzu Palandt/*Thorn*, Art. 23 EuErbVO Rn. 3 ff.

Der Verordnungsgeber der EuErbVO hat dieses Anknüpfungsmoment bewusst gewählt, weil der Ort des letzten gewöhnlichen Aufenthalts regelmäßig dem Mittelpunkt der Lebensinteressen des Erblassers entspreche und sich daher häufig auch der überwiegende Teil des Nachlassvermögens in diesem Staat befinde.[831] Zudem würden hierdurch die Integration im Mitgliedstaat des gewöhnlichen Aufenthalts begünstigt und Diskriminierungen aufgrund der Staatsangehörigkeit vermieden.[832] Zur Feststellung des letzten gewöhnlichen Aufenthalts verlangt die Verordnung eine umfassende Würdigung der gesamten Lebensumstände des Erblassers in den letzten Jahren vor seinem Tod, um den Staat mit der engsten Verbindung zum Erblasser zu ermitteln.[833] Lässt sich ein gewöhnlicher Aufenthalt des Erblassers nicht bestimmen, dürfen weitere, entferntere Indizien wie die Staatsangehörigkeit des Erblassers und die Belegenheit der Nachlassgegenstände herangezogen werden, um den Staat mit der engsten Verbindung zu bestimmen.[834]

Für die Fälle, in denen die Regelanknüpfung an den letzten gewöhnlichen Aufenthalt des Erblassers eine offensichtlich engere Verbindung zu einem anderen Staat missachten würde, stellt Art. 21 Abs. 2 EuErbVO eine Ausweichklausel bereit. Als subsidiäres Anknüpfungsmoment ist diese allerdings nicht gedacht, vielmehr soll sie lediglich in Ausnahmefällen eine Korrektur ermöglichen.[835]

Der Respekt vor den kulturellen Bindungen des Erblassers an sein Heimatrecht macht es zu einem zentralen Anliegen der EuErbVO, dem Erblasser zu Lebzeiten die Möglichkeit einer Rechtswahl einzuräumen und damit in diesem Fall die Anknüpfung an das Recht des letzten gewöhnlichen Aufenthaltes zurücktreten zu lassen.[836] Gewährt wird in Art. 22 Abs. 1 EuErbVO indes nur die Möglichkeit der Wahl des Heimatrechts des Erblassers. Hierdurch soll ein Ausgleich

---

831 KOM (2009) 154 endg., S. 6.

832 KOM (2009) 154 endg., S. 6 f.

833 Erwägungsgrund 23 f. EuErbVO, hierzu Palandt/*Thorn*, Art. 21 EuErbVO Rn. 5 f. Das Erfordernis der Gesamtwürdigung der Lebensumstände des Erblassers wurde auf Betreiben des Europäischen Parlaments in die Verordnung aufgenommen, siehe Parlamentsdokument Nr. A7-0045/2012 v. 13.3.2012.

834 Erwägungsgrund 24 EuErbVO, hierzu Palandt/*Thorn*, Art. 21 EuErbVO Rn. 6.

835 Erwägungsgrund 25 EuErbVO. Näher Palandt/*Thorn*, Art. 21 EuErbVO Rn. 2; Hüßtege/Mansel/*Looschelders*, Art. 21 EuErbVO Rn. 10.

836 KOM (2009) 154 endg., S. 7; hierfür hatte sich auch bereits das Europäische Parlament in seinen Empfehlungen an die Kommission zum Erb- und Testamentsrecht ausgesprochen, ABl. EU Nr. C 314 v. 21.12.2006, S. 342. Hierzu Palandt/*Thorn*, Art. 22 EuErbVO Rn. 1; MünchKomm-BGB/*Dutta*, Art. 22 EuErbVO Rn. 1.

zwischen Wahlfreiheit und Schutz der Angehörigen gewährleistet werden, um diese nicht gänzlich schutzlos zu stellen.[837] Insbesondere das Pflichtteilsrecht soll von dem Erblasser nicht mutwillig umgangen werden können, indem er eine Rechtswahl zugunsten einer entsprechenden dritten Rechtsordnung trifft.[838] Lässt hingegen das Heimatrecht des Erblassers derartige Verfügungen zu Lebzeiten zu, soll die EuErbVO dem nicht entgegenstehen, weil ausreichend Vorhersehbarkeit gewährleistet ist.

a) Reichweite des Erbstatuts und verordnungsautonome Qualifikation

Die EuErbVO enthält in Art. 23 Abs. 2 EuErbVO eine Aufzählung derjenigen Tatbestände, die in jeden Fall dem Erbstatut unterliegen sollen. Dieser Beispielkatalog ist nicht als abschließend zu verstehen („insbesondere"), sondern soll im Interesse der Rechtssicherheit eine Orientierungshilfe geben.[839]

Die Vorschriften der EuErbVO sind verordnungsautonom auszulegen, um eine einheitliche Anwendung zu gewährleisten.[840] Bei der Qualifikation einer Norm als „erbrechtlich" kommt es demnach ausschließlich auf die Regeln der EuErbVO an, ein Rückgriff auf nationale Vorschriften ist nicht zulässig.[841]

b) Als erbrechtlich zu qualifizierende Vorschriften des Nachlassinsolvenzverfahrens

Durch die insolvenzrechtliche Qualifikation wurde der Umfang des Insolvenzstatuts im Nachlassinsolvenzverfahren bestimmt. Im Folgenden soll der Umfang des Erbstatuts bestimmt werden.

Die Abgrenzung von Insolvenzstatut und Erbstatut im Nachlassinsolvenzverfahren ermöglicht es, diejenigen erbrechtlichen Vorschriften des BGB zu identifizieren, die bei Maßgeblichkeit eines fremden Erbrechts im Nachlassinsolvenzverfahren nicht zur Anwendung kommen. Wie das Nachlassinsolvenzverfahren auch unter einem fremden Erbrecht durchgeführt werden kann, wird im Dritten Teil der Arbeit behandelt.

---

837 KOM (2009) 154 endg., S. 7; siehe auch Erwägungsgrund 38 Satz 2 EuErbVO; Palandt/*Thorn*, Art. 22 EuErbVO Rn. 2; MünchKomm-BGB/*Dutta*, Art. 22 EuErbVO Rn. 1.

838 Palandt/*Thorn*, Art. 22 EuErbVO Rn. 2; MünchKomm-BGB/*Dutta*, Art. 22 EuErbVO Rn. 2.

839 MünchKomm-BGB/*Dutta*, Art. 23 EuErbVO Rn. 5; Palandt/*Thorn*, Art. 23 EuErbVO Rn. 1.

840 MünchKomm-BGB/*Dutta*, Vor Art. 1 EuErbVO Rn. 11; Palandt/*Thorn*, Art. 3 EGBGB Rn. 9a.

841 MünchKomm-BGB/*Dutta*, Art. 23 EuErbVO Rn. 26.

(1) Beschränkung der Erbenhaftung auf das Nachlassvermögen, § 1975 BGB

Nach § 1975 BGB führt die Eröffnung des Nachlassinsolvenzverfahrens dazu, dass sich die Haftung des Erben für die Nachlassverbindlichkeiten auf den Nachlass beschränkt. Gleiches gilt im Fall der Anordnung einer Nachlassverwaltung.

Die Möglichkeit des Erben, seine gegebenenfalls bestehende Haftung für die Verbindlichkeiten des Nachlasses zu beschränken, steht dabei spiegelbildlich zu der logisch vorgelagerten Frage, ob der Erbe für die Nachlassverbindlichkeiten überhaupt zu haften hat. Sofern den Erben schon gar keine Haftung trifft (so etwa in England und Wales), ist die Frage einer Haftungsbeschränkung nicht relevant.

Die gesetzgeberische Entscheidung, ob und wie der Erbe für die Nachlassverbindlichkeiten zu haften hat, bildet die Grundlage der erbrechtlichen Haftungsordnung. Wie die rechtsvergleichende Untersuchung gezeigt hat, gehen auch die anderen Mitgliedstaaten der Europäischen Union von dem Prinzip der Universalsukzession aus, sodass ein Übergang der Schulden des Erblassers grundsätzlich stattfindet. Unterschiede bestehen dagegen bei der Frage des Anfalls der Erbschaft im Wege des Vonselbsterwerbs, der in einigen Mitgliedstaaten nicht vorgesehen ist. Findet ein solcher nicht statt, bedarf es weiterer Maßnahmen, etwa einer Annahmeerklärung des Erben, einer gerichtlichen Erbeinsetzung oder einer abgeschlossenen Nachlassverwaltung, um den Übergang der Erbschaft auf den Erben zu bewirken. Sofern der Erbe dabei nicht schon von Beginn an von einer Haftung für die Nachlassverbindlichkeiten befreit ist, steht ihm zumindest die Möglichkeit offen, die Erbschaft unter dem Vorbehalt der Inventarerrichtung anzunehmen, um eine Haftungsbeschränkung herbeizuführen.

Die Frage der Haftungsbeschränkung für die Nachlassverbindlichkeiten bildet hiernach mit dem jeweiligen Modus des Erbschaftserwerbs eine Einheit. Nach Art. 23 Abs. 2 lit. g) EuErbVO handelt es sich bei der Frage der Haftung für die Nachlassverbindlichkeiten ausdrücklich um einen als erbrechtlich zu qualifizierenden Tatbestand.[842]

---

842 Palandt/*Thorn*, Art. 23 EuErbVO Rn. 2; MünchKomm-BGB/*Dutta*, Art. 23 EuErbVO Rn. 25; Hüßtege/Mansel/*Looschelders*, Art. 23 EuErbVO Rn. 22. Nach Art. 23 Abs. 2 lit. f) EuErbVO gilt das Erbstatut darüber hinaus auch für die Bedingungen der Annahme der Erbschaft, womit insbesondere auch die beschränkte Erbschaftsannahme unter Inventarvorbehalt in denjenigen Rechtsordnungen erfasst wird, die haftungsrechtlich das Inventarmodell vorsehen. In Art. 7 Abs. 2 des Haager Übereinkommens über das auf die Rechtsnachfolge von Todes wegen anzuwendende Recht v. 1.8.1989 war die die Haftung für Nachlassverbindlichkeiten noch nicht ausdrücklich als dem Erbstatut unterfallende Frage genannt. Jedoch wurde sie von den meisten Mitgliedstaaten schon

In Abgrenzung zum Insolvenzrecht besteht ferner auch kein Anlass, an der erbrechtlichen Qualifikation der Haftungsbeschränkung des Erben zu zweifeln, weil der Nachlass den Gläubigern unabhängig hiervon haftet. Ob darüber hinaus auch ein Rückgriff auf den Erben als zusätzlichen Schuldner möglich ist, ist eine außerhalb der Regeln des Insolvenzverfahrens liegende Frage. So erlaubt § 316 Abs. 1 InsO die Insolvenzeröffnung über das Nachlassvermögen unabhängig von der eingetretenen Haftungsbeschränkung des Erben und auch unabhängig von der Frage, ob der Erbe die Erbschaft angenommen hat. Die Insolvenzordnung hindert einen Gläubiger daher auch nicht, die Forderung in voller Höhe gegen jeden Schuldner gesondert geltend zu machen, § 43 InsO.[843]

Des Weiteren besteht mit der Anordnung der Nachlassverwaltung auch eine weitere, von dem Nachlassinsolvenzverfahren unabhängige Möglichkeit, die Haftung des Erben auf den Nachlass zu beschränken. Der Eintritt der Haftungsbeschränkung des Erben nach § 1975 BGB durch die Eröffnung des Nachlassinsolvenzverfahrens ist damit kein insolvenzspezifischer Tatbestand. Vielmehr kommt er nur anlässlich der Insolvenzeröffnung zum Tragen.

Hieraus folgt, dass die in § 1975 BGB angeordnete Beschränkung der Haftung des Erben auf das Nachlassvermögen durch die Eröffnung des Nachlassinsolvenzverfahrens als erbrechtlich zu qualifizieren ist.[844]

(2) Aufhebung von Konfusion und Konsolidation, § 1976 BGB

Nach § 1976 BGB gelten mit der Eröffnung des Nachlassinsolvenzverfahrens die infolge des Erbfalls durch Vereinigung von Recht und Verbindlichkeit (Konfusion) oder von Recht und Belastung (Konsolidation) erloschenen Rechtsverhältnisse als nicht erloschen.

Diese Norm steht im Zusammenhang mit der Haftungsbeschränkung des Erben nach § 1975 BGB und der damit verbundenen Nachlassabsonderung vom Eigenvermögen des Erben. Letztere tritt erst mit Insolvenzeröffnung ein und wirkt daher *ex nunc*.[845] Die haftungsrechtlichen Folgen der Vermögenssonderung

---

als erbrechtlich qualifiziert, siehe *DNotI*, Studie zum internationalen Erbrecht (2004), S. 258.

843 Grundsatz der Doppelberücksichtigung, MünchKomm-InsO/*Bitter*, § 43 InsO Rn. 1. Im Fall der Doppelinsolvenz von Erbe und Nachlass ist freilich die Einschränkung des § 331 InsO zu beachten.

844 Ebenso (noch zu Art. 25 Abs. 1 EGBGB) *Mankowski*, ZIP 2011, S. 1503; *Roth/Pfeuffer*, Nachlassinsolvenzverfahren, S. 390; *Hanisch*, FS Henckel (1995), S. 371, 376.

845 MünchKomm-BGB/*Küpper*, § 1976 BGB Rn. 1; Staudinger/*Marotzke*, § 1975 BGB Rn. 10.

sollen aber nach der erbrechtlichen Systematik des BGB möglichst auf den Erbfall zurückwirken, weshalb § 1976 BGB im Wege einer Fiktion das Fortbestehen der aufgrund Universalsukzession und des Vonselbsterwerbs durch Konfusion und Konsolidation erloschenen Rechtsverhältnisse anordnet.[846]

Hieraus ergibt sich, dass bei der Betrachtung der Nachlassabsonderung zwei verschiedene Wirkungskomplexe zu unterscheiden sind: zum einen die tatsächliche, durch den Insolvenzbeschlag bewirkte Trennung des Nachlasses vom Eigenvermögen des Erben, die lediglich *ex nunc* wirkt und zum anderen die haftungsrechtliche Trennung der beiden Vermögensmassen, die auf den Erbfall zurück wirkt und damit *ex tunc* Wirkung entfaltet. Die Divergenz in der zeitlichen Wirkungsweise dieser beiden Szenarien wird dadurch aufgehoben, dass im Rahmen der haftungsrechtlichen Betrachtung Fiktionen angeordnet werden, um auf diese Weise eine Rückwirkung auf den Zeitpunkt des Erbfalls zu erreichen.[847] Zu diesem Wirkungskomplex gehört auch § 1976 BGB.

Es zeigt sich damit, dass es eine Folgefrage der Haftungsbeschränkung des Erben und damit des Erbrechts ist, wie der Eintritt der Haftungsbeschränkung und die damit zusammenhängende haftungsrechtliche Vermögenssonderung ausgestaltet ist. Hierbei handelt es sich nach Art. 23 Abs. 2 lit. f) und lit. g) EuErbVO um einen erbrechtlichen Tatbestand.[848]

Die insolvenzrechtlichen Wirkungen der mit der Insolvenzeröffnung eintretenden Erstreckung des Insolvenzbeschlages auf das Nachlassvermögen und der Inbesitznahme des Nachlasses durch den Nachlassinsolvenzverwalter bleiben hiervon unberührt.[849] Gleichwohl gehören die etwaigen Haftungsansprüche gegen den Erben aufgrund der (haftungsrechtlichen) Nachlassabsonderung zum

---

846 Diese Fiktion tritt mit Insolvenzeröffnung automatisch und mit Wirkung *ex tunc* ein, Staudinger/*Marotzke*, § 1976 BGB Rn. 1; MünchKomm-BGB/*Küpper*, § 1976 BGB Rn. 1; ebenso BGH, Urteil v. 1.6.1967, II ZR 150/66, NJW 1967, S. 2399.

847 Dies gilt insbesondere für die Zentralnorm des § 1978 Abs. 1 BGB, die hinsichtlich der Haftung des Erben für seine bisherige Verwaltungstätigkeit rückwirkend Auftragsrecht (ab Annahme) beziehungsweise das Recht der Geschäftsführung ohne Auftrag für anwendbar erklärt (bis zur Annahme).

848 Palandt/*Thorn*, Art. 23 EuErbVO Rn. 2; MünchKomm-BGB/*Dutta*, Art. 23 EuErbVO Rn. 25.

849 Undeutlich insoweit *Bünning*, der nicht zwischen den insolvenzrechtlichen und den haftungsrechtlichen Folgen der Vermögenssonderung differenziert, *Bünning*, Nachlassverwaltung und Nachlasskonkurs (1996), S. 158 f.

Nachlass und sind damit gegebenenfalls durch den Nachlassinsolvenzverwalter geltend zu machen.[850]

Aufgrund dieser Umstände tritt die (fiktive) Aufhebung von Konfusion und Konsolidation nach § 1976 BGB nur anlässlich der Insolvenzeröffnung ein, sie ist jedoch keine dem Insolvenzrecht zuzuordnende Wirkung. Dies zeigt sich ferner daran, dass § 1976 BGB auch im Fall der Anordnung einer Nachlassverwaltung Anwendung findet.

§ 1976 BGB ist damit als erbrechtlich zu qualifizieren.

(3) Wirkung auf eine Aufrechnung, § 1977 BGB

Die Vorschrift des § 1977 BGB hat zwei unterschiedliche Regelungsbereiche: Einerseits bestimmt § 1977 Abs. 1 BGB, dass die Aufrechnung durch einen Nachlassgläubiger mit einer Forderung, die dem Erben und nicht dem Nachlass zustand, mit der Eröffnung des Nachlassinsolvenzverfahrens oder der Anordnung einer Nachlassverwaltung als nicht erfolgt gilt. Durch die Unwirksamkeit einer solchen Aufrechnung lebt die Forderung des Erben gegen den Nachlassgläubiger wieder auf. Dieser kann seine Forderung jedoch nur noch im Nachlassinsolvenzverfahren geltend machen. Auf diese Weise wird der Erbe vermögensrechtlich geschützt und seiner durch die Insolvenzeröffnung erfolgten Haftungsbeschränkung nach § 1975 BGB Wirkung verliehen.[851] Der Zusammenhang mit der Haftungsbeschränkung des Erben zeigt sich auch daran, dass die Norm im Fall der unbeschränkten weil unbeschränkbaren Haftung des Erben gemäß § 2013 Abs. 1 Satz 1 BGB keine Anwendung findet. Es besteht dann kein Bedürfnis, die erloschene Forderung des Erben wieder aufleben zu lassen. Hieraus ergibt sich, dass dies im Kern erbrechtliche Fragen sind, die nur anlässlich der Insolvenzeröffnung Bedeutung erlangen.

Anders verhält es sich dagegen mit dem zweiten Regelungsgehalt der Norm. In § 1977 Abs. 2 BGB wird mit der Insolvenzeröffnung wie mit der Anordnung einer Nachlassverwaltung eine Aufrechnung für unwirksam erklärt, die ein Gläubiger, der nicht Nachlassgläubiger ist, sondern dem ausschließlich der Erbe haftet, mit einer Forderung des Nachlasses vorgenommen hat. Zwar steht auch diese

850 Nach § 1978 Abs. 2 BGB gelten die Haftungsansprüche gegen den Erben als zum Nachlass gehörend. Hierdurch wird erreicht, dass die Ansprüche, die nach § 1978 Abs. 1 BGB der Gesamtheit der Gläubiger zustehen, durch den Nachlassinsolvenzverwalter geltend gemacht werden können, Staudinger/*Marotzke*, § 1978 BGB Rn. 36.

851 Bamberger/Roth/*Lohmann*, § 1977 BGB Rn. 1; MünchKomm-BGB/*Küpper*, § 1977 BGB Rn. 1; Palandt/*Weidlich*, § 1977 BGB Rn. 1; Staudinger/*Marotzke*, § 1977 BGB Rn. 1.

Vorschrift im Zusammenhang mit der Haftungsbeschränkung des Erben, indem dieser ebensowenig die Vorteile der anfänglichen Vermögensvermischung zwischen Nachlass und seinem Eigenvermögen auf Dauer behalten darf. Die Norm dient aber zugleich dem Schutz des Nachlassvermögens vor Aufrechnungen, die durch die eingetretene Vermögensvermischung ermöglicht wurden.[852] Um das Nachlassvermögen zu erhalten, wird überwiegend davon ausgegangen, dass § 1977 Abs. 2 BGB entgegen dem Wortlaut von § 2013 Abs. 1 Satz 1 BGB auch im Fall der unbeschränkbaren Haftung des Erben gelten muss.[853] Die Nachlassgläubiger würden sonst benachteiligt werden, wenn der Erbe trotz unbeschränkter Haftung nicht zu zahlen in der Lage wäre.

Der Wirkungszusammenhang von § 1977 BGB mit der Durchsetzung der Haftungsbeschränkung des Erben legt eine erbrechtliche Qualifikation der Vorschrift nach Art. 23 Abs. 2 lit. g) EuErbVO nahe. Allerdings unterwirft Art. 4 Abs. 2 Satz 2 lit. d) EuInsVO (Art. 7 Abs. 2 Satz 2 lit. d) EuInsVO 2017) die Voraussetzungen für die Wirksamkeit von Aufrechnungen ausdrücklich dem Insolvenzstatut. Hierunter könnten auch die Unwirksamkeitsanordnungen in § 1977 BGB zu fassen sein, sofern sie als Wirksamkeitsvoraussetzung für eine Aufrechnung im Sinne der EuInsVO/EuInsVO 2017 anzusehen wären. Dem Wortlaut nach käme dies in Betracht. Unter die in Art. 4 Abs. 2 Satz 2 lit. d) EuInsVO (Art. 7 Abs. 2 Satz 2 lit. d) EuInsVO 2017) allgemein umschriebene „Wirksamkeit" einer Aufrechnung ließe sich auch die durch § 1977 BGB mit der Insolvenzeröffnung angeordnete Unwirksamkeit einer bereits erfolgten Aufrechnung fassen.

Jedoch würde eine solche Auslegung über Sinn und Zweck der Norm hinausgehen: Regelungsgegenstand von Art. 4 Abs. 2 Satz 2 lit. d) EuInsVO (Art. 7 Abs. 2 Satz 2 lit. d) EuInsVO 2017) ist die Zulässigkeit von Aufrechnungen im laufenden Insolvenzverfahren, die einheitlich der *lex fori concursus* unterliegen soll.[854] Es geht mithin um eine Abgrenzung zwischen Aufrechnungsstatut und Insolvenzstatut, wie auch die Existenz der Sonderkollisionsnorm in Art. 6 Abs. 1

---

852 Palandt/*Weidlich*, § 1977 BGB Rn. 4; Bamberger/Roth/*Lohmann*, § 1977 BGB Rn. 1; MünchKomm-BGB/*Küpper*, § 1977 BGB Rn. 1; Staudinger/*Marotzke*, § 1977 BGB Rn. 7.

853 Hierzu MünchKomm-BGB/*Küpper*, § 1977 BGB Rn. 7; Staudinger/*Marotzke*, § 1977 BGB Rn. 8 m.w.N.

854 Ob diese Verweisung neben den insolvenzrechtlichen Aufrechnungsvoraussetzungen auch die materiellrechtlichen umfasst, ist dabei umstritten, siehe hierzu MünchKomm-BGB/*Kindler*, Art. 4 EuInsVO Rn. 22 ff.; MünchKomm-InsO/*Reinhart*, Art. 4 EuInsVO Rn. 22 ff.

EuInsVO (Art. 9 Abs. 1 EuInsVO 2017) zeigt.[855] Die Zulässigkeit einer Aufrechnung im laufenden Insolvenzverfahren berührt § 1977 BGB jedoch nicht. Vielmehr erfasst die Norm ausschließlich Sachverhalte, die bereits in der Vergangenheit stattgefunden haben und ordnet deren Unwirksamkeit anlässlich der Insolvenzeröffnung an. Die Abgrenzung zwischen Aufrechnungsstatut und Insolvenzstatut ist dabei irrelevant. Statt einer Aufrechnungsbefugnis handelt es sich bei § 1977 BGB um eine Korrekturnorm für die durch Universalsukzession und Vonselbsterwerb eingetretene Vermögensvermischung beim Erben. Sie stellt insoweit die notwendige Ergänzung zu § 1976 BGB dar, um die eingetretene Vermögensvermischung wieder zu beseitigen.[856] § 1977 BGB ist damit eine Norm, die ihren Sinngehalt im Zusammenhang mit der erbrechtlichen Haftungsordnung entfaltet. Ihr fehlt die Insolvenzspezifik. Dies zeigt sich ferner daran, dass § 1977 BGB auch bei der Anordnung einer Nachlassverwaltung greift und damit nicht auf die Eröffnung eines Nachlassinsolvenzverfahrens beschränkt ist. Die Zuordnung der Norm zum Insolvenzstatut würde sie dagegen aus ihrem erbrechtlichen Wirkungszusammenhang reißen. Demzufolge ist § 1977 BGB als erbrechtlich zu qualifizieren.

(4) Haftung des Erben für die bisherige Verwaltung des Nachlasses, § 1978 BGB

§ 1978 Abs. 1 BGB ist neben § 1975 BGB die zentrale Norm der Erbenhaftung im BGB. Gemäß § 1978 Abs. 1 BGB haftet der Erbe den Nachlassgläubigern im Fall der Eröffnung des Nachlassinsolvenzverfahrens für seine bisherige Verwaltung des Nachlassvermögens ab der Annahme der Erbschaft wie ein Beauftragter und für die Zeit zwischen Erbfall und Annahme der Erbschaft wie ein Geschäftsführer ohne Auftrag. Nach § 1978 Abs. 2 BGB gelten diese eigentlich den Nachlassgläubigern zustehenden Ansprüche gegen den Erben als zum Nachlass gehörend. Im Gegenzug für die Haftungsrisiken sind dem Erben nach § 1978 Abs. 3 BGB Aufwendungen zu ersetzen, die ihm gegebenenfalls nach Auftragsrecht oder den Vorschriften über die Geschäftsführung ohne Auftrag zustehen.

§ 1978 Abs. 1 BGB verankert das Prinzip der fiktiven Rückwirkung der Eröffnung des Nachlassinsolvenzverfahrens auf den Zeitpunkt des Erbfalls und damit

---

855 MünchKomm-BGB/*Kindler*, Art. 4 EuInsVO Rn. 22. Nach Art. 6 Abs. 1 EuInsVO (Art. 9 Abs. 1 EuInsVO 2017) besteht Vertrauensschutz für den Fall der Aufrechnung eines Gläubigers gegen eine Forderung der Insolvenzmasse, sofern die Aufrechnung nach dem Forderungsstatut der Forderung der Insolvenzmasse zulässig ist.

856 Bamberger/Roth/*Lohmann*, § 1977 BGB Rn. 1.

der haftungsrechtlichen Nachlassabsonderung mit Wirkung *ex tunc*. Während die tatsächliche Trennung des Nachlassvermögens vom Eigenvermögen des Erben lediglich mit Wirkung *ex nunc* erfolgt, muss sich der Erbe rückwirkend ab dem Eintritt des Erbfalls gegenüber den Nachlassgläubigern für seine Verwaltungstätigkeit rechtfertigen.[857] Wie sich aus § 1978 Abs. 2 und Abs. 3 BGB ergibt, geht das Gesetz hierbei davon aus, dass Ersatzansprüche in beide Richtungen bestehen können.

Den Nachlassgläubigern steht damit dem Grunde nach das Nachlassvermögen zum Zeitpunkt des Erbfalls zur Verfügung. Jedoch kann dies zwischenzeitlich sowohl angereichert als auch geschmälert worden sein, ohne dass den Erben eine Haftung treffen würde.[858] Zweck der Regelung ist es folglich nicht, sämtliche Masseschmälerungen zu verhindern, sondern den Erben zu einer Nachlassverwaltung im Interesse der Nachlassgläubiger anzuhalten.[859] Hierdurch unterscheidet sich die Verwalterhaftung des Erben nach § 1978 Abs. 1 BGB auch wesentlich von der Insolvenzantragspflicht nach § 1980 Abs. 1 BGB, die bei Vorliegen eines Insolvenzgrundes sämtliche Massekürzungen verhindern soll.[860]

Die Frage, wie der Erbe den Nachlass bis zur Insolvenzeröffnung zu verwalten hat, ist derweil keine insolvenzrechtliche Fragestellung, sondern ein Sachverhalt, der durch das Erbrecht zu beantworten ist.[861] Dieses hat folglich auch allein darüber zu entscheiden, wann und wie den Erben eine Haftung trifft.[862] Konsequenterweise bestimmt Art. 23 Abs. 2 lit. f) EuErbVO, dass die Rechte der Erben, Testamentsvollstrecker und anderer Nachlassverwalter, insbesondere im Hinblick auf die Veräußerung von Vermögen und die Befriedigung

857 Die zwischenzeitlichen Verfügungen des Erben über das Nachlassvermögen bleiben damit wirksam und bewirken lediglich eine schuldrechtliche Haftung des Erben, MünchKomm-BGB/*Küpper*, § 1978 BGB Rn. 1; Staudinger/*Marotzke*, § 1978 BGB Rn. 2.

858 Erhebliche Vermögensveränderungen können sich insbesondere dann ergeben, wenn zum Nachlass ein Handelsgeschäft gehört, das der Erbe nach dem Tod des Erblassers fortführt. Bewegt sich der Erbe hierbei innerhalb der Grenzen einer ordnungsgemäßen Nachlassverwaltung sowie des § 1979 BGB, braucht er später grundsätzlich keinen Ersatz zu leisten, näher Staudinger/*Marotzke*, § 1967 BGB Rn. 58 f.

859 Grundsätzlich soll der Erbe den Nachlassgläubigern wie ein Verwalter fremden Vermögens verantwortlich sein, Staudinger/*Marotzke*, § 1978 BGB Rn. 1 mit Verweis auf die Denkschrift zum BGB.

860 Siehe zur Insolvenzantragspflicht oben Seite 202.

861 *Hanisch*, FS Henckel (1995), S. 384; Jaeger/*Jahr* (1973), §§ 237, 238 KO Rn. 507.

862 Zur Erbenhaftung auch bereits oben Seite 208.

der Nachlassgläubiger, dem Erbstatut unterliegen sollen.[863] Die Haftung für eine schlechte Verwaltung des Nachlassvermögens stellt dabei die Kehrseite der Berechtigung zur Verwaltung dar.[864] Im Zusammenhang mit der Haftung für die Nachlassverbindlichkeiten nach Art. 23 Abs. 2 lit. g) EuErbVO unterliegt sie dem Erbstatut.

Das Insolvenzrecht greift die erbrechtlichen Rechtsverhältnisse lediglich auf und setzt gegebenenfalls bestehende Haftungsansprüche im Wege der Masserealisierung durch, jedoch kann es deren Entstehung nicht beeinflussen. Dies zeigt sich ferner dadurch, dass die Verwalterhaftung des Erben nach § 1978 Abs. 1 BGB auch außerhalb des Nachlassinsolvenzverfahrens, nämlich im Rahmen der Nachlassverwaltung, Anwendung findet. Eine Insolvenzspezifik ist nicht gegeben. Demnach handelt es sich bei § 1978 Abs. 1 BGB um einen erbrechtlichen Tatbestand, der dem Erbstatut zuzuordnen ist.

(5) Berichtigung von Nachlassverbindlichkeiten, § 1979 BGB

Nach § 1979 BGB müssen die Nachlassgläubiger die Berichtigung einer Nachlassverbindlichkeit durch den Erben als für Rechnung des Nachlasses erfolgt gelten lassen, wenn der Erbe den Umständen nach annehmen durfte, dass der Nachlass zur Berichtigung aller Nachlassverbindlichkeiten ausreichen würde.

Diese Vorschrift steht im Zusammenhang mit § 1978 BGB, wonach der Erbe den Nachlassgläubigern für seine Verwaltungstätigkeit wie ein Beauftragter bzw. wie ein Geschäftsführer ohne Auftrag zu haften hat. Bei der Beurteilung, ob dem Erben ein Aufwendungsersatzanspruch nach §§ 1978 Abs. 1 Satz 1, 670 BGB bzw. nach §§ 1978 Abs. 1 Satz 2, 683 Satz 1, 670 BGB zusteht, bewirkt § 1979 BGB eine Privilegierung, indem eine Ersatzpflicht gegenüber dem Erben angeordnet wird, sofern der Nachlass zu diesem Zeitpunkt noch als ausreichend vermögend erschien.[865]

Die Frage der Haftung des Erben für seine Verwaltungstätigkeiten ist nach Art. 23 Abs. 2 lit. f) und lit. g) EuErbVO erbrechtlicher Natur. Eine insolvenzrechtliche Funktion kommt § 1979 BGB nicht zu. § 1979 BGB ist daher als erbrechtlich zu qualifizieren.

---

863 Hierzu Palandt/*Thorn*, Art. 23 EuErbVO Rn. 2; MünchKomm-BGB/*Dutta*, Art. 23 EuErbVO Rn. 23.

864 So dient eine ordnungsgemäße Verwaltung grundsätzlich der Erhaltung des Nachlasses, MünchKomm-BGB/*Küpper*, § 1978 BGB Rn. 10.

865 „Schutz des Erben gegenüber Härten und Unbilligkeiten", MünchKomm-BGB/*Küpper*, § 1979 BGB Rn. 1 mit Verweis auf die Gesetzesbegründung.

V. Die Anerkennung des Nachlassinsolvenzverfahrens innerhalb der Europäischen Union

Innerhalb der Europäischen Union gelten für die Anerkennung von Insolvenzverfahren vorrangig die Regeln der EuInsVO/EuInsVO 2017.[866]

Es ist ein systematischer Grundpfeiler der Verordnungen, dass ein in einem Mitgliedstaat eröffnetes Insolvenzverfahren automatisch in allen anderen Mitgliedstaaten anerkannt wird, Art. 16 Abs. 1 EuInsVO (Art. 19 Abs. 1 EuInsVO 2017). Eines besonderen Anerkennungsverfahrens (Exequatur) bedarf es folglich nicht.[867] Dieser Automatismus gilt für alle von den Verordnungen vorgesehenen Verfahren und damit sowohl für Hauptinsolvenzverfahren als auch für Sekundär- und Partikularinsolvenzverfahren.[868]

Gemäß dem Prinzip des „Ausdehnungsmodells" erstrecken sich darüber hinaus die Wirkungen der Eröffnung eines Hauptinsolvenzverfahrens auf das gesamte Unionsgebiet, sofern nicht eine in den Verordnungen angeordnete Ausnahmeregelung eingreift, Art. 17 Abs. 1 EuInsVO (Art. 20 Abs. 1 EuInsVO 2017). Dies führt zu einem faktischen Verschwinden der Staatsgrenzen in Bezug auf das konkrete Insolvenzverfahren, das damit nicht nur geografisch ausgedehnt wird, sondern zugleich auch in andere Rechtsordnungen hineinwirkt.[869] Die methodische Grundlage dieser Wirkung ist im Einzelnen streitig,[870] jedoch ergibt sich aus dem Ausdehnungsgedanken der Verordnungen, dass neben der reinen Anerkennung des Inhaltes des Insolvenzeröffnungsbeschlusses auch die mit der Insolvenzeröffnung verbundenen Wirkungen des materiellen Insolvenzrechts gemäß dem Recht des Eröffnungsstaates Gegenstand der automatischen Anerkennung sein müssen.[871] Andernfalls würde der Charakter des

---

866 Dänemark ist hiervon ausgenommen, weil es sich an der EuInsVO/EuInsVO 2017 nicht beteiligt. Gegenüber Dänemark kommt daher das autonome internationale Insolvenzanerkennungsrecht (§ 343 InsO) zum Tragen, siehe hierzu unten Seite 250 ff.

867 *Virgos/Schmit*, Erläuternder Bericht Rn. 143.

868 *Virgos/Schmit*, Erläuternder Bericht Rn. 146; MünchKomm-InsO/*Thole*, Art. 16 EuInsVO Rn. 7; K.Schmidt/*Brinkmann*, Art. 16 EuInsVO Rn. 3; Uhlenbruck/*Lüer*, Art. 16 EuInsVO Rn. 5; Pannen/*Pannen/Riedemann*, Art. 16 EuInsVO Rn. 3; *Paulus*, Art. 16 EuInsVO Rn. 1.

869 *Graf* spricht hierbei treffend von einem „Überwirken", *Graf*, Anerkennung ausländischer Insolvenzentscheidungen (2003), S. 325.

870 Näher MünchKomm-InsO/*Thole*, Art. 17 EuInsVO Rn. 4 ff.; *Graf*, Anerkennung ausländischer Insolvenzentscheidungen (2003), S. 325 ff.

871 Kübler/Prütting/Bork/*Kemper*, Art. 17 EuInsVO Rn. 4; MünchKomm-BGB/*Kindler*, Art. 17 EuInsVO Rn. 22; *Paulus*, Art. 17 EuInsVO Rn. 2; Leonhardt/Smid/Zeuner/*Smid*, Art. 17 EuInsVO Rn. 6; Pannen/*Pannen/Riedemann*, Art. 17 EuInsVO Rn. 8. Für

Insolvenzverfahrens als Dauerverfahren verkannt, dessen Eröffnungsbeschluss keine verfahrensbeendende, sondern eine verfahrenseröffnende Funktion hat.[872] Zu den mit der Insolvenzeröffnung einhergehenden anerkennungspflichtigen Wirkungen gehören demnach insbesondere der Umstand der Insolvenzeröffnung, der Insolvenzbeschlag sowie die Befugnisse des Insolvenzverwalters.[873]

Für diejenigen insolvenzrechtlichen Wirkungen, die sich aus weiteren Entscheidungen des Insolvenzgerichts ergeben und die nicht auf der Insolvenzeröffnung beruhen, ordnet Art. 25 Abs. 1 Satz 1 EuInsVO (Art. 32 Abs. 1 Satz 1 EuInsVO 2017) ebenfalls eine automatische Anerkennung in den anderen Mitgliedstaaten an. Diese Entscheidungen können gemäß Art. 25 Abs. 1 Satz 2 EuInsVO (Art. 32 Abs. 1 Satz 2 EuInsVO 2017) vereinfacht nach den Regeln der Brüssel Ia-VO vollstreckt werden.[874]

Damit diese Anerkennungssystematik der EuInsVO/EuInsVO 2017 greifen kann, ist erforderlich, dass die Verordnungen auf das konkrete Insolvenzverfahren Anwendung finden. Dies ist ausschließlich hinsichtlich der in den Anhängen A und B der EuInsVO (bzw. nur im Anhang A der EuInsVO 2017) aufgeführten Verfahren der Fall.[875] Andere Verfahren, die dort nicht genannt werden, können nicht nach den Regeln der Verordnungen durchgesetzt werden. Deren Anerkennung und Durchsetzung kommt nach anderen Regeln in Betracht.[876]

Wie gezeigt wurde, fällt das deutsche Nachlassinsolvenzverfahren in den Geltungsbereich der EuInsVO/EuInsVO 2017. Damit finden die Regeln der EuInsVO/EuInsVO 2017 über die Anerkennung und Wirkungserstreckung eines Insolvenzverfahrens auch auf das Nachlassinsolvenzverfahren Anwendung. Es ergibt sich insofern aber eine Besonderheit, als es sich bei dem

---

eine Einschränkung auf die Anerkennung der Wirkungen des Eröffnungsbeschlusses hingegen MünchKomm-InsO/*Thole*, Art. 17 EuInsVO Rn. 6; K.Schmidt/*Brinkmann*, Art. 17 EuInsVO Rn. 1.

872 Zutreffend *Graf*, Anerkennung ausländischer Insolvenzentscheidungen (2003), S. 337.

873 MünchKomm-BGB/*Kindler*, Art. 17 EuInsVO Rn. 10; Uhlenbruck/*Lüer*, Art. 17 EuInsVO Rn. 4.

874 Im Einzelnen MünchKomm-BGB/*Kindler*, Art. 25 EuInsVO Rn. 4 ff.; K.Schmidt/*Brinkmann*, Art. 25 EuInsVO Rn. 2.

875 *Virgos/Schmit*, Erläuternder Bericht Rn. 145; MünchKomm-BGB/*Kindler*, Art. 16 EuInsVO Rn. 5; MünchKomm-InsO/*Thole*, Art. 16 EuInsVO Rn. 5; Uhlenbruck/*Lüer*, Art. 16 EuInsVO Rn. 4; Pannen/*Pannen/Riedemann*, Art. 16 EuInsVO Rn. 10; *Paulus*, Art. 17 EuInsVO Rn. 2.

876 Hierzu im Einzelnen unten Seite 250.

Nachlassinsolvenzverfahren um ein Insolvenzverfahren handelt, das in dieser Form nicht in allen Mitgliedstaaten bekannt ist.

Wie die Rechtsvergleichung ergeben hat, sehen viele Mitgliedstaaten anders als das deutsche Recht die Abwicklung unzureichender Nachlässe nach erbrechtlichen Regeln vor, die hierzu gegebenenfalls durch insolvenzrechtliche Vorschriften ergänzt werden. So darf etwa der Erbe nach italienischem Recht die Gläubiger bis zum Eingang eines Widerspruches frei befriedigen, woraufhin unter der Mitwirkung eines Notars eine konkursmäßige Gläubigerbefriedigung durch den Erben zu erfolgen hat.[877] Derartige Verfahren werden nicht vom Anwendungsbereich der EuInsVO/EuInsVO 2017 erfasst, obwohl sie einen ähnlichen Verfahrenszweck wie das Nachlassinsolvenzverfahren verfolgen. Es fehlt am Vorliegen der Voraussetzungen nach Art. 1 Abs. 1 EuInsVO/EuInsVO 2017 und der entsprechenden Erwähnung in den Anhängen.[878]

Die rechtliche Schlechterstellung, die dadurch entsteht, dass die Vorschriften der EuInsVO/EuInsVO 2017 auf erbrechtliche Abwicklungsverfahren trotz einer gewissen Ähnlichkeit mit einem Insolvenzverfahren keine Anwendung finden, ist als vorhersehbarer Rechtsreflex hinzunehmen.[879] Die abschließende Wirkung der Anhänge der EuInsVO/EuInsVO 2017 ist aus Gründen der Rechtsklarheit gewollt. Es bleibt den Mitgliedstaaten unbenommen, die Abwicklung unzureichender Nachlässe durch ein Insolvenzverfahren vorzusehen, das in den Anwendungsbereich der EuInsVO/EuInsVO 2017 fällt.

1. Unbeachtlichkeit fehlender Insolvenzfähigkeit des Nachlasses im Anerkennungsstaat

Art. 16 Abs. 1 EuInsVO (Art. 19 Abs. 1 EuInsVO 2017) gilt folglich auch für die Anerkennung der Eröffnung eines deutschen Nachlassinsolvenzverfahrens

---

877 Hierzu oben Seite 83.

878 Die Erwähnung in den Anhängen der EuInsVO ist zwingend, Kübler/Prütting/Bork/*Kemper*, Art. 1 EuInsVO Rn. 7; *Paulus*, Art. 1 EuInsVO Rn. 6; Pannen/*Pannen*, Art. 1 EuInsVO Rn. 8; ebenso *Virgos/Schmit*, Erläuternder Bericht Rn. 145. Siehe im Rahmen der EuInsVO 2017 auch die ausdrückliche Klarstellung in Art. 1 Abs. 1 Unterabs. 3 EuInsVO 2017, wonach die in den Anwendungsbereich der EuInsVO 2017 fallenden Verfahren im Anhang A der EuInsVO 2017 aufgeführt sind, hierzu MünchKomm-InsO/*Reinhart*, Art. 1 EuInsVO 2017 Rn. 2.

879 Hierzu MünchKomm-BGB/*Dutta*, Art. 76 EuErbVO Rn. 6.

in den anderen Mitgliedstaaten.[880] Diese Wirkung tritt unabhängig davon ein, ob die anderen Rechtsordnungen ein derartiges Insolvenzverfahren kennen oder nicht, weil insoweit allein die Eigenschaft des Nachlassinsolvenzverfahrens als Insolvenzverfahren im Sinne von Art. 1 Abs. 1 EuInsVO/EuInsVO 2017 in Verbindung mit den Anhängen A und B der EuInsVO (bzw. nur Anhang A der EuInsVO 2017) maßgeblich ist. Es gilt der Grundsatz des Gemeinschaftsvertrauens, der bewirkt, dass sämtliche in den Anhängen der Verordnungen aufgeführte Verfahren als gleichberechtigt gelten, auch wenn die Insolvenzverfahren in den einzelnen Mitgliedstaaten erhebliche Unterschiede aufweisen. Dieser Gleichwertigkeitsgedanke gebietet es, den Teilaspekt der Insolvenzfähigkeit eines Schuldners zurücktreten zu lassen, auch wenn die Insolvenzfähigkeit in vielen Mitgliedstaaten abweichend geregelt ist. Das Bedürfnis der effektiven Durchsetzung eines Insolvenzverfahrens lässt damit die Unterschiede der nationalen Rechtsordnungen nachrangig werden. Art. 16 Abs. 1 Satz 2 EuInsVO (Art. 19 Abs. 1 Unterabs. 2 EuInsVO 2017) ordnet ausdrücklich an, dass die fehlende Insolvenzfähigkeit eines Schuldners im Anerkennungsstaat unerheblich ist.[881] Da der Gleichwertigkeitsgedanke für sämtliche in den Anhängen der EuInsVO/EuInsVO 2017 aufgeführte Verfahren gleichermaßen gilt, erfasst er auch das Nachlassinsolvenzverfahren.

Aus der Pflicht zur Anerkennung folgt zugleich, dass es den anderen Mitgliedstaaten verwehrt wird, dem deutschen Nachlassinsolvenzverfahren die Eigenschaft als Insolvenzverfahren abzusprechen. Dies gilt insbesondere für eine Qualifikation des Nachlassinsolvenzverfahrens als erbrechtliches Verfahren, auch wenn in anderen Mitgliedstaaten die Nachlassabwicklung stets nach erbrechtlichen Vorschriften erfolgt. Die Aufnahme des Nachlassinsolvenzverfahrens in die Anhänge der EuInsVO/EuInsVO 2017 ist für die anderen Mitgliedstaaten ebenso bindend wie Deutschland zur Anerkennung der anderen ausländischen Verfahren in den Anhängen verpflichtet ist. Eine Rechtskontrolle durch die mitgliedstaatlichen Gerichte soll gerade nicht stattfinden.[882]

---

880 Ebenso *Paulus*, Art. 16 EuInsVO Rn. 10; Uhlenbruck/*Lüer*, Art. 16 EuInsVO Rn. 2; MünchKomm-InsO/*Thole*, Art. 16 EuInsVO Rn. 19; MünchKomm-BGB/*Dutta*, Art. 76 EuErbVO Rn. 6.

881 Dies ergibt sich auch bereits aus Art. 4 Abs. 2 Satz 2 lit. a) EuInsVO (Art. 7 Abs. 2 Satz 2 lit. a) EuInsVO 2017), wonach die *lex fori concursus* über die Frage der Insolvenzfähigkeit eines Schuldners entscheidet.

882 Die zulässige Rechtskontrolle ist damit auf eine *ordre public*-Kontrolle nach Art. 26 EuInsVO (Art. 33 EuInsVO 2017) beschränkt, *Virgos/Schmit*, Erläuternder Bericht Rn. 154; K.Schmidt/*Brinkmann*, Art. 16 EuInsVO Rn. 8; MünchKomm-InsO/*Thole*, Art. 16 EuInsVO Rn. 1.

2. *Anwendungsausschluss von Art. 26 EuInsVO (Art. 33 EuInsVO 2017) – ordre public*

Der *ordre public*-Vorbehalt des Art. 26 EuInsVO (Art. 33 EuInsVO 2017) erlaubt es den Mitgliedstaaten, die automatische Anerkennung eines ausländischen Insolvenzverfahrens nach Art. 16 EuInsVO (Art. 19 EuInsVO 2017) zu verweigern, soweit die Anerkennung zu einem Ergebnis führen würde, das offensichtlich mit der öffentlichen Ordnung des betreffenden Mitgliedstaates unvereinbar wäre.

Es soll die Möglichkeit gewahrt bleiben, im Einzelfall den der EuInsVO/EuInsVO 2017 zugrundeliegenden Grundsatz des Gemeinschaftsvertrauens zum Schutze der Rechte des Einzelnen durchbrechen zu können.[883] Es handelt sich um eine Ausnahmevorschrift zur grundlegenden Regelungssystematik der Verordnungen. Die Norm ist daher restriktiv auszulegen.[884]

Der *ordre public*-Vorbehalt darf aufgrund seiner weitreichenden Wirkung nicht dazu verwendet werden, den eigentlichen Regelungszweck der Verordnungen zu unterlaufen. Die Möglichkeiten der Versagung der Anerkennung eines Insolvenzverfahrens wegen eines Verstoßes gegen die öffentliche Ordnung sind daher von Anfang an durch den Regelungszweck der Verordnungen beschränkt.[885] Die EuInsVO/EuInsVO 2017 setzt sich hierbei gegenüber dem nationalen Recht durch, indem es die Versagungsgründe des nationalen Rechts einer verordnungsautonomen Kontrolle unterzieht.[886]

Zu den vom nationalen Recht in diesem Zusammenhang zwingend hinzunehmenden Prinzipien der EuInsVO/EuInsVO 2017 gehört auch die Anerkennung der Insolvenzfähigkeit eines Schuldners nach dem Recht des

883 *Virgos/Schmit*, Erläuternder Bericht Rn. 204.

884 EuGH, Urteil v. 2.5.2006, Rs. C-341/04 „Eurofood IFSC“, Slg. 2006-I, S. 3813, Rn. 63 f.; ebenso Pannen/*Riedemann*, Art. 26 EuInsVO Rn. 12; *Paulus*, Art. 26 EuInsVO Rn. 2; Leonhardt/Smid/Zeuner/*Smid*, Art. 26 EuInsVO Rn. 7 f.

885 Der *ordre public*-Vorbehalt darf nicht dazu dienen, die Wirkungen der Verordnungen zu unterwandern, *Virgos/Schmit*, Erläuternder Bericht Rn. 205; Kübler/Prütting/Bork/*Kemper*, Art. 26 EuInsVO Rn. 1; *Paulus*, Art. 26 EuInsVO Rn. 2; K.Schmidt/*Brinkmann*, Art. 26 EuInsVO Rn. 1: „Ultima Ratio für Ausnahmefälle“. Allgemein zum *ordre public*-Vorbehalt im Europäischen Kollisionsrecht *Grosser*, BLJ 2008, S. 12.

886 EuGH, Urteil v. 2.5.2006, Rs. C-341/04 „Eurofood IFSC“, Slg. 2006-I, S. 3813, Rn. 63 f.; *Virgos/Schmit*, Erläuternder Bericht Rn. 205. Hierzu auch K.Schmidt/*Brinkmann*, Art. 26 EuInsVO Rn. 3.

Eröffnungsstaates, Art. 16 Abs. 1 Satz 2 EuInsVO (Art. 19 Abs. 1 Unterabs. 2 EuInsVO 2017).[887]

Die einheitliche europarechtliche Regelung soll gerade verhindern, dass die Unterschiede zwischen den Rechtsordnungen der einzelnen Mitgliedstaaten wieder zum Anerkennungshindernis erhoben werden. Die Versagung der Anerkennung eines Nachlassinsolvenzverfahrens aufgrund der fehlenden Insolvenzfähigkeit eines Nachlasses in einem anderen Mitgliedstaat würde den Regelungszweck der EuInsVO/EuInsVO 2017 vereiteln. Für einen solchen Fall ist Art. 26 EuInsVO (Art. 33 EuInsVO 2017) nicht gedacht und auch nicht anwendbar. Die Eröffnung eines Nachlassinsolvenzverfahrens muss daher auch in denjenigen Mitgliedstaaten anerkannt werden, wo ein spiegelbildliches Verfahren nicht existiert.

3. *Wirkungserstreckung nach Art. 17 ff. EuInsVO (Art. 20 ff. EuInsVO 2017)*

a) *Das Nachlassinsolvenzverfahren als Hauptinsolvenzverfahren*

Die Wirkungen eines Nachlassinsolvenzverfahrens, das als Hauptinsolvenzverfahren nach Art. 3 Abs. 1 EuInsVO/EuInsVO 2017 eröffnet worden ist, erstrecken sich gemäß Art. 17 Abs. 1 EuInsVO (Art. 20 Abs. 1 EuInsVO 2017) auf das gesamte Unionsgebiet, sofern die Verordnungen keine Ausnahme bestimmen.

Die wichtigste Ausnahme ist hierbei die Eröffnung eines Sekundärinsolvenzverfahrens in einem anderen Mitgliedstaat, die bewirkt, dass das dort belegene Nachlassvermögen nicht mehr vom Insolvenzbeschlag des Hauptinsolvenzverfahrens erfasst wird, sondern ausschließlich dem Sekundärinsolvenzverfahren zugeordnet wird. Die Eröffnung eines Sekundärinsolvenzverfahrens setzt voraus, dass das Nachlassvermögen in dem betreffenden Mitgliedstaat ebenfalls insolvenzfähig ist.[888] Ist dies nicht der Fall, kann das Nachlassinsolvenzverfahren in seinen Wirkungen nicht eingeschränkt werden. Die Rechte der Erben und anderen Verfahrensbeteiligten bestimmen sich dann ausschließlich nach dem deutschen Insolvenzrecht.

---

887 Mit der ausdrücklichen Normierung der Anerkennungspflicht in diesem Fall soll der Gefahr einer Unterwanderung dieses Regelungsprinzips entgegengewirkt werden, *Virgos/Schmit*, Erläuternder Bericht Rn. 208.

888 Art. 4 Abs. 2 Satz 2 lit. a) EuInsVO (Art. 7 Abs. 2 Satz 2 lit. a) EuInsVO 2017) gilt sowohl für Hauptinsolvenzverfahren als auch für Sekundär- und Partikularinsolvenzverfahren, *Virgos/Schmit*, Erläuternder Bericht Rn. 89; Pannen/*Pannen/Riedemann*, Art. 4 EuInsVO Rn. 7; MünchKomm-BGB/*Kindler*, Art. 4 EuInsVO Rn. 2.

Im Übrigen ist das Nachlassinsolvenzverfahren, das als Hauptinsolvenzverfahren durchgeführt wird, wie ein gewöhnliches Insolvenzverfahren abzuwickeln. Hierzu gehören insbesondere die Verwertung der Massegegenstände unabhängig von ihrem Belegenheitsort (Art. 18 Abs. 1 EuInsVO bzw. Art. 21 Abs. 1 EuInsVO 2017) und die Kommunikation mit den Gläubigern (Art. 39 ff. EuInsVO bzw. Art. 53 ff. EuInsVO 2017).

Findet zeitgleich mit dem Nachlassinsolvenzverfahren auch eine erbrechtliche Nachlassabwicklung in einem anderen Mitgliedstaat statt, darf diese die Wirkungen des Insolvenzverfahrens nicht beeinträchtigen. Das Nachlassinsolvenzverfahren setzt sich insoweit gegen das erbrechtliche Abwicklungsverfahren durch und überlagert dieses.[889]

b) *Das Nachlassinsolvenzverfahren als Sekundär- und Partikularinsolvenzverfahren*

Komplizierter als die Durchführung eines Hauptinsolvenzverfahrens kann sich die Eröffnung eines Nachlassinsolvenzverfahrens als Sekundär- und Partikularinsolvenzverfahren darstellen. In diesem Fall bleiben die Wirkungen des Insolvenzverfahrens auf das Gebiet Deutschlands beschränkt und erstrecken sich nur ausnahmsweise über dieses hinaus, etwa im Fall der unbefugten Verbringung eines massezugehörigen Gegenstands in das Gebiet eines anderen Mitgliedstaats nach Verfahrenseröffnung, Art. 18 Abs. 2 EuInsVO (Art. 21 Abs. 2 EuInsVO 2017).

Diese territoriale Beschränkung bedeutet auf der einen Seite, dass in Deutschland über das hier belegene Nachlassvermögen ein vollwertiges Insolvenzverfahren eröffnet werden kann, das die gemeinschaftliche Befriedigung der Nachlassgläubiger zum Gegenstand hat. Die Wirkungen des Sekundär- und Partikularinsolvenzverfahrens müssen von den anderen Mitgliedstaaten anerkannt werden, Art. 17 Abs. 2 EuInsVO (Art. 20 Abs. 2 EuInsVO 2017).

Auf der anderen Seite wird das übrige Nachlassvermögen, das nicht in Deutschland belegen ist, von den Wirkungen des Nachlassinsolvenzverfahrens nicht erfasst und steht damit für eine anderweitige Verteilung an die Gläubiger zur Verfügung. Ob auch hinsichtlich dieses Vermögens eine gemeinschaftliche Gläubigerbefriedigung stattfindet oder aber nach dem Prioritätsprinzip befriedigt wird, richtet sich nach dem jeweils einschlägigen Recht. Wird auch über das übrige Nachlassvermögen ein Insolvenzverfahren eröffnet, kann dieses entweder ein Hauptinsolvenzverfahren nach Art. 3 Abs. 1 Satz 1 EuInsVO/EuInsVO

889 Hierzu näher unten Seite 227.

2017 sein oder aber ein weiteres territorial beschränktes Partikularinsolvenzverfahren nach Art. 3 Abs. 2 EuInsVO/EuInsVO 2017.[890] Im ersten Fall wird das deutsche Partikularinsolvenzverfahren zu einem Sekundärinsolvenzverfahren, das mit dem Hauptinsolvenzverfahren zu koordinieren ist.[891]

Wird ein weiteres Insolvenzverfahren über das Nachlassvermögen nicht eröffnet, kann das auf Deutschland beschränkte Partikular-Nachlassinsolvenzverfahren in Widerspruch zu den einschlägigen ausländischen Abwicklungsvorschriften des Erbrechts treten, da sich das Nachlassinsolvenzverfahren nicht auf das Nachlassvermögen im Mitgliedstaat des Mittelpunktes der hauptsächlichen Interessen des Erblassers bezieht. Liegt der COMI des Erblassers beispielsweise in Italien und wurde in Deutschland wegen einer vorhandenen Niederlassung ein Partikularinsolvenzverfahren über das Nachlassvermögen eröffnet, kann der Erbe bei Anwendbarkeit italienischen Erbrechts die Gläubiger außerhalb Deutschlands nach dem Prioritätsprinzip befriedigen, bis Widerspruch hiergegen erhoben wird.[892] Der Zweck des deutschen Partikular-Nachlassinsolvenzverfahrens, eine gemeinschaftliche Gläubigerbefriedigung herbeizuführen, kann hierdurch unterlaufen werden. Dies ist eine unmittelbare Folge der territorialen Beschränkung des Partikular-Nachlassinsolvenzverfahrens nach Art. 3 Abs. 2 Satz 2 EuInsVO/EuInsVO 2017. Da sich der Verfahrenszweck des Nachlassinsolvenzverfahrens nicht über die Staatsgrenzen hinaus erstrecken darf, kann nur hinsichtlich der hier belegenen Insolvenzmasse eine gemeinschaftliche Befriedigung der Gläubiger durchgesetzt werden.

Ob sich die Gläubiger im Ausland Vorteile verschaffen können, ist für das deutsche Partikular-Nachlassinsolvenzverfahren grundsätzlich ohne Belang. Lediglich bei der Prüfung der Forderungen der Gläubiger kann dieser Umstand relevant werden, sofern sich die Forderung des Gläubigers durch weitere Vereinnahmungen von Nachlassvermögen reduziert haben sollte.

Eine weitergehende Koordination des Partikular-Nachlassinsolvenzverfahrens mit dem ausländischen erbrechtlichen Abwicklungsverfahren ist

---

890 Zur Eröffnung mehrerer Partikularinsolvenzverfahren siehe näher oben Seite 140.

891 Im Rahmen der EuInsVO gilt nach Art. 31 EuInsVO eine gegenseitige Kooperations- und Unterrichtungspflicht der Insolvenzverwalter, hierzu näher *Paulus*, Art. 31 EuInsVO Rn. 7 ff. In der EuInsVO 2017 sind die Kooperations- und Unterrichtungspflichten ausgeweitet worden und richten sich nach den Art. 41 ff. EuInsVO 2017 gleichermaßen an die Insolvenzverwalter und die Insolvenzgerichte, hierzu MünchKomm-InsO/*Reinhart*, Art. 41 EuInsVO 2017 Rn. 2: „Pflicht zur Kooperationsbereitschaft".

892 Zum italienischen Recht näher oben Seite 83.

insolvenzrechtlich nicht vorgesehen. Die Kooperations- und Unterrichtungspflichten nach Art. 31 EuInsVO (Art. 41 ff. EuInsVO 2017) sind nicht anwendbar, da sie sich nur an Insolvenzverwalter (und im Rahmen der EuInsVO 2017 auch an Insolvenzgerichte) im Rahmen der Verordnungen richten.[893]

Dies hat aber nicht zu bedeuten, dass eine Koordination verwehrt wird. Der Insolvenzverwalter des Partikular-Nachlassinsolvenzverfahrens wird durch Art. 31 EuInsVO (Art. 41 ff. EuInsVO 2017) nicht gehindert, mit der nach ausländischem Erbrecht berufenen Abwicklungsperson Informationen auszutauschen oder Kooperationen einzugehen, solange es dem Verfahrenszweck des Partikular-Nachlassinsolvenzverfahrens, insbesondere den Gläubigerinteressen, dient.[894] Für den Insolvenzverwalter des Partikular-Nachlassinsolvenzverfahrens ist dabei keine allgemeine Pflicht anzunehmen, die Interessen des ausländischen Abwicklungsverfahrens zu wahren oder durchzusetzen, denn eine solche Pflicht ergibt sich nach der Systematik der EuInsVO/EuInsVO 2017 schon gegenüber einem Hauptinsolvenzverfahren nach Art. 3 Abs. 1 Satz 1 EuInsVO/EuInsVO 2017 nur in den gesetzlich vorgeschriebenen Fällen (Art. 31 ff. EuInsVO bzw. Art. 41 ff. EuInsVO 2017).[895] Ein Abwicklungsverfahren außerhalb des Insolvenzrechts, das keine dem Hauptinsolvenzverfahren vergleichbare Vorrangstellung hat, kann demgegenüber nicht bessergestellt sein. Der Insolvenzverwalter des Partikular-Nachlassinsolvenzverfahrens muss sich vielmehr an den Interessen der Gläubiger orientieren, die auf die Anwendbarkeit des lokalen Insolvenzrechts vertraut haben, deren Schutz das Partikular-Nachlassinsolvenzverfahren nach Art. 3 Abs. 2 EuInsVO/EuInsVO 2017 dient.

---

893 MünchKomm-InsO/*Reinhart*, Art. 31 EuInsVO Rn. 1 f.; MünchKomm-InsO/*ders.* Art. 41 EuInsVO 2017 Rn. 4; K.Schmidt/*Brinkmann*, Art. 31 EuInsVO Rn. 2; Uhlenbruck/*Lüer*, Art. 31 EuInsVO Rn. 1.

894 Zu den Schranken der Kooperations- und Unterrichtungspflicht allgemein MünchKomm-InsO/*Reinhart*, Art. 31 EuInsVO Rn. 2; MünchKomm-InsO/*ders.* Art. 41 EuInsVO 2017 Rn. 6; MünchKomm-BGB/*Kindler*, Art. 31 EuInsVO Rn. 2 f.; Uhlenbruck/*Lüer*, Art. 31 EuInsVO Rn. 3.

895 So hat der Insolvenzverwalter des Hauptinsolvenzverfahrens insbesondere kein Weisungsrecht gegenüber dem Insolvenzverwalter des Sekundärinsolvenzverfahrens, K.Schmidt/*Brinkmann*, Art. 31 EuInsVO Rn. 3; MünchKomm-BGB/*Kindler*, Art. 31 EuInsVO Rn. 20; Nerlich/Römermann/*Commandeur*, Art. 31 EuInsVO Rn. 15. Allgemein zurückhaltend in Bezug auf die Unterstützungsfunktion des Sekundärinsolvenzverfahrens gegenüber dem Hauptinsolvenzverfahren MünchKomm-InsO/*Reinhart*, Art. 31 EuInsVO Rn. 2. Diese Grundsätze gelten auch im Rahmen der EuInsVO 2017 fort, MünchKomm-InsO/*Reinhart*, Art. 41 EuInsVO 2017 Rn. 4; K.Schmidt/*Brinkmann*, Art. 31 EuInsVO Rn. 4.

4. *Keine Pflicht zur Anerkennung erbrechtlicher Sachverhalte aufgrund der EuInsVO/EuInsVO 2017*

Für die grenzüberschreitenden Wirkungen des Nachlassinsolvenzverfahrens ist das anwendbare Erbrecht ohne Belang. Die EuInsVO/EuInsVO 2017 differenzieren nicht nach dem jeweils anwendbaren Sachrecht (etwa dem Erbrecht), sondern beziehen sich ausschließlich auf das maßgebliche Insolvenzrecht.[896] Nur die insolvenzrechtlichen Wirkungen müssen daher auch von den anderen Mitgliedstaaten anerkannt werden.

Hieraus folgt, dass die Anerkennung der Wirkungen des Nachlassinsolvenzverfahrens in den anderen Mitgliedstaaten nach Art. 16 ff. EuInsVO (Art. 20 ff. EuInsVO 2017) nicht zugleich die Anerkennung erbrechtlicher Tatbestände umfasst, auch wenn diese einzelnen insolvenzrechtlichen Normen zugrunde liegen sollten. Das Insolvenzstatut und das Erbstatut sind in ihren Wirkungen voneinander unabhängig und müssen auch anerkennungsrechtlich getrennt betrachtet werden. Die EuInsVO/EuInsVO 2017 entfalten nur für insolvenzrechtliche Sachverhalte Wirkung. Hinsichtlich der erbrechtlichen Wirkungen gilt das erbrechtliche Anerkennungsrecht. So kann sich beispielsweise der Erbe in einem anderen Mitgliedstaat nicht darauf berufen, dass seine Erbenstellung innerhalb des deutschen Nachlassinsolvenzverfahrens unter Geltung der EuInsVO/EuInsVO 2017 anerkannt worden sei, weil dies keine Wirkung ist, die aus dem Insolvenzrecht folgt. Dagegen muss es ihm jedoch möglich sein, in einem anderen Mitgliedstaat geltend zu machen, dass er in Deutschland einen zulässigen Insolvenzantrag gestellt hat und nunmehr hier Verfahrensbeteiligter ist, etwa falls dies hinsichtlich einer etwaigen Insolvenzantragspflicht in einem anderen Mitgliedstaat von Relevanz sein sollte. Dieser Umstand folgt aus der Eröffnung des Nachlassinsolvenzverfahrens und muss in den anderen Mitgliedstaaten nach Art. 16 Abs. 1 EuInsVO (Art. 19 Abs. 1 EuInsVO 2017) anerkannt werden.

5. *Konkurrenz zwischen der Insolvenzeröffnung und erbrechtlichen Abwicklungsverfahren*

Insbesondere bei einem Nachlassinsolvenzverfahren als Hauptinsolvenzverfahren kann sich die Durchführung des Insolvenzverfahrens mit einer bereits begonnenen erbrechtlichen Abwicklung des Nachlasses überschneiden, weil sich die Wirkungen des Insolvenzverfahrens mit der Eröffnung unmittelbar

896 *Mankowski*, ZIP 2011, S. 1503.

auf das gesamte Unionsgebiet erstrecken. Aber auch in einem Partikularinsolvenzverfahren ist es denkbar, dass die Insolvenzeröffnung in Bezug auf die hier belegenen Nachlassgegenstände in Widerspruch zu bereits begonnenen erbrechtlichen Abwicklungsmaßnahmen tritt.

a) Vorrang der insolvenzrechtlichen Wirkungen als leges speciales

Kommt es zu Widersprüchen zwischen insolvenzrechtlichen Wirkungen und erbrechtlichen Maßnahmen, muss dem Insolvenzrecht Vorrang zukommen.[897] Dies folgt zum einen aus der automatischen Anerkennungspflicht der Insolvenzeröffnung nach Art. 16 EuInsVO (Art. 19 EuInsVO 2017) und der hiermit korrespondierenden Wirkungserstreckung nach Art. 17 EuInsVO (Art. 20 EuInsVO 2017). Aufgrund des Insolvenzereignisses handelt es sich bei den insolvenzrechtlichen Vorschriften um die sachnähesten Regelungen, hinsichtlich derer die EuInsVO als *lex specialis* vorrangige Geltung beansprucht.

Zum anderen stellt auch die EuErbVO in Art. 76 EuErbVO ausdrücklich klar, dass die Bestimmungen der EuInsVO/EuInsVO 2017 von den Regelungen der EuErbVO unberührt bleiben. Diese Klarstellung ist lediglich deklaratorischer Natur, weil sich der Vorrang des Insolvenzrechts bereits aus der Spezialität ergibt. Da es sich bei dem Nachlassinsolvenzverfahren um ein echtes Insolvenzverfahren handelt, sind die insolvenzrechtlichen Vorschriften gegenüber dem Erbrecht sachnäher und damit spezieller.

Die erbrechtlichen Wirkungen dürfen daher die Durchführung des Insolvenzverfahrens nicht beeinträchtigen.[898] Dies gilt insbesondere für den insolvenzrechtlichen Vermögensbeschlag, der unmittelbar sämtliche Gegenstände des Nachlassvermögens erfasst, auch wenn dieses bereits Gegenstand erbrechtlicher Verteilungsmaßnahmen sein sollte.

b) Kein Einfluss des Insolvenzrechts auf Fragen des erbrechtlichen Status

Umgekehrt folgt hieraus jedoch nicht, dass bereits begonnene erbrechtliche Maßnahmen zwingend einzustellen sind. Das Insolvenzrecht beansprucht Vorrang lediglich soweit, wie seine Wirkungen reichen. Erbrechtliche

---

897 MünchKomm-BGB/*Dutta*, Art. 76 EuErbVO Rn. 2; Hüßtege/Mansel/*Magnus*, Art. 76 EuErbVO Rn. 4; *Bonomi/Wautelet*, Art. 76 EuErbVO Rn. 18.

898 MünchKomm-BGB/*Dutta*, Art. 76 EuErbVO Rn. 6; Hüßtege/Mansel/*Magnus*, Art. 76 EuErbVO Rn. 8; *Bonomi/Wautelet*, Art. 76 EuErbVO Rn. 19.

Abwicklungsmaßnahmen werden hiervon nur erfasst, sofern sie in Widerspruch zu den Wirkungen des Nachlassinsolvenzverfahrens treten.[899]

Dagegen ist die Durchführung des Nachlassinsolvenzverfahrens grundsätzlich unabhängig von der Klärung der Fragen des erbrechtlichen Status, beispielsweise wer letztlich als Erbe anzusehen ist. Derartige Umstände wirken bloß mittelbar in das Insolvenzrecht hinein, ohne die insolvenzrechtlichen Wirkungen in Frage zu stellen. Eine Überlagerung durch das Insolvenzrecht findet dann nicht statt.

Dies führt aber nicht dazu, dass bereits erfolgte erbrechtliche Maßnahmen vor den Wirkungen des Insolvenzverfahrens geschützt wären. Hat beispielsweise der Erbe nach italienischem Erbrecht begonnen, die Gläubiger nach dem Prioritätsprinzip zu befriedigen, bleibt eine insolvenzrechtliche Anfechtung der Verfügungen des Erben möglich, denn die Anfechtung unterliegt nach Art. 4 Abs. 2 Satz 2 lit. m) EuInsVO (Art. 7 Abs. 2 Satz 2 lit. m) EuInsVO 2017) grundsätzlich der *lex fori concursus*. Gleiches gilt für den Fall, dass der Erbe mit einigen Nachlassgläubigern bereits Vereinbarungen über die bestehenden Forderungen getroffen hat.

Wie es generell der Eigenschaft der Materie geschuldet ist, greift das Insolvenzrecht durch die Insolvenzeröffnung in sämtliche bestehenden Rechtsverhältnisse in dem Stadium ein, in dem sie sich gerade befinden. Im Nachlassinsolvenzverfahren gilt hinsichtlich der erbrechtlichen Rechtsverhältnisse nichts anderes.

B. Das Nachlassinsolvenzverfahren mit Auslandsberührung zu Ländern außerhalb der Europäischen Union

I. Einführung

Seit dem 20.3.2003 enthält die Insolvenzordnung in den §§ 335 bis 358 ein umfassend geregeltes internationales Insolvenzrecht. Hierdurch sollte der viel kritisierte Vorgänger, die fragmentarische und unzulängliche „Platzhaltervorschrift" des Art. 102 EGInsO a.F., ersetzt und das deutsche Recht auf den Stand der Zeit gebracht werden.[900] Eine derart ausführliche Regelung des internationalen

---

899 Hüßtege/Mansel/*Magnus*, Art. 76 EuErbVO Rn. 8; *Bonomi/Wautelet*, Art. 76 EuErbVO Rn. 20; Für eine Aussetzung erbrechtlicher Verfahren in diesem Fall MünchKomm-BGB/*Dutta*, Art. 76 EuErbVO Rn. 6.

900 BT-Drucks. 15/16, S. 13 f. Im Entwurf zur Insolvenzordnung von 1992 (BT-Drucks. 12/2443) war in den §§ 379 bis 399 noch ein vollständiges internationales Insolvenzrecht vorgesehen. Wegen der Arbeiten an dem Europäischen Insolvenzübereinkommen, das schließlich in die EuInsVO mündete, hatte man sich zunächst jedoch für

Insolvenzrechts war dem deutschen Recht bis dahin fremd gewesen. Auch die Konkursordnung hatte sich zuvor auf einige wenige Grundaussagen beschränkt, die jedoch im Laufe der Zeit immer kritischer gesehen wurden.[901]

Die §§ 335 ff. InsO kodifizieren ein internationales Insolvenzrecht, das mit seinen Vorgängern kaum mehr zu vergleichen ist. Ein wesentlicher Punkt bei der Neuregelung war die Festschreibung des Universalitätsprinzips sowohl für inländische als auch für ausländische Insolvenzverfahren.[902] Die Vorschriften sollen damit auf eine immer stärker verwobene Weltwirtschaft reagieren, die vor Ländergrenzen längst nicht mehr Halt macht. In dieser Grundannahme deckt sich das autonome Recht mit den Vorschriften der EuInsVO/EuInsVO 2017, die den Universalitätsanspruch des Hauptinsolvenzverfahrens nicht nur festschreiben, sondern seine Durchsetzung auch von sämtlichen Formerfordernissen befreien.[903] Aufgrund der zeitlichen Überschneidung mit der Erarbeitung der EuInsVO verwundert es nicht, dass sich die Kernaussagen im Wesentlichen decken.[904] Es wurde jedoch großer Wert auf die Unterscheidung gelegt, dass die EuInsVO als Einheitsrecht den Stand der europäischen Rechtsvereinheitlichung und Rechtsanpassung wiedergibt, wohingegen eine derartige Verflechtung mit den anderen Rechtsordnungen der Welt gerade nicht besteht.[905] Folglich kam es

---

eine fragmentarische Zwischenlösung des Art. 102 EGInsO a.F. entschieden, um die Entwicklungen auf Europäischer Ebene abwarten zu können, BT-Drucks. 12/7303, S. 117 f. Die heutigen Vorschriften, die wesentlich auf dem Entwurf von 1992 basieren, wurden maßgeblich durch die Sonderkommission „Insolvenzrecht" unter der Leitung von *Hans Stoll* erarbeitet, dazu *Stoll*, Stellungnahmen und Gutachten (1992), S. 290 ff. Darüber hinaus dienen die Vorschriften zugleich der Umsetzung der Richtlinie 2001/24/EG des Europäischen Parlaments und des Rates vom 4. April 2001 über die Sanierung und Liquidation von Kreditinstituten, ABl. EG Nr. L 125 vom 5.5.2001, S. 15, sowie der Richtlinie 2001/17/EG des Europäischen Parlaments und des Rates vom 19. März 2001 über die Sanierung und Liquidation von Versicherungsunternehmen, ABl. EG Nr. L 110 vom 20.4.2001, S. 28, hierzu BT-Drucks. 15/16, S. 14.

901 Hierzu *Trunk*, Internationales Insolvenzrecht (1998), S. 11, mit Verweis auf die Grundsatzentscheidung des BGH aus dem Jahr 1985, mit dem dieser seine bisherige Rechtsprechung aufgab und fortan das Universalitätsprinzip auch für ausländische Insolvenzeröffnungen anerkannte, BGH, Urteil v. 11.7.1985, IX ZR 178/84, NJW 1985, S. 2897; MünchKomm-InsO/*Reinhart*, Vorb. vor §§ 335 ff. InsO Rn. 7 ff.

902 BT-Drucks. 12/2443, S. 235.

903 Siehe den Mechanismus der automatischen Anerkennung und Wirkungserstreckung in den Art. 16, 17 EuInsVO (Art. 19, 20 EuInsVO 2017).

904 Der deutsche Gesetzgeber hatte zunächst die Verabschiedung der EuInsVO abgewartet und sich anschließend hieran orientiert, siehe BT-Drucks. 15/16, S. 11 ff.

905 BT-Drucks. 15/16, S. 13.

für den deutschen Gesetzgeber nicht in Betracht, die Vorschriften der EuInsVO universell auch auf das Verhältnis zu Drittstaaten auszudehnen.[906]

Als Normen des Europarechts gehen die Vorschriften der EuInsVO/EuInsVO 2017 den nationalen Regelungen vor. Das autonome internationale Insolvenzrecht kann damit nur zur Anwendung kommen, sofern die EuInsVO/EuInsVO 2017 nicht anwendbar sind.[907] Die EuInsVO/EuInsVO 2017 sind in ihrem Anwendungsbereich jedoch in sachlicher und räumlicher Hinsicht beschränkt, sodass soweit das nationale Recht greift.

Die sachlichen Anwendungsausschlüsse betreffen besondere Wirtschaftssubjekte wie etwa Versicherungsunternehmen oder Kreditinstitute, für die europarechtliche Sonderregelungen bestehen.[908] Das Nachlassinsolvenzverfahren fällt dagegen uneingeschränkt in den sachlichen Anwendungsbereich der EuInsVO/EuInsVO 2017.[909] Damit muss das nationale Recht auch in Bezug auf das Nachlassinsolvenzverfahren zurücktreten, sofern die EuInsVO/EuInsVO 2017 räumlich anwendbar sind.

Der Anwendungsbereich der EuInsVO/EuInsVO 2017 beschränkt sich in räumlicher Hinsicht auf solche Insolvenzverfahren, in denen sich der Mittelpunkt der hauptsächlichen Interessen (COMI) des Schuldners in der Europäischen Union befindet.[910] Ist dies der Fall, findet die EuInsVO/EuInsVO 2017 nach der Rechtsprechung des *EuGH* grundsätzlich auch gegenüber Drittstaaten Anwendung.[911] Zu den Drittstaaten gehört aufgrund der ausdrücklichen gesetzlichen Anordnung auch Dänemark.[912]

Bei der Anwendung der EuInsVO/EuInsVO 2017 gegenüber Drittstaaten ist nach dem *EuGH* danach zu differenzieren, ob die jeweilige Vorschrift einen Bezug zu einem Mitgliedstaat voraussetzt oder auch gegenüber einem Drittstaat

---

906 Es fehle gegenüber Drittstaaten an Vertrauen, Transparenz und Reziprozität, BT-Drucks. 15/16, S. 13 f.

907 MünchKomm-InsO/*Reinhart*, Vorb. vor §§ 335 ff. InsO Rn. 84; K.Schmidt/*Brinkmann*, § 335 InsO Rn. 3; MünchKomm-BGB/*Kindler*, Vorb. zu §§ 335 ff. InsO Rn. 3; Uhlenbruck/*Lüer*, Vorb. zu §§ 335–358 InsO Rn. 2; Braun/*Tashiro*, Vorb. zu §§ 335–358 InsO Rn. 18 f.; ebenso BGH, Beschl. v. 3.2.2011, V ZB 54/10, NJW 2011, S. 1818.

908 Siehe zu den Sonderregelungen im Einzelnen K.Schmidt/*Brinkmann*, Art. 1 EuInsVO Rn. 8 ff.

909 Siehe hierzu oben Seite 118.

910 Vgl. Erwägungsgrund 14 EuInsVO (Erwägungsgrund 25 EuInsVO 2017). Hierzu K.Schmidt/*Brinkmann*, Art. 1 EuInsVO Rn. 11.

911 EuGH, Urteil v. 16.1.2014, Rs. C-328/12 „Schmid", Rn. 29. Ausführlich zum räumlichen Anwendungsbereich der EuInsVO/EuInsVO 2017 oben Seite 132.

912 Siehe Erwägungsgrund 33 EuInsVO (Erwägungsgrund 88 EuInsVO 2017).

angewendet werden kann.[913] Im Hinblick auf die Zuständigkeitsvorschrift des Art. 3 Abs. 1 Satz 1 EuInsVO/EuInsVO 2017 geht der *EuGH* davon aus, dass diese auch gegenüber Drittstaaten Anwendung findet.[914]

Durch die Rechtsprechung des *EuGH* zu Art. 3 Abs. 1 Satz 1 EuInsVO/EuInsVO 2017 ist der Anwendungsbereich der EuInsVO/EuInsVO 2017 gegenüber dem autonomen internationalen Insolvenzrecht erheblich ausgeweitet worden.[915] Liegt der Mittelpunkt der hauptsächlichen Interessen (COMI) des Schuldners innerhalb der Europäischen Union (mit Ausnahme Dänemarks), verbleibt den Normen des autonomen internationalen Insolvenzrechts damit nur dann ein Anwendungsbereich, soweit die EuInsVO/EuInsVO 2017 keine vorrangigen Regelungen enthalten.[916]

Nicht von der EuInsVO/EuInsVO 2017 überlagert wird das autonome internationale Insolvenzrecht in Bezug auf die Anerkennung drittstaatlicher Insolvenzverfahren. Diese Anerkennung vollzieht sich über § 343 InsO.[917]

Darüber hinaus greift das autonome internationale Insolvenzrecht, wenn der Mittelpunkt der hauptsächlichen Interessen (COMI) des Schuldners außerhalb der Europäischen Union (oder in Dänemark) liegt und in Deutschland ein Sekundär- oder Partikularinsolvenzverfahren eröffnet werden soll. Aufgrund des Umstands, dass im Hinblick auf Staaten, die nicht Mitglied der Europäischen Union sind, kein vergleichbares Maß an Transparenz, Vereinheitlichung und Vertrauen gegeben ist, sah sich der deutsche Gesetzgeber gehalten, die Wirkungen eines drittstaatlichen Insolvenzverfahrens unter erleichterten Bedingungen durch ein inländisches Sekundär- oder Partikularinsolvenzverfahren durchbrechen zu können. Während hierfür nach Art. 3 Abs. 2 EuInsVO/EuInsVO 2017 gegenüber Mitgliedstaaten zwingend das Vorhandensein einer Niederlassung erforderlich ist, soll im autonomen Recht gegenüber Drittstaaten auch die bloße Belegenheit von Vermögen im Inland genügen. Es besteht damit gegenüber

---

913 EuGH, Urteil v. 16.1.2014, Rs. C-328/12 „Schmid", Rn. 24; K.Schmidt/*Brinkmann*, Art. 1 EuInsVO Rn. 15; MünchKomm-InsO/*Reinhart*, Art. 1 EuInsVO Rn. 19.

914 EuGH, Urteil v. 16.1.2014, Rs. C-328/12 „Schmid", Rn. 28 f.; MünchKomm-BGB/*Kindler*, Art. 1 EuInsVO Rn. 26; K.Schmidt/*Brinkmann*, Art. 1 EuInsVO Rn. 14; MünchKomm-InsO/*Reinhart*, Art. 1 EuInsVO Rn. 16.

915 MünchKomm-BGB/*Kindler*, Art. 1 EuInsVO Rn. 23 f.

916 MünchKomm-InsO/*Reinhart*, Vorb. vor §§ 335 ff. InsO Rn. 84 f.; K.Schmidt/*Brinkmann*, Vor §§ 335 InsO Rn. 7; MünchKomm-BGB/*Kindler*, Vorb. zu §§ 335 ff. InsO Rn. 4.

917 K.Schmidt/*Brinkmann*, § 343 InsO Rn. 3; MünchKomm-InsO/*Reinhart*, Art. 1 EuInsVO Rn. 29. Näher dazu unten Seite 252.

Drittstaaten ein Vermögensgerichtsstand, der auf der Ebene der EuInsVO/EuInsVO 2017 gerade vermieden werden sollte.[918]

II. Internationale und örtliche Zuständigkeit der deutschen Gerichte

In Anlehnung an die Regelungssystematik der EuInsVO/EuInsVO 2017 trifft auch das autonome internationale Insolvenzrecht die grundlegende Unterscheidung zwischen einem universal wirkenden Hauptinsolvenzverfahren und einem territorial beschränkten Sekundär- oder Partikularinsolvenzverfahren.[919]

Diese aus dem europäischen Recht bekannte Unterteilung der internationalen Eröffnungszuständigkeit in drei verschiedene Verfahrenstypen erstreckt sich auf alle Insolvenzverfahren der Insolvenzordnung in gleicher Weise. Sie gelten damit auch für das Nachlassinsolvenzverfahren, denn eine Differenzierung nach der Art des Schuldners findet nicht statt.[920] Dies ist sachgerecht, denn es geht an dieser Stelle allein um die Abgrenzung und Koordination internationaler Eröffnungszuständigkeiten. Die Rechtsnatur des Schuldners ist hierfür unerheblich. Stattdessen stehen die Interessen der Gläubiger im Vordergrund, deren Schutz die Möglichkeit der Eröffnung von Sekundär- und Partikularinsolvenzverfahren dienen soll.[921]

1. Eröffnung eines Nachlassinsolvenzverfahrens als Hauptinsolvenzverfahren

Im Rahmen der Neuregelung des autonomen internationalen Insolvenzrechts im Jahr 2003 hat der deutsche Gesetzgeber mit § 354 InsO lediglich für die Sekundär- und Partikularinsolvenzverfahren eine Vorschrift über die internationale

---

918 Uhlenbruck/*Lüer*, § 354 InsO Rn. 3 f.

919 Die grundsätzliche Zulässigkeit eines territorial beschränkten Parallelinsolvenzverfahrens ist dem deutschen Recht dagegen nicht neu, denn bereits die Konkursordnung sah in § 238 KO die Möglichkeit der Eröffnung von Zweitinsolvenzverfahren vor. Mit der Neuregelung in den §§ 354 ff. InsO hat sich der Gesetzgeber aber systematisch an den Vorschriften der EuInsVO orientiert und auch die sprachliche Unterscheidung zwischen Partikular- und Sekundärinsolvenzverfahren übernommen, hierzu MünchKomm-InsO/*Reinhart*, Vorb. vor §§ 335 ff. InsO Rn. 28.

920 Ebenso *Birk*, FS Pazdan (2005), S. 46; Kayser/Thole/*Marotzke*, § 315 InsO Rn. 8; K.Schmidt/*K.Schmidt*, § 315 InsO Rn. 5.

921 Dies zeigt sich besonders deutlich an dem Umstand, dass nach § 354 InsO ausschließlich die Gläubiger die Eröffnung eines Partikularinsolvenzverfahrens beantragen können, nicht jedoch der Schuldner. Hierdurch soll eine Liquidation „von den Rändern her“ durch den Schuldner ausgeschlossen werden, BT-Drucks. 15/16, S. 25.

Zuständigkeit geschaffen. Für den viel bedeutenderen Fall der Eröffnung eines Hauptinsolvenzverfahrens fehlte dagegen eine gesetzliche Regelung, denn eine solche wurde nicht für erforderlich gehalten. Zur Begründung wurde ausgeführt, dass im deutschen Recht subsidiär stets der allgemeine Grundsatz gelte, dass die internationale Zuständigkeit über die örtliche vermittelt werde (Doppelfunktionalität).[922]

Das Fehlen einer nationalen Regelung über die internationale Zuständigkeit hat dazu geführt, dass in Nachlassinsolvenzverfahren mit Bezug zu Drittstaaten bislang die örtliche Zuständigkeitsvorschrift des § 315 InsO im Wege einer doppelfunktionalen Anwendung für die Bestimmung der internationalen Zuständigkeit herangezogen worden ist.[923] Den deutschen Gerichten sollte daher nur dann die Zuständigkeit zur Eröffnung eines Nachlassinsolvenzverfahrens als Hauptinsolvenzverfahren zukommen, wenn der Mittelpunkt einer selbständigen wirtschaftlichen Tätigkeit des Erblassers zum Zeitpunkt seines Todes im Inland lag oder hilfsweise der Erblasser zum Zeitpunkt seines Todes seinen allgemeinen Gerichtsstand im Inland hatte.[924]

Seit der Entscheidung des *EuGH* aus dem Jahr 2014, dass Art. 3 Abs. 1 Satz 1 EuInsVO/EuInsVO 2017 auch in Bezug auf Drittstaaten Anwendung findet, besteht jedoch kein Bedürfnis für eine doppelfunktionale Anwendung von § 315 InsO mehr.[925] Die weite Auslegung des Anwendungsbereichs von Art. 3 Abs. 1 Satz 1 EuInsVO/EuInsVO 2017 durch den *EuGH* führt dazu, dass die vormals angenommene Regelungslücke im System der internationalen Zuständigkeit im Nachlassinsolvenzverfahren nicht mehr besteht.[926]

---

922 BT-Drucks. 15/16, S. 21.

923 Methodisch handelt es sich um eine Analogie, *Mankowski*, ZIP 2011, S. 1505; Kayser/Thole/*Marotzke*, § 315 InsO Rn. 10; Staudinger/*Dörner*, Art. 25 EGBGB Rn. 905; Scherer/*Pawlytta/Pfeiffer*, § 33 Rn. 133; *Roth/Pfeuffer*, Nachlassinsolvenzverfahren, S. 394; unklar BGH, Beschl. v. 14.1.2010, IX ZB 76/09, ZInsO 2010, S. 348.

924 *Birk*, FS Pazdan (2005), S. 52; *Mankowski*, ZIP 2011, S. 1505; Kayser/Thole/*Marotzke*, § 315 InsO Rn. 10 Fn. 13; Braun/*Bauch*, § 315 InsO Rn. 10; Staudinger/*Dörner*, Art. 25 EGBGB Rn. 905; ebenso BGH, Beschl. v. 14.1.2010, IX ZB 76/09, ZInsO 2010, S. 348; AG Köln, Beschl. v. 12.11.2010, 71 IN 343/10, NZI 2011, S. 159 f.; AG Niebüll, Beschl. v. 15.7.2015, 5 IN 7/15, ZInsO 2015, S. 1703.

925 Siehe EuGH, Urteil v. 16.1.2014, Rs. C-328/12 „Schmid", Rn. 29. Zum räumlichen Anwendungsbereich der EuInsVO/EuInsVO 2017 auch bereits oben Seite 132.

926 Zum vergleichbaren Fall der doppelfunktionalen Anwendung von § 3 InsO MünchKomm-InsO/*Reinhart*, Art. 1 EuInsVO Rn. 16. Vgl. K.Schmidt/*Brinkmann*, Vor §§ 335 ff. InsO Rn. 7: „Oft verkannt".

Die Anwendung von Art. 3 Abs. 1 Satz 1 EuInsVO/EuInsVO 2017 setzt allgemein nur noch voraus, dass der Mittelpunkt der hauptsächlichen Interessen (COMI) des Schuldners in der Europäischen Union (mit Ausnahme Dänemarks) liegt, kein Ausschluss des persönlichen Anwendungsbereichs nach Art. 1 Abs. 2 EuInsVO/EuInsVO 2017 besteht und dass es sich bei dem in Frage stehenden Insolvenzverfahren um ein Insolvenzverfahren im Sinne der Verordnungen handelt.[927] Wie oben gezeigt wurde, fällt das Nachlassinsolvenzverfahren uneingeschränkt unter den Begriff des Insolvenzverfahrens im Sinne des Anhangs A der EuInsVO/EuInsVO 2017.[928] Liegt der COMI des Schuldners (also des Erblassers) in Deutschland, sind damit die Voraussetzungen der Anwendbarkeit von Art. 3 Abs. 1 Satz 1 EuInsVO/EuInsVO 2017 im Nachlassinsolvenzverfahren erfüllt.[929] Hiervon ist nur dann eine Ausnahme zu machen, wenn zum Nachlass ein einzelunternehmerisch geführtes Unternehmen des Erblassers gehört, das unter die Bereichsausnahmen des Art. 1 Abs. 2 EuInsVO/EuInsVO 2017 fällt, es sich mithin um ein Versicherungsunternehmen, ein Kreditinstitut, eine Wertpapierfirma oder einen Organismus für gemeinsame Anlagen handelt.[930]

Dies Ergebnis ist richtig, denn es dient der Effektivität des Nachlassinsolvenzverfahrens. Die einheitliche Zuständigkeitsregel fördert die Vorhersehbarkeit der gerichtlichen Insolvenzeröffnungsentscheidung, in der nicht mehr zwischen der EuInsVO/EuInsVO 2017 und dem autonomen internationalen Insolvenzrecht abgegrenzt werden muss. Gerichtliche Ermittlungen dahingehend, ob neben den Auslandsbezügen zu Drittstaaten auch Bezüge zu Mitgliedstaaten gegeben sind, erübrigen sich. Das Verfahren der Insolvenzeröffnung wird dadurch beschleunigt. Die Insolvenzeröffnungsentscheidung wird zudem nach Art. 16 Abs. 1 EuInsVO (Art. 19 Abs. 1 EuInsVO 2017) in allen anderen Mitgliedstaaten mit Ausnahme Dänemarks anerkannt.

Auch unter systematisch-teleologischen Gesichtspunkten bestehen keine Bedenken an der Aufgabe der analogen Anwendung von § 315 InsO im Nachlassinsolvenzverfahren. Wie § 315 InsO vermittelt auch Art. 3 Abs. 1 Satz 1 EuInsVO/EuInsVO 2017 eine ausschließliche Zuständigkeit.[931] Die Möglichkeit eines Forum Shopping wird dadurch ausgeschlossen. Beide Zuständigkeitsregeln

---

927 K.Schmidt/*Brinkmann*, Vor §§ 335 ff. InsO Rn. 7.

928 Siehe zur sachlich-persönlichen Anwendbarkeit der EuInsVO/EuInsVO 2017 auf das Nachlassinsolvenzverfahren oben Seite 119.

929 Siehe zur Bestimmung des COMI im Nachlassinsolvenzverfahren oben Seite 142.

930 Zumindest nach deutschem Recht ist eine solche Fallgestaltung aber schwer vorstellbar, da die §§ 2b, 32 Abs. 1 KWG die Rechtsform des Einzelkaufmanns ausschließen.

931 K.Schmidt/*Brinkmann*, Art. 3 EuInsVO Rn. 3.

stellen auf eine selbständige wirtschaftliche Tätigkeit des Erblassers ab und knüpfen nur hilfsweise an den Wohnsitz (§§ 315 Satz 1 InsO, 13 ZPO) bzw. den letzten gewöhnlichen Aufenthalt (Art. 3 Abs. 1 Satz 1 EuInsVO und Art. 3 Abs. 1 Unterabs. 4 EuInsVO 2017) des Erblassers an. Die Anknüpfung erfolgt somit nach vergleichbaren Prinzipien.

Ein Unterschied besteht aber darin, dass die Zuständigkeitsbestimmung in Art. 3 Abs. 1 Satz 1 EuInsVO/EuInsVO 2017 durch das Erfordernis einer Gesamtabwägung aller relevanten Umstände einen größeren richterlichen Gestaltungsspielraum zulässt, als dies bei § 315 InsO der Fall ist.[932] Diese Gesamtabwägung dient der Bestimmung des COMI des Schuldners aus der Sicht der Gläubiger, wofür objektive und für Dritte wahrnehmbare Elemente maßgeblich sind.[933] Die Anknüpfung an den Wohnsitz des Erblassers nach §§ 315 Satz 1 InsO, 13 ZPO hat sich dagegen historisch aus dem Gerichtsstand der Erbschaft entwickelt.[934] Ursprünglich sollte der Erbe geschützt werden, indem der Nachlasskonkurs auf den Namen des Erblassers lautete und am letzten Wohnsitz des Erblassers zu eröffnen war.[935] Durch die Insolvenzordnung im Jahr 1999 war dieses Prinzip aber bereits aufgegeben worden: Mit der vorrangigen Anknüpfung an eine selbständige wirtschaftliche Tätigkeit des Erblassers in § 315 Satz 2 InsO wurde die Sichtweise der Gläubiger als der wesentlichen Verfahrensbeteiligten im Nachlassinsolvenzverfahren zum Maßstab erhoben.[936] Sowohl § 315 InsO als auch Art. 3 Abs. 1 Satz 1 EuInsVO/EuInsVO 2017 liegt daher der Gläubigerschutz zugrunde. Die Anknüpfung nach Art. 3 Abs. 1 Satz 1 EuInsVO/EuInsVO 2017 fügt sich somit widerspruchsfrei in die Regelungssystematik des Nachlassinsolvenzverfahrens ein.

---

932 Zum Erfordernis einer Gesamtabwägung EuGH, Urteil v. 20.10.2011, Rs. C-396/09 „Interedil Srl“, Rn. 52; ebenso *Virgos/Schmit*, Erläuternder Bericht Rn. 75. Siehe auch die Regeln über die Entkräftigung der Vermutungen in Art. 3 Abs. 1 Unterabs. 3 und 4 EuInsVO 2017, wenn in den letzten 3 bzw. 6 Monaten vor der Insolvenzantragstellung eine Verlegung der Hauptniederlassung des Erblassers oder des gewöhnlichen Aufenthaltes in einen anderen Mitgliedstaat erfolgt ist.

933 EuGH, Urteil v. 20.10.2011, Rs. C-396/09 „Interedil Srl“, Rn. 51.

934 Siehe hierzu die Begründung des Entwurfs der KO von 1877, *Hahn*, Materialien Bd. IV, S. 399. § 202 der Konkursordnung von 1877 sah ebenfalls eine Anknüpfung an den allgemeinen Gerichtsstand des Erblassers vor.

935 Begründung des Entwurfs der KO von 1877, *Hahn*, aaO.

936 BT-Drucks. 12/2443, S. 229.

Die örtliche Zuständigkeit der deutschen Gerichte zur Eröffnung eines Nachlassinsolvenzverfahrens als Hauptinsolvenzverfahren bestimmt sich nach § 315 InsO und hilfsweise nach Art. 102 § 1 Abs. 1 EGInsO analog.[937]

2. *Das Nachlassinsolvenzverfahren als Sekundär- und Partikularinsolvenzverfahren nach den §§ 354, 356 InsO*

Liegt der Mittelpunkt der hauptsächlichen Interessen (COMI) des Schuldners (also des Erblassers) außerhalb der Mitgliedstaaten der Europäischen Union oder in Dänemark, sind die Vorschriften der EuInsVO/EuInsVO 2017 nicht anwendbar. In diesem Fall kann in Deutschland über einen Nachlass gemäß § 354 InsO ein Partikularinsolvenzverfahren eröffnet werden.

Nach § 354 Abs. 1 InsO sind dessen Wirkungen auf das in Deutschland belegene Vermögen beschränkt. In Anlehnung an die EuInsVO/EuInsVO 2017 unterscheidet auch das autonome internationale Insolvenzrecht in den §§ 354, 356 InsO zwischen dem unabhängigen Partikularinsolvenzverfahren und dem Sekundärinsolvenzverfahren, das eine bereits erfolgte Insolvenzeröffnung im Ausland voraussetzt.

Trotz aller Kritik aus dem Schrifttum wollte der deutsche Gesetzgeber bei der Neuordnung des autonomen internationalen Insolvenzrechts im Jahre 2002 nicht auf die Zulässigkeit von Sekundär- und Partikularinsolvenzverfahren verzichten.[938] Während das Sekundärinsolvenzverfahren das ausländische Hauptinsolvenzverfahren unterstützt, dient das unabhängige Partikularinsolvenzverfahren ausschließlich dem Schutz lokaler Gläubigerinteressen.

Beide Verfahrenstypen sind auch mit einem Nachlass als Verfahrensobjekt durchführbar. Die §§ 354, 356 InsO differenzieren nicht zwischen den einzelnen insolvenzfähigen Vermögensmassen nach § 11 InsO. Sie sind ohne Unterschied anwendbar.[939] Das Schutzbedürfnis der Gläubiger, gegebenenfalls ein Partikularinsolvenzverfahren beantragen zu können, kann bei einem Nachlass zudem besonders groß sein, wenn die Eröffnung eines ausländischen Hauptinsolvenzverfahrens mangels Insolvenzfähigkeit des Nachlasses nicht möglich ist.

---

937 Siehe hierzu oben Seite 179.

938 BT-Drucks. 15/16, S. 25. Zuvor hatte bereits § 238 KO die Zulässigkeit eines Territorialverfahrens vorgesehen, zur geäußerten Kritik an diesem Prinzip siehe *Bloching*, Pluralität und Partikularinsolvenz (2000), S. 67 ff.

939 *Birk*, FS Pazdan (2005), S. 46; *Mankowski*, ZIP 2011, S. 1505; Kayser/Thole/*Marotzke*, § 315 InsO Rn. 8; K.Schmidt/*K.Schmidt*, § 315 InsO Rn. 5; Firsching/Graf/*Graf*, Nachlassrecht Rn. 2.56.

In diesem Fall gewährt die Zulässigkeit eines Partikularinsolvenzverfahrens den Gläubigern zumindest in Bezug auf das in Deutschland belegene Vermögen ein insolvenzrechtliches Schutzinstrument.

a) Zulässigkeitsvoraussetzungen

Als Kompromiss zwischen dem strengen Niederlassungserfordernis der EuInsVO/EuInsVO 2017, das sich als hohe Hürde zugunsten des Universalitätsprinzips auswirkt und einem bloßen Vermögensgerichtstand im Interesse des Gläubigerschutzes hat sich der deutsche Gesetzgeber bei der Neuregelung des autonomen internationalen Insolvenzrechts für eine Kombinationslösung entschieden. Hiernach soll das Vorhandensein einer Niederlassung im Inland stets ausreichendes Kriterium für eine Insolvenzeröffnung sein. Die bloße Vermögensbelegenheit genügt dagegen nur im Falle eines besonderen Schutzinteresses des antragstellenden Gläubigers. Hierdurch soll eine Zerfaserung des Universalitätsprinzips verhindert und gleichzeitig dem besonderen Rechtsschutzbedürfnis der Gläubiger gegenüber Drittstaaten Rechnung getragen werden.[940] Die Zulässigkeitsvoraussetzungen gelten für Sekundär- und Partikularinsolvenzverfahren gleichermaßen.[941]

(1) Niederlassung im Inland

Die Auslegung des Begriffs der Niederlassung in § 354 Abs. 1 Alt. 1 InsO richtet sich mangels vorrangiger europarechtlicher Bindungen nach dem autonomen Recht. Hieraus wird teilweise gefolgert, dass die Norm im Lichte von § 21 ZPO auszulegen sei, weil gerade kein Zwang für eine Übereinstimmung mit dem Niederlassungsbegriff in Art. 2 lit. h) EuInsVO (Art. 2 Nr. 10 EuInsVO 2017) bestehe.[942]

Ließe man eine derartige Auslegung zu, wäre gemäß § 21 ZPO erforderlich, dass am Ort der Niederlassung ein Gewerbe betrieben wird, dessen Ausübung aus der Niederlassung heraus erfolgt. Dies wird allgemein dahingehend verstanden, dass eine gewerbliche Tätigkeit im Rahmen einer hinreichenden Organisation gegeben sein muss, die über eine gewisse Dauer und mit einer gewissen

---

940 BT-Drucks. 15/16, S. 25.

941 MünchKomm-InsO/*Reinhart*, § 356 InsO Rn. 7; K.Schmidt/*Brinkmann*, § 356 InsO Rn. 1; Kübler/Prütting/Bork/*Paulus*, § 356 InsO Rn. 3; MünchKomm-BGB/*Kindler*, § 356 InsO Rn. 4; Kayser/Thole/*Stephan*, § 356 InsO Rn. 3.

942 MünchKomm-InsO/*Reinhart*, § 354 InsO Rn. 7; K.Schmidt/*Brinkmann*, § 354 InsO Rn. 5; Braun/*Delzant*, § 354 InsO Rn. 5; Wimmer/*Wenner/Schuster*, § 354 InsO Rn. 5.

Selbständigkeit gegenüber dem Stammunternehmen ausgeübt wird.[943] Die Niederlassungsdefinition in § 21 ZPO ist folglich auf gewerbsmäßig tätige Personen zugeschnitten. Auf Privatpersonen findet sie keine Anwendung.

Für das Nachlassinsolvenzverfahren würde dies bedeuten, dass das Niederlassungserfordernis nur bei Unternehmernachlässen erfüllt sein könnte. Nachlässe von nicht unternehmerisch tätig gewesenen Erblassern wären demnach von Anfang an nicht erfasst. Dies würde einen großen Teil der insuffizienten Nachlässe vom Anwendungsbereich der Norm ausschließen.

In dieser engen Definition der gewerblichen Tätigkeit unterscheidet sich die Definition der Niederlassung in § 21 ZPO jedoch wesentlich von derjenigen in Art. 2 lit. h) EuInsVO (Art. 2 Nr. 10 EuInsVO 2017). Letztere erfordert lediglich eine wirtschaftliche Aktivität unter Einsatz von Personal und Vermögenwerten von nicht nur vorübergehender Dauer, nicht aber stets eine gewerbsmäßige Tätigkeit.[944]

Ein zwingendes Bedürfnis für eine enge Auslegung des Niederlassungsbegriffes in § 354 Abs. 1 Alt. 1 InsO besteht nicht. Vielmehr wollte sich der deutsche Gesetzgeber mit dem Tatbestandsmerkmal der Niederlassung in § 354 Abs. 1 Alt. 1 InsO an der Systematik der EuInsVO orientieren.[945] Auch bietet die Systematik des autonomen internationalen Insolvenzrechts keine Veranlassung für eine enge Auslegung des Niederlassungsbegriffes, weil im autonomen Recht die Durchbrechung der Wirkungen eines Hauptinsolvenzverfahrens gerade unter im Vergleich zur EuInsVO/EuInsVO 2017 erleichterten Bedingungen möglich sein sollte.

Zu Recht wird daher gefordert, den Begriff der Niederlassung in § 354 Abs. 1 Alt. 1 InsO im Interesse der Einheitlichkeit und Rechtsklarheit im Lichte von Art. 2 lit. h) EuInsVO (Art. 2 Nr. 10 EuInsVO 2017) auszulegen.[946] Für das Nachlassinsolvenzverfahren ist diese Auslegung von Vorteil, da kein kategorischer Ausschluss im Hinblick auf Nachlässe nicht unternehmerisch tätig gewesener

943 MünchKomm-ZPO/*Patzina*, § 21 ZPO Rn. 4 ff.; Musielak/Voit/*Heinrich*, § 21 ZPO Rn. 2.

944 Zur Definition der Niederlassung in Art. 2 lit. h) EuInsVO (Art. 2 Nr. 10 EuInsVO 2017) siehe bereits oben Seite 163.

945 BT-Drucks. 15/16, S. 25.

946 MünchKomm-BGB/*Kindler*, § 354 InsO Rn. 3; Leonhardt/Smid/Zeuner/*Smid*, § 354 InsO Rn. 3; Uhlenbruck/*Lüer*, § 354 InsO Rn. 9; Andres/Leithaus/*Dahl*, § 354 InsO Rn. 6; Kayser/Thole/*Stephan*, § 354 InsO Rn. 16; Kübler/Prütting/Bork/*Paulus*, § 354 InsO Rn. 5; *Torz*, Partikularinsolvenzverfahren (2004), S. 154.

Erblasser erfolgt. Vielmehr kommt es auch hier auf den konkreten Einzelfall an.[947]

Maßgebliches Betrachtungsobjekt für die Anknüpfung als „Schuldner" ist auch an dieser Stelle der Nachlass und nicht der Erblasser. Zwar ließe § 354 Abs. 1 InsO auch eine Anknüpfung an den Erblasser als „Schuldner" zu. Gegen eine solche Anknüpfung sprechen aber die gleichen Argumente wie im Rahmen eines Sekundär- und Partikularinsolvenzverfahrens nach Art. 3 Abs. 2 EuInsVO/EuInsVO 2017.[948] Durch das Abstellen auf den Nachlass als „Schuldner" wird die Berücksichtigung der konkreten Umstände des Nachlasses möglich, wie sie sich zum Zeitpunkt der Insolvenzantragstellung darstellen. Dies wäre bei einer Anknüpfung an den Erblasser als „Schuldner" nicht der Fall. Insbesondere bei der Fortführung eines Einzelunternehmens nach dem Tod des Erblassers bringt die Anknüpfung an den Nachlass als „Schuldner" Vorteile.[949]

(2) Vorhandensein von Vermögenswerten im Inland

Ist eine Niederlassung im Inland nicht gegeben, bleibt nach § 354 Abs. 1 Alt. 2 InsO die Eröffnung eines Partikular-Nachlassinsolvenzverfahrens aufgrund der Belegenheit von Vermögen im Inland möglich. Um mit dem Universalitätsprinzip nicht zu leichtfertig zu brechen, hat der Gesetzgeber in § 354 Abs. 2 Satz 1 InsO das zusätzliche Erfordernis aufgestellt, dass der antragstellende Gläubiger bei Fehlen einer Niederlassung im Inland ein besonderes Interesse an der Eröffnung des Partikularinsolvenzverfahrens haben muss.[950]

(a) Das Erfordernis des „besonderen Interesses"

Was unter dem erforderlichen „besonderen Interesse" zu verstehen ist, erläutert das Gesetz nicht.[951] Es findet sich in § 354 Abs. 2 Satz 1 InsO das Regelbeispiel, dass das „besondere Interesse" gegeben sein soll, wenn der Gläubiger in einem ausländischen Verfahren „voraussichtlich erheblich schlechter stehen wird" als in einem inländischen Verfahren. Die Gesetzesbegründung verweist insoweit

---

947 Siehe zur Auslegung des Niederlassungserfordernisses im Rahmen von Art. 2 lit. h) EuInsVO (Art. 2 Nr. 10 EuInsVO 2017) oben Seite 163.

948 Siehe oben Seite 164.

949 Hierzu im Einzelnen oben Seite 164.

950 Andernfalls drohe eine „Zerfaserung" des Insolvenzverfahrens, BT-Drucks. 15/16, S. 25.

951 Kritisch insoweit MünchKomm-InsO/*Reinhart*, § 354 InsO Rn. 36: „Formulierung missglückt"; Andres/Leithaus/*Dahl*, § 354 InsO Rn. 9; Braun/*Delzant*, § 354 InsO Rn. 9.

auf die voraussichtlichen Befriedigungsaussichten des Gläubigers in dem ausländischen Verfahren.[952]

Hiergegen wird zu Recht der Einwand vorgebracht, dass die Befriedigungsaussichten in einem ausländischen Verfahren noch vor dessen Eröffnung regelmäßig kaum abzuschätzen sind, weshalb es auf die wirtschaftlichen Folgen des ausländischen Verfahrens nicht entscheidend ankommen kann.[953] Dies gilt umso mehr, als an dieser Stelle Bezüge zu Drittstaaten in Frage stehen, deren Abwicklungssysteme im Gegensatz zu den Transparenzbemühungen innerhalb der Europäischen Union regelmäßig noch weniger bekannt sind. Die Ermittlung einer „hypothetischen Quote" würde dem antragstellenden Gläubiger unzumutbare Darlegungslasten aufbürden, zumal er in der Pflicht steht, sein „besonderes Interesse" an der Insolvenzeröffnung gemäß § 354 Abs. 2 Satz 2 InsO glaubhaft zu machen. Dies liefe dem hinter dem Partikularinsolvenzverfahren stehenden Gedanken des Gläubigerschutzes zuwider.

Die voraussichtlichen Befriedigungsaussichten stellen lediglich den Reflex der rechtlichen Ausgestaltung des ausländischen Verfahrens dar. Weil der Gläubiger nach § 14 Abs. 1 Satz 1 InsO für seinen Fremdantrag ohnehin ein rechtliches Interesse geltend machen muss, ist es auch unter systematischen Erwägungen geboten, das „besondere Interesse" in § 354 Abs. 2 Satz 1 InsO in rechtlicher statt in wirtschaftlicher Hinsicht zu verstehen.[954] Der antragstellende Gläubiger muss damit ein besonderes *rechtliches* Interesse geltend machen können, das insbesondere dann bestehen kann, wenn er in dem ausländischen Verfahren in *rechtlicher Hinsicht* voraussichtlich erheblich schlechter stehen wird als in einem inländischen Verfahren. Dieses besondere rechtliche Interesse geht damit über das ansonsten für einen Fremdantrag erforderliche rechtliche Interesse nach § 14 Abs. 1 Satz 1 InsO hinaus.[955]

Nach welchen konkreten Maßstäben die voraussichtliche erhebliche Schlechterstellung des Gläubigers in einem ausländischen Verfahren beurteilt werden soll, wird in der Literatur uneinheitlich beantwortet. Das Spektrum der vorgeschlagenen Lösungen reicht hierbei von der Anerkennung des enttäuschten

---

952 BT-Drucks. 15/16, S. 25. Ebenso MünchKomm-BGB/*Kindler*, § 354 InsO Rn. 7; Kayser/Thole/*Stephan*, § 354 InsO Rn. 18.

953 MünchKomm-InsO/*Reinhart*, § 354 InsO Rn. 36.

954 Ebenso Andres/Leithaus/*Dahl*, § 354 InsO Rn. 9; Kübler/Prütting/Bork/*Paulus*, § 354 InsO Rn. 12.

955 MünchKomm-BGB/*Kindler*, § 354 InsO Rn. 7; Uhlenbruck/*Lüer*, § 354 InsO Rn. 21; MünchKomm-InsO/*Reinhart*, § 354 InsO Rn. 35; Andres/Leithaus/*Dahl*, § 354 InsO Rn. 9.

Vertrauens des Gläubigers in die Anwendbarkeit inländischen Insolvenzrechts[956] über erhebliche materielle oder prozessuale Beeinträchtigungen, denen der Gläubiger ausgesetzt sein soll[957] und eine besondere Schutzbedürftigkeit des Gläubigers,[958] bis hin zu der Forderung nach einem evidenten Widerspruch zu den Grundsätzen des deutschen Insolvenzrechts.[959]

Richtig erscheint, an dieser Stelle eine Abwägung vorzunehmen zwischen dem Ordnungsinteresse des ausländischen Verfahrens und dem Befriedigungsinteresse des Gläubigers, der im Inland eine Partikularinsolvenzeröffnung erzwingen will. Allein der Umstand, dass es sich um ein ausländisches Verfahren handelt, vermag dabei dem Befriedigungsinteresse des Gläubigers keinen Vorrang einzuräumen. Aus dem Wortlaut des § 354 Abs. 2 Satz 1 InsO ergibt sich vielmehr, dass der deutsche Gesetzgeber die Teilnahme an dem ausländischen Verfahren grundsätzlich für zumutbar hält.[960] Auch wird der Universalitätsanspruch eines ausländischen Insolvenzverfahrens grundsätzlich anerkannt.[961] Demgegenüber soll das Partikularinsolvenzverfahren den schützenswerten Befriedigungsinteressen der Gläubiger dienen, vor allem im Hinblick auf lokale Sicherungsrechte.[962] Das anwendbare Insolvenzrecht hat dabei unmittelbaren Einfluss auf das wirtschaftliche Risiko der Gläubiger. Besteht die Möglichkeit, ein Partikularinsolvenzverfahren nach lokalem Recht zu eröffnen, erlaubt dies eine Begrenzung des wirtschaftlichen Risikos. Aus diesem Zweck des Partikularinsolvenzverfahrens sind die schützenswerten Befriedigungsinteressen der Gläubiger abzuleiten. Danach ist eine voraussichtliche erhebliche Schlechterstellung des Gläubigers in einem ausländischen Verfahren immer dann anzunehmen, wenn sich das

---

956 Dies soll insbesondere dann der Fall sein, wenn im Inland eine Niederlassung vorhanden war, mit der die Forderung des Gläubigers in Zusammenhang steht oder aber eine Schlechterstellung von Absonderungsberechtigten stattfindet, Kayser/Thole/*Stephan*, § 354 InsO Rn. 18; Wimmer/*Wenner/Schuster*, § 354 InsO Rn. 9.

957 Kübler/Prütting/Bork/*Paulus*, § 354 InsO Rn. 12 f.; Uhlenbruck/*Lüer*, § 354 InsO Rn. 21; Leonhardt/Smid/Zeuner/*Smid*, § 354 InsO Rn. 5; Andres/Leithaus/*Dahl*, § 354 InsO Rn. 9.

958 MünchKomm-BGB/*Kindler*, § 354 InsO Rn. 6; MünchKomm-InsO/*Reinhart*, § 354 InsO Rn. 38; *Torz*, Partikularinsolvenzverfahren (2004), S. 196.

959 Braun/*Delzant*, § 354 InsO Rn. 9; MünchKomm-BGB/*Kindler*, § 354 InsO Rn. 7.

960 Uhlenbruck/*Lüer*, § 354 InsO Rn. 21; MünchKomm-InsO/*Reinhart*, § 354 InsO Rn. 37; Andres/Leithaus/*Dahl* § 354 InsO Rn. 9; Kübler/Prütting/Bork/*Paulus*, § 354 InsO Rn. 12a.

961 Kübler/Prütting/Bork/*Paulus*, § 354 InsO Rn. 12b. Siehe die grundsätzliche Anerkennung nach § 343 Abs. 1 Satz 1 InsO.

962 MünchKomm-InsO/*Reinhart*, § 354 InsO Rn. 38.

wirtschaftliche Risiko des Gläubigers erhöht. Das ist etwa dann der Fall, wenn die Forderung des Gläubigers im ausländischen Verfahren eine niedrigere Rangklasse hat als nach deutschem Insolvenzrecht oder lokale Sicherungsrechte dort nicht anerkannt werden.[963]

Hat das ausländische Verfahren rechtlich diskriminierenden Charakter, indem heimische Gläubiger bevorzugt werden oder für ausländische Gläubiger kein Teilnahmerecht besteht, ist ein besonderes Interesse des Gläubigers an einer Partikularinsolvenzeröffnung in Deutschland stets anzunehmen.[964]

Im Nachlassinsolvenzverfahren sind eine Reihe problematischer Fallgestaltungen denkbar, die das besondere Interesse des Gläubigers an der Eröffnung eines Partikular-Nachlassinsolvenzverfahrens in Deutschland betreffen. Hierzu zählen vor allem der Ausschluss der Insolvenzfähigkeit eines Nachlasses im Ausland, die Anordnung der Abwicklung des Nachlasses durch den Erben selbst sowie Befriedigungsreihenfolgen, die vom deutschen Insolvenzrecht erheblich abweichen.

(b) Fehlende Insolvenzfähigkeit des Nachlasses im Ausland

Nachlassgläubiger sehen sich in vielen ausländischen Rechtsordnungen vor das besondere Problem gestellt, dass die Teilnahme an einem ausländischen Haupt-Nachlassinsolvenzverfahren regelmäßig keine Option sein wird, weil der Nachlass dort nicht insolvenzfähig ist.[965] Sie sind damit darauf angewiesen, ihre Forderungen nach den alternativ verfügbaren Mechanismen, die außerhalb des Insolvenzrechts liegen, zu verfolgen. Hierbei ist es durchaus möglich, dass diese Mechanismen auf die Herbeiführung einer insolvenzähnlichen Gläubigerbefriedigung gerichtet sind, sodass die Unterschiede nicht stark ausfallen.[966] Es gibt

---

963 Im Ergebnis ebenso Kübler/Prütting/Bork/*Paulus*, § 354 InsO Rn. 13; Uhlenbruck/*Lüer*, § 354 InsO Rn. 22. In Bezug auf Sicherungsrechte MünchKomm-InsO/*Reinhart*, § 354 InsO Rn. 38; Kayser/Thole/*Stephan*, § 354 InsO Rn. 18, aber ablehnend hinsichtlich niedrigerer Rangklassen.

964 MünchKomm-BGB/*Kindler*, § 354 InsO Rn. 7; Uhlenbruck/*Lüer*, § 354 InsO Rn. 22; MünchKomm-InsO/*Reinhart*, § 354 InsO Rn. 38; Andres/Leithaus/*Dahl* § 354 InsO Rn. 9; Braun/*Delzant*, § 354 InsO Rn. 9.

965 Dies ist beispielsweise in der Ukraine der Fall, wo die Erben im Fall der Annahme der Erbschaft von Gesetzes wegen nur in Höhe des geerbten Vermögens haften, Ferid/Firsching/*Debryckyi*, Ukraine Rn. 162 ff. In Japan kann der Erbe die Erbschaft unter Inventarvorbehalt antreten; bei Unzulänglichkeit des Nachlassvermögens findet eine besondere Befriedigungsreihenfolge statt, hierzu Ferid/Firsching/*Sato*, Japan Rn. 195. Ähnlich ist dies in Iran, hierzu Ferid/Firsching/*Yassari*, Iran Rn. 106.

966 Ein Beispiel hierfür stellen diejenigen Rechtsordnungen des *common-law* dar, die zwingend die Einsetzung eines Treuhänders (*personal representative*) verlangen, der

jedoch auch eine Reihe von Rechtsordnungen, die stattdessen von Vornherein das Prioritätsprinzip vorsehen.[967]

Ist der Nachlass im Ausland nicht insolvenzfähig, besteht aber ein alternatives Abwicklungssystem, das zumeist erbrechtlicher Natur sein wird, so stellt sich die Frage, ob ein solches System gleichwohl unter den Begriff des „ausländischen Verfahrens" im Sinne des Regelbeispiels von § 354 Abs. 2 Satz 1 InsO gefasst werden kann, obwohl es sich nicht um ein Insolvenzverfahren handelt. Das Regelbeispiel wäre dann unterschiedslos anwendbar, sodass es allein auf das Erfordernis der Schlechterstellung in dem ausländischen Verfahren ankäme.

Während der Wortlaut der Norm durchaus offen ist gegenüber andersartigen Abwicklungsmechanismen, indem lediglich auf das ausländische „Verfahren" statt auf ein ausländisches „Insolvenzverfahren" Bezug genommen wird, spricht die systematische Stellung der Norm für eine Beschränkung auf Insolvenzverfahren. Nur diese setzen den in § 1 Satz 1 InsO genannten Verfahrenszweck der gemeinschaftlichen Gläubigerbefriedigung in vergleichbarer Weise um. Darüber hinaus steht das Partikularinsolvenzverfahren auch nur zu diesen in direkter Konkurrenz, weil durch die inländische Insolvenzeröffnung in deren Verteilungsgerechtigkeit eingegriffen wird.[968] Wird in dem ausländischen Verfahren dagegen keine gemeinschaftliche Gläubigerbefriedigung angestrebt, ist die Eröffnung eines inländischen Partikularinsolvenzverfahrens grundsätzlich unschädlich. Die Überprüfung des ausländischen Verfahrens auf eine voraussichtliche erhebliche Schlechterstellung des Gläubigers ist in diesem Fall unnötig und führt zu einer Einschränkung des Rechtsschutzbedürfnisses des Gläubigers über das erforderliche Maß hinaus. Folglich ist eine Beschränkung auf Insolvenzverfahren vorzunehmen.

Dies bedeutet gleichwohl nicht, dass im Fall der unzulässigen Insolvenzeröffnung im Ausland automatisch das „besondere Interesse" des Gläubigers an der Eröffnung eines inländischen Partikularinsolvenzverfahrens gegeben sein muss,

---

das Nachlassvermögen sodann umfassend abzuwickeln hat, auch im Fall eines unzureichenden Nachlasses. Dies trifft etwa auf den US-Bundesstaat Arizona zu, Ferid/Firsching/*Lundmark*, US – Arizona Rn. 14 f.

967 So etwa in der Ukraine, siehe Ferid/Firsching/*Debryckyi*, Ukraine Rn. 162 ff.

968 Die hierbei in Frage kommenden Insolvenzverfahren können im Sinne der Anerkennungsnorm des § 343 Abs. 1 Satz 1 InsO abgegrenzt werden, sodass grundsätzlich auch anders geartete Systeme hierunter zu fassen sind, sofern sie die Mindestanforderungen an ein Insolvenzverfahren erfüllen, siehe dazu MünchKomm-BGB/*Kindler*, § 343 InsO Rn. 6 ff.; *Graf*, Anerkennung ausländischer Insolvenzentscheidungen (2003), S. 270 ff.

wenn das Regelbeispiel des § 354 Abs. 2 Satz 1 InsO nicht greift. Der hinter § 354 Abs. 2 Satz 1 InsO stehende Normzweck beschränkt sich nicht auf die Abgrenzung von Insolvenzverfahren. Vielmehr soll auf einer allgemeineren Ebene ein Ausgleich geschaffen werden zwischen dem Befriedigungsinteresse der Gläubiger an dem inländischen Vermögen und ausländischen Ordnungsinteressen, die hiermit kollidieren.[969] Zu diesen Ordnungsinteressen ist zum einen die Herbeiführung einer gemeinschaftlichen Gläubigerbefriedigung zu zählen, wie sie insbesondere ein Insolvenzverfahren gewährleisten soll, zum anderen aber auch die geordnete Abwicklung eines Nachlasses als solche, selbst wenn diese mit insolvenzrechtlichen Prinzipien nicht im Einklang stehen sollte. Erforderlich ist damit auch an dieser Stelle eine Abwägungsentscheidung zwischen dem schützenswerten Befriedigungsinteresse des Gläubigers an einer inländischen Partikular-Insolvenzeröffnung und den maßgeblichen Ordnungsinteressen des ausländischen Nachlassabwicklungsverfahrens. Hierbei ist aber zu berücksichtigen, dass das ausländische Abwicklungsverfahren gerade kein Insolvenzverfahren im Sinne des § 343 Abs. 1 Satz 1 InsO ist und die Gläubiger damit nicht in vergleichbarer Weise geschützt werden.

Maßgeblich ist darauf abzustellen, ob das ausländische Abwicklungsverfahren auf eine gemeinschaftliche Gläubigerbefriedigung gerichtet ist und eine Befriedigung nach dem Prioritätsprinzip ausschließt. Ist dies der Fall, ist das Befriedigungsinteresse des Gläubigers gegenüber dem Ordnungsinteresse des ausländischen Abwicklungsverfahrens nicht automatisch vorrangig, denn das ausländische Abwicklungsverfahren dient den Interessen der Gläubiger als Gesamtheit. Der Gläubiger kann aber dennoch ein schützenswertes Interesse an einer inländischen Partikular-Insolvenzeröffnung geltend machen, wenn das ausländische Verfahren im konkreten Fall im Vergleich zu einem inländischen Partikular-Insolvenzverfahren für ihn nachteilig ist. Diese Erleichterung ist dem Umstand geschuldet, dass das ausländische Abwicklungsverfahren die Kriterien eines Insolvenzverfahrens gerade nicht erfüllt. Mögliche Anknüpfungspunkte sind dabei Nachteile in den Beteiligungsrechten als Gläubiger, die dem Fehlen einer staatlichen Verfahrensleitung geschuldet sind oder konkret schlechtere Befriedigungsaussichten gegenüber einem inländischen Insolvenzverfahren.

Findet eine gemeinschaftliche Gläubigerbefriedigung in dem ausländischen Verfahren dagegen nicht statt, überwiegt das Rechtsschutzbedürfnis des

---

969 *Reinhart* bemerkt hierzu pointiert, dass das deutsche Recht sich andernfalls als Abwicklungsmechanismus für einzelne Vermögensgegenstände zur Verfügung stellen würde, MünchKomm-InsO/*Reinhart*, § 354 InsO Rn. 39.

Gläubigers das ausländische Ordnungsinteresse. Eine inländische Partikularinsolvenzeröffnung dient dann unmittelbar dem Schutz der Befriedigungsinteressen des Gläubigers gegenüber einer Nachlassliquidation nach dem Prioritätsprinzip. Das Fehlen einer gemeinschaftlichen Gläubigerbefriedigung begründet damit stets das besondere Interesse des Gläubigers an der inländischen Partikular-Insolvenzeröffnung nach § 354 Abs. 2 Satz 1 InsO.

(c) Die Abwicklung des Nachlasses durch den Erben

In vielen ausländischen Rechtsordnungen wird ein unzureichender Nachlass nicht durch eine amtlich bestellte Person, sondern durch den (späteren) Erben selbst abgewickelt.[970] In Deutschland ist die amtliche Nachlassabwicklung dagegen zwingend, es sei denn, die vorhandene Masse ist derart gering, dass nicht einmal die Kosten des Insolvenzverfahrens gedeckt wären. In diesem Fall obliegt es dem Erben, das Nachlassvermögen an die Nachlassgläubiger im Wege der Zwangsvollstreckung herauszugeben und gegebenenfalls die Dürftigkeitseinrede nach § 1990 Abs. 1 BGB zu erheben. Bereits dieser Umstand zeigt, dass dem deutschen Recht eine Nachlassabwicklung durch den Erben nicht gänzlich fremd ist.[971]

Das autonome internationale Insolvenzrecht erkennt anders geartete Abwicklungssysteme an. Es schreibt sogar deren automatische Anerkennung vor, sofern die Mindestanforderungen an ein Insolvenzverfahren gewahrt bleiben.[972] Die amtliche Bestellung eines Insolvenzverwalters ist nicht hierzu zu zählen, jedoch muss das Verfahren zumindest unter der Aufsicht einer staatlichen Stelle stattfinden.[973] Daher ist auch die Anerkennung eines Nachlassabwicklungsverfahrens möglich, das bis auf die Verwalterbestellung alle Merkmale eines Insolvenzverfahrens erfüllt, sofern der Erbe bei der Abwicklung einer staatlichen Aufsicht untersteht. Hierzu wird man auch einen öffentlichen Notar zählen können, der in vielen Rechtsordnungen amtliche Funktionen ausübt, sofern dessen Neutralität

970 Etwa in dem US-Bundesstaat Arizona, wo auch der Erbe wie allgemein im *common-law* als *personal representative* bestimmt werden kann und den Nachlass als Treuhänder abwickelt, hierzu Ferid/Firsching/*Lundmark*, US – Arizona Rn. 12.

971 Bis zum Inkrafttreten des BGB im Jahr 1900 war aufgrund der Rechtszersplitterung in den deutschen Bundesstaaten vereinzelt eine Nachlassabwicklung durch den Erben bekannt, insbesondere dort, wo noch Französisches Recht galt, hierzu Entwurf einer Deutschen GSO (1873), Anlage I, S. 68 ff.

972 Zur *ordre public*-Kontrolle in § 343 Abs. 1 Satz 2 Nr. 2 InsO Kübler/Prütting/Bork/*Paulus*, § 343 InsO Rn. 15 ff.; Uhlenbruck/*Lüer*, § 343 InsO Rn. 8 ff.

973 MünchKomm-BGB/*Kindler*, § 343 InsO Rn. 8; *Graf*, Anerkennung ausländischer Insolvenzentscheidungen (2003), S. 273.

nicht in Frage steht.[974] In diesen Fällen muss der Nachlassgläubiger das nach § 354 Abs. 2 Satz 1 InsO erforderliche besondere Interesse darlegen, ohne dass ihm hierbei Erleichterungen zugute kommen.

Untersteht der abwickelnde Erbe dagegen keiner staatlichen Aufsicht, findet aus Sicht des deutschen Rechts kein Insolvenzverfahren über den Nachlass statt. Es gelten dann die für den Fall der fehlenden Insolvenzfähigkeit des Nachlasses entwickelten Regeln, wonach eine Abwägungsentscheidung zwischen dem schützenswerten Befriedigungsinteresse des Gläubigers an einer inländischen Partikular-Insolvenzeröffnung und den maßgeblichen Ordnungsinteressen des ausländischen Nachlassabwicklungsverfahrens zu treffen ist.[975]

(d) Abweichende Befriedigungsreihenfolgen

Eine vom deutschen Recht abweichende Befriedigungsreihenfolge der Nachlassgläubiger wird im autonomen internationalen Insolvenzrecht grundsätzlich akzeptiert, solange sie Ausdruck des insolvenzrechtlichen Verteilungsgedankens der *lex fori concursus* ist.[976]

Erforderlich ist aber, dass das ausländische Verfahren auf die Herbeiführung einer gemeinschaftlichen Gläubigerbefriedigung gerichtet ist und keine Einzelzwangsvollstreckung darstellt.[977] Ein Nachlassabwicklungsverfahren, das das Prioritätsprinzip bei der Gläubigerbefriedigung erlaubt, ist als Einzelzwangsvollstreckung anzusehen.[978] Dem Gläubiger steht es frei, hieran teilzunehmen, jedoch ist sein Interesse an einer gemeinschaftlichen Gläubigerbefriedigung schützenswert, sodass das notwendige Rechtsschutzbedürfnis des Gläubigers an der Eröffnung eines inländischen Partikularinsolvenzverfahrens in diesem Fall stets gegeben ist.[979]

Findet dagegen eine gemeinschaftliche Gläubigerbefriedigung statt, ist es Ausdruck des Schutzgedankens des Partikularinsolvenzverfahrens, dass der

---

974 So ist in der Mongolei beispielsweise auch das örtliche Notariat zur Sicherung des Nachlasses zuständig, an welches sich der Erbe zu wenden hat, Ferid/Firsching/*Nelle*, Mongolei Rn. 22 ff.

975 Hierzu oben Seite 242.

976 Siehe § 335 InsO, wonach grundsätzlich die *lex fori concursus* über die Wirkungen des Insolvenzverfahrens entscheidet. Zu den Grenzen MünchKomm-InsO/*Thole*, § 343 InsO Rn. 27; Andres/Leithaus/*Dahl*, § 343 InsO Rn. 18.

977 MünchKomm-BGB/*Kindler*, § 343 InsO Rn. 9; Uhlenbruck/*Lüer*, § 343 InsO Rn. 3; Braun/*Ehret*, § 343 InsO Rn. 4; *Graf*, Anerkennung ausländischer Insolvenzentscheidungen (2003), S. 275.

978 So etwa in der Ukraine, siehe Ferid/Firsching/*Debryckyi*, Ukraine Rn. 162 ff.

979 Siehe hierzu bereits oben Seite 242.

Gläubiger nicht jede Schlechterstellung hinnehmen muss. Nach den oben ausgeführten Grundsätzen erhöht sich das wirtschaftliche Risiko des Gläubigers auf unzumutbare Weise, wenn seiner Forderung im ausländischen Insolvenzverfahren eine niedrigere Rangklasse zukommt als dies bei einem inländischen Partikularinsolvenzverfahren der Fall wäre.[980] Das besondere Interesse nach § 354 Abs. 2 Satz 1 InsO an der Eröffnung eines inländischen Partikularinsolvenzverfahren liegt dann vor.

b) Antragsberechtigung

Gemäß § 354 Abs. 1 InsO ist die Beantragung eines Sekundär- oder Partikularinsolvenzverfahrens nur durch einen Gläubiger zulässig. Im Nachlassinsolvenzverfahren sind daher nur die Nachlassgläubiger antragsbefugt, nicht dagegen der Erbe in seiner Eigenschaft als Schuldner des Verfahrens.[981] Durch diese strenge, von § 317 Abs. 1 InsO abweichende Regelung soll verhindert werden, dass das zur Insolvenzmasse gehörende Vermögen ohne Not durch eine Vielzahl von Insolvenzverfahren zerstückelt und die zur Verteilung stehende Masse verringert wird.[982] Zwar kann der Antrag eines Gläubigers einen vergleichbaren Effekt herbeiführen, jedoch rechtfertigt sich dieser Eingriff durch das besondere Rechtsschutzbedürfnis des Gläubigers, das das Gesetz diesem zubilligt.

Ist im Ausland bereits ein Hauptinsolvenzverfahren über den Nachlass eröffnet worden, ist gemäß § 356 Abs. 2 InsO auch der Insolvenzverwalter des Hauptverfahrens antragsbefugt.[983] Diese Antragsbefugnis ist Ausdruck der Hilfsfunktion des Sekundärinsolvenzverfahrens, die dem ausländischen Insolvenzverwalter eine erleichterte Verwertung der inländischen Insolvenzmasse ermöglichen soll.[984] Daneben bleibt aber auch jeder Gläubiger antragsberechtigt, sofern er ein besonderes Interesse an der Insolvenzeröffnung geltend machen kann.

Aufgrund der Parallelen zu den Antragsbefugnissen im Rahmen der EuInsVO/EuInsVO 2017 stellt sich wie dort die Frage, ob der Erbe oder ein

---

980 Siehe oben Seite 239.

981 Kayser/Thole/*Marotzke*, § 317 InsO Rn. 23; AG Niebüll, Beschl. v. 15.7.2015, 5 IN 7/15, ZInsO 2015, S. 1703.

982 Allgemein BT-Drucks. 15/16, S. 25; MünchKomm-BGB/*Kindler*, § 354 InsO Rn. 13; Andres/Leithaus/*Dahl*, § 354 InsO Rn. 10; Braun/*Delzant*, § 354 InsO Rn. 11; Kübler/Prütting/Bork/*Paulus*, § 354 InsO Rn. 15; Kayser/Thole/*Stephan*, § 354 InsO Rn. 18; K.Schmidt/*Brinkmann*, § 354 InsO Rn. 11. Für ein Antragsrecht des Schuldners entgegen dem Wortlaut der Vorschrift allerdings MünchKomm-InsO/*Reinhart*, § 354 InsO Rn. 40; Uhlenbruck/*Lüer*, § 354 InsO Rn. 19.

983 Kayser/Thole/*Marotzke*, § 317 InsO Rn. 24.

984 BT-Drucks. 15/16, S. 25.

Nachlassverwalter bzw. ein Nachlasspfleger Gläubiger im Sinne von § 354 Abs. 1 InsO sein können. Aufgrund der vergleichbaren Interessenlagen ist diese Frage gleich zu beantworten. Die Annahme der Gläubigereigenschaft ist nicht von Vornherein ausgeschlossen, sondern vielmehr davon abhängig, ob zum Zeitpunkt der Insolvenzantragstellung fällige Forderungen gegen den Nachlass bestehen.[985]

Darüber hinaus ist auch an dieser Stelle die Antragsfrist nach § 319 InsO nur einschlägig, sofern ein Partikular-Nachlassinsolvenzverfahren beantragt wird.[986] Bei Beantragung eines Sekundärinsolvenzverfahrens gilt dies nicht, weil die Norm ansonsten ihren Zweck nicht erfüllen könnte.[987]

c) *Örtliche Zuständigkeit*

Nach § 354 Abs. 3 Satz 1 InsO richtet sich die örtliche Zuständigkeit nach der Belegenheit der Niederlassung im Inland. Ist eine Niederlassung nicht vorhanden, kommt es auf den Ort der Belegenheit des Vermögens an.[988] In beiden Fällen ist wie im Rahmen der Bestimmung der internationalen Zuständigkeit auf den Nachlass als Schuldner abzustellen und nicht auf den Erben.[989]

d) *Unabhängiges Partikular-Nachlassinsolvenzverfahren auch bei Anwendbarkeit fremden Erbrechts?*

Die Zuständigkeitsnormen des autonomen internationalen Insolvenzrechts differenzieren nicht nach dem jeweils anwendbaren Sachrecht. Vielmehr beschränken sie sich darauf, die erforderliche Inlandsbeziehung festzulegen, anhand derer sich die Zulässigkeit einer hiesigen Insolvenzeröffnung beurteilt. Für das Nachlassinsolvenzverfahren bedeutet dies, dass es für die Bestimmung der internationalen Insolvenzzuständigkeit auf das anwendbare Erbrecht nicht ankommt.[990]

Ist das anwendbare Erbrecht für die Frage der internationalen Insolvenzzuständigkeit aber ohne Bedeutung, kann ein Partikular-Nachlassinsolvenzverfahren

---

985 Siehe hierzu oben Seite 171.

986 AG Niebüll, Beschl. v. 15.7.2015, 5 IN 7/15, ZInsO 2015, S. 1703.

987 Kayser/Thole/*Marotzke*, § 319 InsO Rn. 2; K.Schmidt/*K.Schmidt*, § 319 InsO Rn. 1. Siehe zur Antragsfrist im Sekundär-Nachlassinsolvenzverfahren bereits oben Seite 171.

988 Hierzu MünchKomm-InsO/*Reinhart*, § 354 InsO Rn. 43 f.

989 Siehe oben Seite 237.

990 Ebenso *Mankowski*, ZIP 2011, S. 1505. Die Zuständigkeitsnormen der EuInsVO/EuInsVO 2017 differenzieren ebenfalls nicht nach dem jeweils anwendbaren Sachrecht, sondern sind unterschiedslos anwendbar, siehe oben Seite 136.

auch mit einem fremden Erbstatut eröffnet werden. *Mankowski* hat in diesem Zusammenhang die Frage aufgeworfen, ob eine inländische Partikularinsolvenzeröffnung in einem solchen Fall sinnvoll sei, weil mit insolvenzrechtlichen Mitteln in ein fremdes Abwicklungssystem eingegriffen werde, ohne dass den deutschen Gerichten dabei eine Zuständigkeit für die Abwicklung des gesamten Nachlasses zukomme.[991]

Derartige Bedenken sind unbegründet. Es ist eine Ausprägung des Schutzgedankens des Partikularinsolvenzverfahrens, dass dieses auch bei Anwendbarkeit eines fremden Erbstatuts zum Zuge kommen kann. Zweifellos wird durch die inländische Insolvenzeröffnung das hiesige Vermögen aus einem gegebenenfalls bestehenden ausländischen Abwicklungsverfahren herausgelöst, jedoch rechtfertigt sich dieses Vorgehen aus dem Schutzzweck zugunsten der Gläubiger. In der EuErbVO ist dieser Schutzzweck ausdrücklich als vorrangig gegenüber den erbrechtlichen Regelungen anerkannt.[992]

Aufgrund des Erfordernisses des besonderen Interesses des Gläubigers an der inländischen Partikularinsolvenzeröffnung ist diese zudem nur zulässig, wenn das ausländische Verfahren keinen ausreichenden Rechtsschutz verspricht. Die Schranken für einen Eingriff in das ausländische Verfahren sind vergleichsweise hoch. Zugleich geht dieser Eingriff nicht weiter als unbedingt erforderlich, weil sich das Partikularinsolvenzverfahren auf das inländische Vermögen beschränkt. Ergibt sich hier ein Überschuss, ist dieser ferner an den Erben oder gegebenenfalls einen ausländischen Abwickler herauszugeben und kann dort noch verteilt werden.

Für einen Nachlassgläubiger kann die Beantragung eines Partikularinsolvenzverfahrens damit vorteilhaft sein. Diese wird sich insbesondere dann anbieten, wenn es sich bei der Forderung des Nachlassgläubigers um eine privilegierte Masseverbindlichkeit handelt, sodass besonders gute Befriedigungsaussichten bestehen. Das autonome internationale Insolvenzrecht erkennt ein solches Interesse als schutzwürdig an.

III. Anwendbares Recht

Im autonomen internationalen Insolvenzrecht legt § 335 InsO den kollisionsrechtlichen Grundsatz fest, dass das Insolvenzverfahren und seine Wirkungen dem Recht des Eröffnungsstaates unterliegen sollen, sofern keine abweichende Regelung besteht.

991 *Mankowski*, ZIP 2011, S. 1505.

992 Siehe Art. 76 EuErbVO, nach dem die Regelungen der EuInsVO/EuInsVO 2017 durch die EuErbVO unberührt bleiben.

Die Norm ist ersichtlich an Art. 4 Abs. 1 EuInsVO (Art. 7 Abs. 1 EuInsVO 2017) angelehnt, verzichtet aber anders als diese auf eine Aufzählung der einzelnen Sachverhalte.[993] Eine abweichende sachliche Regelung hat der deutsche Gesetzgeber hiermit allerdings nicht bezweckt; vielmehr soll sich die Norm nicht nur vom Wortlaut, sondern auch vom Regelungszweck an Art. 4 EuInsVO (Art. 7 EuInsVO 2017) orientieren.[994]

Aufgrund der Strukturgleichheit der beiden Normen ist es nicht erforderlich, eine erneute Abgrenzung der Reichweite des hiervon berufenen Insolvenzstatuts vorzunehmen. Stattdessen können die im Rahmen von Art. 4 EuInsVO (Art. 7 EuInsVO 2017) gewonnenen Erkenntnisse auch für das autonome internationale Insolvenzrecht fruchtbar gemacht werden.[995] Dabei gilt es hier gleichermaßen, das Insolvenzstatut von den anderen sachrechtlichen Statuten, vor allem dem Erbstatut, abzugrenzen. Für das Verhältnis von Insolvenzstatut und Erbstatut gilt demnach an dieser Stelle nichts anderes als im Rahmen der EuInsVO/EuInsVO 2017.[996]

Der in § 335 InsO niedergelegte Grundsatz der *lex fori concursus* gilt sowohl für ein Nachlassinsolvenzverfahren als Hauptinsolvenzverfahren als auch für Sekundär- und Partikular-Nachlassinsolvenzverfahren.[997]

IV. Die Anerkennung des Nachlassinsolvenzverfahrens außerhalb der Europäischen Union

Die Anerkennung eines Nachlassinsolvenzverfahrens im drittstaatlichen Ausland richtet sich – anders als zwischen den Mitgliedstaaten der EU mit Ausnahme Dänemarks – nicht nach der EuInsVO/EuInsVO 2017, sondern nach dem jeweiligen Anerkennungsrecht des Staates, in dem Anerkennung begehrt

---

993 Dies ist „im Interesse einer möglichst prägnanten Regelung" unterblieben, BT-Drucks. 15/16, S. 18.

994 BT-Drucks. 15/16, S. 18.

995 MünchKomm-BGB/*Kindler*, § 335 InsO Rn. 6; Andres/Leithaus/*Dahl*, § 335 InsO Rn. 2; MünchKomm-InsO/*Reinhart*, § 335 InsO Rn. 8; Kayser/Thole/*Stephan*, § 335 InsO Rn. 1; Kübler/Prütting/Bork/*Paulus*, § 335 InsO Rn. 8; K.Schmidt/*Brinkmann*, § 335 InsO Rn. 12.

996 *Mankowski*, ZIP 2011, S. 1505. Zur Qualifikation der einzelnen Vorschriften siehe oben Seite 185.

997 Allgemein MünchKomm-BGB/*Kindler*, § 335 InsO Rn. 1; MünchKomm-InsO/*Reinhart*, § 335 InsO Rn. 1; Andres/Leithaus/*Dahl*, § 335 InsO Rn. 1; Kübler/Prütting/Bork/*Paulus*, § 335 InsO Rn. 4.

wird. Völkerrechtliche Abkommen mit Drittstaaten hat die Bundesrepublik Deutschland auf dem Gebiet des Insolvenzrechts nicht geschlossen.[998]

Eine automatische Anerkennung der Eröffnung eines Nachlassinsolvenzverfahrens vergleichbar mit Art. 16 ff. EuInsVO (Art. 19 ff. EuInsVO 2017) ist damit nicht gewährleistet. Vielmehr wird der inländische Nachlassinsolvenzverwalter jeweils zu prüfen haben, ob er im Falle der Belegenheit von Nachlassgegenständen im Ausland eine dortige Anerkennung des Nachlassinsolvenzverfahrens erreichen kann. Die hiesige Einordnung des Nachlassinsolvenzverfahrens als gewöhnliches Insolvenzverfahren über eine besondere Vermögensmasse ist dabei für das ausländische Anerkennungsrecht nicht bindend. Vielmehr hat jeder Staat selbst zu entscheiden, in welchem Umfang er ein Insolvenzverfahren anerkennen will und welche Voraussetzungen er daran knüpft.[999] Diese Problematik tritt vor allem bei einem Nachlassinsolvenzverfahren auf, das als Hauptinsolvenzverfahren eröffnet wurde und sich folglich nach dem Verständnis des deutschen Insolvenzrechts auf alle Nachlassgegenstände weltweit erstreckt. Hierbei macht es aus Sicht des deutschen Insolvenzrechts keinen Unterschied, ob deutsches oder fremdes Erbrecht Anwendung findet.[1000] Ferner ist zu beachten, dass aus Sicht des deutschen Rechts die insolvenzrechtlichen Wirkungen Vorrang gegenüber anderen Rechtsinstituten beanspruchen, insbesondere jenen des Erbrechts. Dies folgt wie im Rahmen der EuInsVO/EuInsVO 2017 aus der Spezialität des Insolvenzrechts, das sachnäher ist.[1001]

Wurde dagegen im Inland ein Sekundär- oder Partikular-Nachlassinsolvenzverfahren eröffnet, haben sich dessen Wirkungen auf das Inland zu beschränken, sodass sich die Frage des weltweiten Insolvenzbeschlages nicht stellt, es sei denn, es wurden Vermögensgegenstände nach der hiesigen Insolvenzeröffnung ins Ausland verbracht. In diesem Fall kommt eine Rückholung der Gegenstände

---

998 MünchKomm-InsO/*Reinhart*, Vorb. vor §§ 335 ff. InsO Rn. 70 f. Im Verhältnis zu den Mitgliedstaaten der EU galt bis zum Inkrafttreten der EuInsVO nur der Deutsch-Österreichische Konkursvertrag vom 25.5.1979, der nach Art. 44 Abs. 1 lit. d) EuInsVO (Art. 85 Abs. 1 lit. d) EuInsVO 2017) aber durch die EuInsVO/EuInsVO 2017 ersetzt wird, MünchKomm-InsO/*Reinhart*, Vorb. vor §§ 335 ff. InsO Rn. 71.

999 Siehe für Deutschland gegenüber Insolvenzverfahren aus Drittstaaten die Norm des § 343 InsO.

1000 Zu Unrecht zweifelnd Scherer/*Pawlytta/Pfeiffer*, § 33 Rn. 133. Wie hier Gottwald/*Kolmann/Keller*, § 132 Rn. 185.

1001 Siehe zum Vorrang des Insolvenzrechts gegenüber dem Erbrecht im Geltungsbereich der EuInsVO/EuInsVO 2017 oben Seite 227.

ins Inland nur in Betracht, sofern der Insolvenzbeschlag des inländischen Insolvenzverfahrens im Ausland anerkannt wird.

V. Die Anerkennung drittstaatlicher Nachlassabwicklungsverfahren in Deutschland

Für die Anerkennung drittstaatlicher Nachlassabwicklungsverfahren in Deutschland ist ihre Qualifikation entscheidend. Aufgrund der Vielzahl unterschiedlicher Regelungssysteme gilt kein einheitliches Anerkennungsrecht.

Die EuInsVO/EuInsVO 2017 gelten nur für Insolvenzverfahren der Mitgliedstaaten (mit Ausnahme Dänemarks). Für insolvenzrechtliche Nachlassabwicklungsverfahren aus Drittstaaten gilt § 343 Abs. 1 Satz 1 InsO. Für die Qualifikation als „Insolvenzverfahren" im Sinne der Vorschrift ist nicht erforderlich, dass das Verfahren dem deutschen Insolvenzverfahren vollständig entspricht. Es ist eine funktionale Qualifikation vorzunehmen, nach der es darauf ankommt, ob das drittstaatliche Verfahren einem deutschen Nachlassinsolvenzverfahren funktional vergleichbar ist.[1002] Eine Orientierungshilfe bieten die Anhänge A und B der EuInsVO (bzw. Anhang A der EuInsVO 2017).[1003] Zwingend erforderlich ist, dass das drittstaatliche Verfahren eine Insolvenzsituation voraussetzt, unter staatlicher Aufsicht steht und die gemeinschaftliche Befriedigung der Gläubiger zum Verfahrenszweck hat.[1004] Zudem muss der Insolvenzeröffnungsbeschluss von einem Gericht ergangen sein, wie sich aus dem Anerkennungshindernis des § 343 Abs. 1 Satz 2 Nr. 1 InsO ergibt.[1005] Aus diesen Voraussetzungen ergibt sich, dass drittstaatliche Nachlassabwicklungsverfahren, in denen die Nachlassgläubiger nach dem Prioritätsprinzip befriedigt werden, nicht als Insolvenzverfahren gelten, da sie eine Einzelzwangsvollstreckung darstellen. Ebensowenig werden Verfahren erfasst, in denen der Erbe die Nachlassgläubiger befriedigt und dabei keiner staatlichen Aufsicht unterliegt.

1002 Allgemein MünchKomm-InsO/*Thole*, § 343 InsO Rn. 13; Uhlenbruck/*Lüer*, § 343 InsO Rn. 3; BGH, Urteil v. 15.2.2012, IV ZR 194/09, NZI 2012, S. 426 f.

1003 MünchKomm-InsO/*Thole*, § 343 InsO Rn. 14. Für eine Auslegung von § 343 Abs. 1 Satz 1 InsO im Lichte der EuInsVO/EuInsVO 2017 dagegen K.Schmidt/*Brinkmann*, § 335 InsO Rn. 6.

1004 MünchKomm-InsO/*Thole*, § 343 InsO Rn. 14; MünchKomm-BGB/*Kindler*, § 343 InsO Rn. 6 ff.; BGH, Urteil v. 20.12.2011, VI ZR 14/11, NZI 2012, S. 573 f.

1005 MünchKomm-InsO/*Thole*, § 343 InsO Rn. 15; Andres/Leithaus/*Dahl*, § 343 InsO Rn. 5. Diese Voraussetzungen werden zum Beispiel vom Nachlassverfahren nach Schweizer Recht erfüllt, siehe BGH, Urteil v. 20.12.2011, VI ZR 14/11, NZI 2012, S. 573 f.; Urteil v. 24.6.2014, VI ZR 315/13, ZInsO 2014, S. 2181.

Gegenstand der Anerkennung nach § 343 Abs. 1 Satz 1 InsO ist die Gestaltungswirkung des Insolvenzeröffnungsbeschlusses nach dem Recht der Verfahrenseröffnung (*lex fori concursus*).[1006] Es findet damit eine Wirkungserstreckung auf das Inland ähnlich wie in Art. 17 Abs. 1 EuInsVO (Art. 20 Abs. 1 EuInsVO 2017) statt.[1007]

Fehlt es an den Voraussetzungen für eine insolvenzrechtliche Anerkennung, sind nach §§ 1, 97 Abs. 1 Satz 1 FamFG in Angelegenheiten der freiwilligen Gerichtsbarkeit vorrangig völkerrechtliche Regelungen anzuwenden, soweit sie innerstaatliches Recht geworden sind.[1008] Vorrangige europarechtliche Regelungen bestehen nicht, da die EuErbVO auf dem Gebiet des Erbrechts und die Brüssel Ia-VO auf dem Gebiet der Zivil- und Handelssachen nur für Entscheidungen aus Mitgliedstaaten gelten, siehe Art. 39 Abs. 1 EuErbVO und Art. 36 Abs. 1 Brüssel Ia-VO. Nach Art. 1 Abs. 2 lit. b) und lit. f) Brüssel Ia-VO sind Konkurse sowie das Gebiet des Erbrechts zudem aus dem Anwendungsbereich der Brüssel Ia-VO ausgeschlossen.

Gegenüber der Türkei kommt eine Anerkennung gerichtlicher Entscheidungen auf dem Gebiet des Nachlassrechts nach dem Deutsch-Türkischen Konsularvertrag vom 28.5.1929 in Betracht.[1009] Gemäß § 15 Satz 2 der Anlage zu Art. 20 des Deutsch-Türkischen Konsularvertrags werden gerichtliche Entscheidungen, die die Feststellung des Erbrechts, Erbschaftsansprüche oder Ansprüche aus Vermächtnissen und Pflichtteilsansprüchen zum Gegenstand haben, in Deutschland anerkannt.[1010] Weitere staatsvertragliche Regelungen zur Anerkennung von Entscheidungen auf dem Gebiet des Nachlassrechts bestehen gegenüber Drittstaaten nicht.[1011]

1006 MünchKomm-InsO/*Thole*, § 343 InsO Rn. 68; BGH, Urteil v. 11.7.1985, IX ZR 178/84, NJW 1985, S. 2899; Urteil v. 24.6.2014, VI ZR 315/13, ZInsO 2014, S. 2181.

1007 K.Schmidt/*Brinkmann*, § 343 InsO Rn. 4 f.; MünchKomm-InsO/*Thole*, § 343 InsO Rn. 67 f.; MünchKomm-BGB/*Kindler*, § 343 InsO Rn. 34 f.; Braun/*Ehret*, § 343 InsO Rn. 6.

1008 Zu den Angelegenheiten der freiwilligen Gerichtsbarkeit zählen nach den §§ 342 ff. FamFG auch Nachlasssachen, Saenger/*Kemper*, § 1 FamFG Rn. 2; MünchKomm-ZPO/*Pabst*, § 1 FamFG Rn. 24.

1009 Hierzu MünchKomm-BGB/*Dutta*, Art. 25 EGBGB Rn. 299; Staudinger/*Dörner*, Vorb. zu Art. 25 f EGBGB Rn. 161.

1010 MünchKomm-BGB/*Dutta*, Art. 25 EGBGB Rn. 299; Staudinger/*Dörner*, Vorb. zu Art. 25 f EGBGB Rn. 181.

1011 So sehen weder das Deutsch-Iranische Niederlassungsabkommen vom 17.2.1929 noch der Konsularvertrag zwischen der Bundesrepublik Deutschland und der UdSSR vom 25.4.1958 Anerkennungsvorschriften vor, MünchKomm-BGB/*Dutta*, Art. 25

Gemäß § 108 Abs. 1 FamFG werden Entscheidungen drittstaatlicher Gerichte oder vergleichbarer Behörden in Nachlasssachen grundsätzlich ohne ein besonderes Anerkennungsverfahren anerkannt.[1012] Voraussetzung ist aber, dass keine Anerkennungshindernisse nach § 109 Abs. 1 FamFG vorliegen.[1013] Nach § 342 Abs. 1 Nr. 8 FamFG gehört auch die Nachlassverwaltung zu den Nachlasssachen im Sinne dieser Vorschrift.[1014] Die Qualifikation richtet sich nach deutschem Recht als der *lex fori*.[1015] Ob ein ausländisches Nachlassabwicklungsverfahren als Nachlassverwaltung zu qualifizieren ist, beurteilt sich somit nach den Maßstäben des deutschen Rechts. Ausländische Erbscheine fallen nicht unter § 108 Abs. 1 FamFG, da es insoweit an einer „Entscheidung" im Sinne der Vorschrift fehlt.[1016]

Rechtsfolge der Anerkennung nach § 108 Abs. 1 FamFG ist grundsätzlich die Wirkungserstreckung der ausländischen Entscheidung auf das Inland.[1017] Anerkannt werden aber nur die unmittelbaren Wirkungen der Entscheidung.[1018] Wirkungen, die dem deutschen Recht gänzlich unbekannt sind, werden nicht anerkannt.[1019]

Die Anerkennung von Urteilen drittstaatlicher Gerichte nach § 328 Abs. 1 ZPO ist gegenüber der Sonderregelung für die Anerkennung von Entscheidungen in Nachlasssachen nach § 108 Abs. 1 FamFG subsidiär.[1020]

EGBGB Rn. 293 ff., 304 f.; Firsching/Graf/*Graf*, Nachlassrecht Rn. 270; Keidel/*Zimmermann*, § 108 FamFG Rn. 33; Staudinger/*Dörner*, Vorb. zu Art. 25 f EGBGB Rn. 150, 196.

1012 MünchKomm-ZPO/*Rauscher*, § 108 FamFG Rn. 1; Keidel/*Zimmermann*, § 108 FamFG Rn. 3; Saenger/*Kemper*, § 108 FamFG Rn. 7. Dies gilt dagegen nicht für die Vollstreckung, hierzu MünchKomm- ZPO/*Rauscher*, § 108 FamFG Rn. 8 ff.

1013 Hierzu Keidel/*Zimmermann*, § 109 FamFG Rn. 2 ff.

1014 MünchKomm-ZPO/*Mayer*, § 342 FamFG Rn. 15.

1015 Allgemein MünchKomm-ZPO/*Rauscher*, § 108 FamFG Rn. 10.

1016 Hierzu näher Keidel/*Zimmermann*, § 108 FamFG Rn. 35; MünchKomm-BGB/*Mayer*, § 2353 BGB Rn. 192; MünchKomm-ZPO/*Rauscher*, § 108 FamFG Rn. 14.

1017 MünchKomm-ZPO/*Rauscher*, § 108 FamFG Rn. 18 f.; Keidel/*Zimmermann*, § 108 FamFG Rn. 2.

1018 Mittelbare Wirkungen auf andere Rechtsverhältnisse entscheiden sich nach deren Statut, MünchKomm-ZPO/*Rauscher*, § 108 FamFG Rn. 18.

1019 MünchKomm-ZPO/*Rauscher*, § 108 FamFG Rn. 20; Keidel/*Zimmermann*, § 108 FamFG Rn. 3, 33.

1020 MünchKomm-ZPO/*Gottwald*, § 328 ZPO Rn. 60; Saenger/*Dörner*, § 328 ZPO Rn. 86.

Dritter Teil Nachlassinsolvenzverfahren mit Auslandsberührung bei Auseinanderfallen von Insolvenzstatut und Erbstatut

A. Einführung in die Problematik

I. Der Charakter des Nachlassinsolvenzverfahrens

Das Wesensmerkmal des Nachlassinsolvenzverfahrens im Vergleich zu den sonstigen Insolvenzverfahren des deutschen Rechts liegt in der Abwicklung einer erbrechtlich bestimmten Vermögensmasse mit den Mitteln des Insolvenzrechts. Aus insolvenzrechtlicher Sicht greifen Insolvenzrecht und Erbrecht dabei eng ineinander, um den erbrechtlichen Rechtsverhältnissen Rechnung zu tragen und darüber hinaus eine Koordination des insolvenzrechtlichen Haftungsgefüges mit der erbrechtlichen Haftungsordnung zu erreichen.

In der Folge haben erbrechtliche Tatbestände hier unmittelbaren Einfluss auf das Insolvenzverfahrensrecht. Aus rechtssystematischer Sicht ist diese Art des Ineinandergreifens von Normengefügen gleichwohl kein Alleinstellungsmerkmal des Nachlassinsolvenzverfahrens. Hierzu kommt es in jedem Insolvenzverfahren über das Vermögen einer beschränkten Vermögensmasse, sei es nun in der Insolvenz einer Gesellschaft mit beschränkter Haftung, eines Vereins oder einer offenen Handelsgesellschaft.[1021] Hier wie dort stellt sich die Frage, was die Insolvenzmasse im Einzelnen umfasst, wer insolvenzantragsberechtigt ist, welche Befriedigungsreihenfolge gilt und welche haftungsrechtlichen Auswirkungen die Insolvenzeröffnung hat. Auch diese Fragen lassen sich nicht ohne einen Rückgriff auf die jeweils einschlägigen Normenkomplexe beantworten, die hierdurch den sachrechtlich geprägten Unterbau des Insolvenzverfahrens bilden.

Herausragend ist demnach nicht die besonders enge Verflechtung der Normen des Nachlassinsolvenzverfahrens mit einem anderen Sachrecht. Besonders ist vielmehr der Umstand, dass es sich bei diesem Sachrecht um Erbrecht handelt.[1022] Das Erbrecht aber ist eine stark durch die nationalen Konventionen geprägte Materie und berührt als solche nicht nur Fragen des rechtlichen Status, sondern ist zugleich auch Ausdruck der in einer Gesellschaft vorherrschenden

---

1021 So auch bereits zum Konkursrecht Jaeger/*Jahr* (1973), §§ 237, 238 KO Rn. 488.
1022 Jaeger/*Jahr* (1973), §§ 237, 238 KO Rn. 488.

Wertvorstellungen.[1023] Die Unterschiedlichkeit dieser Wertvorstellungen zeigt sich etwa in der Frage des Bestehens des Pflichtteilsanspruches bestimmter Hinterbliebener, der nicht in jeder Rechtsordnung besteht.[1024] Auch die Frage der Haftung der Hinterbliebenen für die Verbindlichkeiten des Erblassers wird traditionell unterschiedlich beantwortet. Darüber hinaus ist die rechtliche Ausgestaltung des Nachlassvermögens als solches sehr verschieden. Während einige Rechtsordnungen den Nachlass als juristische Person ansehen, stellt er in anderen Rechtsordnungen, etwa im deutschen Recht, lediglich eine besondere Vermögensmasse ohne eigene Rechtspersönlichkeit dar.[1025]

Alle diese Fragen werden berührt, wenn in einem inländischen Nachlassinsolvenzverfahren die erbrechtlich bestimmte Vermögensmasse eines Nachlasses abgewickelt werden soll, der nicht dem deutschen Erbrecht, sondern einem fremden Erbrecht unterliegt. Im Nachlassinsolvenzverfahren treten in diesem Fall eine Reihe besonderer Probleme auf, die sich aus der rechtlichen Fremdartigkeit der abzuwickelnden Vermögensmasse einschließlich des hiermit zusammenhängenden fremden erbrechtlichen Hintergrundes ergeben. So bereitet bereits der Umstand Schwierigkeiten, dass die Vorschriften des Nachlassinsolvenzverfahrens von der Anwendbarkeit des Erbrechts des BGB ausgehen.

Bei näherer Betrachtung zeigt sich aber, dass sich der Charakter des Nachlassinsolvenzfahrens bei der Abwicklung eines fremdem Erbrecht unterliegenden Nachlasses nicht aushöhlt. Entscheidend ist hierbei die Erkenntnis, dass es sich bei dem Nachlassinsolvenzverfahren von seiner Rechtsnatur um ein Insolvenzverfahren im herkömmlichen Sinne handelt, das unabhängig von der erbrechtlichen Haftungsordnung ist. Bestimmend ist der insolvenzrechtliche Zweck des Verfahrens, der in der gemeinschaftlichen Befriedigung der Nachlassgläubiger besteht. Dieser Zweck kann auch unter einem fremden Erbrecht erreicht werden. Die Abwicklung des Verfahrens hat sich dabei nach den Wertungen des deutschen Insolvenzrechts zu richten, das aufgrund seiner kollisionsrechtlichen Berufung vollumfänglich zum Zuge kommt. Dass hierbei auch das öffentliche Interesse an einer geordneten Nachlassabwicklung nach den Maßstäben des

1023 „One of the most indigenous branches of the law", *De Waal*, Comp Succession Law, S. 1073.

1024 Jaeger/*Jahr* (1973), §§ 237, 238 KO Rn. 488. So wird etwa in England die Testierfreiheit des Erblassers nur geringfügig zugunsten naher Angehöriger eingeschränkt, siehe Kroiß/Ann/Mayer/*Odersky*, Großbritannien Rn. 52; Süß/*Odersky*, Großbritannien: England und Wales Rn. 51.

1025 Als juristische Person wird der Nachlass etwa in Österreich und in Schweden angesehen, siehe oben Seite 88.

deutschen Rechts eine Rolle spielt, rechtfertigt sich aus der bestehenden Insolvenzzuständigkeit im Inland.

Demgegenüber werden erbrechtliche Fragen, etwa hinsichtlich der Haftungsbeschränkung des Erben für die Verbindlichkeiten des Erblassers oder die Erbfolge an sich, durch das Insolvenzverfahren nicht berührt. Sie stehen außerhalb des insolvenzrechtlichen Wirkungskreises und erlangen ihre Bedeutung nur anlässlich der Insolvenzeröffnung, nicht aber infolge dieser. Das Nachlassinsolvenzverfahren als Ausdruck einer besonderen insolvenzrechtlichen Haftungsordnung nimmt diese erbrechtlichen Rechtsverhältnisse auf, ohne selbst direkte Gestaltungsmacht zu haben. Die Klärung erbrechtlicher Fragen richtet sich vielmehr weiterhin dem Erbstatut, dessen Bestimmung und Befragung damit unerlässlich ist.

II. Die Verschiedenheit der Kollisionsnormen

Die Bestimmung des anwendbaren Insolvenzrechts und des anwendbaren Erbrechts unterliegt unterschiedlichen Kollisionsnormen. Dies ist sachgerecht, weil hierdurch in Sachverhalten mit internationalen Bezügen das jeweils sachnäheste Recht zur Anwendung gebracht wird. In der Folge sind auch die maßgeblichen Anknüpfungsmomente unterschiedlich. Während sich nach Art. 4 Abs. 1 EuInsVO (Art. 7 Abs. 1 EuInsVO 2017) bzw. nach § 335 InsO das anwendbare Insolvenzrecht nach dem Staat der Verfahrenseröffnung bestimmt, richtet sich das Erbstatut gemäß Art. 21 Abs. 1 EuErbVO grundsätzlich nach dem Recht des Staates, in dem der Erblasser im Zeitpunkt seines Todes seinen gewöhnlichen Aufenthalt hatte, sofern nicht ausnahmsweise eine offensichtlich engere Verbindung zu einem anderen Staat besteht, Art. 21 Abs. 2 EuErbVO.[1026] Zusätzlich steht es dem Erblasser frei, zu Lebzeiten das anwendbare Erbrecht zugunsten seines Heimatrechts testamentarisch festzulegen, Art. 22 EuErbVO.

Obwohl sich die insolvenzrechtlichen und die erbrechtlichen Anknüpfungsergebnisse oftmals decken werden, kann es vor allem bei der Anknüpfung an die Staatsangehörigkeit des Erblassers zu einem Auseinanderfallen von Insolvenzstatut und Erbstatut kommen. Dieses Auseinanderfallen der beiden Statuten wird kollisionsrechtlich nicht nur gebilligt, sondern gefordert. Die Harmonisierung der jeweiligen Anknüpfungsmomente durch die EuInsVO/EuInsVO 2017

1026 Für Erbfälle bis zum 16.8.2015 gilt dagegen Art. 25 Abs. 1 EGBGB a.F., wonach die Rechtsnachfolge von Todes wegen dem Heimatrecht des Erblassers unterliegt, hierzu MünchKomm-BGB/*Dutta*, Art. 25 EGBGB Rn. 9. Siehe auch Art. 83 Abs. 1 EuErbVO.

und die EuErbVO erzwingt eine einheitliche Anwendung der jeweiligen Kollisionsnormen in der gesamten Europäischen Union, sodass für entgegenstehende nationale Regelungen kein Raum bleibt.

Diese starken europarechtlichen Einflüsse auf das Nachlassinsolvenzverfahren sind neu. Sie zwingen zu einer Neubewertung des Konfliktes zwischen Insolvenzstatut und Erbstatut, der das internationale Nachlassinsolvenzverfahren kennzeichnet. Wie die Qualifikation der Vorschriften des Nachlassinsolvenzverfahrens ergeben hat, sind diejenigen Normen, die im Zusammenhang mit der Haftung des Erben für die Nachlassverbindlichkeiten stehen und damit die erbrechtliche Haftungsordnung bilden, bei Maßgeblichkeit eines fremden Erbstatuts nicht dem BGB, sondern dem fremden Erbstatut zu entnehmen. Aufgrund der darüber hinaus in den insolvenzrechtlichen Sachnormen bestehenden erbrechtlichen Bezüge unterliegt das Nachlassinsolvenzverfahren damit nicht nur den Zuständigkeits- und Kollisionsregeln der EuInsVO/EuInsVO 2017 oder des autonomen internationalen Insolvenzrechts, sondern auch den Kollisionsnormen des Erbrechts. Weil die EuInsVO/EuInsVO 2017 wie auch das autonome internationale Insolvenzrecht Fragen des erbrechtlichen Status nicht berühren, findet die Klärung der erbrechtlichen Rechtsverhältnisse außerhalb des Insolvenzverfahrens statt. Als präjudizielle Rechtsverhältnisse haben sie auf dieses jedoch wiederum mittelbar Einfluss. Kommt es im Laufe eines Nachlassinsolvenzverfahrens zu einer Änderung der erbrechtlichen Rechtsverhältnisse, etwa durch eine Erbausschlagung, entfaltet dies entsprechend auch für das Nachlassinsolvenzverfahren Wirkung.

III. Das „hybride" Nachlassinsolvenzverfahren

Ein Nachlassinsolvenzverfahren, bei dem Insolvenzstatut und Erbstatut auseinanderfallen, bewegt sich zwischen zwei verschiedenen Haftungsordnungen: der insolvenzrechtlichen Nachlassabwicklung mit dem Ziel der gemeinschaftlichen Befriedigung der Nachlassgläubiger und der erbrechtlichen Haftungsordnung, die außerhalb des Nachlassinsolvenzverfahrens steht und es durch die Präjudizierung erbrechtlicher Rechtsverhältnisse mittelbar beeinflusst. Aufgrund des Unterschieds beider Haftungsordnungen und ihrer gegenseitigen Beeinflussung kann ein solches Nachlassinsolvenzverfahren als „hybrid" bezeichnet werden.

Soll durch ein deutsches Gericht ein solches „hybrides" Nachlassinsolvenzverfahren eröffnet werden, treten mehrere Problemfelder hervor. Zunächst bereitet die Andersartigkeit des Erbstatuts Schwierigkeiten, weil es – anders als das Erbrecht des BGB – nicht auf die insolvenzrechtlichen Vorschriften des Nachlassinsolvenzverfahrens abgestimmt ist. Angesichts dessen stellt sich zunächst die grundsätzliche Frage, ob das Nachlassinsolvenzverfahren überhaupt mit einem fremden Erbstatut kombinierbar ist oder ob es in diesem Fall undurchführbar wird (hierzu B.). Hält man es für durchführbar, müssen sodann das deutsche Insolvenzrecht und das ausländische Erbrecht miteinander in Einklang gebracht werden, um gegebenenfalls auftretende Wertungswidersprüche auszuräumen. Das methodische Mittel hierfür ist die Anpassung, die grundsätzlich sowohl auf kollisionsrechtlicher als auch auf materiellrechtlicher Ebene möglich ist. Hierbei ist die Frage zu untersuchen, welcher Art der Anpassung der Vorrang gebührt und auf welche Weise die Anpassung im Einzelfall vorzunehmen ist, um den Wertungen sowohl des Insolvenzstatuts als auch des Erbstatuts entsprechend Wirkung zu verleihen (hierzu C.).

Am Ende dieser Untersuchung steht ein Nachlassinsolvenzverfahren, das als besonderes insolvenzrechtliches Nachlassabwicklungsverfahren unabhängig von dem anwendbaren Erbstatut auch im Fall von Spaltnachlässen sinnvoll durchführbar ist. In einer solchen Konstellation sind innerhalb eines Nachlassinsolvenzverfahrens selbständige „Untermassen“ zu bilden, die dem jeweiligen Erbstatut entsprechend verteilt werden müssen (hierzu D.).

B. Die Zulässigkeit des Auseinanderfallens von Insolvenz- und Erbstatut – Pluralität der Haftungssysteme

Das Bestehen unterschiedlicher Kollisionsnormen für die insolvenzrechtliche und die erbrechtliche Anknüpfung führt dazu, dass erbrechtliche Tatbestände innerhalb des Nachlassinsolvenzverfahrens kollisionsrechtlich gesondert behandelt werden müssen. Um eine bloße „interne“ (und damit statische) Verweisung auf das Erbrecht des BGB handelt es sich bei diesen Tatbeständen nicht, weil eine solche nicht nur die international-privatrechtliche Relevanz der erbrechtlichen Bezüge ignorieren würde, sondern zudem auch völlig widersinnige Ergebnisse zur Folge hätte.[1027] Die erbrechtlichen Kollisionsnormen zwingen in der Folge zu einer selbständigen Anknüpfung der erbrechtlichen Tatbestände.

Während durch die Anwendung der einzelnen Kollisionsnormen die Frage nach dem jeweils anwendbaren Recht geklärt werden kann, bleibt doch die grundsätzliche Frage bestehen, ob das deutsche Nachlassinsolvenzverfahren mit einem fremden Erbstatut überhaupt durchführbar ist. Wäre dies nicht der Fall, müsste die Insolvenzfähigkeit eines Nachlasses unter fremdem Erbrecht im

1027 Im Einzelnen oben Seite 182.

Inland verneint werden. Aus teleologischen Gründen müsste die Durchführung eines „hybriden“ Nachlassinsolvenzverfahrens dann unterbleiben.

Die folgende Untersuchung wird jedoch zeigen, dass eine derartige Bindung der insolvenzrechtlichen Haftungsordnung an das Erbrecht des BGB nicht besteht. Wie oben deutlich geworden ist, erklärt sich die enge Verzahnung zwischen Erbrecht und Insolvenzrecht im Nachlassinsolvenzverfahren aus historischen Gründen. Sie ist ohne systematische oder teleologische Determinierung.[1028] Darüber hinaus dient das Nachlassinsolvenzverfahren als solches nicht der Durchsetzung erbrechtlicher Zwecke, sondern ist gegenüber der erbrechtlichen Haftungsordnung des BGB eigenständig. Dies gilt insbesondere im Hinblick auf die Herbeiführung einer Haftungsbeschränkung des Erben für die Nachlassverbindlichkeiten nach § 1975 BGB. Die Funktion des Nachlassinsolvenzverfahrens erfüllt sich stattdessen in dem insolvenzrechtlichen Zweck der gemeinschaftlichen Gläubigerbefriedigung. Auch ist das mit der Nachlassinsolvenz verbundene Interesse einer geordneten Nachlassabwicklung durch den Insolvenzverwalter kein spezifisch erbrechtlicher Umstand. Vielmehr handelt es sich hierbei um die im öffentlichen Interesse liegende Anordnung eines hoheitlich gesteuerten Abwicklungsverfahrens im Fall der Insuffizienz einer beschränkten Vermögensmasse, wie es auch auf andere Insolvenzverfahren zutrifft.

Wird das Nachlassinsolvenzverfahren mit einem fremden Erbstatut kombiniert, verengt sich der Verfahrenszweck aus Sicht des deutschen Sachrechts auf die insolvenzrechtlichen Ziele. Die Einzelheiten der erbrechtlichen Haftungsordnung sind dagegen dem Erbstatut zu entnehmen. Hierdurch entsteht eine Pluralität der Haftungssysteme. Das Nachlassinsolvenzverfahren ist dabei kollisionsrechtlich nicht auf ein bestimmtes Erbstatut festgelegt.

Die effektive Durchsetzung der insolvenzrechtlichen Haftungsordnung verlangt zudem, dass es für die Zulässigkeit der Eröffnung eines Nachlassinsolvenzverfahrens nicht darauf ankommt, ob das Erbstatut einen Nachlass als insolvenzfähig ansieht oder nicht. Dem Insolvenzstatut kommt innerhalb seines Anwendungsbereiches eine Vorrangstellung zu, die durch die Spezialität der insolvenzrechtlichen Sachregelungen begründet ist.

I. Kollisionsrechtliche Offenheit des insolvenzrechtlichen Sachrechts

Kommt im Nachlassinsolvenzverfahren ein fremdes Erbrecht zur Anwendung, muss sich der Zweck des Verfahrens gezwungener Maßen auf die insolvenzrechtlichen Ziele beschränken. Bei genauerer Betrachtung handelt es sich jedoch

1028 Siehe hierzu bereits oben Seite 182.

gar nicht um eine Zweckverengung, weil das Nachlassinsolvenzverfahren selbst bei Anwendbarkeit deutschen Erbrechts nicht dazu dient, erbrechtliche Ziele umzusetzen.[1029] Stattdessen stellt die Insolvenzeröffnung auch dort nur eine von mehreren Voraussetzungen dar, um der bestehenden erbrechtlichen Haftungsordnung des BGB Wirkung zu verleihen.[1030] Dies gilt insbesondere für die Haftungsbeschränkung des Erben nach § 1975 BGB und die Haftung des Erben für die bisherige Verwaltung des Nachlasses nach § 1978 Abs. 1 BGB.

1. *Unabhängigkeit von der erbrechtlichen Haftungsordnung*

Das Nachlassinsolvenzverfahren ist von der erbrechtlichen Haftungsordnung des BGB unabhängig. Dies zeigt sich anhand mehrerer Umstände.

Besonders deutlich wird dies durch einen Blick auf § 316 Abs. 1 InsO. Hiernach ist die Insolvenzeröffnung auch dann zulässig, wenn der Erbe für die Nachlassverbindlichkeiten unbeschränkt haftet. Die Haftungsbeschränkung nach § 1975 BGB kann durch die Insolvenzeröffnung dann nicht mehr eintreten. Stattdessen haftet der Erbe den Nachlassgläubigern auch außerhalb des Nachlassinsolvenzverfahrens in voller Höhe mit seinem Eigenvermögen. Somit treten die Nachlassgläubiger in Konkurrenz zu den Eigengläubigern des Erben, die ebenfalls Zugriff auf dessen Vermögen suchen. Anders als diesen haftet den Nachlassgläubigern aber primär der Nachlass, während die Eigengläubiger des Erben nach § 325 InsO von der Teilnahme am Nachlassinsolvenzverfahren ausgeschlossen sind. Auf die Zulässigkeit der Eröffnung eines Nachlassinsolvenzverfahrens hat dies jedoch keinen Einfluss. Vielmehr ist die Frage der Haftungsbeschränkung allein durch die Vorschriften des Erbrechts und damit außerhalb des Nachlassinsolvenzverfahrens zu klären. Aus insolvenzrechtlicher Sicht kommt es dagegen auf das Bestehen oder Nichtbestehen der Haftung des

---

1029 Anders aber K.Schmidt/*K.Schmidt*, Vor § 315 InsO Rn. 1, wonach die *Funktion* des Nachlassinsolvenzverfahrens, im deutschen Recht die Haftungsbeschränkung nach § 1975 BGB auszulösen, zugleich auch Teil des Verfahrenszwecks werde; ähnlich Uhlenbruck/*Lüer*, § 315 InsO Rn. 3; Kübler/Prütting/Bork/*Holzer*, § 315 InsO Rn. 3. Für eine „Doppelfunktion" des Nachlassinsolvenzverfahrens dagegen MünchKomm-InsO/*Siegmann*, Vorb. zu §§ 315 bis 331 InsO Rn. 1; Braun/*Bauch*, Vorb. vor §§ 315–334 InsO Rn. 47; Nerlich/Römermann/*Riering*, § 315 InsO Rn. 3 f.; Andres/Leithaus/*Andres*, Vorb. vor §§ 315–331 InsO Rn. 2; MünchKomm-BGB/*Küpper*, § 1978 BGB Rn. 4; BGH, Urteil v. 21.2.2008, IX ZB 62/05, NZI 2008, S. 383.

1030 Andres/Leithaus/*Andres*, Vorb. vor §§ 315–331 InsO Rn. 4 ff.; MünchKomm-InsO/*Siegmann*, Vorb. zu §§ 315 bis 331 InsO Rn. 16; Uhlenbruck/*Lüer*, § 315 InsO Rn. 5; Braun/*Bauch*, Vorb. vor §§ 315–334 InsO Rn. 38 ff.

Erben für die Nachlassverbindlichkeiten nicht an. Damit ist die Zentralnorm der Erbenhaftung im BGB für das Nachlassinsolvenzverfahren ohne Relevanz.[1031]

Dies gilt in gleicher Weise für die Haftung des Erben für die bisherige Verwaltung des Nachlasses nach § 1978 Abs. 1 BGB. Als Kehrseite der Haftungsbeschränkung des Erben nach § 1975 BGB soll sie den Erben für die Zeit bis zum Eintritt der Haftungsbeschränkung zu einer Verwaltung des Nachlasses im Sinne der Nachlassgläubiger anhalten.[1032] Eine Beurteilung der Verwaltungstätigkeit des Erben nach Auftragsrecht ist dabei erforderlich, um den im Vergleich zu anderen Rechtsordnungen sehr späten Zeitpunkt des Eintritts der Haftungsbeschränkung im deutschen Erbrecht haftungsrechtlich zu kompensieren.[1033] Hat der Erbe den Nachlass in vorwerfbarer Weise geschmälert, stehen die hieraus resultierenden Haftungsansprüche nach § 1978 Abs. 2 BGB dem Nachlass zu, um den eingetretenen Verlust auszugleichen. Diese Rechtsfolge tritt nach § 1978 Abs. 1 BGB jedoch auch bei Anordnung einer Nachlassverwaltung ein. Sie ist damit nicht auf das Nachlassinsolvenzverfahren beschränkt. Darüber hinaus kann die Haftung nach § 1978 Abs. 1 BGB auch ganz entfallen, etwa wenn die Erben noch unbekannt sind und bis zur Insolvenzeröffnung ein Nachlasspfleger mit der Verwaltung des Nachlasses betraut wurde. Dies macht deutlich, dass es sich um erbrechtliche Tatbestände handelt, die lediglich anlässlich der Insolvenzeröffnung Wirkung entfalten. Das Nachlassinsolvenzverfahren verstärkt dabei ihre haftungsrechtliche Durchsetzung, ohne jedoch mit ihnen verbunden zu sein. Auf die Durchführung des Nachlassinsolvenzverfahrens haben sie damit keinen Einfluss.

Gleiches gilt für die weiteren als erbrechtlich zu qualifizierenden Tatbestände der Beschränkung der Erbenhaftung in den §§ 1975 bis 1992 BGB.[1034] Auf die

---

1031 Zur Bedeutung der einzelnen Normen der Erbenhaftung im BGB (§§ 1975 bis 1992 BGB) siehe Staudinger/*Marotzke*, Vorb. zu §§ 1975 bis 1992 BGB Rn. 3 ff.

1032 MünchKomm-BGB/*Küpper*, § 1978 BGB Rn. 10; Staudinger/*Marotzke*, § 1978 BGB Rn. 1.

1033 In anderen Rechtsordnungen tritt die Haftungsbeschränkung des Erben für die Nachlassverbindlichkeiten viel früher ein, sofern sie überhaupt besteht. Während etwa die Mitgliedstaaten mit dem Treuhandmodell und der gesetzlich beschränkten Haftung gar keine Haftung des Erben vorsehen, tritt in den Staaten mit dem Inventarmodell die Haftungsbeschränkung bereits mit der Erklärung der Annahme der Erbschaft unter dem Vorbehalt der Inventarerrichtung ein, siehe oben im Zweiten Teil der Arbeit, Seite 66.

1034 Die Insolvenzantragspflicht und die Verschleppungshaftung nach § 1980 Abs. 1 BGB zählen nicht hierzu, da sie als insolvenzrechtlich zu qualifizieren sind, siehe oben Seite 202.

Durchführung des Nachlassinsolvenzverfahrens sind sie ohne Einfluss. Vielmehr handelt es sich um Tatbestände, die am Rande des Nachlassinsolvenzverfahrens wirken. Durch sie wird das Nachlassinsolvenzverfahren aus der Sicht der deutschen erbrechtlichen Haftungsordnung ergänzt. Die insolvenzrechtliche Haftungsordnung hingegen ist auf diese Tatbestände der deutschen erbrechtlichen Haftungsordnung nicht angewiesen. Sie besteht eigenständig.

Die Unabhängigkeit des Nachlassinsolvenzverfahrens von der erbrechtlichen Haftungsordnung ist von zentraler Bedeutung, wenn das Nachlassinsolvenzverfahren mit einem fremden Erbstatut durchgeführt werden soll. Wie oben gezeigt wurde, unterliegt die Anwendbarkeit der erbrechtlichen Haftungsordnung des BGB der entsprechenden kollisionsrechtlichen Verweisung auf deutsches Erbrecht. Führt diese Verweisung zur Maßgeblichkeit eines fremden Erbstatuts, bestimmt dieses darüber, welche Voraussetzungen für die Haftungsbeschränkung des Erben gelten und ob und in welchem Umfang der Erbe für seine bisherige Verwaltung des Nachlasses zu haften hat. Weil das Nachlassinsolvenzverfahren auf Fragen des erbrechtlichen Status keinen Einfluss hat, bestehen die insolvenzrechtliche und die erbrechtliche Haftungsordnung unabhängig voneinander.

2. *Verfahrenszweck: Gemeinschaftliche Befriedigung der Nachlassgläubiger*

Der Zweck des Nachlassinsolvenzverfahrens wird auch mit einem fremden Erbstatut verwirklicht. Dieser liegt in der gemeinschaftlichen Befriedigung der Nachlassgläubiger aus dem Nachlassvermögen innerhalb der Wertungen der insolvenzrechtlichen Haftungsordnung.[1035] Für die Durchsetzung dieses Zwecks ist es unerheblich, wie sich nach dem Erbstatut die Haftung des Erben darstellt. Haftet ihnen der Erbe etwa auch außerhalb des Nachlassinsolvenzverfahrens persönlich mit seinem eigenen Vermögen, wird die insolvenzrechtliche Nachlassabwicklung hierdurch nicht berührt. Voraussetzung für das Nachlassinsolvenzverfahren ist lediglich, dass der Nachlass für die bestehenden Verbindlichkeiten überhaupt haftet, weil ansonsten schon kein Insolvenzgrund vorliegt. Bestehen Haftungsansprüche gegen den Erben aus seiner Verwaltungstätigkeit

---

1035 Allgemein MünchKomm-InsO/*Siegmann*, Vorb. zu §§ 315 bis 331 InsO Rn. 1; Braun/*Bauch*, Vorb. vor §§ 315–334 InsO Rn. 47; Andres/Leithaus/*Andres*, Vorb. vor §§ 315–331 InsO Rn. 2. Insoweit auch K.Schmidt/*K.Schmidt*, Vor § 315 InsO Rn. 1; Kübler/Prütting/Bork/*Holzer*, § 315 InsO Rn. 3 (ein Zweck von mehreren).

nach fremdem Recht, können diese ebenfalls zur Insolvenzmasse gezogen werden.

Da der Insolvenzbeschlag nach § 80 Abs. 1 InsO zudem *ex nunc* wirkt, kann auch nur dasjenige Nachlassvermögen erfasst werden, das zur Zeit der Insolvenzeröffnung vorhanden ist. Auf den Zeitpunkt des Erbfalls kommt es aus insolvenzrechtlicher Sicht dagegen nicht an. Insoweit besteht in systematischer Hinsicht auch kein Widerspruch zur erbrechtlichen Haftungsregelung des BGB. Hiernach soll die Wirkung des Nachlassinsolvenzverfahrens zwar grundsätzlich auf den Zeitpunkt des Erbfalls zurückfallen, diese *ex tunc*-Wirkung jedoch nur in schuldrechtlicher Hinsicht eintreten.[1036] Dinglich handelt es sich dagegen auch dort um eine Wirkung *ex nunc*.[1037] Für die Kombination des Nachlassinsolvenzverfahrens mit einer fremden erbrechtlichen Haftungsordnung ist dies von großem Vorteil, weil auf diese Weise keine insolvenzrechtlich begründeten Rückwirkungen bestehen, die in einen systematischen Konflikt mit dem Erbstatut treten könnten. Das Nachlassinsolvenzverfahren stellt sich in diesen Konstellationen als besonderer Abwicklungsmechanismus zugunsten der Nachlassgläubiger dar. Seine Rechtfertigung begründet sich aus der Insuffizienz des Nachlassvermögens.

3. *Historisches Argument*

Wie *Bünning* bereits zum Konkursrecht ausgeführt hat, ergibt sich ein weiteres Argument für die kollisionsrechtliche Offenheit des Nachlassinsolvenzverfahrens aus einer historischen Betrachtung.[1038] Die Vorarbeiten zur Reichskonkursordnung von 1877 waren im Hinblick auf das Nachlasskonkursverfahren davon geprägt gewesen, einheitliche Konkursvorschriften zu entwickeln, die auf sämtliche erbrechtliche Regelungen in den deutschen Bundesstaaten passten. Das Konkursrecht musste mit einer Vielzahl unterschiedlicher Erbstatute kompatibel gemacht werden, solange die materielle Rechtsvereinheitlichung durch das BGB im Jahr 1900 noch ausstand. Die Herausforderung an den Gesetzgeber war enorm und ähnelte von der Ausgangslage her den heutigen Harmonisierungsbemühungen in der Europäischen Union.[1039] Anders als heute vereinheitlichte

1036 Hierzu K.Schmidt/*K.Schmidt*, Vor § 315 InsO Rn. 3.

1037 MünchKomm-InsO/*Siegmann*, Anh. § 315 InsO Rn. 9.

1038 *Bünning*, Nachlassverwaltung und Nachlasskonkurs (1996), S. 108 f.

1039 Siehe die „Darstellung der Quellen des in Deutschland geltenden Konkursrechts" in der Anlage I der Motive zum Entwurf einer Deutschen Gemeinschuldordnung von 1873, Entwurf einer Deutschen GSO (1873), Anlage I S. 1 ff.

man damals allerdings das materielle Konkursrecht und nicht lediglich das Kollisionsrecht. Hierdurch wurde eine Abstimmung des Konkursrechts mit dem jeweiligen bundesstaatlichen Erbrecht notwendig, die letztlich in die Festlegung des gemeinsamen Nenners mündete. Dieser Nenner war die Regelung des grundlegenden Konkursanspruch im Fall der Insuffizienz eines Nachlasses.[1040] Die vorgelagerte Frage, ob und wann der Nachlass im Einzelfall überhaupt konkursfähig sein konnte, etwa im Fall einer Erbengemeinschaft, wurde in der Konkursordnung hingegen ausgespart und der zivilrechtlichen Regelungsbefugnis der einzelnen Bundesstaaten überlassen.[1041] Allgemein ging man aber davon aus, dass eine Konkursfähigkeit zumindest immer dann bestand, wenn die Erben unbekannt waren oder der Erbe die Erbschaft unter dem Vorbehalt der Inventarerrichtung angetreten hatte.[1042]

Vergleicht man diesen Rechtszustand mit dem heutigen Stand der Rechtsharmonisierung in der Europäischen Union, so fällt auf, dass damals wie heute das einzelstaatliche Recht über die Konkursfähigkeit des Nachlasses zu entscheiden hatte. Damals wurde indes die erbrechtliche Einbettung als entscheidend für die Konkursfähigkeit des Nachlasses angesehen, weshalb jeder Bundesstaat entsprechend seinem Erbrecht eine eigene Regelung treffen konnte. Heutzutage wird die Frage der Insolvenzfähigkeit eines Nachlasses durch die EuInsVO/EuInsVO 2017 dagegen ausdrücklich als insolvenzrechtliche Problematik eingeordnet, ohne dass es dabei auf den erbrechtlichen Zusammenhang ankommt. Dies ist die Konsequenz aus der europäischen Rechtsvereinheitlichung im Wege der Harmonisierung des Kollisionsrechts, die statt vereinheitlichten Sachrechts eindeutige Vorrangregelungen und Anerkennungspflichten bereitstellt, um auf diese Weise eine einheitliche Rechtsanwendung zu gewährleisten.

Für das Nachlassinsolvenzverfahren kann aus diesem historischen Vergleich gewonnen werden, dass die Abwicklung eines Nachlasses im Wege eines Konkursverfahrens – unbeschadet der konkreten Zulässigkeit wegen erbrechtlicher Besonderheiten – schon damals als allgemein möglich angesehen wurde, ohne dass die im Einzelfall anwendbare erbrechtliche Haftungsordnung von besonderer Bedeutung für das Konkursverfahren gewesen wäre. Eine untrennbare Verbindung zwischen Konkursrecht und Erbrecht wurde damit schon damals nicht angenommen.

1040 Siehe die Motive zur Reichskonkursordnung von 1877, *Hahn*, Materialien Bd. IV, S. 399.

1041 *Hahn*, Materialien Bd. IV, S. 399.

1042 *Hahn*, Materialien Bd. IV, S. 399.

Einer kollisionsrechtlichen Offenheit des Nachlassinsolvenzverfahrens stehen somit keine zwingenden Gründe des Sachrechts entgegen, die eine Beschränkung der Insolvenzfähigkeit eines Nachlasses auf die Anwendbarkeit deutschen Erbrechts erfordern würden. Vielmehr wird der Verfahrenszweck der gemeinschaftlichen Gläubigerbefriedigung durch ein fremdes Erbstatut nicht gefährdet. Teleologische Gründe gegen die Durchführung eines „hybriden“ Nachlassinsolvenzverfahrens bestehen somit nicht. Angesichts dessen wird in der Literatur zu Recht befürwortet, dass die Anwendbarkeit eines fremden Erbrechts der Zulässigkeit eines Nachlassinsolvenzverfahrens nicht entgegenstehen soll.[1043]

II. Vorrang der insolvenzrechtlichen Wirkungen gegenüber dem Erbstatut

Geht man von der kollisionsrechtlichen Offenheit des Nachlassinsolvenzverfahrens aus, stellt sich die Folgefrage, ob es für die Zulässigkeit der inländischen Insolvenzeröffnung über einen Nachlass von Bedeutung sein kann, ob das maßgebliche Erbstatut im konkreten Fall selbst die Eröffnung eines Nachlassinsolvenzverfahrens erlauben würde oder nicht. Wie die rechtsvergleichende Untersuchung gezeigt hat, ist ein Insolvenzverfahren über einen Nachlass zum einen in vielen anderen Mitgliedstaaten der Europäischen Union unbekannt, sodass eine Insolvenzeröffnung hier generell nicht möglich wäre. Zum anderen kann es aber auch eine grundsätzlich zulässige Nachlassinsolvenz in der konkreten Situation aus verfahrensrechtlichen Gründen gerade nicht zulässig sein, etwa weil erbrechtliche Fristen verstrichen sind oder bereits endgültige Handlungen im Hinblick auf den Erbschaftserwerb vorgenommen wurden.

Teile der Literatur haben sich unter Geltung der Konkursordnung dafür ausgesprochen, auf die jeweiligen Wirkungen des Erbstatuts auch im Hinblick auf die Zulässigkeit eines Nachlasskonkursverfahrens Rücksicht zu nehmen. Danach soll die Eröffnung eines Nachlasskonkursverfahrens insbesondere dann ausgeschlossen sein, wenn eine haftungsrechtliche Separation des Nachlassvermögens von dem Eigenvermögen des Erben nach dem Erbstatut nicht mehr möglich ist, etwa weil der Erbe die Erbschaft bereits endgültig angenommen hat oder – nach

---

1043 *Mankowski*, ZIP 2011, S. 1503; *Birk*, FS Pazdan (2005), S. 46; MünchKomm-BGB/*Dutta*, Art. 25 EGBGB Rn. 359; Staudinger/*Dörner*, Art. 25 EGBGB Rn. 905; Kayser/Thole/*Marotzke*, § 315 InsO Rn. 10; Jaeger/*Jahr* (1973), §§ 237, 238 KO Rn. 445; Jaeger/*Weber* (1973), § 214 KO Rn. 39; *Riedemann/Schmidt*, ZVI 2015, S. 450; wohl auch Scherer/*Pawlytta/Pfeiffer*, § 33 Rn. 133.

österreichischem Recht – die Einantwortung ausgesprochen wurde.[1044] Die nach dem Erbstatut entfallene Möglichkeit der Vermögensseparation soll demnach zugleich den Konkursbeschlag durch ein inländisches Nachlasskonkursverfahren ausschließen, weil der Nachlass vermögensrechtlich nicht mehr vom Eigenvermögen des Erben zu trennen sei.

Diese Lösung hat für den Erben den Vorzug, dass sie eine Übereinstimmung zwischen vermögensrechtlicher Haftungsverantwortung und der Zulässigkeit einer insolvenzrechtlichen Nachlassabwicklung herstellt. Ist es dem Erben nicht mehr möglich, eine Trennung aller Aktiva und Passiva des Nachlasses von seinem Eigenvermögen zu erreichen, kann er nicht noch zusätzlich mit der Eröffnung eines Insolvenzverfahrens über das Nachlassvermögen belastet werden. Insbesondere für den Fall, dass der Erbe die Erbschaft trotz der Möglichkeit einer Annahme unter Inventarvorbehalt vorbehaltlos angenommen hat und damit unbeschränkbar für die Nachlassverbindlichkeiten auch mit seinem Eigenvermögen haftet, kann die Zulässigkeit eines Nachlassinsolvenzverfahrens eine Belastung für den Erben bedeuten. Dieser hat in der Höhe des insolvenzbedingten Forderungsausfalls der Gläubiger aufgrund der vorbehaltlosen Erbschaftsannahme persönlich mit seinem Eigenvermögen einzustehen, weil ihm die Möglichkeit der Herbeiführung einer Haftungsbeschränkung nicht mehr zur Verfügung steht.

Eine Rücksichtnahme auf die Wirkungen des Erbstatuts ist im Hinblick auf die Zulässigkeit der Eröffnung eines Nachlassinsolvenzverfahrens heute jedoch nicht mehr haltbar. Bereits vor dem Inkrafttreten der EuInsVO war hieran zu Recht kritisiert worden, dass die Interessen der Nachlassgläubiger an einer inländischen Insolvenzeröffnung nicht ausreichend berücksichtigt würden.[1045] Die Abwägung zwischen den Interessen der Nachlassgläubiger und der Beachtung der Wirkungen des Erbstatuts ist nunmehr durch die EuInsVO/EuInsVO 2017 und die EuErbVO zugunsten der insolvenzrechtlichen Wirkungen entschieden worden. Auf die erbrechtliche Zulässigkeit eines Nachlassinsolvenzverfahrens kommt es damit nicht an.[1046] Vielmehr geht die sachliche Spezialität des Nachlassinsolvenzverfahrens den Wirkungen des Erbstatuts vor. Dies ergibt sich

1044 Für Österreich: *v. Craushaar*, Anwendbarkeit deutscher Prozessnormen (1961), S. 91 ff. Allgemein: Jaeger/*Weber* (1973), § 214 KO Rn. 39; Jaeger/*Jahr* (1973), §§ 237, 238 KO Rn. 447 ff. Hiergegen aber schon zum Konkursrecht *Bünning*, Nachlassverwaltung und Nachlasskonkurs (1996), S. 157 ff.

1045 *Bünning*, Nachlassverwaltung und Nachlasskonkurs (1996), S. 158 f.

1046 Ebenso *Mankowski*, ZIP 2011, S. 1505; *Birk*, FS Pazdan (2005), S. 47; in diese Richtung auch Staudinger/*Dörner*, Art. 25 EGBGB Rn. 905.

innerhalb des Anwendungsbereiches der EuInsVO/EuInsVO 2017 zum einen aus Art. 4 Abs. 2 Satz 2 lit. a) EuInsVO (Art. 7 Abs. 2 Satz 2 lit. a) EuInsVO 2017), wonach die Insolvenzfähigkeit allein durch das Insolvenzstatut bestimmt wird. Zum anderen folgt aus der Anerkennungspflicht nach Art. 16 Abs. 1 Satz 2, 17 Abs. 1 EuInsVO (Art. 19 Abs. 1 Unterabs. 2, 20 Abs. 1 EuInsVO 2017), dass die Wirkungen des Nachlassinsolvenzverfahrens in den anderen Mitgliedstaaten anerkannt werden müssen, auch wenn ein Nachlass dort im konkreten Fall nicht insolvenzfähig wäre. Um diese insolvenzspezifischen Ziele der Verordnungen nicht zu gefährden, kann es dabei auf entgegenstehende erbrechtliche Umstände nicht ankommen.[1047] Entscheidend ist allein, ob das Insolvenzstatut in der konkreten Situation die Insolvenzfähigkeit bejaht. Diese Entscheidung des Insolvenzstatuts ist für die anderen Mitgliedstaaten verbindlich. Folgerichtig stellt Art. 76 EuErbVO klar, dass die Wirkungen der EuInsVO/EuInsVO 2017 durch die EuErbVO unberührt bleiben.

Das deutsche Nachlassinsolvenzverfahren unterscheidet in seinen Zulässigkeitsvoraussetzungen nicht danach, ob eine Separation des Nachlassvermögens von dem Eigenvermögen des Erben bereits erfolgt ist oder nicht. Vielmehr ist der Nachlass in beiden Varianten uneingeschränkt insolvenzfähig.

Nach der Systematik des deutschen Erbrechts sind beide Fallgestaltungen im Vorfeld eines Nachlassinsolvenzverfahrens denkbar. So kann etwa durch eine zuvor angeordnete Nachlassverwaltung bereits eine Vermögensseparation gemäß § 1975 BGB eingetreten sein. Andererseits ist es unschädlich, wenn eine solche Separation noch nicht stattgefunden hat. Der Eintritt des Insolvenzbeschlages wirkt in erbrechtlicher Hinsicht dann zugleich als Vermögensseparation, § 1975 BGB. Aber selbst wenn der Erbe das Recht zur Haftungsbeschränkung bereits verloren hat und eine Vermögensseparation damit keine Haftungsbeschränkung mehr bewirken kann, ist dies gemäß § 316 Abs. 1 InsO unschädlich.[1048] § 316 Abs. 1 InsO lässt eine Insolvenzeröffnung auch für den Fall zu, dass der Erbe die Erbschaft noch gar nicht angenommen hat und eine Vermögensvermischung demnach noch nicht erfolgen konnte.

1047 Für den Fall des Schuldners, der während des laufenden Konkursverfahrens verstirbt, sehen sich auch die Vertreter der gegenteiligen Ansicht genötigt, eine Ausnahme anzunehmen, um einen Fortgang des Konkursverfahrens zu gewährleisten, Jaeger/*Jahr* (1973), §§ 237, 238 KO Rn. 462 f.

1048 Es tritt aber auch in diesem Fall eine Absonderung des Nachlassvermögens vom Eigenvermögen des Erben ein, Staudinger/*Marotzke*, § 1975 BGB Rn. 12.

Beschränkungen der Zulässigkeit des Nachlassinsolvenzverfahrens, die durch erbrechtliche Wirkungen bedingt wären, bestehen somit nicht.[1049] Auf die erbrechtlichen Rechtsverhältnisse muss daher aus insolvenzrechtlicher Sicht keine Rücksicht genommen werden. Der Insolvenzbeschlag des Nachlassinsolvenzverfahrens nach den §§ 80 Abs. 1, 35 Abs. 1 InsO kann sich demzufolge sowohl auf das bereits separierte als auch auf ein noch nicht separiertes Nachlassvermögen beziehen. Hinsichtlich der Wirkungen ist dabei zu differenzieren: Aus insolvenzrechtlicher Sicht führt der Insolvenzbeschlag stets eine Vermögensseparation vom Eigenvermögen des Erben herbei. Aus dieser bildet sich die Insolvenzmasse des Nachlassinsolvenzverfahrens. Hiervon unberührt bleibt die Frage, ob diese durch das Insolvenzrecht bedingte Absonderung des Nachlassvermögens auch haftungsrechtliche Auswirkungen für den Erben hat. Die Antwort hierauf muss dem Erbstatut überlassen bleiben. Die haftungsrechtliche Vermögensseparation ist Teil der erbrechtlichen Haftungsordnung und damit außerhalb des Nachlassinsolvenzverfahrens zu klären. § 1975 BGB ist bei Maßgeblichkeit eines fremden Erbrechts mangels kollisionsrechtlicher Berufung nicht anwendbar. Damit hat sich die Frage, ob und wie der Erbe eine haftungsrechtliche Vermögensseparation herbeiführen kann, allein nach dem Erbstatut zu richten.

Dieses Ergebnis ist auch vor dem Hintergrund einer bereits vorbehaltlos erklärten Erbschaftsannahme durch den Erben hinnehmbar. Angesichts der Insuffizienz des Nachlassvermögens muss der Erbe ohnehin persönlich mit seinem Eigenvermögen einstehen, ohne dass er diese Wirkung rückwirkend beseitigen könnte. Durch die inländische Insolvenzzuständigkeit fallen dem Nachlass nun zusätzlich die Kosten der Durchführung des Insolvenzverfahrens zur Last, die sich negativ auf die Befriedigungsaussichten der Nachlassgläubiger auswirken und denen der Erbe persönlich haftet. Dieses Risiko ist für den Erben vorhersehbar. Nimmt er die Erbschaft vorbehaltlos an, muss er die hieraus folgenden Konsequenzen tragen, zu denen auch eine Insolvenzzuständigkeit nach fremdem Recht gehört. Will der Erbe dieses Risiko vermeiden, muss er die Möglichkeit der Haftungsbeschränkung nach dem jeweiligen Erbrecht wahrnehmen und die Erbschaft unter dem Vorbehalt der Inventarerrichtung annehmen. In diesem Fall tritt die haftungsrechtliche Vermögensseparation bereits zu diesem Zeitpunkt ein.

1049 So bereits zum Konkursrecht *Bünning*, Nachlassverwaltung und Nachlasskonkurs (1996), S. 158. Zweifelnd hingegen für den Fall, dass das Erbstatut keine Trennung zwischen dem Nachlassvermögen und dem Eigenvermögen des Erben vorsieht *Hanisch*, FS Henckel (1995), S. 381; Jaeger/*Jahr* (1973), §§ 237, 238 KO Rn. 461.

Die gleichen Grundsätze müssen auch außerhalb des Anwendungsbereichs der EuInsVO/EuInsVO 2017 gelten. Das autonome internationale Insolvenzrecht orientiert sich hinsichtlich der Reichweite des Insolvenzstatuts an den Regelungen der EuInsVO/EuInsVO 2017, sodass die diesbezüglichen Überlegungen zur Insolvenzfähigkeit auch in Bezug auf Drittstaaten anwendbar sind. Ein Unterschied besteht jedoch bei der Frage der Anerkennung der Wirkungen des deutschen Haupt-Nachlassinsolvenzverfahrens in Drittstaaten. Weil es hier anders als im Geltungsbereich der EuInsVO/EuInsVO 2017 keine Anerkennungspflichten gibt, können die insolvenzrechtlichen Wirkungen nicht automatisch abweichende Rechtsansichten eines Drittstaats überlagern.

Hierbei handelt es sich allerdings um eine Frage des Insolvenzanerkennungsrechts, die für das materielle Insolvenzrecht ohne Bedeutung ist. Das materielle Insolvenzrecht lässt eine Insolvenzeröffnung unabhängig von der Frage der erbrechtlichen Vermögensseparation zu. Deshalb ist dieser Umstand auch ohne Einfluss auf den Verfahrenszweck des Nachlassinsolvenzverfahrens. Der Verfahrenszweck kann vielmehr in sämtlichen Varianten erfüllt werden, auch wenn ausschließlich Bezüge zu Drittstaaten in Frage stehen. Die Rechtfertigung der Durchführung eines Nachlassinsolvenzverfahrens ergibt sich dabei aus dem Bestehen einer inländischen Zuständigkeit. Ob die Wirkungen des Nachlassinsolvenzverfahrens im Ausland anerkannt werden, ist eine Frage des Anerkennungsrechts. Für die inländische Zulässigkeit des Nachlassinsolvenzverfahrens ist sie irrelevant.

C. Fremdes Erbrecht im Nachlassinsolvenzverfahren

Die Abwicklung eines „hybriden“ Nachlassinsolvenzverfahrens unterliegt deutschem Insolvenzrecht als *lex fori concursus*. Dieses entscheidet damit über die Eröffnung, Durchführung und Beendigung des Verfahrens. Alle diese Fragen werden durch das fremde Erbstatut nicht berührt. Dessen Einfluss gestaltet sich anders: Zum einen führt die Qualifikation dazu, dass diejenigen deutschen Vorschriften keine Anwendung finden können, die als erbrechtlich zu qualifizieren sind. Mangels kollisionsrechtlicher Verweisung auf das deutsche Erbrecht kommen sie nicht zum Zuge. Diese Vorschriften wurden bereits im Rahmen der Qualifikation der Vorschriften des Nachlassinsolvenzverfahrens identifiziert.[1050] Stattdessen wird die Haftungsordnung des fremden Erbstatuts berufen.

1050 Oben Seite 208.

Zum anderen treten in den insolvenzrechtlichen Sachnormen erbrechtliche Tatbestände auf, die als präjudizielle Rechtsverhältnisse einer Klärung durch das fremde Erbstatut bedürfen. Ausgehend von der deutschen insolvenzrechtlichen Sachnorm ist der Rechtsanwender gezwungen, sich mittels der erbrechtlichen Kollisionsnormen in eine fremde Rechtsordnung zu begeben und dort nach einer Antwort auf die aufgeworfene Frage zu suchen. Es handelt sich somit um die Problematik erbrechtlicher Vorfragen auf Sachnormebene.

Darüber hinaus enthalten manche insolvenzrechtliche Sachnormen direkte Bezüge auf Vorschriften oder Systembegriffe des deutschen Erbrechts, die mangels kollisionsrechtlicher Verweisung auf das Erbrecht des BGB nicht ausgefüllt werden können. Hier stellt sich die Frage der Substituierbarkeit der Tatbestandsvoraussetzungen durch Rechtsverhältnisse des fremden Erbrechts vor dem Hintergrund des Regelungszwecks der jeweiligen Sachnorm – mithin geht es um die Frage der Möglichkeit einer Substitution.

Innerhalb des Normengefüges aus erbrechtlicher und insolvenzrechtlicher Haftungsordnung kann es zu Widersprüchen kommen. Dies ist durch die fehlende gegenseitige Abstimmung der einzelnen Normen bedingt, die durch die kollisionsrechtlichen Verweisungen berufen werden. Um derartige Widersprüche auszuräumen, bedarf es nach allgemeiner international-privatrechtlicher Methodik der Anpassung. Hierbei stellt sich jedoch die Frage, in welchem Umfang eine Anpassung möglich ist und welche Interessen hierbei zu berücksichtigen sind.

Im Folgenden soll daher zunächst ein Blick auf die methodische Einordnung eines fremden Erbrechts im Nachlassinsolvenzverfahren geworfen werden. Sodann werden einige typische Konfliktpunkte sowie die Notwendigkeit einer Anpassung untersucht.

I. Die Wirkungsweise des fremden Erbrechts im Nachlassinsolvenzverfahren

Ein fremdes Erbstatut hat im Nachlassinsolvenzverfahren mehrere Auswirkungen: Erstens über die kollisionsrechtliche Berufung des ausländischen erbrechtlichen Systems der Haftung des Erben für die Nachlassverbindlichkeiten, zweitens über Vorfragen auf Sachnormebene und drittens über die Frage nach der Möglichkeit der Substitution von Tatbestandsvoraussetzungen insolvenzrechtlicher Sachnormen durch ausländische Rechtsverhältnisse.

1. *Kollisionsrechtliche Berufung der erbrechtlichen Haftungsordnung*

Nach der Systematik des deutschen Rechts ist die Eröffnung eines Nachlassinsolvenzverfahrens eng mit der Frage der Haftungsbefreiung des Erben für die Nachlassverbindlichkeiten verbunden. Sie stellt gemäß § 1975 BGB neben der Anordnung einer Nachlassverwaltung die einzige Möglichkeit dar, die Haftung des Erben auf das Nachlassvermögen zu beschränken. Die Herbeiführung der Haftungsbeschränkung des Erben wird daher bei Anwendbarkeit deutschen Erbrechts allgemein als zweite Funktion des Nachlassinsolvenzverfahrens neben der gemeinschaftlichen Gläubigerbefriedigung angesehen.[1051] Dass es sich hierbei lediglich um eine Anlasswirkung handelt und der eigentliche Zweck des Nachlassinsolvenzverfahrens, die gemeinschaftliche Gläubigerbefriedigung zu gewährleisten, davon unberührt bleibt, wurde bereits aufgezeigt.[1052] Die insolvenzrechtliche Nachlassabwicklung findet unabhängig von der Systematik der erbrechtlichen Schuldenhaftung statt.

Aufgrund der erbrechtlichen Qualifikation kann sich das anwendbare System der Haftung des Erben für die Nachlassverbindlichkeiten nach fremdem Erbrecht richten. Dies gilt gleichermaßen für die Frage nach der Haftung für die Verwaltung des Nachlassvermögens bis zur Insolvenzeröffnung, sei es durch den Erben selbst oder durch eine dritte Person.[1053] Wie die rechtsvergleichende Untersuchung gezeigt hat, wird die Frage der Nachlassschuldenhaftung von den Mitgliedstaaten der Europäischen Union unterschiedlich ausgestaltet. Das deutsche System, wonach der Eintritt einer Haftungsbeschränkung grundsätzlich von der Bestellung einer Amtsperson, also einem Nachlassverwalter oder einem Nachlassinsolvenzverwalter, abhängig ist, findet sich dabei nicht wieder. Stattdessen wird die Frage der Haftungsbeschränkung deutlich früher als im deutschen Recht geklärt. In denjenigen Rechtsordnungen, welche dem Inventarmodell folgen, ist der Erbe gezwungen, die Erbschaft von Anfang an unter dem Vorbehalt der Inventarerrichtung anzunehmen, um seine Haftung gegenständlich oder wertmäßig auf das Nachlassvermögen zu beschränken. Dem stehen Rechtsordnungen gegenüber, die dem Modell der von Gesetzes wegen

---

1051 K.Schmidt/*K.Schmidt*, Vor § 315 InsO Rn. 1; MünchKomm-InsO/*Siegmann*, Vorb. vor §§ 315 bis 331 InsO Rn. 1; MünchKomm-BGB/*Küpper*, § 197 BGB Rn. 4; Nerlich/Römermann/*Riering*, § 315 InsO Rn. 3 f.; Braun/*Bauch*, Vorb. vor §§ 315–334 InsO Rn. 47; Andres/Leithaus/*Andres*, Vorb. vor §§ 315–331 InsO Rn. 2; BGH, Urteil v. 21.2.2008, IX ZB 62/05, NZI 2008, S. 383.

1052 Hierzu bereits oben Seite 263.

1053 Zur Qualifikation der einzelnen Tatbestände siehe oben Seite 208.

beschränkten Haftung oder dem Treuhandmodell folgen. Hier ist eine Haftung des Erben mit seinem Eigenvermögen im Grundsatz nicht vorgesehen.

Die Eröffnung eines inländischen Nachlassinsolvenzverfahrens wird damit in diesen Fällen dem Eintritt der Haftungsbeschränkung des Erben zeitlich nachfolgen. Ist die Frage der Erbenhaftung zum Zeitpunkt der inländischen Insolvenzeröffnung bereits geklärt, hat dies den Vorteil, dass für die Beteiligten Klarheit über die verschiedenen Haftungsmassen besteht. Die Insolvenzeröffnung kann dem aber auch vorausgehen. Weil das Insolvenzrecht auf Fragen des erbrechtlichen Status keinen Einfluss hat, bleibt die Herbeiführung einer Haftungsbeschränkung nach erbrechtlichen Regeln dann auch während des Nachlassinsolvenzverfahrens noch möglich.

Die insolvenzrechtliche Nachlassabwicklung wird folglich durch die kollisionsrechtliche Berufung durch das ausländische System der Erbenhaftung ergänzt. Beide Systeme bestehen dabei unabhängig von einander. Durch die Vorrangstellung des Insolvenzrechts gegenüber den erbrechtlichen Wirkungen und das Hineinwirken der erbrechtlichen Rechtsverhältnisse in die insolvenzrechtlichen Sachnormen bestehen aber Wechselwirkungen, die im Folgenden untersucht werden sollen.

2. *Vorfragen innerhalb insolvenzrechtlicher Sachnormen*

Eine Reihe der besonderen Vorschriften zum Nachlassinsolvenzverfahren in den §§ 11 Abs. 2 Nr. 2, 315 bis 300 InsO setzen innerhalb ihrer Tatbestände erbrechtliche Rechtsverhältnisse voraus. Dies gilt für Verfahrensnormen, etwa die örtliche Zuständigkeit in § 315 InsO und die Zulässigkeit der Insolvenzeröffnung in den §§ 11 Abs. 2 Nr. 2, 316 InsO, wie auch für Normen des materiellen Insolvenzrechts, beispielsweise zur erleichterten Anfechtbarkeit von Zahlungen an letztwillig Bedachte und Pflichtteilsberechtigte in § 322 InsO.

Hier wie dort werden erbrechtliche Rechtsverhältnisse vorausgesetzt, deren Klärung für die Anwendung der jeweiligen insolvenzrechtlichen Sachnorm erforderlich ist. Als präjudizielle Rechtsverhältnisse handelt es sich dabei um den typischen Fall einer Vorfrage.[1054] Dass eine gesonderte Anknüpfung dieser erbrechtlichen Vorfragen notwendig ist, wurde bereits erörtert. Eine statische

---

1054 *Mankowski*, ZIP 2011, S. 1503; *Hanisch*, FS Henckel (1995), S. 371. Undeutlich insoweit *Bünning*, Nachlassverwaltung und Nachlasskonkurs (1996), S. 160 f. Allgemein zur Vorfragenproblematik *v. Bar/Mankowski*, IPR I, § 7 Rn. 182; *Kegel/Schurig*, IPR, S. 376 f.

„interne Verweisung" auf das deutsche Erbrecht würde zu widersinnigen Ergebnissen führen und wäre nicht zu rechtfertigen.[1055]

Aufgrund der erbrechtlichen Qualifikation muss die Anknüpfung über die erbrechtlichen Kollisionsnormen erfolgen. Da die erbrechtlichen Vorfragen auf der Tatbestandsebene einer durch das Insolvenzkollisionsrecht berufenen deutschen Sachnorm entstehen, stellt sich hierbei das Problem der selbständigen oder unselbständigen Anknüpfung der Vorfrage nicht, weil Ausgangspunkt in beiden Fällen das deutsche Kollisionsrecht ist.[1056]

a) „Nachlass": Aktiva und Passiva

Zu den Vorfragen, die im Rahmen des Nachlassinsolvenzverfahrens einer Klärung bedürfen, gehört die Ausfüllung des Begriffes „Nachlass". Der Übergang des Vermögens des Erblassers in den Nachlass ist eine Fragestellung, die nur durch das Erbstatut beantwortet werden kann. Ein Abstellen auf die §§ 1922, 1967 BGB ist daher nicht zulässig. Vielmehr ist das Erbstatut danach zu befragen, ob sämtliche Vermögenswerte des Erblassers Teil des Nachlasses werden oder ob es dabei Einschränkungen gibt.[1057] Die einzelnen Nachlassgegenstände unterliegen zudem dem Sachstatut nach der *lex rei sitae*.[1058]

1055 Zur Frage einer „internen Verweisung" siehe bereits oben Seite 182.

1056 Missverständlich insoweit *Mankowski*, ZIP 2011, S. 1503, der sich für eine selbständige Anknüpfung ausspricht. Allgemein zu dieser Konstellation MünchKomm-BGB/*v. Hein*, Einl. IPR Rn. 170 f.; *v. Bar/Mankowski*, IPR I, § 7 Rn. 192; *Kegel/Schurig*, IPR, S. 377 f.

1057 Ebenso *Mankowski*, ZIP 2011, S. 1504; *Hanisch*, FS Henckel (1995), S. 372; Gottwald/*Kolmann/Keller*, § 132 Rn. 185; *Riedemann/Schmidt*, ZVI 2015, S. 451; wohl auch MünchKomm-InsO/*Siegmann*, § 315 InsO Rn. 9; Leonhardt/Smid/Zeuner/*Smid*, Art. 4 EuInsVO Rn. 14.

1058 Siehe Art. 43 Abs. 1 EGBGB, hierzu Palandt/*Thorn*, Art. 43 EGBGB Rn. 3. Zur Verhältnis des Erbstatuts zum Sachstatut MünchKomm-BGB/*Wendehorst*, Art. 41 EGBGB Rn. 102; Palandt/*Thorn*, Art. 43 EGBGB Rn. 4: „Ergebnis bedarf der Billigung durch die *lex rei sitae*". Auch Art. 31 EuErbVO geht davon aus, dass sich der sachenrechtliche *numerus clausus* gegenüber dem Erbstatut durchsetzt, hierzu Palandt/*Thorn*, Art. 31 EuErbVO Rn. 1; MünchKomm-BGB/*Dutta*, Art. 31 EuErbVO Rn. 1. Nach Art. 1 Abs. 2 lit. k) EuErbVO ist die Bestimmung der Art der dinglichen Rechte vom Anwendungsbereich der EuErbVO ausgenommen, hierzu Palandt/*Thorn*, Art. 1 EuErbVO Rn. 15.

Das Erbstatut gilt auch für die Bestimmung der Nachlassverbindlichkeiten nach § 1967 BGB.[1059] Die Frage, ob eine Verbindlichkeit Nachlassverbindlichkeit ist, kann sich nicht nach dem deutschen Erbrecht richten, weil sonst die Wertungen des deutschen Erbrechts übernommen würden. Damit entscheidet das fremde Erbstatut auch über die Abgrenzung zwischen Verbindlichkeiten, die (auch) den Nachlass betreffen und solchen, für die ausschließlich der Erbe haftet und die damit im Nachlassinsolvenzverfahren nicht geltend gemacht werden dürfen.[1060]

Dies steht im Einklang mit dem Regelungsbeispiel in Art. 23 Abs. 2 lit. e) EuErbVO. Hiernach soll der Übergang der zum Nachlass gehörenden Vermögenswerte, Rechte und Pflichten auf den Erben und gegebenenfalls Vermächtnisnehmer ausdrücklich dem Erbstatut unterliegen.[1061]

Hiervon zu unterscheiden ist der Umstand der Insolvenzzugehörigkeit des Nachlassvermögens. Ob ein nach den erbrechtlichen Wertungen zum Nachlassvermögen gehörender Gegenstand auch tatsächlich Teil der Insolvenzmasse wird, ist eine insolvenzrechtliche Fragestellung und hängt mit der sachlichen und räumlichen Erstreckung des Insolvenzbeschlages zusammen.[1062] Der Insolvenzbeschlag richtet sich demnach nach den §§ 35–37 InsO.

b) *Fragen des erbrechtlichen Status*

Ebenfalls als Vorfrage zu behandeln sind die Fragen des erbrechtlichen Status. Dies umfasst insbesondere die Bestimmung der Erbeneigenschaft. Ob ein derartiger Status besteht, ist über die Anknüpfung nach Art. 20 ff. EuErbVO durch das anwendbare Erbrecht zu beantworten.[1063] Sofern es hierauf im Rahmen insolvenzrechtlicher Sachnormen ankommt, gilt dies auch für die Frage der beschränkten oder unbeschränkten Haftung des Erben für die Nachlassverbindlichkeiten, die sich aufgrund der kollisionsrechtlichen Berufung nach der fremden erbrechtlichen Haftungsordnung richtet.[1064] Aber auch die weiteren Fragen

---

1059 MünchKomm-InsO/*Siegmann*, § 315 InsO Rn. 9; *Hanisch*, FS Henckel (1995), S. 381; *Bünning*, Nachlassverwaltung und Nachlasskonkurs (1996), S. 164; Gottwald/*Kolmann/Keller*, § 132 Rn. 188.

1060 *Hanisch*, FS Henckel (1995), S. 381 f.

1061 Palandt/*Thorn*, Art. 23 EuErbVO Rn. 2; MünchKomm-BGB/*Dutta*, Art. 23 EuErbVO Rn. 20; Hüßte- ge/Mansel/*Looschelders*, Art. 21 EuErbVO Rn. 15.

1062 *Bünning*, Nachlassverwaltung und Nachlasskonkurs (1996), S. 160 f.; *Hanisch*, FS Henckel (1995), S. 374.

1063 Ebenso *Mankowski*, ZIP 2011, S. 1503; *Riedemann/Schmidt*, ZVI 2015, S. 451.

1064 *Mankowski*, ZIP 2011, S. 1504; Kayser/Thole/*Marotzke*, § 315 InsO Rn. 10; *Bünning*, Nachlassverwaltung und Nachlasskonkurs (1996), S. 158; *Riedemann/Schmidt*, ZVI

des erbrechtlichen Status fallen hierunter, sodass sich auch der Eintritt des Erbfalls, die Annahme der Erbschaft, die Pflichtteilsberechtigung und die Stellung als Vermächtnisnehmer nach dem fremden Erbrecht richten, siehe Art. 23 Abs. 2 lit. a), b), e), g) und h) EuErbVO.[1065]

Anders verhält es sich dagegen bei der Frage der Bestellung zum Nachlassverwalter, Testamentsvollstrecker mit Verwaltungsbefugnis oder Nachlasspfleger, etwa im Rahmen der Befugnis zur Beantragung eines Nachlassinsolvenzverfahrens nach § 317 Abs. 1 InsO, die zum Insolvenzstatut gehört. Hierbei handelt es sich um Tatbestandsmerkmale, die auf spezifische Institute des deutschen Erbrechts verweisen und ihren Regelungszweck aus ihrem diesbezüglichen Funktionszusammenhang erhalten. So ist etwa die Beantragung eines Nachlassinsolvenzverfahrens durch einen Testamentsvollstrecker, der gemäß § 2208 BGB keine Verwaltungsbefugnis innehat, nicht vorgesehen.[1066] Hier kommt eine Substitution dieser Tatbestandsvoraussetzungen durch ausländische Rechtsverhältnisse in Betracht. Es muss damit jeweils geprüft werden, ob der nach ausländischem Recht bestellte Nachlassverwalter, Testamentsvollstrecker oder Nachlasspfleger eine dem deutschen Recht funktionell gleichwertige Tätigkeit ausübt.[1067]

3. *Möglichkeit der Substitution von Tatbestandsvoraussetzungen einer insolvenzrechtlichen Sachnorm*

Neben präjudiziellen Rechtsverhältnissen, die als Vorfragen anzuknüpfen sind, enthalten die insolvenzrechtlichen Sachnormen des Nachlassinsolvenzverfahrens auch eine Reihe direkter Bezüge auf Normen oder Systembegriffe des deutschen Erbrechts. Wie soeben gesehen, zählt etwa die Ausfüllung der Begriffe Nachlassverwalter, Testamentsvollstrecker oder Nachlasspfleger hierzu. Für diese Tatbestandsvoraussetzungen stellt sich die Frage der Möglichkeit einer Substitution durch entsprechende ausländische Rechtsverhältnisse.[1068]

Anders als bei der Vorfrage, deren Beantwortung dem fremden Recht obliegt, muss bei der Substitution die Lösung auf der Ebene der deutschen Sachnorm

2015, S. 451. Siehe auch Art. 23 Abs. 2 lit. g) EuErbVO. Für die generelle Anwendung deutschen Rechts aber offenbar Gottwald/*Kolmann*/*Keller*, § 132 Rn. 188.

1065 Hierzu Palandt/*Thorn*, Art. 23 EuErbVO Rn. 2.

1066 Braun/*Bauch*, § 317 InsO Rn. 11; MünchKomm-InsO/*Siegmann*, § 317 InsO Rn. 4; Uhlenbruck/*Lüer*, § 317 InsO Rn. 8.

1067 Zum Erfordernis der funktionellen Gleichwertigkeit sogleich näher unten Seite 278.

1068 So bereits zum Konkursrecht Jaeger/*Jahr* (1973), §§ 237, 238 KO Rn. 470.

gefunden werden.[1069] Dies kann nur durch Auslegung geschehen. Erforderlich ist hierfür zum einen, dass die jeweilige Sachnorm einer Substitution überhaupt zugänglich ist, mithin nicht „geschlossen" ist. Zum anderen muss eine „funktionelle Gleichwertigkeit" der Rechtsverhältnisse vorliegen, sodass eine Subsumtion unter den Tatbestand der deutschen Sachnorm möglich ist.[1070]

a) Keine „Geschlossenheit" der Norm

Allgemein wird davon ausgegangen, dass die „Geschlossenheit" einer Norm nur in Ausnahmefällen anzunehmen ist, etwa wenn die entsprechende Sachnorm einen ganz bestimmten Regelungszweck verfolgt, der nicht durch ausländische Rechtsverhältnisse erreicht werden kann.[1071]

Eine derart enge Bindung an den jeweiligen Regelungszweck, die gegebenenfalls mit der Sicherstellung einer bestimmten Schutzfunktion zu begründen wäre, besteht bei den Normen des Nachlassinsolvenzverfahrens nicht. Die Regelungen sind vielmehr Teil der Realisierung des insolvenzrechtlichen Verfahrenszwecks, der in der Gewährleistung einer gemeinschaftlichen Gläubigerbefriedigung innerhalb der insolvenzrechtlichen Wertungen besteht. Wie gezeigt wurde, ist der insolvenzrechtliche Verfahrenszweck als solcher unabhängig von dem anwendbaren Erbstatut, weil beide Haftungssysteme nebeneinander existieren.[1072]

Für die Durchsetzung der insolvenzrechtlichen Wertungen kommt es nicht darauf an, ob diese durch Rechtsverhältnisse des deutschen oder durch solche eines fremden Rechts verwirklicht werden. Der Verfahrenszweck wird durch eine Substitution nicht berührt.

Eine hiervon zu unterscheidende Frage ist, ob die Substitution im Einzelfall tatsächlich möglich ist und sich hieraus möglicherweise unbeabsichtigte Folgen für die Durchsetzung der insolvenzrechtlichen Haftungsordnung ergeben. Anders als die Substitution setzt diese Problematik jedoch nicht auf Tatbestandsebene an, sondern auf der Rechtsfolgenseite. Das methodische Mittel zur

---

1069 Palandt/*Thorn*, Einl. v. Art. 3 EGBGB Rn. 31; *v. Bar/Mankowski*, IPR I, § 7 Rn. 240; MünchKomm- BGB/*v. Hein*, Einl. IPR Rn. 227.

1070 *V. Bar/Mankowski*, IPR I, § 7 Rn. 243; *Kropholler*, IPR, S. 231 f.; MünchKomm-BGB/*v. Hein*, Einl. IPR Rn. 232 ff.; *Kegel/Schurig*, IPR, S. 67; Palandt/*Thorn*, Einl. v. Art. 3 EGBGB Rn. 31; *Rauscher*, IPR, Rn. 544 ff.

1071 Dies wird etwa für die Erklärung der Auflassung vor einem Notar nach § 925 BGB vertreten, hierzu *Kropholler*, IPR, S. 231; *Rauscher*, IPR, Rn. 542.

1072 Zur Zulässigkeit des Auseinanderfallens von Insolvenz- und Erbstatut bereits oben Seite 259.

Beilegung solcher Widersprüche ist die Anpassung.[1073] Für die Zulässigkeit der Substitution hat sie dagegen keine Bedeutung.

b) „Funktionelle Gleichwertigkeit“ der Rechtsverhältnisse

Die „funktionelle Gleichwertigkeit“ ist an dem jeweiligen Normzweck zu messen. Dieser entscheidet darüber, ob ein ausländisches Rechtsverhältnis seiner Art nach geeignet ist, das in Frage stehende Tatbestandsmerkmal zu erfüllen. Erforderlich ist Funktionsäquivalenz.[1074]

In Anbetracht der Verschiedenheit der Erbrechtsordnungen wird man an dieser Stelle keine vollständige Gleichwertigkeit der Rechtsverhältnisse fordern können. Bei der Prüfung der Funktionsäquivalenz sollte daher ein breiter Maßstab zugrunde gelegt werden. Auf der anderen Seite darf die besondere vermögensrechtliche Relevanz des Nachlassinsolvenzverfahrens nicht außer Acht bleiben. Dieser Einschränkung kann jedoch Rechnung getragen werden, indem eine bloße Ähnlichkeit der Rechtsverhältnisse nicht genügt.

Zu den Tatbeständen, bei denen eine Substitution erforderlich werden kann, gehören neben der Frage der Bestellung zum Nachlassverwalter, Testamentsvollstrecker mit Verwaltungsbefugnis oder Nachlasspfleger in den §§ 317, 320 InsO insbesondere die nähere Bestimmung einzelner Masseverbindlichkeiten in § 324 InsO sowie der nachrangigen Verbindlichkeiten in § 327 InsO.[1075]

Der Umfang der Masseverbindlichkeiten unterliegt dem Insolvenzstatut.[1076] Die Tatbestandsvoraussetzungen einiger Masseverbindlichkeiten können dabei aufgrund ihres allgemeinen Charakters ohne Weiteres auch durch Rechtsverhältnisse eines fremden Erbrechts substituiert werden. Dies trifft etwa auf die Kosten der Beerdigung des Erblassers nach § 324 Abs. 1 Nr. 2 InsO zu sowie auf die Kosten einer Todeserklärung nach § 324 Abs. 1 Nr. 3 InsO oder die Kosten der Testamentseröffnung, der gerichtlichen Sicherung des Nachlasses, des Aufgebots der Nachlassgläubiger und der Inventarerrichtung nach § 324 Abs. 1 Nr. 4 InsO. Wenig Schwierigkeiten wird ferner eine Substitution in Bezug auf diejenigen Verbindlichkeiten bereiten, die durch einen Nachlasspfleger oder

---

1073 Hierzu unten Seite 281.

1074 MünchKomm-BGB/*v. Hein*, Einl. IPR Rn. 235; *v. Bar/Mankowski*, IPR I, § 7 Rn. 243; Staudinger/*F.Sturm/G. Sturm*, Einl. IPR Rn. 259; Palandt/*Thorn*, Einl. v. Art. 3 EGBGB Rn. 31.

1075 So auch bereits zum Konkursrecht (mit Ausnahme der nachrangigen Konkursforderungen in § 226 KO) Jaeger/*Jahr* (1973), §§ 237, 238 KO Rn. 507.

1076 Zur Qualifikation siehe oben Seite 194.

Testamentsvollstrecker im Rahmen ihrer Verwaltung des Nachlassvermögens begründet wurden, § 324 Abs. 1 Nr. 5 InsO.

Schwieriger verhält es sich dagegen mit den Masseverbindlichkeiten nach § 324 Abs. 1 Nr. 1 InsO, wonach die dem Erben aus seiner Verwaltung des Nachlasses zu ersetzenden Aufwendungen nach den §§ 1978, 1979 BGB besonders bevorrechtigt sind. Da deutsches Erbrecht keine Anwendung findet, greift auch dessen erbrechtliches Haftungssystem nicht. Die §§ 1978, 1979 BGB mit ihren auftragsrechtlichen Differenzierungen sind damit unanwendbar.[1077] Die haftungsrechtliche Beurteilung der Verwaltung des Nachlasses durch den Erben unterliegt stattdessen insgesamt dem fremden Erbstatut.[1078] Dieses entscheidet in der Folge auch darüber, ob dem Erben Ansprüche aus seiner Verwaltung des Nachlasses zustehen oder nicht. Will man deren funktionelle Gleichwertigkeit mit den Haftungsregeln des deutschen Erbrechts bejahen, muss geprüft werden, ob der Normzweck von § 324 Abs. 1 Nr. 1 InsO gewahrt bleibt. Der Zweck der Privilegierung der Ansprüche des Erben aus seiner Verwaltung des Nachlasses liegt dabei darin, ihn zu einer ordnungsgemäßen Verwaltung des Nachlasses anzuhalten.[1079] Aus diesem Grund werden nach § 1978 Abs. 1 BGB nur diejenigen Aufwendungen, für die der Erbe nach Auftragsrecht Ersatz verlangen könnte, im Rahmen der Masseverbindlichkeiten besonders bevorrechtigt. Andere Aufwendungen werden dem Erben dagegen nicht ersetzt.

Diese grundsätzliche Beschränkung der erstattungsfähigen Aufwendungen des Erben kann bei der Substitution durch Rechtsverhältnisse eines fremden Erbrechts nicht außer Acht gelassen werden. Der Zweck der Privilegierungsfunktion von § 324 Abs. 1 Nr. 1 InsO erfordert es, dass nur solche Aufwendungen als funktionell gleichwertig angesehen werden können, die im Rahmen einer ordnungsgemäßen Verwaltung des Nachlasses erfolgt sind.[1080] Nur für derartige Aufwendungen ist der hohe Stellenwert innerhalb der insolvenzrechtlichen Haftungsordnung gerechtfertigt. Was unter einer ordnungsgemäßen Verwaltung des Nachlasses im Einzelnen zu verstehen ist, ist hingegen durch das Erbstatut zu beantworten. Auf die haftungsrechtlichen Differenzierungen der §§ 1978, 1979 BGB kommt es mangels Anwendbarkeit nicht an. Die Eigenständigkeit der fremden erbrechtlichen Haftungsordnung erfordert es, die Frage des Bestehens

1077 Ebenso *Hanisch*, FS Henckel (1995), S. 384; Jaeger/*Jahr* (1973), §§ 237, 238 KO Rn. 507.

1078 Zur Qualifikation siehe oben Seite 215.

1079 Braun/*Bauch*, § 324 InsO Rn. 2; MünchKomm-InsO/*Siegmann*, § 324 InsO Rn. 3.

1080 Undeutlich insoweit *Hanisch*, FS Henckel (1995), S. 384.

von Aufwendungsersatzansprüchen und deren haftungsrechtliche Beurteilung insgesamt dem fremden Erbrecht zu unterstellen, während sich die Voraussetzungen für ihre Berücksichtigung im Nachlassinsolvenzverfahren nach insolvenzrechtlichen Maßstäben richten.

Ebenfalls eng mit der Haftungsordnung des deutschen Erbrechts verbunden ist die Norm des § 324 Abs. 1 Nr. 6 InsO. Hiernach sind diejenigen Verbindlichkeiten als Masseverbindlichkeiten zu behandeln, die dem Erben gegenüber einem vorläufigen Erben, einem Nachlasspfleger oder einem Testamentsvollstrecker aus der Verwaltungstätigkeit dieser Personen entstanden sind, sofern die Geschäftsführung im Interesse der Nachlassgläubiger lag.[1081] Die Norm ist erkennbar von der erbrechtlichen Ausgestaltung dieser Ansprüche als Verpflichtungen des Erben und nicht des Nachlasses als solchem geprägt. Bestehen nach dem fremden Erbrecht solche Ansprüche dagegen nicht gegenüber dem Erben, sondern gegenüber dem Nachlass und fallen diese Verbindlichkeiten nicht bereits unter § 324 Abs. 1 Nr. 4 oder Nr. 5 InsO, kann an dieser Stelle gegebenenfalls im Wege der Anpassung eingegriffen werden.[1082]

Gänzlich andere Wertungen stehen hingegen hinter der Anordnung der Nachrangigkeit in Bezug auf die Verbindlichkeiten in § 327 InsO. Diese werden erst nach den nachrangigen Verbindlichkeiten gemäß § 39 InsO befriedigt. Hier steht die mangelnde Schutzwürdigkeit unentgeltlich Bedachter im Vordergrund, die im Einklang mit der Systematik des deutschen Erbrechts eine Zurückstellung von Pflichtteilsansprüchen sowie Forderungen aus Vermächtnissen und Auflagen rechtfertigt.[1083] Diese Tatbestandsvoraussetzungen können ohne Weiteres durch Rechtsverhältnisse eines fremden Erbrechts substituiert werden.

II. Wertungswidersprüche zwischen insolvenzrechtlicher und erbrechtlicher Haftungsordnung

Die gleichzeitige kollisionsrechtliche Berufung zweier unterschiedlicher Haftungsordnungen kann im Nachlassinsolvenzverfahren widersprüchliche Ergebnisse hervorbringen. Dies liegt in der fehlenden gesetzlichen Abstimmung von

---

1081 Hierzu im Einzelnen MünchKomm-InsO/*Siegmann*, § 324 InsO Rn. 12; Uhlenbruck/*Lüer*, § 324 InsO Rn. 7.

1082 Hierzu unten Seite 287.

1083 MünchKomm-InsO/*Siegmann*, § 327 InsO Rn. 1. Ebenso bereits zum Konkursrecht (zu § 226 KO) Jaeger/*Jahr* (1973), §§ 237, 238 KO Rn. 491 ff.

deutschem Insolvenzstatut und ausländischem Erbstatut begründet. Es handelt sich um eine typische Folge kollisionsrechtlicher Anknüpfung.[1084]

Widersprüche treten dabei auf, indem die Wertungen der insolvenzrechtlichen Haftungsordnung mit abweichenden Wertungen der jeweiligen erbrechtlichen Haftungsordnung kollidieren. Jeweils für sich betrachtet fügen sich beide Haftungsordnungen nahtlos in die eigene Rechtsordnung ein. Erst die Berufung beider Haftungsordnungen zwingt zu einer Überprüfung des neuen Normengefüges. Wie gesehen, bestehen die insolvenzrechtliche und erbrechtliche Haftungsordnung grundsätzlich unabhängig von einander. Aufgrund dessen werden auftretende Konflikte weniger durch einen Normenmangel oder eine Normenhäufung hervorgerufen, sondern vielmehr durch das Auftreten teleologischer Widersprüche zwischen den beiden Statuten.[1085]

1. Möglichkeiten einer Anpassung im „hybriden" Nachlassinsolvenzverfahren

Das methodische Mittel für die Auflösung teleologischer Widersprüche ist die Anpassung. Als Eingriff in das gesetzlich eigentlich vorgegebene Ergebnis ist sie zurückhaltend auszuüben.[1086] Eine Anpassung darf daher nur dort stattfinden, wo durch die kollisionsrechtliche Anknüpfung Rechtsfolgen auftreten, die als solche weder von der einen noch von der anderen Rechtsordnung gewollt sind.[1087]

In einem „hybriden" Nachlassinsolvenzverfahren können sich die insolvenzrechtliche und die erbrechtliche Haftungsordnung an vielen Stellen widersprechen. So kann gegenüber einigen Erbstatuten bereits die insolvenzrechtlich veranlasste gemeinschaftliche Gläubigerbefriedigung einen Widerspruch zur erbrechtlichen Haftungsordnung darstellen. Noch viel grundlegender trifft dies allerdings auf die Insolvenzantragspflicht nach dem deutschen Insolvenzrecht zu, einhergehend mit der persönlichen Haftung bei schuldhafter Insolvenzverschleppung. Auch kann die Rangfolge der Gläubiger im Nachlassinsolvenzverfahren von den Wertungen des Erbstatuts abweichen.

1084 Hierzu allgemein Staudinger/*F. Sturm/G. Sturm*, Einl. IPR Rn. 251; *v. Bar/Mankowski*, IPR I, § 7 Rn. 249 ff.; *Kegel/Schurig*, IPR, S. 358; *v. Hoffmann/Thorn*, IPR, S. 234 f. Ebenso BGH, Urteil v. 15.1.1986, IVb ZR 75/84, NJW-RR 1986, S. 1006.

1085 Zu dieser Differenzierung MünchKomm-BGB/*v. Hein*, Einl. IPR Rn. 248 f.; Staudinger/*F.Sturm/G. Sturm*, Einl. IPR Rn. 253.

1086 *Kegel/Schurig*, IPR, S. 361 f.; Staudinger/*F. Sturm/G. Sturm*, Einl. IPR Rn. 257.

1087 MünchKomm-BGB/*v. Hein*, Einl. IPR Rn. 254 f.; *Kegel/Schurig*, IPR, S. 361 f.

Seit dem Inkrafttreten der EuInsVO im Jahr 2002 und des autonomen internationalen Insolvenzrechts im Jahr 2003 sind die Möglichkeiten für eine Anpassung im Nachlassinsolvenzverfahren begrenzt.[1088] Dies liegt in dem ausdrücklichen kollisionsrechtlichen Anwendungsbefehl der insolvenzrechtlichen Vorschriften begründet. Hiernach soll das Insolvenzverfahren einheitlich der *lex fori concursus* unterliegen, sofern nicht ausnahmsweise Sonderkollisionsregeln greifen.[1089] Dies gilt in besonderem Maße im Geltungsbereich der EuInsVO/EuInsVO 2017. Es gehört zu Sinn und Zweck der Verordnungen, eine einheitliche Anwendung des Insolvenzkollisionsrechts im Europäischen Rechtsraum zu erreichen.[1090]

Dies gilt entsprechend auch für die erbrechtlichen Kollisionsregeln der EuErbVO. Auch hier ist es Zweck der Verordnung, eine einheitliche Anwendung der Vorschriften in der Europäischen Union zu gewährleisten.[1091] Anders als in der EuInsVO/2017 sind in der EuErbVO Fragen der Anpassung geregelt.[1092] Diese Regelungen sind aber nicht abschließend.[1093]

Will man die durch die EuInsVO/EuInsVO 2017 berufenen insolvenzrechtlichen Regelungen einer Anpassung unterziehen, kann dies nur insoweit geschehen, wie der Regelungszweck des insolvenzrechtlichen Kollisionsrechts gewahrt bleibt.[1094] Nur soweit dieser nicht entgegensteht, kann Raum für eine Anpassung sein.

Dies gilt grundsätzlich auch für die erbrechtlichen Regelungen, die durch das einheitliche Kollisionsrecht der EuErbVO berufen werden. Im Verhältnis zum Insolvenzstatut besteht nach Art. 76 EuErbVO aber ein Vorrang der insolvenzrechtlichen Regelungen der EuInsVO/EuInsVO 2017, sodass im Konfliktfall der insolvenzrechtliche Regelungszweck vorgeht.

1088 Ähnlich aber bereits zum Konkursrecht *Hanisch*, FS Henckel (1995), S. 383 f. Offener gegenüber einer Anpassung hingegen *Bünning*, Nachlassverwaltung und Nachlasskonkurs (1996), S. 162 ff.; Jaeger/*Jahr* (1973), §§ 237, 238 KO Rn. 494 ff. (ebenfalls zum Konkursrecht).

1089 Vgl. Art. 4 Abs. 1 EuInsVO (Art. 7 Abs. 1 EuInsVO 2017) und § 335 InsO.

1090 Erwägungsgrund 23 EuInsVO (Erwägungsgrund 66 EuInsVO 2017). Zur Problematik der Anpassung im Anwendungsbereich von europarechtlichen Verordnungen allgemein MünchKomm-BGB/*v. Hein*, Einl. IPR Rn. 257.

1091 Erwägungsgrund 8 EuErbVO.

1092 Siehe Art. 31 EuErbVO im Hinblick auf dingliche Rechte und Art. 32 EuErbVO in Bezug auf Kommorienten, hierzu MünchKomm-BGB/*v. Hein*, Einl. IPR Rn. 251.

1093 So ausdrücklich Erwägungsgrund 17 EuErbVO, hierzu MünchKomm-BGB/*v. Hein*, Einl. IPR Rn. 251.

1094 Allgemein MünchKomm-BGB/*v. Hein*, Einl. IPR Rn. 257.

a) *Kollisionsrechtliche Anpassung*

Aus dem Harmonisierungsgedanken der Europäischen Kollisionsregelungen ergibt sich bereits, dass eine Anpassung auf kollisionsrechtlicher Ebene auszuscheiden hat.[1095] Diese wäre durch einen Eingriff in die kollisionsrechtlichen Verweisungsnormen zu bewirken, um die auftretenden Disharmonien durch eine veränderte Anknüpfung aufzulösen.[1096] Eine Umqualifikation in der Form der Verschiebung eines Anknüpfungsmoments vom Insolvenzrecht zum Erbrecht und umgekehrt würde jedoch dem erklärten Ziel der einheitlichen Anwendung der Vorschriften zuwider laufen. Im Rahmen der EuInsVO/EuInsVO 2017 bzw. der EuErbVO würde dies einen Verstoß gegen die Verordnungen bedeuten, sofern die kollisionsrechtlichen Vorschriften ohne Anrufung des *EuGH* im Wege eines Vorabentscheidungsverfahrens nach Art. 267 AEUV entgegen ihrem Wortlaut unangewendet blieben.[1097]

Aufgrund der insoweit angestrebten Parallelität von EuInsVO/EuInsVO 2017 und dem autonomen internationalen Insolvenzrecht wirkt dies auch in das autonome Recht über. Zwar besteht hier kein vergleichbarer Zwang zu einer einheitlichen Anwendung der Vorschriften. Ein unterschiedliches Verständnis von EuInsVO/EuInsVO 2017 und dem autonomen internationalen Insolvenzrecht ist jedoch nicht gewollt und auch nicht sinnvoll. Dies würde in Nachlassinsolvenzverfahren mit Bezügen sowohl zu Mitgliedstaaten der Europäischen Union als auch zu Drittstaaten möglicherweise zu unterschiedlichen kollisionsrechtlichen Anknüpfungen führen und damit die Einheitlichkeit des Insolvenzstatuts aufbrechen. Die Folge wäre, dass es zu Zufälligkeiten bei der Anwendung der insolvenzrechtlichen Vorschriften käme, je nachdem, welchem Insolvenzkollisionsrecht die jeweilige Fragestellung unterläge. Ein zwingendes Bedürfnis für eine unterschiedliche Anwendung der kollisionsrechtlichen Abgrenzungsregeln

---

1095 Ebenso MünchKomm-BGB/*v. Hein*, Einl. IPR Rn. 257. Anders noch zu § 226 Abs. 2 Nr. 4–6 KO hingegen *Bünning*, Nachlassverwaltung und Nachlasskonkurs (1996), S. 162. Vgl. auch BGH, Urteil v. 15.1.1986, IVb ZR 75/84, NJW-RR 1986, S. 1006: „[Kollisionsrechtliche Anpassung], soweit nach der gesetzlichen oder staatsvertraglichen Vorgabe möglich".

1096 Hierzu *Kegel/Schurig*, IPR, S. 361; *v. Bar/Mankowski*, IPR I, § 7 Rn. 257; *v. Hoffmann/Thorn*, IPR, S. 235 f.

1097 MünchKomm-BGB/*v. Hein*, Einl. IPR Rn. 257. Für eine Lösung auf der Ebene nationalen Rechts allgemein auch EuGH, Urteil v. 12.4.2011, Rs. 235/09, „DHL Express", Rn. 56 (in Bezug auf Zwangsmaßnahmen nach einer Verbotsentscheidung des Gemeinschaftsmarkengerichts). Ebenso die Schlussanträge des GA Villalón v. 7.10.2010, Rs. 235/09, „DHL Express", Rn. 66 f.

besteht nicht. Vielmehr lässt sich diese Problematik auch bei deren einheitlicher Anwendung ohne Weiteres umgehen. Die Lösung liegt in einer materiellrechtlichen Anpassung auf Sachnormebene.

b) Materiellrechtliche Anpassung auf Sachnormebene

Jegliche Form von materiellrechtlicher Anpassung steht demgegenüber in einem Spannungsverhältnis zum Grundsatz der einheitlichen Anwendbarkeit des Haftungsgefüges der *lex fori concursus*. Möchte man eine Anpassung an der insolvenzrechtlichen Haftungsordnung vornehmen, wird das einheitliche Haftungsgefüge insoweit durchbrochen. Damit wird die Vorhersehbarkeit des anwendbaren Insolvenzrechts aus Sicht der Beteiligten eingeschränkt. In der Gewährleistung dieser Vorhersehbarkeit liegt aber gerade ein Regelungszweck des Insolvenzkollisionsrechts begründet, sei es im Rahmen der EuInsVO/EuInsVO 2017 oder der autonomen Vorschriften.[1098] Dies ist der wirtschaftlichen Bedeutung des Insolvenzrechts als Gesamtvollstreckungsrecht geschuldet. Die Gläubiger wie auch die weiteren Beteiligten sollen ihr Handeln nach dem voraussichtlich anwendbaren Insolvenzrecht ausrichten können. Dem Insolvenzkollisionsrecht kommt damit auch eine Schutzfunktion zu. Die Vornahme einer Anpassung innerhalb der insolvenzrechtlichen Haftungsordnung unterläuft diese Schutzfunktion dagegen.

Soweit die Anpassung mit einem Eingriff in die insolvenzrechtliche Haftungsordnung verbunden ist, berührt sie darüber hinaus auch die Einheitlichkeit und Kohärenz des Insolvenzverfahrens und damit den Verfahrenszweck.[1099] Der insolvenzrechtliche Verfahrenszweck geht den Wertungen des fremden Erbrechts aber vor. Es gilt somit, die insolvenzrechtliche Haftungsordnung als Ganzes zur Anwendung zu bringen, um den Verfahrenszweck bestmöglich zu verwirklichen.[1100] Aus diesem Grund haben Eingriffe in die insolvenzrechtliche Haftungsordnung mit dem Ziel der Durchsetzung abweichender Wertungen des Erbstatuts grundsätzlich zu unterbleiben.

Dies muss jedoch nicht ausnahmslos gelten. So werden weder die insolvenzrechtliche Haftungsordnung noch die hiermit einhergehende Schutzfunktion

---

1098 *Virgos/Schmit*, Erläuternder Bericht Rn. 7 f.; MünchKomm-BGB/*Kindler*, § 335 InsO Rn. 1.

1099 *Hanisch*, FS Henckel (1995), S. 384.

1100 *Hanisch* weist dabei zu Recht darauf hin, dass dies insbesondere auf die insolvenzrechtliche Verteilungsordnung zutrifft, die „von einem in sich geschlossenen, einheitlichen Recht kohärent geprägt sein (muss), um Wertungs- und Normwidersprüche zu vermeiden", *Hanisch*, FS Henckel (1995), S. 384.

der Vorhersehbarkeit des anwendbaren Insolvenzrechts grundlegend berührt, wenn die Gläubiger nicht darauf vertrauen können, dass ein bestimmter Rechtssatz der *lex fori concursus* vollumfänglich zur Anwendung kommt.

Ein solcher fehlender Vertrauensschutz kann dann angenommen werden, wenn insolvenzrechtliche Normen spezifische Wertungen des deutschen Erbrechts enthalten. Das Ausmaß der Prägung mancher insolvenzrechtlicher Normen durch Wertungen des Erbrechts des BGB ist bereits im Rahmen der Qualifikation der Vorschriften des Nachlassinsolvenzverfahrens deutlich geworden.[1101] Weil das deutsche Erbrecht keine Anwendung findet, kann schutzwürdiges Vertrauen in die Anwendbarkeit dieser Wertungen nicht entstehen. Soweit solche Wertungen betroffen sind, kann daher eine Anpassung in Betracht kommen, auch wenn die insolvenzrechtliche Haftungsordnung berührt wird.

Dem steht auch der Vorranganspruch des Insolvenzrechts nicht entgegen. Zwar führt die Überlagerung der erbrechtlichen Haftungsordnung durch das Insolvenzrecht zu einem Stufenverhältnis zwischen beiden Statuten, sodass die Wertungen des fremden Erbrechts grundsätzlich unbeachtlich sind. Die Durchsetzung der insolvenzrechtlichen Haftungsordnung ist jedoch kein Selbstzweck, sondern ihrerseits auf die Anerkennung durch andere Rechtsordnungen angewiesen.[1102] Soweit das Nachlassinsolvenzverfahren mittelbar erbrechtliche Wertungen des BGB umsetzt, kann dies der Anerkennung eines „hybriden" Nachlassinsolvenzverfahrens hinderlich sein, weil hierdurch Vorstellungen des deutschen Erbrechts ins Ausland transportiert werden. Da deutsches Erbrecht aber keine Anwendung findet, ist dies unnötig. Im Interesse einer möglichst effektiven und umfassenden Wirkungserstreckung des „hybriden" Nachlassinsolvenzverfahrens kann daher auch der Vorrang des Insolvenzrechts nicht unbegrenzt gelten. Vielmehr ist davon auszugehen, dass im Einzelfall eine Anpassung möglich ist, sofern ins Insolvenzrecht übernommene Wertungen des deutschen Erbrechts betroffen sind.

Dies gilt erst Recht, wenn die Anpassung nicht einem Eingriff in die insolvenzrechtliche Haftungsordnung dienen soll, sondern gerade ihrer Durchsetzung. Ein solcher Fall ist dann anzunehmen, wenn eine Substitution an der Andersartigkeit eines ausländischen Rechtsverhältnisses gescheitert ist, nicht

---

1101 Oben Seite 184.

1102 Siehe innerhalb der Europäischen Union vor allem den anerkennungsrechtlichen *ordre public*-Vorbehalt in Art. 26 EuInsVO, der einer Anerkennung eines in Deutschland eröffneten „hybriden" Nachlassinsolvenzverfahrens in Ausnahmefällen entgegenstehen kann. Siehe hierzu oben Seite 220.

aber an dem Zweck der insolvenzrechtlichen Sachnorm.[1103] Ein Beispiel hierfür mag § 324 Abs. 1 Nr. 6 InsO darstellen, wonach zu den Masseverbindlichkeiten auch diejenigen Verbindlichkeiten zählen, die für den Erben aus der (ordnungsgemäßen) Geschäftsführung eines Nachlasspflegers, Testamentsvollstreckers oder Erben, der die Erbschaft ausgeschlagen hat, entstanden sind. Nach der Systematik des deutschen Erbrechts sind diese Verhältnisse vom Auftragsrecht geprägt, sodass die hieraus resultierenden Verbindlichkeiten den Erben treffen können.[1104] Soweit die Begründung dieser Verbindlichkeiten auch im Interesse der Nachlassgläubiger steht, wäre es unbillig, allein den Erben hiermit zu belasten. Denn die Geschäftsführung erfolgte der Sache nach bereits für den Nachlass, der jedoch erst mit der Insolvenzeröffnung vom Eigenvermögen des Erben getrennt worden ist. Hieraus folgt, dass es der Normzweck von § 324 Abs. 1 Nr. 6 InsO erlaubt, auch solche Verbindlichkeiten aus der Verwaltung des Nachlasses zu berücksichtigen, die nach einem fremden Erbrecht im Rahmen einer ordnungsgemäßen Nachlassabwicklung entstanden sind, selbst wenn sie nicht den Erben treffen, sondern den Nachlass. Eine Anpassung würde insoweit keine Veränderung der insolvenzrechtlichen Haftungsordnung bedeuten, weil deren Regelungszweck gewahrt bliebe.

2. *Die kennzeichnenden Normen des Nachlassinsolvenzverfahrens vor dem Hintergrund eines fremden Erbrechts*

Im Folgenden sollen diejenigen Regelungen des Nachlassinsolvenzverfahrens auf die Möglichkeit einer Anpassung hin untersucht werden, die in besonderer Weise geeignet sind, Wertungswidersprüche mit einem fremden Erbrecht hervorzurufen.

a) Rang der Gläubiger

Die Rangfolge der Gläubiger und damit auch deren voraussichtliche Befriedigungsaussicht unterliegt gemäß Art. 4 Abs. 2 Satz 2 lit. i) EuInsVO (Art. 7 Abs. 2 Satz 2 lit. i) EuInsVO 2017) bzw. § 335 InsO der *lex fori concursus*, mithin

---

1103 Ähnlich *Hanisch*, FS Henckel (1995), S. 384, der eine Anpassung im Rahmen von § 324 Abs. 1 Nr. 1 InsO befürwortet, ohne jedoch auf die Möglichkeit einer Substitution einzugehen.

1104 Siehe die §§ 1960 Abs. 2, 1915 Abs. 1, 1835 Abs. 1 BGB (Nachlasspfleger), § 2218 Abs. 1 BGB (Testamentsvollstrecker) und § 1959 Abs. 1 BGB (vorläufiger Erbe), hierzu MünchKomm-InsO/*Siegmann*, § 324 InsO Rn. 12; Uhlenbruck/*Lüer*, § 324 InsO Rn. 7.

deutschem Recht. Nach Art. 4 Abs. 2 Satz 2 lit. g) EuInsVO (Art. 7 Abs. 2 Satz 2 lit. g) EuInsVO 2017) gilt dies auch für die Unterscheidung nach Masseverbindlichkeiten und gewöhnlichen Insolvenzforderungen. Damit werden auch die im Nachlassinsolvenzverfahren besonderen Rangfolgeregeln der §§ 324, 327 InsO erfasst. Aufgrund der Berufung durch das Insolvenzkollisionsrecht kommen diese unabhängig vom maßgeblichen Erbstatut zur Anwendung. Die Rangfolge der Gläubiger ist unterdessen das Herzstück jedes Insolvenzverfahrens, weil es unmittelbar die Verteilung des noch vorhandenen Vermögens betrifft. Die Rangfolgeregeln der §§ 324, 327 InsO haben daher für das Nachlassinsolvenzverfahren eine besonders prägende Wirkung.[1105] Das Bedürfnis nach einer Anpassung ist an dieser Stelle naturgemäß besonders groß. Die Möglichkeiten hierfür sind aber beschränkt.

Dies trifft vor allem auf die Masseverbindlichkeiten nach § 324 Abs. 1 InsO zu. Die dort angeordnete Reihenfolge der besonders bevorrechtigen Verbindlichkeiten ist weniger von erbrechtlichen Wertungen als vielmehr von dem öffentlichen Interesse gestützt, eine ordnungsgemäße Nachlassabwicklung zu gewährleisten.[1106] Wie bereits deutlich geworden ist, dient insbesondere die Bevorrechtigung der Aufwendungsersatzansprüche des Erben nach § 324 Abs. 1 Nr. 1 InsO der Gewährleistung einer ordnungsgemäßen Nachlassabwicklung.[1107] In vergleichbarer Weise gilt dies auch für die weiteren Masseverbindlichkeiten des § 324 Abs. 1 InsO, denen insgesamt der Gedanke zugrunde liegt, dass die durch den Erbfall und die nachfolgende Verwaltung des Nachlasses entstandenen Kosten der geordneten Abwicklung des Nachlasses dienen und daher bevorrechtigt sein sollen. Spezifische Wertungen des deutschen Erbrechts spiegeln sie darin nicht wider.[1108] Ein grundsätzliches Bedürfnis für eine Anpassung der einzelnen

---

1105 *Hanisch*, FS Henckel (1995), S. 383; *Bünning*, Nachlassverwaltung und Nachlasskonkurs (1996), S. 160; Jaeger/*Jahr* (1973), §§ 237, 238 KO Rn. 488.

1106 MünchKomm-InsO/*Siegmann*, § 324 InsO Rn. 1; Braun/*Bauch*, § 324 InsO Rn. 1; Uhlenbruck/*Lüer*, § 324 InsO Rn. 1; in diese Richtung auch BT-Drucks. 12/2443, S. 231; *Hanisch*, FS Henckel (1995), S. 382.

1107 Hierzu oben Seite 194.

1108 Vgl. aber BT-Drucks. 12/2443, S. 231, wonach § 324 InsO im Zusammenspiel mit den §§ 321, 322 InsO auch der Verwirklichung des Grundsatzes dienen soll, die Wirkungen der Eröffnung des Nachlassinsolvenzverfahrens so weit wie möglich auf den Zeitpunkt des Erbfalls zurückzubeziehen. Hierbei handelt es sich jedoch weniger um Wertungen des Erbrechts als vielmehr um insolvenzrechtliche Regelungen, die das Nachlassinsolvenzverfahren an die besonderen erbrechtlichen Umstände anpassen sollen.

Forderungskategorien besteht daher nicht.[1109] Lediglich für den Fall, dass eine Substitution durch ausländische Rechtsverhältnisse scheitern sollte, weil Rangkategorien auf Rechtsverhältnisse des deutschen Erbrechts zugeschnitten sind, kann eine Anpassung erforderlich werden. Dies trifft etwa auf die Verbindlichkeiten nach § 324 Abs. 1 Nr. 6 InsO zu, die sich dem Wortlaut nach nur auf den Erben, nicht aber auf den Nachlass beziehen.[1110]

Eine deutlich sichtbare Prägung durch das deutsche Erbrecht weist dagegen die Anordnung der nachrangigen Gläubiger in § 327 InsO auf.[1111] Hier kann eine Anpassung in Betracht kommen.[1112] *Bünning* und *Jahr* sprechen sich dafür aus, die nachrangigen Verbindlichkeiten in § 327 Abs. 1 InsO insgesamt als erbrechtlich zu qualifizieren und damit der Regelungsbefugnis des Erbstatuts zu unterwerfen.[1113] Dem ist zuzugeben, dass hinter der Anordnung der Nachrangigkeit von Pflichtteilsansprüchen und Forderungen aus Vermächtnissen und Auflagen die erbrechtliche Wertung des deutschen Rechts steht, dass die Empfänger einer unentgeltlichen Leistung weniger schutzwürdig sind.[1114] Die Regelung des § 327 Abs. 1 InsO geht entsprechend der erbrechtlichen Systematik des BGB davon aus, dass diese Ansprüche schuldrechtliche Forderungen gegen den Erben darstellen.[1115] Manche ausländische Erbrechtsordnungen sehen dagegen eine abweichende Systematik vor, etwa indem Pflichtteilsrechte als echte Erbrechte ausgestalten sind oder ein Vermächtnis dingliche Wirkung hat.[1116] In einem solchen Fall kommt die Nachranganordnung des § 327 Abs. 1 InsO nicht zum Tragen, weil der Pflichtteilsberechtigte oder Vermächtnisnehmer keine Gläubigerstellung innehat. Er gleicht eher einem Miterben, der Schuldner des Verfahrens ist.[1117] Eine Umqualifikation von § 327 Abs. 1 InsO als erbrechtliche

1109 In diese Richtung auch *Hanisch*, FS Henckel (1995), S. 384.

1110 Hierzu bereits oben Seite 280.

1111 Vgl. *Hanisch*, ZIP 1990, S. 1246: in der Norm ist „die inländische erbrechtliche Haftungs- und Rangordnung vorausgesetzt" (noch zu § 226 Abs. 1 bis Abs. 4 KO); ebenso Jaeger/*Jahr* (1973), §§ 237, 238 KO Rn. 491 ff.

1112 So auch bereits zum Konkursrecht *Hanisch*, FS Henckel (1995), S. 384; *Bünning*, Nachlassverwaltung und Nachlasskonkurs (1996), S. 162.

1113 *Bünning*, Nachlassverwaltung und Nachlasskonkurs (1996), S. 162 f.; Jaeger/*Jahr* (1973), §§ 237, 238 KO Rn. 491 ff., noch zu § 226 Abs. 2 Nr. 4–6 KO.

1114 MünchKomm-InsO/*Siegmann*, § 327 InsO Rn. 1.

1115 *Bünning*, Nachlassverwaltung und Nachlasskonkurs (1996), S. 162.

1116 *Hanisch*, FS Henckel (1995), S. 384. Dies trifft etwa auf Belgien und Luxemburg zu, siehe Ferid/Firsching/*Hustedt*, Belgien Rn. 151 f. und Ferid/Firsching/*Hustedt/Watgen*, Luxemburg Rn. 82 f.

1117 *Hanisch*, FS Henckel (1995), S. 385.

Norm ist angesichts der eindeutigen Zuordnungsregel in Art. 4 Abs. 2 Satz 2 lit. i) EuInsVO (Art. 7 Abs. 2 Satz 2 lit. i) EuInsVO 2017) nicht möglich. Es kann aber im Wege einer materiellrechtlichen Anpassung eine Korrektur erfolgen. So ist es etwa möglich, die Forderungskategorie nicht anzuwenden.

Steht dagegen der Nachrang dieser Ansprüche im Widerspruch zur erbrechtlichen Haftungsordnung, kann auch eine Anpassung der Forderungskategorie erfolgen. In diesem Fall ist es möglich, diese Ansprüche als gewöhnliche Insolvenzforderungen nach § 38 InsO anzusehen. Dem steht auch der Regelungsgedanke des § 39 Abs. 1 Nr. 4 InsO nicht entgegen, wonach Forderungen auf unentgeltliche Leistungen des verstorbenen Schuldners allgemein als nachrangig gelten. Weil die Ansprüche nach § 327 Abs. 1 InsO erst mit dem Eintritt des Erbfalls entstehen, besteht ein wesentlicher Unterschied zwischen beiden Anspruchskategorien.[1118] Eine Anpassung ist somit grundsätzlich möglich. Die Einordnung als Masseverbindlichkeiten ginge dagegen zu weit, weil dies die oben angesprochene insolvenzrechtliche Haftungsordnung verändern würde.[1119]

Diese Grundsätze kommen aufgrund des sachlichen Zusammenhanges entsprechend für ein den Pflichtteil ersetzendes Vermächtnis zur Anwendung. Dieses teilt nach § 327 Abs. 2 Satz 1 InsO die Rangstelle des Anspruches auf den Pflichtteil. Gleiches gilt für die vom Erblasser getroffenen Anordnungen über die Rangverhältnisse der Vermächtnisse und Auflagen untereinander, § 327 Abs. 2 Satz 2 InsO.[1120]

Ein anderer Regelungsansatz steht demgegenüber hinter § 327 Abs. 3 InsO. Hiernach sollen die aufgrund eines Aufgebotsverfahrens oder aufgrund der erbrechtlichen Verschweigungseinrede ausgeschlossenen Forderungen im Nachlassinsolvenzverfahren doch noch Berücksichtigung finden können, wenn auch nur als nachrangige Forderungen.[1121] Indem die Vorschrift für diese Gläubiger die grundsätzliche Frage der Berechtigung zur Teilnahme am Insolvenzverfahren regelt, ist sie Ausdruck der insolvenzrechtlichen Verteilungsordnung und einer Anpassung insoweit entzogen.[1122] Dem Erbstatut unterliegt dagegen die Beantwortung der Frage, ob die Forderungen aufgrund eines Aufgebotsverfahrens

1118 Uhlenbruck/*Lüer*, § 327 InsO Rn. 3.

1119 Stattdessen für einen Verstoß gegen den deutschen *ordre public* in diesem Fall *Bünning*, Nachlassverwaltung und Nachlasskonkurs (1996), S. 162.

1120 *Bünning*, Nachlassverwaltung und Nachlasskonkurs (1996), S. 162.

1121 Im Einzelnen MünchKomm-InsO/*Siegmann*, § 327 InsO Rn. 4; Uhlenbruck/*Lüer*, § 327 InsO Rn. 6.

1122 Den insolvenzrechtlichen Charakter der Norm betonend auch *Bünning*, Nachlassverwaltung und Nachlasskonkurs (1996), S. 163.

oder der erbrechtlichen Verschweigungseinrede ausgeschlossen sind.[1123] Wertungen des deutschen Erbrechts spielen dabei keine Rolle. Aus der insolvenzrechtlichen Qualifikation der Vorschrift folgt, dass für die betroffenen Gläubiger gegebenenfalls eine Teilnahme am Nachlassinsolvenzverfahren möglich bleibt, auch wenn ihre Forderungen nach der Wertung des fremden Erbrechts nicht mehr geltend gemacht werden dürften, etwa aufgrund eines Fristablaufs.[1124]

b) Schlechterstellung von Pflichtteilsberechtigten und letztwillig Bedachten

Der Nachrang von Pflichtteilsansprüchen und Forderungen aus Vermächtnissen und Auflagen gemäß § 327 Abs. 1 InsO wird durch die erleichterte Anfechtbarkeit von Befriedigungshandlungen nach § 322 InsO sowie durch das Verteilungsverbot in § 328 Abs. 1 InsO ergänzt und verstärkt. Hierdurch kommt das Bestreben des Gesetzgebers zum Ausdruck, diese Gläubiger erst nach allen anderen an der Verteilung des Nachlassvermögens teilhaben zu lassen, weil sie lediglich durch den Erbfall berufen sind.[1125] Sie werden damit im Nachlassinsolvenzverfahren umfassend schlechter gestellt und müssen zwischenzeitlich bereits erhaltene Nachlasswerte wieder herausgeben.

Die hinter dieser Schlechterstellung stehende gesetzliche Wertung ist wie soeben gesehen erbrechtlicher Natur.[1126] Findet im Einklang mit einem fremden Erbrecht eine Anpassung der Eingruppierung der Gläubiger statt, ist es nur folgerichtig, auch die sonstige auf dem Nachrang beruhende Schlechterstellung zu beseitigen. Die §§ 322, 328 Abs. 1 InsO sind demnach in entsprechender Weise einer Anpassung zugänglich.

1123 So bereits zum Konkursrecht (zu § 226 Abs. 4 KO) Jaeger/*Jahr* (1973), §§ 237, 238 KO Rn. 502 f.

1124 So sind etwa in Frankreich die Gläubiger gemäß Art. 792 Code civil gefordert, ihre Forderungen binnen 15 Monaten nach der Veröffentlichung der Erklärung des Erben über die Annahme der Erbschaft in Höhe der Nettoaktiva geltend zu machen, Kroiß/Ann/Mayer/*Frank*, Frankreich Rn. 41. Anders noch zum Konkursrecht (eine konkursrechtliche Einordnung von § 226 KO verneinend) hingegen Jaeger/*Jahr* (1973), §§ 237, 238 KO Rn. 502 ff.

1125 Uhlenbruck/*Lüer*, § 322 InsO Rn. 1; MünchKomm-InsO/*Siegmann*, § 322 InsO Rn. 1; Braun/*Bauch*, § 322 InsO Rn. 1.

1126 Oben Seite 287.

c) *Insolvenzantragspflicht und persönliche Haftung des Erben oder Nachlassverwalters bei verspäteter Insolvenzantragstellung*

(1) Nachlassinsolvenzverfahren als Hauptinsolvenzverfahren

Durch die Auferlegung einer Insolvenzantragspflicht samt Verschleppungshaftung im Fall der Zahlungsunfähigkeit oder Überschuldung des Nachlasses nach § 1980 Abs. 1 BGB hebt sich das deutsche Insolvenzrecht in besonders starker Weise von den Regelungsmechanismen ab, die gewöhnlich für die Abwicklung eines insuffizienten Nachlasses nach einem fremden Erbrecht gelten. Da in vielen Rechtsordnungen ein Insolvenzverfahren über den Nachlass nicht zwingend vorgesehen ist, besteht dort auch kein Bedürfnis, eine haftungsbewehrte Antragspflicht zu statuieren. Für den Erben und gegebenenfalls auch einen Nachlassverwalter nach fremdem Recht kann die Antragspflicht nach § 1980 Abs. 1 BGB damit eine ungeahnte Härte darstellen.

Aufgrund der insolvenzrechtlichen Qualifikation von Insolvenzantragspflicht und Verschleppungshaftung ist § 1980 Abs. 1 BGB auch unter einem fremden Erbrecht anwendbar.[1127] Als *lex specialis* verdrängt § 1980 Abs. 1 Satz 1 BGB die allgemeine Insolvenzantragspflicht nach § 15a InsO, wenn der Nachlass von dem fremden Erbrecht als juristische Person angesehen wird.[1128] Dieses Ergebnis ist auch unter dem Gesichtspunkt der Anpassung aufrecht zu erhalten. Der durch die Norm bezweckte Schutz der Gläubiger vor Schmälerungen der zukünftigen Insolvenzmasse greift ebenso bei Anwendbarkeit eines fremden Erbrechts.

In allen untersuchten Rechtsordnungen bestehen Möglichkeiten einer Haftungsbeschränkung des Erben für die Nachlassverbindlichkeiten.[1129] Die den Nachlassgläubigern zur Verfügung stehende Masse ist damit beschränkt bzw. beschränkbar. Der Eintritt der Haftungsbeschränkung findet darüber hinaus meist deutlich früher statt als im deutschen Erbrecht, weil der Erbe entweder schon von Anfang an beschränkt oder aber gar nicht haftet oder er die Erbschaft unter dem Vorbehalt der Inventarerrichtung annehmen kann. Ist dieser Zeitpunkt bereits verstrichen, besteht für den Erben anders als nach deutschem Erbrecht wenig Anreiz, noch einen Insolvenzantrag zu stellen, weil er den Vorteil

---

1127 Zur Qualifikation der Insolvenzantragspflicht und der Verschleppungshaftung siehe oben Seite 202.

1128 Etwa nach schwedischem Recht, hierzu Kroiß/Ann/Mayer/*Olsen-Ring/Ring*, Skandinavien Rn. 96. Damit kommen insbesondere die Strafvorschriften in § 15a Abs. 4 und Abs. 5 InsO nicht zur Anwendung.

1129 Siehe den rechtsvergleichenden Teil der Arbeit oben Seite 66.

der Haftungsbeschränkung bereits erlangt hat. Der Zweck der Insolvenzantragspflicht kommt in dieser Situation daher noch stärker zum Tragen als bei deutschem Erbrecht. Sie erzwingt überhaupt erst die Abwicklung des Fremdrechtsnachlasses im Nachlassinsolvenzverfahren. Würde man die Insolvenzantragspflicht für unanwendbar halten, wären auch die inländischen Gläubiger trotz des Vorliegens eines Insolvenzgrundes und einer inländischen Insolvenzzuständigkeit gegenüber dem Erben auf die Rechtsverfolgung nach dem fremden Erbrecht verwiesen, bis sie die Insolvenzreife des Nachlasses erkannt hätten. Das Bestehen einer Insolvenzantragspflicht hinge dann von einem für die Gläubiger nicht ohne Weiteres erkennbaren Umstand ab, nämlich der Abwicklung des Nachlasses nach deutschem Erbrecht. Aus Sicht der Gläubiger käme es hier zu Zufälligkeiten, je nachdem, welchem Recht der Nachlass unterliegt. Bei einem Fremdrechtsnachlass wäre zur Sicherung der eigenen Befriedigungsaussichten gegebenenfalls dringende Eile geboten, während bei einem Nachlass nach deutschem Recht zugunsten der Gläubiger Insolvenzantragspflicht und Insolvenzverschleppungshaftung greifen würden.

Entscheidend wird damit die Frage, ob man einem Erben oder Nachlassverwalter nach ausländischem Erbrecht die Beachtung der Insolvenzantragspflicht samt Verschleppungshaftung aufbürden kann, auch wenn das fremde Erbrecht derartige Verpflichtungen nicht kennt. Es geht mithin um die Frage der Verhältnismäßigkeit. Diese ist zu bejahen. Maßgebliches Argument ist dabei das Bestehen der inländischen Insolvenzzuständigkeit, welche die Anwendbarkeit der deutschen insolvenzrechtlichen Schutzmechanismen nach sich zieht. Für den Erben nach fremdem Erbrecht ist das Bestehen der Insolvenzzuständigkeit in Deutschland für die Eröffnung eines Hauptinsolvenzverfahrens erkennbar, weil die Zuständigkeitsvorschriften auf die Sichtweise eines objektiven Dritten abstellen.[1130] Der Erbe ist hierdurch gehalten, sich über die Pflichten nach dem deutschen Insolvenzrecht zu informieren und diese zu beachten. Schutzwürdiges Vertrauen des Erben auf die Abwicklung des Nachlasses nach fremdem Recht kann bei einer Insolvenzzuständigkeit in Deutschland nicht entstehen. Dies gilt gleichermaßen auch für einen Nachlassverwalter nach ausländischem Recht.[1131] Ein Bedürfnis, die Anwendbarkeit von Insolvenzantragspflicht und Insolvenzverschleppungshaftung im Wege der Anpassung zu korrigieren, besteht somit nicht.

1130 Hierzu näher oben Seite 142.

1131 Maßgeblich muss hier sein, dass dieser eine beschränkte Vermögensmasse zu verwalten hat. In diesem Fall trifft der Schutzzweck des § 1980 Abs. 1 BGB auch ihn.

Im Rahmen der Qualifikation der Vorschrift hat sich ferner gezeigt, dass ihr Regelungszweck insolvenzrechtlichen und nicht erbrechtlichen Zielen dient. Wertungen des deutschen Erbrechts, die gegebenenfalls im Wege der Anpassung korrigiert werden könnten, enthält die Norm kaum. Lediglich die Anordnung in § 1980 Abs. 1 Satz 3 BGB, dass bei der Bemessung der Zulänglichkeit des Nachlasses Verbindlichkeiten aus Vermächtnissen und Auflagen außer Betracht bleiben sollen, kann auf die bereits im Rahmen der Rangordnung der Gläubiger angesprochene Wertung des deutschen Rechts zurückgeführt werden, dass diesen Gläubigern gemäß § 327 Abs. 1 Nr. 2 InsO der letzte Nachrang zukommt.[1132] Nimmt man dort eine Anpassung vor, um den Nachrang dieser Gläubiger aufzuheben, entfällt entsprechend auch der Regelungsgehalt von § 1980 Abs. 1 Satz 3 BGB. Hierdurch tritt eine Verschärfung der Antragspflicht ein. Diese ist aber gerechtfertigt, weil der Antragsverpflichtete insoweit den Regeln des fremden Erbrechts unterworfen wird. Vertrauen auf die Schlechterstellung von Verbindlichkeiten aus Vermächtnissen und Auflagen durch das deutsche Recht kann dann nicht entstehen.

(2) Nachlassinsolvenzverfahren als Partikularinsolvenzverfahren

Bei Anwendung der Norm unter einem fremden Erbrecht ist zu beachten, dass der Regelungszweck der Massesicherung nur greifen kann, wenn im Inland die Zuständigkeit zur Eröffnung eines Nachlassinsolvenzverfahrens als Hauptinsolvenzverfahren besteht.[1133] Nur in diesem Fall ist es sinnvoll, den Erben oder Nachlassverwalter mit einer persönlichen Haftung für einen den Nachlassgläubigern entstandenen Schaden zu belegen, weil die Abwicklung des Nachlasses im Insolvenzverfahren das gesamte Nachlassvermögen betrifft. Auf Partikularinsolvenzverfahren trifft dies hingegen nicht zu.[1134] Dort gehört nur die im Inland belegene Masse zum Insolvenzverfahren, das im Übrigen in seinen Wirkungen nicht über die Staatsgrenze hinausreicht. Dies gilt ebenfalls gegenüber einem erbrechtlichen Abwicklungsmechanismus im Ausland, der durch die Partikularinsolvenzeröffnung nicht berührt wird. Es ist damit nicht die Aufgabe des

1132 Hierzu oben Seite 202.

1133 Vgl. *Mankowski*, ZIP 2011, S. 1505: „Niemand ist gezwungen, ein Partikularinsolvenzverfahren zu beantragen"; für eine Unvereinbarkeit mit dem Normzweck von § 1980 BGB auch MünchKomm-BGB/*Küpper*, § 1980 BGB Rn. 3. Ebenso im Rahmen von § 15a InsO Uhlenbruck/*Hirte*, § 15a InsO Rn. 5.

1134 Auf Sekundärinsolvenzverfahren trifft dies ebensowenig zu. Dies liegt darin begründet, dass mit dem Hauptinsolvenzverfahren bereits ein Insolvenzverfahren eröffnet worden ist.

Partikularinsolvenzverfahrens, den Nachlass insgesamt abzuwickeln. Stattdessen soll das Partikularinsolvenzverfahren insbesondere im Interesse der Gläubiger die Möglichkeit gewähren, zum Schutz der eigenen Sicherungsrechte eine Abwicklung des lokalen Vermögens im Insolvenzverfahren herbeizuführen.[1135] Die Entscheidung über diese besondere Art des Rechtsschutzes hat aber allein bei den Gläubigern zu liegen. Eine zwingende Insolvenzantragspflicht des Erben passt hierzu nicht.[1136]

Hielte man Insolvenzantragspflicht und Verschleppungshaftung dagegen auch im Partikularinsolvenzverfahren für anwendbar, wäre der Erbe sämtlichen Nachlassgläubigern gegenüber haftungsbewehrt verantwortlich. Zugleich hätte er nur in Bezug auf diejenigen Masseschmälerungen zu haften, die auf dem Territorium der Partikularinsolvenz eingetreten sind. Die Konkurrenz zwischen erbrechtlicher und insolvenzrechtlicher Nachlassabwicklung würde damit auf Kosten des Erben zugunsten der insolvenzrechtlichen Abwicklung aufgelöst werden. Ein solcher Vorrang der insolvenzrechtlichen Abwicklung gegenüber einer fremden erbrechtlichen Nachlassabwicklung besteht bei einem Partikularinsolvenzverfahren aber gerade nicht.

III. Ergebnis: Die Durchführung des „hybriden" Nachlassinsolvenzverfahrens

Die vorstehende Untersuchung hat mehrere Eigenschaften des „hybriden" Nachlassinsolvenzverfahrens aufgezeigt. An erster Stelle steht die Erkenntnis, dass das Nachlassinsolvenzverfahren trotz seiner Verwobenheit mit dem Erbrecht nicht an die Anwendbarkeit des Erbrechts des BGB gekoppelt ist. Vielmehr kann es auch mit einem fremden Erbstatut durchgeführt werden. Dies geschieht derart, dass über die kollisionsrechtliche Berufung die gesamte insolvenzrechtliche Haftungsordnung zur Anwendung kommt, die über die Eröffnung, Durchführung und Beendigung des „hybriden" Nachlassinsolvenzverfahrens bestimmt. Hierdurch wird die Einheitlichkeit des Insolvenzstatuts gewahrt.

Die erbrechtliche Anknüpfung führt dazu, dass das fremde Erbstatut über diejenigen Fragen bestimmt, die seinem Regelungsbereich unterliegen. Hierzu zählt die Frage der Haftung des Erben für die Nachlassverbindlichkeiten und die Möglichkeiten der Herbeiführung einer Haftungsbeschränkung. Auf das Nachlassinsolvenzverfahren hat dies jedoch keinen Einfluss. Die persönliche Haftung des Erben vollzieht sich außerhalb der insolvenzrechtlichen Nachlassabwicklung.

1135 Siehe hierzu näher oben Seite 140.

1136 MünchKomm-BGB/*Küpper*, § 1980 BGB Rn. 3.

Wechselwirkungen ergeben sich hingegen durch die Anknüpfung erbrechtlicher Vorfragen auf der Ebene insolvenzrechtlicher Sachnormen. Besonders bedeutsam ist dabei die Bestimmung des Umfanges des Nachlasses sowie der Nachlassverbindlichkeiten. Indem das Erbstatut bestimmt, welche Vermögensgegenstände in den Nachlass fallen, übt es zugleich Einfluss auf die Zusammensetzung der Insolvenzmasse und damit auf den Gegenstand des Nachlassinsolvenzverfahrens aus. Mit der Bestimmung der Nachlassverbindlichkeiten entscheidet das fremde Erbstatut zudem mittelbar über die Teilnahmefähigkeit der einzelnen Gläubiger am Nachlassinsolvenzverfahren.

Hieraus ergibt sich, dass die Funktion des „hybriden" Nachlassinsolvenzverfahrens in der Gewährleistung eines insolvenzrechtlichen Abwicklungsmechanismus liegt, der hinsichtlich des abzuwickelnden Vermögens und der hieran beteiligten Gläubiger durch das Erbstatut bestimmt wird. Den Nachlassgläubigern wird damit insolvenzrechtlicher Rechtsschutz gewährt. Die erbrechtlichen Einflüsse führen jedoch nicht dazu, dass das Nachlassinsolvenzverfahren zu einer bloßen „Hülle" zwischen den Wertungen des Erbstatuts würde. Vielmehr stellt sich die insolvenzrechtliche Haftungsordnung als eigenständig gegenüber dem Erbstatut dar und kann eine in sich geschlossene, kohärente Abwicklung und Verteilung des Nachlassvermögens gewährleisten. Dieser Geschlossenheit der insolvenzrechtlichen Haftungsordnung tragen die insolvenzrechtlichen Kollisionsnormen vollumfänglich Rechnung.

Zudem ist deutlich geworden, dass die Unterschiedlichkeit der Erbrechtsordnungen dazu führen kann, dass sich zwischen inländischem Insolvenzrecht und fremdem Erbrecht Widersprüche ergeben. Daher kann der Fall eintreten, dass manche insolvenzrechtliche Normen wegen ihrer Prägung durch das Erbrecht des BGB im Einzelfall keine Funktion erfüllen, wenn eine Substitution ihrer Tatbestandsvoraussetzungen durch Rechtsverhältnisse des fremden Erbrechts scheitert. Dies mag insbesondere auf diejenigen Regelungen zutreffen, die von der Anwendbarkeit der §§ 1978, 1979 BGB ausgehen, wenn das fremde Erbrecht überhaupt keine Aufwendungsersatzansprüche des Erben vorsehen sollte.[1137] Ein derartiges Leerlaufen ist Folge der kollisionsrechtlichen Anknüpfung an ein fremdes Recht und als solche nicht korrekturbedürftig.

Das Bedürfnis für eine Anpassung kann sich ergeben, wenn eine Substitution durch Rechtsverhältnisse des fremden Erbrechts nicht möglich ist, der Normzweck der insolvenzrechtlichen Sachnorm eine Berücksichtigung hingegen erlaubt. In diesem Fall kann eine Anpassung erfolgen, die der Verwirklichung

1137 Siehe insbesondere die §§ 323, 324 Abs. 1 Nr. 1, 326 Abs. 2 InsO.

der insolvenzrechtlichen Haftungsordnung dient, diese aber inhaltlich nicht verändert.

Zudem kann eine Anpassung insolvenzrechtlicher Normen zulässig sein, soweit diese von Wertungen des deutschen Erbrechts geprägt sind und das fremde Erbrecht gegenläufige Vorstellungen zur Anwendung bringt. Aufgrund der erbrechtlichen Bestimmung des „hybriden" Nachlassinsolvenzverfahrens wäre es in diesem Fall unnötig streng, jegliche Anpassung an die Wertungen des fremden Erbrechts zu verbieten.

D. Behandlung von Spaltnachlässen

Das europäische internationale Erbrecht geht in Art. 21 EuErbVO von dem Grundsatz der Nachlasseinheit aus.[1138] Dies bedeutet, dass die erbrechtliche Anknüpfung, die mittels des Kollisionsrechts erfolgt, grundsätzlich die gesamte Rechtsnachfolge von Todes wegen erfassen soll, unabhängig davon, ob es sich bei dem vererbten Nachlassvermögen um Mobilien oder Immobilien handelt.[1139]

Einige Rechtsordnungen, insbesondere aus dem anglo-amerikanischen Rechtskreis, unterscheiden dagegen traditionell bei der kollisionsrechtlichen Anknüpfung zwischen Mobilien (Anknüpfung nach dem Recht des letzten gewöhnlichen Aufenthalts des Erblassers) und Immobilien (Anknüpfung an das Recht am Ort der Belegenheit der Sache).[1140]

Eine unterschiedliche kollisionsrechtliche Anknüpfung von Mobilien und Immobilien widerspricht dem Grundsatz der Nachlasseinheit und soll nach der Regelungssystematik der EuErbVO grundsätzlich vermieden werden.[1141] Hiermit kollidiert das Interesse, dem Kollisionsrecht eines Drittstaats Rechnung zu tragen.[1142] In der Folge sieht Art. 34 Abs. 1 EuErbVO im Interesse des internationalen Entscheidungseinklangs in begrenztem Umfang die Beachtlichkeit des Kollisionsrechts eines Drittstaats vor, soweit entweder auf das Recht eines Mitgliedstaates zurückverwiesen wird (Art. 34 Abs. 1 lit. a) EuErbVO) oder aber der Drittstaat auf einen weiteren Drittstaat verweist, der die Verweisung annimmt

1138 MünchKomm-BGB/*Dutta*, Vorb. zu Art. 20 EuErbVO Rn. 6; Hüßtege/Mansel/*Looschelders*, Art. 21 Eu- ErbVO Rn. 5.

1139 Erwägungsgrund 37 Satz 4 EuErbVO; Palandt/*Thorn*, Art. 21 EuErbVO Rn. 3; Hüßtege/Mansel/*Looschelders*, Art. 21 EuErbVO Rn. 5.

1140 BT-Drucks. 10/504, S. 75; siehe auch Staudinger/*Dörner*, Art. 25 EGBGB Rn. 666; Palandt/*Thorn*, Art. 34 EuErbVO Rn. 3.

1141 Erwägungsgrund 37 Satz 4 EuErbVO; Palandt/*Thorn*, Art. 34 EuErbVO Rn. 1.

1142 Dies verlangt aber Erwägungsgrund 57 Satz 3 EuErbVO.

und sein eigenes Recht beruft (Art. 34 Abs. 1 lit. b) EuErbVO).[1143] Da der Wortlaut von Art. 34 Abs. 1 EuErbVO nicht fordert, dass es sich um eine Gesamtrück- oder Weiterverweisung handeln muss („soweit"), sind nach der Vorschrift auch Teilrück- und Weiterverweisungen zu beachten.[1144] Hierdurch kann es zu einer Nachlassspaltung kommen, wenn das Recht des Drittstaats von dem Grundsatz der Nachlassspaltung ausgeht.[1145] Eine Nachlassspaltung tritt zum Bespiel ein, wenn das Kollisionsrecht des Drittstaats in Bezug auf Immobilien der Anknüpfung an die *lex rei sitae* folgt und die Immobilie in einem Mitgliedstaat belegen ist oder aber in einem anderen Drittstaat, der die Verweisung annimmt.[1146]

Ferner gehen nach Art. 75 Abs. 1 EuErbVO internationale Übereinkommen vor, soweit ein Mitgliedstaat diesen zum Zeitpunkt der Annahme der EuErbVO angehörte und sie Regelungsbereiche betreffen, die von der EuErbVO erfasst werden.[1147] Für Deutschland trifft dies auf den Deutsch-Türkischen Konsularvertrag vom 28.5.1929, das Deutsch-Iranische Niederlassungsabkommen vom 17.2.1929 und den Konsularvertrag zwischen der Bundesrepublik Deutschland und der UdSSR vom 25.4.1958 zu.[1148]

§ 14 des Nachlassabkommens nach Art. 20 des Deutsch-Türkischen Konsularvertrages sieht eine unterschiedliche Anknüpfung von Mobilien und Immobilien vor. Nach § 14 Abs. 1 erfolgt die Anknüpfung von Mobilien nach dem Heimatrecht des Erblassers, wohingegen Immobilien gemäß § 14 Abs. 2 nach dem Recht der *lex rei sitae* angeknüpft werden.[1149] Art. 28 Abs. 3 des Konsularvertrages zwischen der Bundesrepublik Deutschland und der UdSSR sieht ebenfalls eine Anknüpfung von Immobilien nach dem Recht der *lex rei sitae* vor.[1150]

1143 Palandt/*Thorn*, Art. 34 EuErbVO Rn. 3. Ausgeschlossen ist eine Rück- und Weiterverweisung dagegen in den Fällen des Art. 34 Abs. 2 EuErbVO, insbesondere bei einer Rechtswahl des Erblassers, hierzu MünchKomm-BGB/*Dutta*, Art. 34 EuErbVO Rn. 10; Palandt/*Thorn*, Art. 34 EuErbVO Rn. 2.

1144 MünchKomm-BGB/*Dutta*, Art. 34 EuErbVO Rn. 8; Palandt/*Thorn*, Art. 34 EuErbVO Rn. 3; Hüßtege/Mansel/*Looschelders*, Art. 34 EuErbVO Rn. 13.

1145 Palandt/*Thorn*, Art. 34 EuErbVO Rn. 1: „Unerwünschte Nebenfolge"; MünchKomm-BGB/*Dutta*, Art. 34 EuErbVO Rn. 8; Hüßtege/Mansel/*Looschelders*, Art. 34 EuErbVO Rn. 1.

1146 Hierzu MünchKomm-BGB/*Dutta*, Vorb. zu Art. 20 EuErbVO Rn. 7; Palandt/*Thorn*, Art. 34 EuErbVO Rn. 3.

1147 Siehe auch Erwägungsgrund 73 EuErbVO.

1148 MünchKomm-BGB/*Dutta*, Art. 75 EuErbVO Rn. 4; Hüßtege/Mansel/*Magnus*, Art. 75 EuErbVO Rn. 10.

1149 Hierzu MünchKomm-BGB/*Dutta*, Art. 25 EGBGB Rn. 299.

1150 Im Einzelnen MünchKomm-BGB/*Dutta*, Art. 25 EGBGB Rn. 304 f.

Kommt es nach den staatsvertraglichen Regelungen zu einer Nachlassspaltung, geht diese gemäß Art. 75 Abs. 1 EuErbVO den Regelungen der EuErbVO vor.[1151]

Konsequenz der Nachlassspaltung ist, dass der jeweilige Teilnachlass vollständig dem fremden Recht unterstellt wird.[1152] Das fremde Recht bestimmt damit über alle Fragen, die die Rechtsnachfolge von Todes wegen betreffen, also insbesondere die Zusammensetzung des Nachlasses, die Berufung der Erben, den Anfall der Erbschaft, die Erbquoten und die Haftung für die Nachlassverbindlichkeiten.[1153] Aufgrund dieses umfassenden Geltungsanspruches des fremden Erbrechts wird allgemein befürwortet, die jeweiligen Teilnachlässe als rechtlich eigenständig anzusehen, sodass es sich in rechtlicher Hinsicht nicht um einen Gesamtnachlass handelt, sondern um mehrere eigenständige Teilnachlässe.[1154] Der Erbfall ist hiernach nur noch der gemeinsame Ausgangspunkt, der aufgrund der kollisionsrechtlichen Anknüpfung zur Bildung verschiedener eigenständiger Teilnachlässe führt. Dennoch darf auch bei der Bildung mehrerer selbständiger Teilnachlässe nicht ganz aus den Augen verloren werden, dass es sich nach wie vor um *einen einzigen* Erbfall handelt, aufgrund dessen das Vermögen lediglich *einer* Person zur Verteilung ansteht.[1155] Das hieraus entstehende Spannungsverhältnis zwischen Einzelbetrachtung der Teilnachlässe und Gesamtbetrachtung des Gesamtnachlasses erfordert auch im Nachlassinsolvenzverfahren besondere Lösungsansätze.

Die wesentliche Folgeproblematik der Nachlassspaltung ist, dass die rechtliche Eigenständigkeit der Teilnachlässe dazu führen kann, dass ein und dieselbe erbrechtliche Frage für verschiedene Teilnachlässe unterschiedlich beantwortet wird. So kann es etwa vorkommen, dass eine Person im Hinblick auf einen Teilnachlass als Erbe gilt, hinsichtlich der übrigen Teilnachlässe jedoch nicht.[1156] Neben der Erbenstellung betrifft dies insbesondere auch das Bestehen und die Ausgestaltung von Pflichtteilsrechten, was je nach anwendbarem Erbrecht sehr unterschiedlich sein kann.[1157] Verschärft wird diese Problematik noch durch den

---

1151 MünchKomm-BGB/*Dutta*, Vorb. zu Art. 20 EuErbVO Rn. 7.

1152 Allgemein Palandt/*Thorn* (2014), Art. 25 EGBGB Rn. 9; MünchKomm-BGB/*Dutta*, Art. 25 EGBGB Rn. 129.

1153 Staudinger/*Dörner*, Art. 25 EGBGB Rn. 770 ff.

1154 Staudinger/*Dörner*, Art. 25 EGBGB Rn. 767; MünchKomm-BGB/*Dutta*, Art. 25 EGBGB Rn. 127; Palandt/*Thorn* (2014), Art. 25 EGBGB Rn. 9.

1155 Staudinger/*Dörner*, Art. 25 EGBGB Rn. 768.

1156 Dies kann sich etwa aus der unterschiedlichen Beurteilung der Wirksamkeit einer Verfügung von Todes wegen ergeben, Staudinger/*Dörner*, Art. 25 EGBGB Rn. 781.

1157 *Hanisch*, FS Henckel (1995), S. 373.

Umstand, dass es zwar regelmäßig möglich sein wird, die *Aktiva* des Gesamtnachlasses den einzelnen selbständigen Teilnachlässen zuzuordnen, um eine Verteilung zu ermöglichen, dies jedoch nicht in gleicher Weise für die *Passiva* gilt.[1158] Dies liegt darin begründet, dass die Nachlassspaltung typischerweise durch eine unterschiedliche erbrechtliche Anknüpfung des Aktivvermögens entsteht (Unterscheidung zwischen Mobilien und Immobilien), dagegen jedoch keine entsprechende kollisionsrechtliche Aufteilung der Nachlassverbindlichkeiten stattfindet.[1159]

Im Nachlassinsolvenzverfahren entfalten diese Probleme unmittelbar Wirkung. Kommt es in einem „hybriden" Nachlassinsolvenzverfahren zu einer Nachlassspaltung, stellt sich die Frage, wie mit der erbrechtlichen Aufteilung des Nachlassvermögens in eigenständige Teilmassen umzugehen ist. Soll die erbrechtliche Nachlassspaltung entsprechend auch im Insolvenzrecht Berücksichtigung finden? Konsequenz dieses Ansatzes wäre die Zerschlagung des Gesamtnachlasses des Erblassers in eigenständige Vermögensmassen, die jeweils getrennt voneinander in einer Reihe von Nachlassinsolvenzverfahren abzuwickeln wären. Es würde dann eine Vielzahl von Nachlassinsolvenzverfahren geben, die den jeweiligen Teilnachlass als Verfahrensgegenstand hätten. Oder soll das Nachlassinsolvenzverfahren stattdessen der einheitlichen Abwicklung des Gesamtnachlasses dienen, sodass eine Mehrzahl von Insolvenzverfahren vermieden werden kann? Hierbei wäre zu klären, wie der erbrechtlichen Nachlassspaltung Rechnung getragen werden kann. Trotz ihrer rechtlichen Verschiedenheit müssten sämtliche Teilnachlässe in ein einheitliches Gesamtverfahren eingepasst werden, das gleichsam das Bindeglied zwischen allen Teilmassen darstellte.

Wie sich zeigen wird, haben beide Vorgehensweisen ihre Vor- und Nachteile. Gleichzeitig bedeutet dies, dass die Durchführung eines „hybriden" Nachlassinsolvenzverfahrens auch bei einer erbrechtlichen Nachlassspaltung möglich ist.

I. Der gesetzliche Ausgangspunkt: insolvenzrechtliche Abwicklung „eines Nachlasses" nach § 11 Abs. 2 Nr. 2 InsO

Zweck jedes Insolvenzverfahrens ist nach § 1 Satz 1 InsO die gemeinschaftliche Befriedigung der Gläubiger eines Schuldners aus dessen Vermögen. Hierzu hat sich im Laufe der Zeit der Grundsatz herausgebildet, dass pro Vermögensmasse

---

1158 MünchKomm-BGB/*Dutta*, Art. 25 EGBGB Rn. 129.

1159 Staudinger/*Dörner*, Art. 25 EGBGB Rn. 768; MünchKomm-BGB/*Dutta*, Art. 25 EGBGB Rn. 129.

nur ein Insolvenzverfahren möglich sein soll, „eine Person, ein Vermögen, eine Insolvenz".[1160] Dies folgt aus der Überlegung, dass mit dem Eintritt des Insolvenzbeschlages das gesamte Vermögen in die Insolvenzmasse fällt und damit für weitere Insolvenzverfahren über dieselbe Vermögensmasse kein Raum ist.[1161]

Blickt man mit dieser Prämisse auf die Nachlassspaltung im „hybriden" Nachlassinsolvenzverfahren, können Zweifel aufkommen, ob nicht das Insolvenzrecht zwingend von der einheitlichen Abwicklung eines Gesamtnachlasses einer Person ausgeht. Passend heißt es dazu in § 11 Abs. 2 Nr. 2 InsO, dass die Eröffnung eines Insolvenzverfahrens über „einen Nachlass" zulässig ist. Diese Sichtweise würde jedoch übersehen, dass sich die Beschränkung der Zulässigkeit von Insolvenzverfahren ausschließlich auf einzelne *Vermögensmassen* bezieht, nicht jedoch auf deren Rechtsträger. So ist der Erbe im Nachlassinsolvenzverfahren bestes Beispiel dafür, dass er mit seinem Eigenvermögen und dem Nachlassvermögen Rechtsträger zweier Vermögensmassen zugleich sein kann, die unabhängig voneinander insolvenzfähig sind.[1162] Führt man diesen Gedanken fort, so ist es ohne Weiteres denkbar, das Nachlassvermögen, dessen Rechtsträger der Erbe ist, in weitere Einzelvermögen aufzuspalten, die jeweils gesondert insolvenzfähig sind. Eine Beschränkung seitens des Insolvenzrechts besteht insoweit nicht. Es ergibt sich somit keine Determinierung dahingehend, dass das Nachlassvermögen zwingend einheitlich als Gesamtnachlass abgewickelt werden müsste.

Vielmehr wird deutlich, dass es sich bei der Ausfüllung des Begriffs „Nachlass" um eine erbrechtliche Vorfrage auf der Ebene einer insolvenzrechtlichen Sachnorm handelt.[1163] Dies bedeutet, dass die Auslegung des Begriffs „Nachlass" der gesonderten kollisionsrechtlichen Anknüpfung des internationalen Erbrechts unterliegt. Kommt es hiernach zu einer kollisionsrechtlichen Nachlassspaltung und damit zur Bildung erbrechtlich selbständiger Vermögensmassen, so ist dies aus insolvenzrechtlicher Sicht hinzunehmen. Das Insolvenzrecht nimmt insoweit keinen Einfluss auf die erbrechtliche Anknüpfung, sondern rezipiert diese. Ungeachtet der Frage, ob die Aufspaltung des Nachlassvermögens in mehrere Einzelmassen insolvenzrechtlich erstrebenswert ist, kann festgehalten werden, dass das Insolvenzrecht einer solchen Lösung zumindest nicht entgegensteht.

1160 *Hanisch*, FS Henckel (1995), S. 375; ebenso BGH, Beschl. v. 19.6.2011, IX ZB 175/10, NZI 2011, S. 634.

1161 Ausdrücklich BGH, Beschl. v. 19.6.2011, IX ZB 175/10, NZI 2011, S. 633.

1162 Gleiches gilt für das Vermögen eines Schuldners aus einer selbständigen Tätigkeit, das von dem Insolvenzverwalter gemäß § 35 Abs. 2 InsO aus der Insolvenzmasse freigegeben worden ist, BGH, Beschl. v. 19.6.2011, IX ZB 175/10, NZI 2011, S. 633.

1163 *Mankowski*, ZIP 2011, S. 1504. Hierzu auch schon oben Seite 274.

Es gilt somit auch im Fall der Nachlassspaltung der Grundsatz, dass die insolvenzrechtliche Haftungsordnung und die erbrechtliche Haftungsordnung unabhängig von einander bestehen.[1164] Die erbrechtliche Vorfragenanknüpfung liefert das kollisionsrechtliche Ergebnis, auf das sich die insolvenzrechtliche Haftungsordnung aufstützt. Eine Verwobenheit von Insolvenzrecht und Erbrecht besteht hierbei nicht. Vielmehr bestehen beide Haftungsordnungen nebeneinander und ergänzen sich.[1165] Dies bedeutet zugleich, dass die Auslegung des Begriffs „Nachlass" in § 11 Abs. 2 Nr. 2 InsO keine Entscheidungshilfe dahingehend bietet, ob bei einer Nachlassspaltung auch eine insolvenzrechtliche Vermögensspaltung angenommen werden soll oder nicht.

Diese Frage ist vielmehr durch eine Untersuchung beider denkbaren Varianten zu beantworten. Hierbei wird sich zeigen, dass die verfahrensrechtliche Vermögenstrennung Nachteile mit sich bringt, die sich in erheblicher Weise auf die Befriedigungsaussichten der Nachlassgläubiger auswirken. Diese Nachteile vermeidet das einheitliche Insolvenzverfahren über den Gesamtnachlass.

II. Theorie der verfahrensrechtlichen Aufspaltung der Vermögensmassen – Eröffnung von Insolvenzverfahren über Teilnachlässe

In der Literatur vorherrschend ist die von *Jahr* begründete und von *Hanisch* weiterentwickelte Ansicht, der Gesamtnachlass sei aufgrund der erbrechtlichen Nachlassspaltung entsprechend auch insolvenzverfahrensrechtlich aufzuspalten, sodass es so viele Nachlassinsolvenzverfahren zu geben habe wie es Teilnachlässe gibt.[1166] Nach dieser Ansicht setzt sich die kollisionsrechtliche Selbständigkeit jedes Teilnachlasses auch insolvenzrechtlich fort.[1167] In der Folge muss für jeden Teilnachlass ein eigenes Nachlassinsolvenzverfahren eröffnet werden.

Der Vorteil dieser Ansicht liegt auf der Hand. Durch die insolvenzverfahrensrechtliche Aufspaltung kann für jedes Nachlassinsolvenzverfahren nur ein

---

1164 Hierzu bereits oben Seite 259.

1165 Anders *Hanisch*, der die Funktion des Nachlassinsolvenzverfahrens auch darin sieht, der erbrechtlichen Haftungsordnung Rechnung zu tragen, FS Henckel (1995), S. 376.

1166 Jaeger/*Jahr* (1973), §§ 237, 238 KO Rn. 479 ff.; *Hanisch*, ZIP 1990, S. 1247; *Ders.*, FS Henckel (1995), S. 375 f.; ihm nachfolgend *Bünning*, Nachlassverwaltung und Nachlasskonkurs (1996), S. 206 f.; *Mankowski*, ZIP 2011, S. 1504; verhalten in der Zustimmung dagegen Gottwald/*Kolmann*/*Keller*, § 132 Rn. 185 f. Kritisch aber *Riedemann*/*Schmidt*, ZVI 2015, S. 452.

1167 Jaeger/*Jahr* (1973), §§ 237, 238 KO Rn. 480; *Hanisch*, FS Henckel (1995), S. 376 f.; *Mankowski*, ZIP 2011, S. 1504.

einziges Erbrecht zur Anwendung kommen. Das Insolvenzverfahren über den Teilnachlass wird damit zu einem gewöhnlichen „hybriden“ Nachlassinsolvenzverfahren und ist entsprechend einfach durchzuführen. Dem einen fremden Erbrecht ist fortan die gesamte Rechtsnachfolge von Todes wegen unterstellt. In Bezug auf jeden einzelnen Teilnachlass wird damit simuliert, dass es gar keine Nachlassspaltung geben würde. Jeder Teilnachlass wird hiernach so behandelt, als handele es sich um den gesamten Nachlass.[1168] Widersprüchliche Ergebnisse, die aus einer mehrfachen erbrechtlichen Anknüpfung folgen würden, treten nicht auf, da jedes Nachlassinsolvenzverfahren für sich geschlossen ist. Die Probleme, die etwa dadurch auftreten können, dass die Frage nach der Erbenstellung unterschiedlich beantwortet wird, werden vermieden.[1169]

Darüber hinaus steht die verfahrensrechtliche Aufspaltung in mehrere selbständige Teilnachlässe auch im Einklang mit der bisherigen deutschen Rechtsprechung zur Nachlassabwicklung außerhalb des Insolvenzrechts.[1170] Auch dort werden im Fall der Nachlassspaltung selbständige Vermögensmassen gebildet, die grundsätzlich getrennt voneinander abzuwickeln sind.[1171]

1. Vereinbarkeit mit der Systematik der EuInsVO/EuInsVO 2017

Fraglich ist aber, ob die Aufteilung in selbständige Teilnachlässe mit dem internationalen Insolvenzverfahrensrecht und damit insbesondere mit den Zuständigkeitsregeln der EuInsVO/EuInsVO 2017 vereinbar wäre.[1172] Dies ist deshalb zweifelhaft, weil es nach der Systematik der EuInsVO/EuInsVO 2017 jeweils nur ein einziges Hauptinsolvenzverfahren geben kann, das das gesamte Vermögen des Schuldners erfasst.[1173]

Wie oben dargestellt, ist im Nachlassinsolvenzverfahren für die Zwecke der Zuständigkeitsbestimmung in Art. 3 Abs. 1 Satz 1 EuInsVO/EuInsVO 2017 auf

1168 *Hanisch*, ZIP 1990, S. 1247.

1169 Jaeger/*Jahr* (1973), §§ 237, 238 KO Rn. 481; *Hanisch*, ZIP 1990, S. 1246.

1170 Jaeger/*Jahr* (1973), §§ 237, 238 KO Rn. 482; *Hanisch*, ZIP 1990, S. 1247.

1171 Vgl. BGH, Urteil v. 5.4.1968, V ZR 18/67, NJW 1968, S. 1571; Urteil v. 21.4.1993, XII ZR 248/91, NJW 1993, S. 1920. Zu den Folgeproblemen *Bünning*, Nachlassverwaltung und Nachlasskonkurs (1996), S. 201 ff.; *Odersky*, Abwicklung deutsch-englischer Erbfälle (2001), S. 178 ff.

1172 Zweifelnd *Riedemann/Schmidt*, ZVI 2015, S. 452; Gottwald/*Kolmann/Keller*, § 132 Rn. 185.

1173 Vgl. Erwägungsgrund 12 EuInsVO (Erwägungsgrund 23 EuInsVO 2017); *Virgos/Schmit*, Erläuternder Bericht Rn. 15.

den Erblasser als „Schuldner" abzustellen.[1174] Dies könnte dafür sprechen, als Vermögensmasse den Gesamtnachlass anzusehen, unabhängig davon, ob eine erbrechtliche Nachlassspaltung vorliegt oder nicht. Eine Teilung des Gesamtnachlasses in einzelne, selbständige Insolvenzverfahren über Teilnachlässe würde dem Gedanken des Hauptinsolvenzverfahrens als universales Insolvenzverfahren widersprechen. Zweck des Hauptinsolvenzverfahrens ist es gerade, Splitterverfahren zu vermeiden.[1175] Die einzige Durchbrechung des Universalanspruches des Hauptinsolvenzverfahrens, die die EuInsVO/EuInsVO 2017 zulassen, ist die Eröffnung eines Partikularinsolvenzverfahrens. Hierfür ist zwingende Voraussetzung, dass in dem betreffenden Staat eine Niederlassung des Schuldners vorhanden ist, Art. 3 Abs. 2 EuInsVO/EuInsVO 2017. Hat der Schuldner dagegen keine Niederlassung, darf kein Partikularinsolvenzverfahren eröffnet werden. Die EuInsVO/EuInsVO 2017 bewirken in diesem Fall eine Zuständigkeitssperre.[1176]

Etwas anderes ergibt sich, wenn man im Fall der Nachlassspaltung als „Schuldner" im Sinne von Art. 3 Abs. 1 Satz 1 EuInsVO/EuInsVO 2017 nicht auf den Erblasser, sondern auf einzelne Teilnachlässe abstellt. Aufgrund der Selbständigkeit jedes Teilnachlasses wäre dies aus erbrechtlicher Sicht möglich. Auch die Vorschriften der EuInsVO/EuInsVO 2017 stehen dem nicht grundsätzlich entgegen. Nach der Systematik der EuInsVO/EuInsVO 2017 ist als „Schuldner" grundsätzlich dasjenige Rechtssubjekt anzusehen, dessen Vermögen abgewickelt werden soll.[1177] Als „Schuldner" könnte bei einer Nachlassspaltung jeder Teilnachlass angesehen werden. Nach der Systematik der EuInsVO/EuInsVO 2017 würde dann jeder Teilnachlass so behandelt, als sei er der gesamte Nachlass. Nach Art. 3 Abs. 1 Satz 1 EuInsVO/EuInsVO 2017 wäre dann ein Hauptinsolvenzverfahren über jeden Teilnachlass zu eröffnen.[1178]

Somit ist festzuhalten, dass eine verfahrensrechtliche Aufspaltung des Nachlassvermögens in mehrere selbständige Teilnachlässe auch unter dem zwingenden Zuständigkeitssystem der EuInsVO/EuInsVO 2017 möglich wäre.

1174 Siehe oben Seite 154.

1175 So soll die Eröffnung von Partikularinsolvenzverfahren auf das unbedingt erforderliche Maß beschränkt werden, vgl. Erwägungsgrund 17 Satz 2 EuInsVO (Erwägungsgrund 37 Satz 2 EuInsVO 2017).

1176 *Virgos/Schmit*, Erläuternder Bericht Rn. 30.

1177 *Virgos/Schmit*, Erläuternder Bericht Rn. 74.

1178 In diese Richtung *Mankowski*, ZIP 2011, S. 1504. Ebenso bereits zum Konkursrecht *Hanisch*, ZIP 1990, S. 1247.

Systematische Bedenken bestehen gegen eine Aufteilung des Nachlassvermögens in Teilnachlässe nicht.

2. *Folgeprobleme der Zersplitterung des Gesamtnachlasses in einzelne Insolvenzverfahren*

Dennoch ist zu fragen, ob diese Vorgehensweise auch unter praktischen Gesichtspunkten tunlich ist. Es kann nicht außer Acht gelassen werden, dass die insolvenzrechtliche Aufteilung eines Gesamtnachlasses in mehrere Teilnachlässe mit einer Reihe von Folgeproblemen einhergeht.

Der augenfälligste Nachteil dieses Lösungsansatzes ist, dass durch die Aufteilung in mehrere selbständige Vermögensmassen zwar eine Vielzahl von Insolvenzmassen geschaffen wird, dieser Umstand jedoch nicht mit einer entsprechenden Aufteilung und Zuordnung von Insolvenzeröffnungszuständigkeiten der Insolvenzgerichte einhergeht. Die Folge ist, dass dasselbe Insolvenzgericht für die Eröffnung der Nachlassinsolvenzverfahren über alle Teilnachlässe zuständig bleibt.[1179] Die materielle Teilung der Insolvenzmassen wirkt sich zuständigkeitsrechtlich nicht aus.

Diese Folge ist bei näherer Betrachtung problematisch. Wie oben gesehen, betrifft die kollisionsrechtliche Nachlassspaltung in erster Linie Immobilien, weil diese in einigen ausländischen Rechtsordnungen einer abweichenden Anknüpfung unterliegen. Bei den Teilnachlässen, die aufgrund der Nachlassspaltung vom Gesamtnachlass abgespalten werden, wird es sich somit hauptsächlich um Immobilienvermögen handeln. Diese Immobilien begründen dann jeweils eine eigene, selbständige Insolvenzmasse. Diese „Isolierung" von Immobilien kann allerdings erhebliche insolvenzrechtliche Konsequenzen haben. Dies ergibt sich aus dem Umstand, dass für jede Insolvenzmasse gesondert die Kosten des Insolvenzverfahrens aus der Insolvenzmasse gedeckt werden müssen.[1180] Andernfalls erfolgt eine Abweisung des Insolvenzantrages mangels einer die Verfahrenskosten deckenden Masse, § 26 Abs. 1 Satz 1 InsO. Das Insolvenzverfahren über den Teilnachlass kann in diesem Fall nicht eröffnet werden. Nun erweist sich in der Praxis aber gerade die Verwertung von Immobilienvermögen als besonders kompliziert.[1181] Selten gelingt hier eine kurzfristige Verwertung. Bis dahin fehlt dem Insolvenzverfahren Liquidität, die erst mit der erfolgten Veräußerung

---

1179 Jaeger/*Jahr* (1973), §§ 237, 238 KO Rn. 480; *Hanisch*, ZIP 1990, S. 1247; *Ders.*, FS Henckel (1995), S. 376 f.; *Mankowski*, ZIP 2011, S. 1504.

1180 Uhlenbruck/*Vallender*, § 26 InsO Rn. 6 ff.

1181 Hierzu *Tetzlaff*, ZInsO 2004, S. 521 ff.; *Büchler*, ZInsO 2011, S. 718 ff.

der Immobilie eintritt. Dies ist insbesondere dann der Fall, wenn die Immobilie nicht vermietet ist. Regelmäßig wird das Immobilienvermögen auch mit Sicherungsrechten belastet sein, etwa Grundschulden. Hierdurch wird ein etwaiger Veräußerungsgewinn erheblich geschmälert. Die Frage der Eröffnung des Nachlassinsolvenzverfahrens über den Teilnachlass hängt dann allein von den Verwertungsaussichten des Immobilienvermögens ab.

Während dies für Immobilien im Inland ein noch akzeptabler Umstand sein mag, verstärkt sich das Problem, wenn das Immobilienvermögen im Ausland belegen ist. Die dortigen Sicherungsrechte werden nach dem hiesigen Insolvenzkollisionsrecht grundsätzlich anerkannt.[1182] Die Verwertung muss daher zwingend unter Beachtung der Sicherungsrechte der *lex rei sitae* erfolgen.[1183] Praktische Folge ist, dass durch das inländische Insolvenzgericht ein inländischer Insolvenzverwalter bestellt wird, dessen einzige Aufgabe es sein kann, eine vollständig im Ausland belegene Insolvenzmasse zu verwerten. Diese Schwierigkeit wird von den Befürwortern dieses Lösungsansatzes in Kauf genommen.[1184]

Darüber hinaus sieht sich dieser Lösungsansatz weiter Kritik ausgesetzt. Aufgrund der Eröffnung von selbständigen Insolvenzverfahren über Teilnachlässe fällt für jeden Teilnachlass gesondert die volle Vergütung des Insolvenzverwalters an, § 63 InsO. Diese ist nach den §§ 65 InsO, 2 InsVV eine vom Umfang der Insolvenzmasse abhängige, degressive Staffelvergütung.[1185] Je größer der Umfang der Insolvenzmasse, desto geringer ist der anteilige Vergütungsanspruch des Insolvenzverwalters.[1186] Die Staffelung der Vergütung an Wertstufen bewirkt, dass die Insolvenzmasse bei der Aufteilung in mehrere Einzelverfahren gegenüber einem Verfahren über den Gesamtnachlass deutlich stärker belastet wird. Diese Belastung wirkt sich negativ auf die zu erwartende Quote der Nachlassgläubiger aus, da die Kosten des Insolvenzverfahrens vorrangig vor allen anderen Forderungen aus der Insolvenzmasse beglichen werden, § 53 InsO.

1182 Siehe Art. 5 und 8 EuInsVO (Art. 8 und 11 EuInsVO 2017) sowie § 336 InsO; hierzu BT-Drucks. 15/16, S. 18. Zu den Folgeproblemen aus praktischer Sicht *v. Bismarck/Schümann-Kleber*, NZI 2005, S. 89.

1183 Die EuInsVO/EuInsVO 2017 schreiben ferner vor, dass bei der Art und Weise der Verwertung von Gegenständen der Insolvenzmasse auf das Belegenheitsrecht Rücksicht zu nehmen ist, vgl. Art. 18 Abs. 3 EuIns- VO (Art. 21 Abs. 3 EuInsVO 2017).

1184 *Mankowski*, ZIP 2011, S. 1504; *Hanisch*, FS Henckel (1995), S. 376 f.; *Ders.*, ZIP 1990, S. 1247.

1185 Es bestehen für die Staffelung sieben Wertstufen, *Haarmeyer/Wutzke/Förster*, § 2 InsVV Rn. 1.

1186 *Haarmeyer/Wutzke/Förster*, § 2 InsVV Rn. 1 f.

Ferner tritt das Problem auf, dass die Verbindlichkeiten des Nachlasses den einzelnen Vermögensmassen zugeordnet werden müssen. Während sich die Aktiva des Nachlasses leicht teilen lassen, trifft dies auf die Passiva nicht zu. Bevor auf die Frage eingegangen werden kann, ob zwischen den einzelnen Insolvenzmassen ein wie auch immer gearteter Binnenausgleich stattzufinden hat, muss zunächst geklärt werden, welche Insolvenzmasse überhaupt für welche Nachlassverbindlichkeit haftet. Diese Fragestellung wirft bereits außerhalb des Insolvenzverfahrens in der Abwicklung eines solventen Nachlasses im Fall der Nachlassspaltung erhebliche Probleme auf.[1187]

Die Frage der Haftung für die Nachlassverbindlichkeiten hat auch Auswirkungen auf die Rechte der Nachlassgläubiger, die ihre Forderungen im Nachlassinsolvenzverfahren anmelden wollen.[1188] Da es ihnen kaum zuzumuten sein wird, die rechtliche Zuordnung zu den einzelnen Vermögensmassen selbst vorzunehmen, werden sie ihre Forderungen in allen Insolvenzverfahren gleichzeitig anmelden müssen, um Rechtsnachteile zu vermeiden. Dies kann zu erheblichen Kosten führen.

Schließlich hängt auch die Prüfung der Insolvenzgründe hiermit zusammen. Für die Aufstellung einer Insolvenzbilanz zur Klärung des Vorliegens eines Eröffnungsgrundes ist zwingend erforderlich, Klarheit über das Bestehen und die Fälligkeit aller Verbindlichkeiten zu haben. Kommt es zu einer bloß teilweisen Zuordnung von Verbindlichkeiten zu einzelnen Vermögenswerten, ist die Fallgestaltung denkbar, dass ein Teilnachlass keinen Insolvenzgrund aufweist, weil sich die Verbindlichkeiten nicht auf ihn beziehen. Hier würde es gegebenenfalls zu Übervorteilungen von Nachlassgläubigern kommen, die ihre Forderungen dort geltend machen dürfen.[1189]

Zusammenfassend ist somit festzustellen, dass der Lösungsansatz der Aufteilung des Gesamtnachlasses in einzelne selbständige Teilnachlässe aus rechtlicher

---

1187 MünchKomm-BGB/*Dutta*, Art. 25 EGBGB Rn. 145 ff.; Staudinger/*Dörner*, Art. 25 EGBGB Rn. 789 ff.; Palandt/*Thorn* (2014), Art. 25 EGBGB Rn. 9.

1188 Art. 39 EuInsVO (Art. 53 EuInsVO 2017) sieht es hierbei als grundsätzliches Recht eines jeden Gläubigers an, eine Forderung in einem Insolvenzverfahren anzumelden, das in einem anderen Mitgliedstaat eröffnet wurde, siehe MünchKomm-BGB/*Kindler*, Art. 39 EuInsVO Rn. 4.

1189 Dem müsste dann durch die Durchführung eines Vorteilsausgleiches Rechnung getragen werden. Eine ähnliche Konstruktion wird auch bei dem Prinzip der Doppelberücksichtigung nach § 43 InsO zugrunde gelegt, wonach ein Gläubiger trotz mehrfacher Forderungsanmeldungen insgesamt nie mehr als den gesamten Forderungsbetrag erhalten darf, Uhlenbruck/*Knof*, § 43 InsO Rn. 24.

Sicht schlüssig erscheint. Unter praktischen Gesichtspunkten muss diese Bewertung allerdings eingeschränkt werden. Die praktischen Folgeprobleme sind derart zahlreich, dass unter diesem Gesichtspunkt kaum die Rede davon sein kann, dass dieser Lösungsansatz „eine Fülle (…) von Schwierigkeiten (…) vermeidet".[1190]

III. Theorie der materiellrechtlichen Aufspaltung der Vermögensmassen – Bildung von „Untermassen"

Der Gegenentwurf für die Theorie der Aufteilung in mehrere selbständige Teilnachlässe ist die Eröffnung eines Insolvenzverfahrens über den Gesamtnachlass bei gleichzeitiger Einrichtung insolvenzrechtlicher „Untermassen".[1191] Der Unterschied zur verfahrensrechtlichen Lösung liegt darin, dass die einzelnen Teilnachlässe, die aufgrund der Nachlassspaltung einem fremden Erbrecht unterliegen, verfahrensrechtlich nicht als eigenständig angesehen werden, sondern Teil des Gesamtnachlasses bleiben. Über diesen allein wird ein einziges Nachlassinsolvenzverfahren eröffnet.

Auch bei dieser Lösung kommt man nicht umhin, der erbrechtlichen Nachlassspaltung Rechnung zu tragen. Die Bildung nur einer einzigen Insolvenzmasse kann dem nicht gerecht werden, da sonst der Einfluss der erbrechtlich bestimmten Vorfrage „Nachlass" übergangen würde. Um die erbrechtliche Nachlassspaltung abbilden zu können, werden auch hier Teilnachlässe gebildet, jedoch nur auf der Ebene des materiellen Insolvenzrechts. Jeder Teilnachlass bildet danach eine „Untermasse" der eigentlichen Insolvenzmasse.[1192] Es handelt sich hierbei lediglich um einen Rechenposten, der der Vereinfachung der Verfahrensabwicklung dient. Ihm kommt keinerlei Außenwirkung zu. Nach außen hin wird stets nur eine einzige Insolvenzmasse abgewickelt, der Gesamtnachlass. Die Bildung von „Untermassen" für jeden Teilnachlass wirkt dabei ausschließlich „intern" im Rahmen der Erstellung des Vermögensverzeichnisses über die Aktiva und Passiva der Insolvenzmasse nach § 153 Abs. 1 InsO.

1190 So aber *Hanisch*, ZIP 1990, S. 1247; ähnlich Jaeger/*Jahr* (1973), §§ 237, 238 KO Rn. 481.

1191 *Hanisch*, ZIP 1990, S. 1247; Leonhardt/Smid/Zeuner/*Smid*, Art. 4 EuInsVO Rn. 14; als „Einheitskonkurs" bezeichnet bereits bei Jaeger/*Jahr* (1973), §§ 237, 238 KO Rn. 481.

1192 Leonhardt/Smid/Zeuner/*Smid*, Art. 4 EuInsVO Rn. 14.

1. Überwindbarkeit der Gegenargumente

Anders als *Hanisch* und *Bünning* annehmen, ist diese Vorgehensweise nicht „unpraktikabel".[1193]

Kernargument gegen die Bildung von „Untermassen" ist die unterschiedslose Anwendung der Befriedigungsreihenfolge der nachrangigen Gläubiger in § 327 InsO, die stark von den Vorstellungen des deutschen Erbrechts geprägt ist.[1194] Deren unmodifizierte Anwendung sei bei einem fremden Erbrecht nicht angebracht, weil die Wertungen des deutschen Erbrechts kollisionsrechtlich gerade nicht berufen seien.[1195] Es ergebe sich daher ein Wertungskonflikt, der nur durch eine Anpassung von § 327 InsO an das jeweilige Erbrecht gelöst werden könne. Hierzu sei die Aufteilung des Gesamtnachlasses in verfahrensrechtlich selbständige Teilnachlässe aber zwingend.[1196]

Dieser Lösungsvorschlag findet seine Grenzen in den Qualifikationsanordnungen der EuInsVO/EuInsVO 2017. Wie bereits untersucht wurde, gehen die EuInsVO/EuInsVO 2017 davon aus, dass es sich bei der Frage des Ranges der Forderungen um eine insolvenzrechtliche Fragestellung handelt, die stets der *lex fori concursus* zu entnehmen ist.[1197] Dies gilt nicht nur für die Unterscheidung von Masse- und Insolvenzforderungen, sondern auch für nachrangige Insolvenzforderungen.[1198] Die Anordnung des Nachrangs in § 327 InsO ist somit insolvenzrechtlicher Natur.[1199] Als Bestandteil der *lex fori concursus* eines in Deutschland eröffneten Nachlassinsolvenzverfahrens kommt sie auch dann zur

---

1193 So aber *Hanisch*, ZIP 1990, S. 1247; *Bünning*, Nachlassverwaltung und Nachlasskonkurs (1996), S. 207. Zurückhaltender hingegen schon Jaeger/*Jahr* (1973), §§ 237, 238 KO Rn. 481 („Vorteile eines 'Einheitskonkurses' fallen [...] nicht entscheidend ins Gewicht").

1194 Damals noch § 226 KO, *Hanisch*, ZIP 1990, S. 1247; *Bünning*, Nachlassverwaltung und Nachlasskonkurs (1996), S. 207. In diese Richtung auch bereits Jaeger/*Jahr* (1973), §§ 237, 238 KO Rn. 481.

1195 *Bünning* will die Regelungen in § 327 InsO (damals § 226 KO) sogar ganz dem fremden Erbstatut entnehmen, *Bünning*, Nachlassverwaltung und Nachlasskonkurs (1996), S. 162 f.; ähnlich bereits Jaeger/*Jahr* (1973), §§ 237, 238 KO Rn. 494 ff.

1196 *Hanisch*, ZIP 1990, S. 1247; *Bünning*, Nachlassverwaltung und Nachlasskonkurs (1996), S. 207.

1197 Vgl. Art. 4 Abs. 2 Satz 2 lit. i) EuInsVO (Art. 7 Abs. 2 Satz 2 lit. i) EuInsVO 2017) und oben Seite 194.

1198 MünchKomm-InsO/*Siegmann*, § 315 InsO Rn. 9; in diese Richtung auch *Virgos/Schmit*, Erläuternder Bericht Rn. 68.

1199 Dies gilt nach § 335 InsO entsprechend auch im autonomen internationalen Insolvenzrecht, hierzu oben Seite 250.

Anwendung, wenn das maßgebliche Erbstatut nicht das deutsche ist. Die Wertungen des fremden Erbrechts, die *Hanisch* und *Bünning* berücksichtigt sehen wollen, werden durch die Qualifikationsanordnung der EuInsVO/EuInsVO 2017 als nicht berücksichtigungsfähig angesehen. Nach der EuInsVO/EuInsVO 2017 ist es vorrangig, dass das deutsche Insolvenzrecht als *lex fori concursus* als Ganzes berufen wird. Dies dient der einheitlichen Anwendung der Regeln der Verordnungen und damit der Festigung des gegenseitigen Vertrauens der anderen Mitgliedstaaten, die das deutsche Nachlassinsolvenzverfahren ohne weitere Formalitäten anerkennen müssen.[1200] Die Rechtfertigung der Durchsetzung der Wertungen des deutschen Insolvenzrechts auch bei Anwendbarkeit eines fremden Erbrechts ergibt sich dabei aus dem bestehenden Inlandsbezug, der zu einer deutschen Eröffnungszuständigkeit führt.

Für die Anwendbarkeit *eines* fremden Erbrechts im Nachlassinsolvenzverfahren wurde dabei oben herausgearbeitet, dass sich das deutsche Insolvenzrecht zur Ausräumung evidenter Wertungswidersprüche mit dem fremden Erbrecht einer Anpassung offen zeigt. Dies gilt, solange hierdurch nicht in die insolvenzrechtliche Haftungsordnung eingegriffen wird.[1201] Kommen allerdings *mehrere* Erbrechtsordnungen zur Anwendung, kann eine Anpassung der Rangfolgeanordnung nicht mehr erfolgen, weil die Vorschrift des § 327 InsO nicht teilbar ist. Es müsste sonst ein einziges Erbrecht bestimmt werden, dessen Wertungen vorrangig vor allen anderen sein sollen. Das ist allerdings nicht möglich. In der Konsequenz hat eine Anpassung auszuscheiden, da dann keine der anwendbaren Erbrechtsordnungen einen Nachteil erfährt.

Ein weiteres Argument gegen die Bildung von „Untermassen" ist die Verschiedenheit der Rechte des erbrechtlichen Status, etwa der Stellung als Erbe und damit faktisch der Stellung als Schuldner des Verfahrens.[1202] Diese könnten für jeden Teilnachlass derart unterschiedlich ausfallen, dass eine Zusammenfassung in einem einzigen Verfahren nicht in Betracht käme. Dies gälte auch im Hinblick auf Pflichtteilsrechte.[1203] So wäre es denkbar, dass für jeden Teilnachlass unterschiedliche Pflichtteilsberechtigungen bestünden, die den Gläubigerkreis

---

1200 Vgl. Erwägungsgrund 22 EuInsVO (Erwägungsgrund 65 EuInsVO 2017).

1201 Siehe hierzu oben Seite 284.

1202 *Hanisch*, ZIP 1990, S. 1247; *Bünning*, Nachlassverwaltung und Nachlasskonkurs (1996), S. 207; *Mankowski*, ZIP 2011, S. 1504.

1203 *Mankowski*, ZIP 2011, S. 1504.

entsprechend verändern würden. Wolle man diese erbrechtlichen Unterschiede in einem Verfahren bündeln, erwiese sich dies als „unpraktikabel".[1204]

Dieser Einwand kann jedoch im Wege der Bildung entsprechender „Untermassen" ausgeräumt werden. Die „Untermassen" verhalten sich zueinander genauso wie selbständige Teilnachlässe, sodass Aktiva und Passiva hier wie dort getrennt zugeordnet werden. Soweit es Rechte an der Insolvenzmasse betrifft, etwa Pflichtteilsrechte, müssen diese bei der Bildung von „Untermassen" ebenso wie bei einer verfahrensrechtlichen Aufspaltung des Gesamtnachlasses entsprechend ihrem Anteil an dem Gesamtnachlass zugeordnet und aufgeteilt werden. Dies ist möglich, denn Vermögensrechte sind teilbar.[1205]

Dies ist bei Beteiligungsrechten, etwa dem Recht zur Beantragung eines Nachlassinsolvenzverfahrens in § 317 InsO, anders. Diese sind nicht teilbar. Um keine Rechtsverkürzungen zu bewirken, kann hier nur eine Erweiterung dieser Rechte stattfinden.[1206] Folge hiervon ist, dass Beteiligungsrechte, die sich nur auf einen Teilnachlass beziehen, etwa weil eine Person nur dort als Erbe gilt, auf den gesamten Nachlass erweitert werden müssen. Dies ist hinnehmbar, weil die anderen Beteiligten dadurch keine Rechtsnachteile erleiden. Ihre eigenen Beteiligungsrechte bleiben ihnen vollumfänglich erhalten. Dies trifft ebenso auf die Stellung eines Erben als Schuldner zu. Es ist insolvenzrechtlich unschädlich, mehrere Schuldner zu haben. Bei Anwendung der Verfahrensrechte und -pflichten des Schuldners muss dann im Einzelfall der richtige Adressat bestimmt werden. Unüberwindbare Hindernisse schafft dies nicht.

2. *Systematische Vorteile der Bildung von „Untermassen"*

Sind die Hindernisse überwunden, treten die Vorteile der Bildung von „Untermassen" hervor. Diese verhalten sich spiegelbildlich zu den Nachteilen der Aufteilung des Gesamtnachlasses in einzelne selbständige Teilnachlässe.

Besonders positiv auf die Befriedigungsaussichten der Nachlassgläubiger wirkt sich der Umstand aus, dass nur ein einziger Insolvenzverwalter für den Gesamtnachlass bestellt werden muss. Sein Vergütungsanspruch nach § 63 InsO bezieht sich zwar auf die gesamte Insolvenzmasse. Aufgrund der degressiven

---

1204 *Hanisch*, ZIP 1990, S. 1247; *Bünning*, Nachlassverwaltung und Nachlasskonkurs (1996), S. 207; diesen folgend auch *Mankowski*, ZIP 2011, S. 1504.

1205 Nicht teilbar ist hingegen das Recht des einzelnen Gläubigers, seine Forderung in voller Höhe geltend zu machen, *Bünning*, Nachlassverwaltung und Nachlasskonkurs (1996), S. 215 ff.

1206 In diese Richtung bereits Jaeger/*Jahr* (1973), §§ 237, 238 KO Rn. 481.

Staffelung der Vergütung fällt diese insgesamt aber deutlich weniger ins Gewicht als bei der Aufteilung des Gesamtnachlasses in mehrere selbständige Teilnachlässe. Sollte sich die Verwaltung des Gesamtnachlasses mit einzelnen „Untermassen" als insolvenzrechtlich besonders aufwändig erweisen, kann der Vergütungsanspruch des Insolvenzverwalters nach § 63 Abs. 1 Satz 3 InsO durch Abweichungen vom Regelsatz angepasst werden. Aber selbst dann ergibt sich noch ein Vorteil für die Befriedigungsaussichten der Nachlassgläubiger.

Ein weiterer Vorteil für die Nachlassgläubiger ist, dass sie ihre Forderungen gegen den Nachlass nur ein einziges Mal beim Insolvenzverwalter anmelden müssen. Hierdurch werden ihnen kostenträchtige Mehrfachanmeldungen bei den Insolvenzverwaltern der einzelnen Teilnachlässe erspart. Die Zuordnung ihrer Forderungen zu den einzelnen „Untermassen" wird in diesem Fall von dem Insolvenzverwalter vorgenommen und nicht vom Nachlassgläubiger. Dies ist sachgerecht, weil der Insolvenzverwalter in tatsächlicher Hinsicht einen Informationsvorsprung vor den Nachlassgläubigern hat. Er kann somit auch die Rechtslage am Besten überblicken. Dies führt zu Kostenersparnissen.

Ferner führt die Erhaltung eines Gesamtnachlasses dazu, dass sämtliche Verwertungs- und Sanierungsmaßnahmen in der Hand einer einzigen Person gebündelt bleiben. Der Insolvenzverwalter des Gesamtnachlasses hat es allein in der Hand, die wirtschaftlichen und rechtlichen Verhältnisse des Nachlasses zu überblicken und die richtigen Entscheidungen im Hinblick auf eine eventuelle Sanierung oder Verwertung zu treffen. Dies ist bei der Bestellung mehrerer Insolvenzverwalter dagegen nicht der Fall. Hier kann es durch Abstimmungsschwierigkeiten zu (erheblichen) Reibungsverlusten kommen.[1207] Darüber hinaus wird auch die Eröffnung von Nachlassinsolvenzverfahren nur über einzelne Vermögenswerte, etwa Grundstücke, vermieden. Die Komplexität der Verwertungsaussichten wird dadurch abgemildert, dass diese nicht allein für die Beantwortung der Frage entscheidend sind, ob die Kosten des Insolvenzverfahrens gedeckt sind und damit überhaupt ein Nachlassinsolvenzverfahren eröffnet werden kann. Sofern die Kosten des Insolvenzverfahrens aus anderen Vermögenspositionen gedeckt werden können, ist es möglich, in besonders komplexen Fällen die Verwertungsaussichten etwa für Grundstücke zunächst offen zu lassen.

Zudem können diese Grundsätze auch in Sekundär- oder Partikularinsolvenzverfahren nach Art. 3 Abs. 2 EuInsVO/EuInsVO 2017 bzw. §§ 354, 356 InsO angewandt werden. Der wesentliche Unterschied eines Sekundär- oder

1207 *Hanisch* schlägt deshalb vor, für alle Teilnachlässe jeweils dieselbe Person als Insolvenzverwalter zu bestellen, *Hanisch*, ZIP 1990, S. 1247.

Partikularinsolvenzverfahrens im Vergleich zu einem Hauptinsolvenzverfahren besteht in der territorialen Wirkungsbeschränkung. Nur das Nachlassvermögen, das innerhalb der Staatsgrenzen belegen ist, wird von dem Insolvenzbeschlag eines Sekundär- oder Partikularinsolvenzverfahrens erfasst. Somit bildet nur dieses Vermögen aus insolvenzrechtlicher Sicht den Gesamtnachlass. Kommt es hierbei zu einer Nachlassspaltung, können auch im Sekundär- oder Partikularinsolvenzverfahren entsprechend „Untermassen" gebildet werden.

Im Ergebnis stellt sich die Eröffnung eines Nachlassinsolvenzverfahrens über den Gesamtnachlass vorteilhafter dar als dessen Aufteilung in selbständige Teilnachlässe. Insbesondere die Interessen der Nachlassgläubiger, denen das Nachlassinsolvenzverfahren dient, werden hierdurch besser gewahrt. Ein solches Vorgehen ist auch im Sinne des Regelungszwecks der EuInsVO/EuInsVO 2017, wonach grenzüberschreitende Insolvenzverfahren effizient und wirksam durchgeführt werden sollen.[1208]

1208 Vgl. Erwägungsgrund 2 EuInsVO (Erwägungsgrund 3 EuInsVO 2017).

Vierter Teil Zusammenfassung

Die vorstehende Untersuchung hat den rechtlichen Rahmen eines internationalen Nachlassinsolvenzverfahrens abgesteckt.

Ausgehend vom deutschen Insolvenzrecht wurde im Ersten Teil die geschichtliche Entwicklung des Nachlassinsolvenzverfahrens nachgezeichnet, die für die systematische Einordnung des deutschen Nachlassinsolvenzverfahrens in den Kontext der anderen europäischen Erbrechtsordnungen nützlich ist. Sodann wurde ein Blick auf die europäischen Nachbarn geworfen und herausgearbeitet, welche Systeme der Erbenhaftung und der Abwicklung von insolventen Nachlässen in den anderen Mitgliedstaaten der Europäischen Union vorzufinden sind.

Der Zweite Teil der Arbeit beschäftigt sich mit dem Nachlassinsolvenzverfahren im Fall des Vorliegens von Auslandsberührungen. Hierzu wurde die Anwendung der EuInsVO/EuInsVO 2017 und des autonomen internationalen Insolvenzrechts im Nachlassinsolvenzverfahren untersucht.

Im Dritten Teil der Arbeit wurde demgegenüber der Fallkonstellation nachgegangen, dass in einem deutschen Nachlassinsolvenzverfahren über die kollisionsrechtliche Anknüpfung fremdes Erbrecht Anwendung findet. Hierbei stand zum einen die grundsätzliche Frage der Zulässigkeit des Auseinanderfallens von Insolvenzstatut und Erbstatut im Vordergrund. Zum anderen ging es um die Abgrenzung und die Wechselwirkungen zwischen Insolvenz- und Erbrecht. Schließlich wurde in diesem Kontext auch die Frage behandelt, wie im Fall der Nachlassspaltung vorzugehen ist, wenn also nicht nur ein, sondern mehrere fremde Erbrechtsordnungen Anwendung im deutschen Nachlassinsolvenzverfahren finden.

Die wesentlichen Ergebnisse der Arbeit lassen sich dabei in Thesenform wie folgt zusammenfassen:

1. Das Nachlassinsolvenzverfahren ist ein Insolvenzverfahren an der Schnittstelle von Insolvenzrecht und Erbrecht. Trotz zahlreicher Wechselwirkungen zwischen Insolvenz- und Erbrecht handelt es sich bei dem Nachlassinsolvenzverfahren um ein vollwertiges Insolvenzverfahren. Die mit dem Nachlassinsolvenzverfahren verbundenen erbrechtlichen Wirkungen, etwa die Haftungsbeschränkung des Erben auf den Nachlass nach § 1975 BGB, treten nur *anlässlich* der Eröffnung des Nachlassinsolvenzverfahrens ein, ohne jedoch selbst dessen Verfahrenszweck zu sein (Seite 33 ff.).
2. Die geschichtliche Entwicklung des Nachlassinsolvenzverfahrens geht auf das Recht Preußens zurück. Seit dem Beginn gesamtvollstreckungsrechtlicher

Regelungen waren im Preußischen Recht Vorschriften darüber enthalten, wie zu verfahren war, wenn der Schuldner gestorben war, so bereits auch im Revidierten Landrecht von 1685. Der Erbe konnte seine Haftung für die Nachlassverbindlichkeiten damals durch die Aufstellung eines Nachlassinventars beschränken, wie es schon im Römischen Recht unter Justinian seit dem Jahr 531 n. Chr. möglich war. Die Eröffnung eines Konkursverfahrens über den Nachlass wurde im Preußischen Verbesserten Landrecht von 1721 erstmals kodifiziert. Vorgesehen war dabei stets, dass der insolvente Nachlass durch eine Amtsperson abgewickelt werden sollte (Seite 50 ff.).

3. Historische Wurzel des heutigen Nachlassinsolvenzverfahrens ist die Preußische Konkursordnung von 1855. Diese war Vorlage für den Entwurf einer Deutschen Gemeinschuldordnung von 1873, welche wiederum als Vorbild für die Konkursordnung von 1877 diente. Die Struktur des damaligen Nachlasskonkursverfahrens hat sich im Wesentlichen bis heute gehalten (Seite 53 ff.).
4. Bei den Beratungen der 1. Kommission über den Ersten Entwurf eines BGB von 1887 war angeregt worden, neben der Eröffnung eines Konkursverfahrens auch die Abwicklung des Nachlasses durch den Erben selbst zuzulassen, indem diesem ein Einrederecht gegenüber den Gläubigern zugebilligt werden sollte. Dieses Einrederecht sollte es dem Erben in Gestalt der sogenannten Abzugseinrede ermöglichen, den jeweiligen Gläubiger nur soweit aus dem Nachlass zu befriedigen, wie er in einem hypothetischen Nachlasskonkursverfahren befriedigt werden würde. Als unpraktikabel und zu komplex wurde dieses Regelungsmodell nach Drängen Preußens durch die Subkommission der 2. BGB-Kommission wieder gestrichen. Stattdessen einigte man sich darauf, dem Erben neben der Eröffnung eines Konkursverfahrens über den Nachlass die Möglichkeit der Beantragung einer amtlichen Nachlassverwaltung zu gewähren. Dieses im Jahr 1896 durch den Reichstag beschlossene System der Beschränkung der Haftung des Erben für die Nachlassverbindlichkeiten hat sich bis heute gehalten (Seite 57 ff.).
5. In den anderen Rechtsordnungen der Europäischen Union ist der Ansatz des deutschen Rechts, dass ein insolventer Nachlass zwingend im Wege eines Insolvenzverfahrens abzuwickeln ist, wenig verbreitet. Stattdessen obliegt es vielerorts dem Erben, den Nachlass anhand einer besonderen Befriedigungsreihenfolge abzuwickeln. Eine gemeinschaftliche Befriedigung der Nachlassgläubiger findet dabei nicht immer statt. So gibt es Rechtsordnungen, in denen der Erbe die Nachlassgläubiger bis zur Erhebung eines förmlichen Widerspruchs nach dem Prioritätsprinzip befriedigen darf (Seite 75 ff.).

6. In jedem Mitgliedstaat der Europäischen Union besteht die Möglichkeit für den Erben, einer gegebenenfalls bestehenden Haftung für die Verbindlichkeiten des Nachlasses zu entgehen. Unter den anderen Mitgliedstaaten der Europäischen Union lassen sich hierbei drei Modelle unterscheiden: das Inventarmodell, die gesetzlich beschränkte Haftung des Erben und das Treuhandmodell. Das System des deutschen Rechts findet sich dabei nicht wieder. Zugleich hängt die Art der Abwicklung eines insolventen Nachlasses nicht zwingend mit dem jeweiligen System der Haftungsbeschränkung des Erben zusammen. So ist festzustellen, dass unter allen drei Systemen der Haftungsbeschränkung die Abwicklung eines insolventen Nachlasses sowohl durch den Erben selbst als auch im Wege eines Konkursverfahrens anzutreffen ist (Seite 105 ff.).
7. Die EuInsVO/EuInsVO 2017 finden auch auf das Nachlassinsolvenzverfahren Anwendung. Dieses Ergebnis, das sich bereits aus dem sachlich-persönlichen Anwendungsbereich der Verordnungen ergibt, muss nicht aus teleologischen Gründen korrigiert werden. Weder seitens des europäischen noch des deutschen Rechts bestehen sachliche Gründe gegen die Anwendbarkeit der EuInsVO/EuInsVO 2017 auf das Nachlassinsolvenzverfahren (Seite 118 ff.).
8. Bei der Bestimmung der internationalen Zuständigkeit zur Eröffnung eines Nachlassinsolvenzverfahrens nach Art. 3 Abs. 1 Satz 1 EuInsVO/EuInsVO 2017 ist allein auf die Systematik der Verordnungen abzustellen. Der ehemalige Gleichlaufgrundsatz des deutschen Verfahrensrechts findet keine Anwendung (Seite 136 ff.).
9. Im Rahmen der Auslegung des Begriffs „Schuldner“ in Art. 3 Abs. 1 Satz 1 EuInsVO/EuInsVO 2017 ist methodisch sowohl der Rückgriff auf den Erblasser als auch auf den Nachlass möglich. Der Systematik der Verordnungen würde ein Abstellen auf den Nachlass als „Schuldner“ am Besten entsprechen. Dennoch ist bei einer Folgenabwägung der Erblasser als „Schuldner“ anzusehen, um Rechtsnachteile für die Nachlassgläubiger zu vermeiden. Diese ergeben sich daraus, dass ein Nachlass nicht in allen Rechtsordnungen der Europäischen Union insolvenzfähig ist (Seite 142 ff.).
10. Bei der Prüfung der Voraussetzungen zur Eröffnung eines Sekundär- oder Partikularinsolvenzverfahrens nach Art. 3 Abs. 2 EuInsVO/EuInsVO 2017 ist im Rahmen der Auslegung des Begriffs „Schuldner“ auf den Nachlass abzustellen. Bei der Auslegung des Begriffs der „Niederlassung“ ist zu beachten, dass eine ehemalige gewerbliche Tätigkeit des Erblassers nicht zwingend vorausgesetzt wird. Nach der Systematik der Verordnungen wird

die Möglichkeit der Eröffnung eines Sekundär- oder Partikularinsolvenzverfahrens nicht von vornherein auf Unternehmernachlässe beschränkt (Seite 162 ff.).

11. Bei der Eröffnung eines Nachlassinsolvenzverfahrens als Sekundär- oder Partikularinsolvenzverfahren nach Art. 3 Abs. 2 EuInsVO/EuInsVO 2017 ist zu beachten, dass die Vorschriften des deutschen Insolvenzrechts in den §§ 315 ff. InsO vor dem Hintergrund des europäischen Rechts ausgelegt werden müssen. Hierbei kann es zur Notwendigkeit einer telelogischen Reduktion einzelner Vorschriften, etwa der Antragsbefugnis in § 317 InsO oder der Antragsfrist in § 319 InsO, kommen (Seite 168 ff.).
12. In den Vorschriften über die örtliche Zuständigkeit wird das Nachlassinsolvenzverfahren in Art. 102 § 1 Abs. 1 EGInsO planwidrig nicht erwähnt. Diese Regelungslücke ist durch eine analoge Anwendung von Art. 102 § 1 Abs. 1 EGInsO zu schließen (Seite 179 ff.).
13. Das im Nachlassinsolvenzverfahren anwendbare Insolvenzrecht bestimmt sich im Anwendungsbereich der EuInsVO/EuInsVO 2017 nach den Kollisionsregeln in den Art. 4 ff. EuInsVO (Art. 7 ff. EuInsVO 2017). Die Vorschriften des Nachlassinsolvenzverfahrens verweisen nicht statisch auf das Erbrecht des BGB, sondern unterliegen in vollem Umfang der allgemeinen kollisionsrechtlichen Anknüpfung. Hierdurch wird erforderlich, jede einzelne Vorschrift des Nachlassinsolvenzverfahrens auf ihre Zugehörigkeit zum Insolvenz- oder zum Erbrecht zu überprüfen (Qualifikation). Die erbrechtliche Qualifikation erfolgt anhand der Art. 21 ff. EuErbVO (Seite 181 ff.).
14. Die Qualifikationsanordnung der EuInsVO/EuInsVO 2017 führt dazu, dass der weit überwiegende Teil der Vorschriften des Nachlassinsolvenzverfahrens als insolvenzrechtlich zu qualifizieren ist. Dies gilt insbesondere auch für die Insolvenzantragspflicht und die Insolvenzverschleppungshaftung in § 1980 Abs. 1 BGB. Erbrechtlich zu qualifizieren sind dagegen die Voraussetzungen und Folgen der Haftungsbeschränkung des Erben für die Nachlassverbindlichkeiten in § 1975 BGB. Hierbei zeigt sich, dass die Haftungsordnung, die das Insolvenzrecht vorsieht und die erbrechtliche Haftungsordnung voneinander verschieden sind und unabhängig voneinander existieren (Seite 208 ff.).
15. Im Rahmen der Anerkennung der Eröffnung des Nachlassinsolvenzverfahrens nach den Art. 16 ff. EuInsVO (Art. 19 ff. EuInsVO 2017) ist zu beachten, dass die Anerkennung nicht aus dem Grund verwehrt werden darf, dass in dem jeweiligen Mitgliedstaat der Europäischen Union die Abwicklung eines Nachlasses im Insolvenzverfahren unbekannt ist. Der *ordre public*-Vorbehalt

in Art. 26 EuInsVO (Art. 33 EuInsVO 2017) greift in diesem Fall nicht (Seite 219 ff.).

16. Während die Mitgliedstaaten der Europäischen Union nach den Regeln der EuInsVO/EuInsVO 2017 verpflichtet sind, die Eröffnung und die Wirkungen des Nachlassinsolvenzverfahrens automatisch anzuerkennen, gilt dies nicht für erbrechtliche Rechtsverhältnisse. Eine Pflicht zur Anerkennung erbrechtlicher Rechtsverhältnisse besteht nach der EuInsVO/EuInsVO 2017 nicht. Deren Anerkennung vollzieht sich nach dem internationalen Erbverfahrensrecht (Seite 226 f.).
17. Kommt es zu Widersprüchen zwischen den Wirkungen des Nachlassinsolvenzverfahrens und erbrechtlichen Nachlassabwicklungsmaßnahmen in anderen Mitgliedstaaten der Europäischen Union, gehen die Wirkungen des Insolvenzrechts als sachnähere und damit speziellere Regelungen vor. Die Wirkungen des Nachlassinsolvenzverfahrens überlagern erbrechtliche Maßnahmen, sofern diese den insolvenzrechtlichen Wirkungen widersprechen (Seite 226 ff.).
18. Die internationale Zuständigkeit zur Eröffnung eines Nachlassinsolvenzverfahrens ist auch bei Auslandsbezügen zu Drittstaaten anhand von Art. 3 Abs. 1 Satz 1 EuInsVO/EuInsVO 2017 zu bestimmen. Eine doppelfunktionale Anwendung von § 315 InsO kommt grundsätzlich nicht mehr in Betracht (Seite 232 ff.).
19. Soll ein Nachlassinsolvenzverfahren als Sekundär- oder Partikularinsolvenzverfahren nach den §§ 354, 356 InsO eröffnet werden, unterliegt dies besonderen Zulässigkeitsvoraussetzungen. Der Begriff der „Niederlassung" in § 354 Abs. 1 Alt. 1 InsO ist im Interesse der Einheitlichkeit im Lichte von Art. 2 lit. h) EuInsVO (Art. 2 Nr. 10 EuInsVO 2017) auszulegen. Hierbei ist auf den Nachlass als Bezugsobjekt abzustellen (Seite 236 ff.).
20. Bei der Auslegung des Begriffs des „besonderen Interesses" in § 354 Abs. 2 Satz 1 InsO ist zu beachten, dass dieses derart zu verstehen ist, dass der Nachlassgläubiger in einem ausländischen Verfahren *in rechtlicher Hinsicht* voraussichtlich erheblich schlechter stehen muss als in einem inländischen Insolvenzverfahren. Weicht das ausländische Verfahren von einem inländischen ab, muss im jeweiligen Einzelfall geprüft werden, ob das Vorliegen eines „besonderen Interesses" bejaht werden kann. Allein die abweichende Ausgestaltung im Vergleich zum deutschen Nachlassinsolvenzverfahren rechtfertigt die Annahme eines „besonderen Interesses" nicht (Seite 239 ff.).
21. Auch durch besondere Vorschriften des autonomen internationalen Insolvenzrechts kann eine Überlagerung der Vorschriften des Nachlassinsolvenzverfahrens eintreten, etwa der Antragsberechtigung in § 317 InsO und

der Antragsfrist in § 319 InsO. Aufgrund der Strukturähnlichkeit mit dem Zuständigkeitssystem der EuInsVO/EuInsVO 2017 sind die auftretenden Probleme ebenso zu lösen (Seite 247 ff.).

22. Als Ausdruck des Schutzgedankens des Partikularinsolvenzverfahrens ist dieses auch dann zulässig, wenn der Nachlass allein einem fremden Erbrecht unterliegt und hauptsächlich im Ausland abgewickelt wird. Die Konsequenz der Herauslösung des in Deutschland belegenen Nachlassteils aus einem gegebenenfalls stattfindenden ausländischen Gesamtverfahren wird vom autonomen internationalen Insolvenzrecht gebilligt und rechtfertigt sich aus der inländischen Insolvenzzuständigkeit (Seite 248 f.).
23. Die Abgrenzung von Insolvenz- und Erbrecht ist im autonomen internationalen Insolvenzrecht entsprechend dem europäischen Recht der EuInsVO/EuInsVO 2017 vorzunehmen. Die Qualifikation der Vorschriften des Nachlassinsolvenzverfahrens gemäß § 335 InsO ergibt demnach keine von Art. 4 EuInsVO (Art. 7 EuInsVO 2017) abweichenden Ergebnisse (Seite 249).
24. Anders als im Anwendungsbereich der EuInsVO/EuInsVO 2017 findet seitens der Drittstaaten keine automatische Anerkennung eines Nachlassinsolvenzverfahrens statt. Die Anerkennung des deutschen Nachlassinsolvenzverfahrens unterliegt stattdessen dem Regelungssystem des jeweiligen Drittstaats (Seite 250).
25. Erbrechtliche Rechtsverhältnisse unterliegen auch im Nachlassinsolvenzverfahren der allgemeinen kollisionsrechtlichen Anknüpfung. Ein statischer Verweis auf das Erbrecht des BGB findet nicht statt. Stattdessen muss das jeweils anwendbare Erbrecht nach den erbrechtlichen Anknüpfungsregeln der EuErbVO bestimmt werden (Seite 255 ff.).
26. Die Eröffnung eines Nachlassinsolvenzverfahrens ist auch bei Anwendbarkeit eines fremden Erbrechts zulässig. Die insolvenzrechtlichen Vorschriften des Nachlassinsolvenzverfahrens sind nicht auf eine bestimmte Erbrechtsordnung festgelegt. Vielmehr sind insolvenzrechtliche und erbrechtliche Haftungsordnung getrennt voneinander zu betrachten (Seite 259 ff.).
27. Ein Nachlassinsolvenzverfahren kann unabhängig von der Frage eröffnet werden, ob das das Recht des Erbstatuts eine Insolvenzeröffnung im Einzelfall zuließe oder nicht. Dies gilt sowohl für den Fall, dass das Recht des Erbstatuts eine Insolvenzeröffnung über den Nachlass gar nicht kennt als auch dann, wenn das Recht des Erbstatuts eine solche zwar kennt, sie im konkreten Fall aber nicht zulassen würde. Insbesondere kommt es nicht darauf an, ob nach den Wertungen des Erbrechts bereits eine Separation des Nachlassvermögens vom Eigenvermögen des Erben stattgefunden hat.

Die Zulässigkeitsvoraussetzungen des deutschen Insolvenzrechts gehen den fremden erbrechtlichen Wertungen vor (Seite 266 ff.).

28. Fremdes Erbrecht wirkt sich im Nachlassinsolvenzverfahren auf mehrfache Weise aus: erstens über die kollisionsrechtliche Berufung der ausländischen erbrechtlichen Haftungsordnung für die Nachlassverbindlichkeiten, zweitens über Vorfragen, die auf der Ebene insolvenzrechtlicher Sachnormen auftreten und drittens über die Frage nach der Möglichkeit der Substitution von Tatbestandsvoraussetzungen insolvenzrechtlicher Sachnormen durch ausländische Rechtsverhältnisse (Seite 271 f.).
29. Die Durchführung des Nachlassinsolvenzverfahrens ist nicht auf ein bestimmtes erbrechtliches System der Haftung für die Nachlassverbindlichkeiten beschränkt. Vielmehr findet die insolvenzrechtliche Nachlassabwicklung unabhängig von der Systematik der erbrechtlichen Schuldenhaftung statt, sodass das Nachlassinsolvenzverfahren mit jedem ausländischen Erbrecht durchgeführt werden kann (Seite 271 ff.).
30. Als erbrechtliche Vorfrage ist insbesondere die Ausfüllung des Begriffs „Nachlass" anzusehen. Das fremde Erbrecht entscheidet damit über den Übergang des Vermögens des Erblassers in das Nachlassvermögen. Dem fremden Erbrecht unterliegt ferner die Bestimmung des Kreises der Nachlassverbindlichkeiten sowie die Bestimmung der Fragen des erbrechtlichen Status, etwa der Erbeneigenschaft (Seite 273 ff.).
31. Können innerhalb einer insolvenzrechtlichen Sachnorm Bezüge auf Normen oder Systembegriffe des deutschen Erbrechts aufgrund der Anwendbarkeit eines fremden Erbrechts nicht ausgeführt werden, ist eine Substitution durch Rechtsverhältnisse des fremden Erbrechts zu prüfen. Dies betrifft insbesondere die Frage der Bestellung zum Nachlassverwalter, Testamentsvollstrecker mit Verwaltungsbefugnis oder Nachlasspfleger in den §§ 317, 320 InsO sowie die nähere Bestimmung einzelner Masseverbindlichkeiten in § 324 InsO und der nachrangigen Verbindlichkeiten in § 327 InsO. Die Vorschriften des Nachlassinsolvenzverfahrens sind einer Substitution zugänglich. Erweist sich das ausländische Rechtsverhältnis als gleichwertig im Sinne einer Funktionsäquivalenz, kann eine Substitution stattfinden (Seite 276 ff.).
32. Kommt es bei der Anwendbarkeit fremden Erbrechts zu Wertungswidersprüchen zwischen der insolvenzrechtlichen und der erbrechtlichen Haftungsordnung, kann auf das Institut der Anpassung zurückgegriffen werden. Eine Anpassung darf jedoch nur unter Wahrung des Regelungszwecks des Insolvenzrechts erfolgen. Hierdurch werden die Möglichkeiten einer Anpassung beschränkt. Eine Anpassung auf kollisionsrechtlicher Ebene muss

unterbleiben, um die Einheitlichkeit der Berufung der *lex fori concursus* nicht zu gefährden (Seite 281 f.).

33. Eine Anpassung kann im Nachlassinsolvenzverfahren nur auf materiellrechtlicher Ebene vorgenommen werden. Hierbei ist zu beachten, dass Eingriffe in die insolvenzrechtliche Haftungsordnung nach dem Regelungszweck des Insolvenzrechts grundsätzlich zu unterbleiben haben. Eine Anpassung ist zulässig, wenn insolvenzrechtliche Normen spezifische Wertungen des deutschen Erbrechts enthalten. In diesem Fall kann seitens der Nachlassgläubiger kein Vertrauensschutz im Hinblick auf die einheitliche Anwendbarkeit der insolvenzrechtlichen Haftungsordnung als *lex fori concursus* entstehen (Seite 284 ff.).
34. Während der Zweck der insolvenzrechtlichen Haftungsordnung einer Anpassung der Masseverbindlichkeiten nach § 324 InsO grundsätzlich entgegensteht, ist die Anordnung der Nachrangigkeit bestimmter Insolvenzforderungen in § 327 InsO einer Anpassung zugänglich. Dies gilt ebenso für die besonderen Anordnungen in den §§ 322, 328 Abs. 1 InsO, die auf demselben Regelungshintergrund basieren (Seite 287 ff.).
35. Die insolvenzrechtlich zu qualifizierende Insolvenzantragspflicht in § 1980 Abs. 1 BGB ist einer Anpassung grundsätzlich nicht zugänglich. Insbesondere kommt nicht in Betracht, der Insolvenzantragspflicht die Anwendbarkeit zu versagen. Im Sekundär- und Partikular-Nachlassinsolvenzverfahren ist die Insolvenzantragspflicht nicht anwendbar, weil sie hier ihren Zweck nicht erfüllen kann (Seite 291 ff.).
36. Das Nachlassinsolvenzverfahren kann auch im Fall der Nachlassspaltung durchgeführt werden. Hierbei ist es denkbar und auch insolvenzrechtlich zulässig, entweder über jeden Teilnachlass ein selbständiges Nachlassinsolvenzverfahren zu eröffnen oder ein einziges Nachlassinsolvenzverfahren über den Gesamtnachlass zu eröffnen (Seite 296 ff.).
37. Die Interessen der Nachlassgläubiger werden am Besten gewahrt, wenn bei einer Nachlassspaltung nur ein einziges Nachlassinsolvenzverfahren über den Gesamtnachlass eröffnet wird. Innerhalb dieses Nachlassinsolvenzverfahrens können für jeden Spaltnachlass eigene „Untermassen“ gebildet werden. Diese „Untermassen“ wirken lediglich intern und dienen der einfacheren Handhabung der Verfahrensabwicklung (Seite 307 ff.).

Literaturverzeichnis

Andres, Dirk / Leithaus, Rolf (Hrsg.), Insolvenzordnung (InsO), Kommentar, 3. Aufl., München 2014. Zitiert als: Andres/Leithaus/*Bearbeiter*

Bamberger, Heinz Georg / Roth, Herber (Hrsg.), Kommentar zum Bürgerlichen Gesetzbuch, Band 3: §§ 1297–2385, EGBGB, 3. Aufl., München 2012. Zitiert als: Bamberger/Roth/*Bearbeiter*

Bar, Christian von / Mankowski, Peter, Internationales Privatrecht, Band I: Allgemeine Lehren, 2. Aufl., München 2003. Zitiert als: *v. Bar/Mankowski*, IPR I

Barlow, J. S. / King, L. C. / King, A. G., Wills, Administration and Taxation: a Practical Guide, 8. Aufl., London 2003. Zitiert als: *Barlow/King/King*, Administration

Bartsch, Robert / Pollak, Rudolf / Buchegger, Walter (Hrsg.), Österreichisches Insolvenzrecht, Band II/2, §§ 65 bis 79 Konkursordnung, 4. Aufl., Wien 2004. Zitiert als: Bartsch/Pollak/Buchegger/*Bearbeiter*

Bassermann, N.N., Die Novelle der Konkursordnung nach den Beschlüssen des Reichstages, Deutsche Juristen-Zeitung, Jg. 3 (1898), S. 236–237. Zitiert als: *Bassermann*, DJZ 3 (1898)

Beignier, Bernard, Libéralités et successions, Paris 2010. Zitiert als: *Beignier*, Successions

Berenbrok, Marius, Internationale Nachlaßabwicklung: Zuständigkeit und Verfahren, Univ. Diss., Berlin 1989. Zitiert als: *Berenbrok*, Internationale Nachlaßabwicklung (1989)

Bethmann-Hollweg, Moritz August von, Der Civilprozeß des gemeinen Rechts in geschichtlicher Entwicklung, Bd. 1: Der römische Civilprozeß: Legis Actiones, Bonn 1864. Zitiert als: *Bethmann-Hollweg*, Der Römische Zivilprozess Bd. 1 (1864)

Ders., Der Civilprozeß des gemeinen Rechts in geschichtlicher Entwicklung, Bd. 2: Der römische Civilprozeß: Formulae, Bonn 1865. Zitiert als: *Bethmann-Hollweg*, Der Römische Zivilprozess Bd. 2 (1865)

Birk, Rolf, Internationale Nachlassinsolvenz, in: Ogiegły, Leszka (Hrsg.), Rozprawy prawnicze: Księga pamiątkowa Profesora Maksymiliana Pazdana, Krakau 2005, S. 45–55. Zitiert als: *Birk*, FS Pazdan (2005)

Bismarck, Kolja von / Schümann-Kleber, Kirsten, Insolvenz eines deutschen Sicherungsgebers – Auswirkungen auf die Verwertung im Ausland belegener Kreditsicherheiten, NZI 2005, S. 89–94.

Bloching, Micha, Pluralität und Partikularinsolvenz: eine Untersuchung zum deutschen internationalen Insolvenzrecht, Univ.-Diss., Berlin 2000. Zitiert als: *Bloching*, Pluralität und Partikularinsolvenz (2000)

Böhm, N.N., Haftung für Nachlassverbindlichkeiten nach BGB, Gruchots Beiträge zur Erläuterung des Deutschen Rechts, Berlin (1857–1933), Jg. 42 (1898), S. 455–484. Zitiert als: *Böhm*, Gruchots Beiträge 42 (1898)

Bonomi, Andrea / Wautelet, Patrick, Le droit européen des successions, Commentaire du Règlement n° 650/2012 du 4 juillet 2012, 2. Aufl., Brüssel 2015.

Bork, Reinhard (Hrsg.), Insolvenzordnung: Synopse: Insolvenzordnung und Konkursordnung (Auszug), 5. Aufl., München 1999. Zitiert als: *Bork*, InsO (1999)

Brady, James C., Succession Law in Ireland, 2. Aufl., Dublin 1995. Zitiert als: *Brady*, Succession Law

Braun, Eberhard (Hrsg.), Insolvenzordnung (InsO), Kommentar, 6. Aufl., München 2014. Zitiert als: Braun/*Bearbeiter*

Brockhaus GmbH (Hrsg.), Brockhaus – die Enzyklopädie: in vierundzwanzig Bänden, 20. Aufl., Bd. 10: HERR – ISS, Leipzig (u.a.) 1997. Zitiert als: *Brockhaus*, Enzyklopädie

Büchler, Olaf, Befriedigung von Immobiliargläubigern – Anmerkung zu BGH, ZInsO 2010, 764 und ZInsO 2010, 914. ZInsO 2011, S. 718–721.

Bünning, Martin, Nachlassverwaltung und Nachlasskonkurs im internationalen Privat- und Verfahrensrecht, Baden-Baden, 1996. Zitiert als: *Bünning*, Nachlassverwaltung und Nachlasskonkurs (1996)

Campbell, Dennis (Hrsg.), Introduction to Cyprus Law, Albany, New York 2000. Zitiert als: Campbell/*Bearbeiter*, Cyprus Law

Carstens, Nis, Die internationale Zuständigkeit im europäischen Insolvenzrecht, Köln (u.a.) 2005. Zitiert als: *Carstens*, Internationale Zuständigkeit (2005)

Coull, David C., The Law of Bankruptcy in Scotland, Edinburgh 1989. Zitiert als: *Coull*, Bankruptcy in Scotland

Craushaar, Götz von, Die internationalrechtliche Anwendbarkeit deutscher Prozessnormen: österreichisches Erbrecht im deutschen Verfahren, Karlsruhe, 1961. Zitiert als: *v. Craushaar*, Anwendbarkeit deutscher Prozessnormen (1961)

Crystal, Michael / Phillips, Mark / Davis, Glen, Butterworths Insolvency Law Handbook, 12. Aufl., London 2010. Zitiert als: *Crystal/Phillips/Davis*, Insolvency

David, René / Brierley, John Elmes Campbell, Major legal systems in the world today: an introduction to the comparative study of law, 3. Aufl., London 1996. Zitiert als: *David/Brierley*, Legal systems

Dawe, Christian, Der Sonderkonkurs des deutschen Internationalen Insolvenzrechts: zugleich ein Beitrag zu deutschen Sonderinsolvenzverfahren im Anwendungsbereich der Europäischen Insolvenzverordnung, Univ. Diss., Tübingen 2005. Zitiert als: *Dawe*, Der Sonderkonkurs (2005)

De Waal, Marius J., Comparative Succession Law, in: Reimann, Mathias / Zimmermann, Reinhard (Hrsg.), The Oxford handbook of comparative law, Oxford (u.a.) 2008, S. 1071–1098. Zitiert als: *De Waal*, Comp Succession Law

Dernburg, Heinrich, Lehrbuch des preußischen Privatrechts, Bd. 3: Familienrecht und Erbrecht des Privatrechts Preußens und des Reichs, 3. Aufl., Halle 1884. Zitiert als: *Dernburg*, Preußisches Privatrecht Bd. 3 (1884)

Dežman, Aljoša / Danko, Gregor, Nachlassinsolvenz in Slowenien, ZfRV 2011, S. 40–44.

Dölle, Hans, Über einige Kernprobleme des internationalen Rechts der freiwilligen Gerichtsbarkeit, RabelsZ 27 (1962), S. 201–244.

Dörner, Heinrich, Der Entwurf einer europäischen Verordnung zum Internationalen Erb- und Erbverfahrensrecht – Überblick und ausgewählte Probleme, ZEV 2010, S. 221–228.

Du Plessis, Jacques, Comparative Law and the Study of Mixed Legal Systems, in: Reimann, Mathias / Zimmermann, Reinhard (Hrsg.), The Oxford handbook of comparative law, Oxford (u.a.) 2008, S. 477–512. Zitiert als: *Du Plessis*, Mixed Legal Systems

Duursma-Kepplinger, Henriette-Christine / Duursma, Dieter / Chalupsky, Ernst (Hrsg.), Europäische Insolvenzverordnung: Kommentar, Wien (u.a.) 2002. Zitiert als: Duursma-Kepplinger/*Bearbeiter*

Ebenroth, Carsten Thomas, Erbrecht, München 1992. Zitiert als: *Ebenroth*, Erbrecht

Eidenmüller, Horst, Rechtsmissbrauch im Europäischen Insolvenzrecht, KTS 2009, S. 137–161.

Endemann, W., Die Entwicklung des Konkursverfahrens in der gemeinrechtlichen Lehre bis zu der Deutschen Konkursordnung vom 10. Februar 1877, Zeitschrift für deutschen Zivilprozess, Bd. 12 (1888), S. 24–96. Zitiert als: *Endemann*, ZZP 12 (1888)

Ferid, Murat / Firsching, Karl (Begr.) / Dörner, Heinrich / Hausmann, Rainer (Hrsg.), Internationales Erbrecht: Quellensammlung mit systematischen Darstellungen des materiellen Erbrechts sowie des Kollisionsrechts der wichtigsten Staaten; Band 1: Ägypten – Costa Rica; Band 2: Dänemark – Deutschland;

Band 3: Dominikanische Republik – Indien; Band 4: Iran – Kanada; Band 5: Kanada – Neuseeland; Band 6: Niederlande – Schweden; Band 7: Schweiz – Spanien; Band 8: Südafrika – USA; Band 9: USA – Weißrussland; Stand: 97. Ergänzungslieferung, München 2016. Zitiert als: Ferid/Firsching/*Bearbeiter*

Ferrari, Susanne / Likar-Peer, Gundula Maria (Hrsg.), Erbrecht – Ein Handbuch für die Praxis, Wien 2007. Zitiert als: Ferrari/Likar-Peer/*Bearbeiter*, Erbrecht

Firsching, Karl, Zur Reform des deutschen internationalen Erbrechts, in: Beitzke, Günther (Hrsg.): Vorschläge und Gutachten zur Reform des deutschen internationalen Personen-, Familien- und Erbrechts, Tübingen 1981, S. 202–225. Zitiert als: *Firsching*, Reform des deutschen internationalen Erbrechts

Ders., Die Behandlung der Nachlässe österreichischer Erblasser durch deutsche Gerichte, DNotZ 1963, S. 329–340.

Ders. (Begr.) / Graf, Hans Lothar, Nachlassrecht, Handbuch der Rechtspraxis Band 6, 10. Aufl., München 2014. Zitiert als: *Firsching/Graf*, Nachlassrecht

Flessner, Axel, Grundsätze des europäischen Insolvenzrechts, ZEuP 2004, S. 887–907.

Förster, Franz / Eccius, Max Ernst, Preußisches Privatrecht, Bd. 1, 7. Aufl. Berlin 1896. Zitiert als: *Förster/Eccius*, Preußisches Privatrecht Bd. 1 (1896)

Frege, Michael / Keller, Ulrich / Riedel, Ernst, Handbuch der Rechtspraxis Band 3: Insolvenzrecht, 8. Aufl., München 2015. Zitiert als: *Frege/Keller/Riedel*, Insolvenzrecht

Gebauer, Martin / Wiedmann, Thomas (Hrsg.), Zivilrecht unter europäischem Einfluss: die richtlinienkonforme Auslegung des BGB und anderer Gesetze – Kommentierung der wichtigsten EU-Verordnungen, 2. Aufl., Stuttgart 2010. Zitiert als: Gebauer/Wiedmann/*Bearbeiter*

Geimer, Reinhold, Internationales Zivilprozessrecht, 7. Aufl., Köln 2015. Zitiert als: *Geimer*, IZPR

Geimer, Reinhold / Schütze, Rolf (Hrsg.), Europäisches Zivilverfahrensrecht: Kommentar zur EuGVVO, EuEheVO, EuZustellungsVO, EuInsVO, EuVTVO, zum Lugano-Übereinkommen und zum nationalen Kompetenz- und Anerkennungsrecht, 3. Aufl., München 2010. Zitiert als: Geimer/Schütze/*Bearbeiter*

Geitner, Daniel, Der Erbe in der Insolvenz, Univ. Diss, Hamburg 2007. Zitiert als: *Geitner*, Der Erbe in der Insolvenz (2007)

Goette, Wulf / Habersack, Mathias (Hrsg.), Münchener Kommentar zum Aktiengesetz, Bd. 7: Europäisches Aktienrecht, SE-VO, SEBG, Europäische Niederlassungsfreiheit, 4. Aufl., München 2016.

Goltdammer, Theodor, Kommentar und vollständige Materialien zur Konkurs-Ordnung vom 8. Mai 1855 und zu dem Gesetze betr. die Befugniß der Gläubiger zur Anfechtung der Rechtshandlungen zahlungsunfähiger Schuldner außerhalb des Konkurses vom 9. Mai 1855, 2. Ausgabe, Berlin 1858. Zitiert als: *Goltdammer*, Preußische Konkursordnung (1858)

Gottwald, Peter (Hrsg.), Insolvenzrechts-Handbuch, 5. Aufl., München 2015. Zitiert als: Gottwald/*Bearbeiter*

Graf, Hans Lothar, Möglichkeiten der Haftungsbeschränkung für Nachlassverbindlichkeiten, ZEV 2000, S. 125–131.

Graf, Ulrike, Die Anerkennung ausländischer Insolvenzentscheidungen, Univ. Diss., Tübingen, 2003. Zitiert als: *Graf*, Anerkennung ausländischer Insolvenzentscheidungen (2003)

Graf-Schlicker, Marie Luise (Hrsg.), InsO: Kommentar zur Insolvenzordnung, 4. Aufl., Köln 2014. Zitiert als: Graf-Schlicker/*Bearbeiter*

Graziadei, Michele, Comparative Law as the Study of Transplants and Receptions, in: Reimann, Mathias / Zimmermann, Reinhard (Hrsg.), The Oxford handbook of comparative law, Oxford (u.a.) 2008, S. 441–475. Zitiert als: *Graziadei*, Transplants and Receptions

Grosser, Henning, Der ordre public-Vorbehalt im Europäischen Kollisionsrecht, BLJ 2008, S. 9–14.

Groves, Hugo / Arden, Peter / Calland, Tim / Kalfon, Olivier, Annotated Guide to Insolvency Legislation and Practice, London 2006. Zitiert als: *Groves/Arden/Calland/Kalfon*, Insolvency

Gruber, Michael / Kalss, Susanne / Müller, Katharina / Schauer, Martin (Hrsg.), Erbrecht und Vermögensnachfolge, Wien 2010. Zitiert als: Gruber/Kalss/Müller/Schauer/*Bearbeiter*

Haarmeyer, Hans / Wutzke, Wolfgang / Förster, Karsten, Insolvenzrechtliche Vergütung (InsVV), 4. Aufl., München 2007. Zitiert als: *Haarmeyer/Wutzke/Förster*

Hahn, Otto, Das Handelsrecht nach dem allgemeinen deutschen Handelsgesetzbuch: Nebst Anh. über das französische Recht und das Seerecht, Stuttgart 1869. Zitiert als: *Hahn*, Das Handelsrecht nach ADHGB (1869)

Hanisch, Hans, Nachlassinsolvenzverfahren und materielles Erbrecht, in: Gerhardt, Walter (Hrsg.): Festschrift für Wolfram Henckel zum 70. Geburtstag am 21. April 1995, Berlin (u.a.) 1995. Zitiert als: *Hanisch*, FS Henckel (1995)

Ders., Grenzüberschreitende Nachlassinsolvenzverfahren, ZIP 1990, S. 1241–1251.

Haß, Detlef / Huber, Peter / Gruber, Urs / Heiderhoff, Bettina, EU-Insolvenzverordnung (EuInsVO), München 2005. Zitiert als: Haß/Huber/Gruber/Heiderhoff/*Bearbeiter*

Haubold, Jens, Mitgliedstaatenbezug, Zuständigkeitserschleichung und Vermögensgerichtsstand im Internationalen Insolvenzrecht, IPRax 2003, S. 34–41.

Herchen, Axel, Scheinauslandsgesellschaften im Anwendungsbereich der Europäischen Insolvenzverordnung, Anmerkung zur Entscheidung des High Court of Justice, Chancery Division (Company Court) v. 7.2.2003, ZInsO 2003, S. 742–747.

Hess, Burkhard, Europäisches Zivilprozessrecht: ein Lehrbuch, Heidelberg (u.a.) 2010. Zitiert als: *Hess*, EuZPR

Hess, Harald, Insolvenzrecht: Großkommentar in drei Bänden, Bd. 1: Kommentar §§ 1 – 112 InsO, Heidelberg 2007; Bd. 2: Kommentar §§ 113 – 359 InsO, Heidelberg 2007. Zitiert als: *Hess*, GK-InsO

Hoffmann, Bernd von / Thorn, Karsten, Internationales Privatrecht: einschließlich der Grundzüge des internationalen Zivilverfahrensrechts, 9. Aufl., München 2007. Zitiert als: *v. Hoffmann/Thorn*, IPR

Hüsemann, Bettina, Das Nachlassinsolvenzverfahren, Münster (Westfalen), Univ. Diss., 1998. Zitiert als: *Hüsemann*, Nachlassinsolvenzverfahren (1998)

Hüßtege, Rainer / Mansel, Heinz-Peter (Hrsg.), Rom-Verordnungen: Rom I, Rom II, Rom III, HUP, EuErbVO, Bd. 6, 2. Aufl., Baden-Baden 2015. Zitiert als: Hüßtege/Mansel/*Bearbeiter*

Jacquemont, André, Droit des entreprises en difficulté, 4. Aufl., Paris 2006. Zitiert als: *Jacquemont*, Entreprises en difficulté

Jaeger, Ernst (Begr.), Konkursordnung: mit Einführungsgesetzen, Kommentar, Band 2, Halbband 2: §§ 208–244: Einführungsgesetze, Vergütungsverordnung, Sachregister, 8. Aufl., Berlin 1973. Zitiert als: Jaeger/*Bearbeiter*, 8. Aufl. (1973)

Jahn, Uwe (Hrsg.), Insolvenzen in Europa, Recht und Praxis, 3. Aufl., Bonn 1998. Zitiert als: Jahn/*Bearbeiter*

Jahr, Günther, Vereinheitlichtes Internationales Konkursrecht in der Europäischen Wirtschaftsgemeinschaft – Der Vorentwurf eines Übereinkommens über den Konkurs, Vergleiche und ähnliche Verfahren, RabelsZ 36 (1972), S. 620–652.

Joachim, Norbert, Die Haftung des Erben, ZEV 2005, S. 99–102.

Kaser, Max / Hackl, Karl, Das römische Zivilprozessrecht, 2. Aufl., München 1996. Zitiert als: *Kaser/Hackl*, Römisches Zivilprozessrecht

Keating, Albert, Probate Law and Practice, Dublin 1999. Zitiert als: *Keating*, Probate Law

Kegel, Gerhard (Hrsg.) / Thieme, Jürgen (Bearb.), Vorschläge und Gutachten zum Entwurf eines EG-Konkursübereinkommens, Tübingen 1988. Zitiert als: *Kegel/Thieme*, Vorschläge und Gutachten (1988)

Kegel, Gerhard /Schurig, Klaus, Internationales Privatrecht, 9. Aufl., München 2004. Zitiert als: *Kegel/Schurig*, IPR

Keidel, Theodor (Begr.) / Engelhardt, Helmut / Sternal, Werner (Hrsg.), FamFG: Kommentar zum Gesetz über das Verfahren in Familiensachen und die Angelegenheiten der freiwilligen Gerichtsbarkeit, 18. Aufl., München 2014. Zitiert als: Keidel/*Bearbeiter*

Kerridge, Roger, The law of succession, 12. Aufl. London 2009. Zitiert als: *Kerridge*, Law of succession

Kindler, Peter / Nachmann, Josef (Hrsg.), Handbuch Insolvenzrecht in Europa, 4. Aufl., München 2014. Zitiert als: Kindler/Nachmann/*Bearbeiter*

Kirchhof, Hans-Peter / Eidenmüller, Horst / Stürner, Rolf (Hrsg.), Münchener Kommentar zur Insolvenzordnung, 3. Aufl., Bd. 1–3: München 2014, Bd. 4: München 2016. Zitiert als: MünchKomm-InsO/*Bearbeiter*

Kleinfeller, Georg, Die Änderung der Konkursordnung, Zeitschrift für deutschen Zivilprozess, Bd. 25 (1899), S. 80–127. Zitiert als: *Kleinfeller*, ZZP 25 (1899)

Ders., Das Bürgerliche Gesetzbuch und die Konkursordnung, Deutsche Juristen-Zeitung, Jg. 1 (1896), S. 474–477. Zitiert als: *Kleinfeller*, DJZ 1 (1896)

Kohler, Josef, Leitfaden des deutschen Konkursrechts, 2. Aufl., Stuttgart 1903. Zitiert als: *Kohler*, Konkursrecht (1903)

Koziol, Helmut / Welser, Rudolf, Bürgerliches Recht, Band 2: Schuldrecht Allgemeiner Teil, Schuldrecht Besonderer Teil, Erbrecht, 11. Aufl., Wien 2000. Zitiert als: *Koziol/Welser*, Bürgerliches Recht

Kayser, Godehard / Thole, Christoph (Hrsg.), Heidelberger Kommentar zur Insolvenzordnung, 8. Aufl., Heidelberg 2016. Zitiert als: Kayser/Thole/*Bearbeiter*

Kräwel, Rudolf von, Die deutsche gegenüber der preußischen Konkursordnung, Gruchots Beiträge zur Erläuterung des Deutschen Rechts, Berlin (1857–1933), Jg. 22 (1878), S. 352–367., Forts. Jg. 22 (1878), S. 675–691. Zitiert als: *Kräwel*, Gruchots Beiträge Jg. 22 (1878)

Kroiß, Ludwig, Die internationale Zuständigkeit im Nachlassverfahren nach dem FamFG, ZEV 2009, S. 493–496.

Ders. / Ann, Christoph / Mayer, Jörg (Hrsg.), Nomos Kommentar BGB Erbrecht, Band 5: §§ 1922–2385, 4. Aufl., Baden-Baden 2014. Zitiert als: Kroiß/Ann/Mayer/*Bearbeiter*

Kropholler, Jan, Internationales Privatrecht: einschließlich der Grundbegriffe des Internationalen Zivilverfahrensrechts, 6. Aufl., Tübingen 2006. Zitiert als: *Kropholler*, IPR

Ders. / Hein, Jan von, Europäisches Zivilprozessrecht, Kommentar zu EuGVO, Lugano-Übereinkommen 2007, EuVTVO, EuMVVO und EuGFVO, 9. Aufl., Frankfurt a.M. 2011. Zitiert als: *Kropholler/v. Hein*, EuZPR

Kübler, Bruno M. / Prütting, Hanns / Bork, Reinhard (Hrsg.), InsO – Kommentar zur Insolvenzordnung, Loseblattsammlung, Stand: 66. Ergänzungslieferung, Köln 2015. Zitiert als: Kübler/Prütting/Bork/*Bearbeiter*

Lange, Heinrich / Kuchinke, Kurt, Erbrecht: ein Lehrbuch, 5. Aufl., München 2001. Zitiert als: *Lange/Kuchinke*, Erbrecht

Le Corre, Pierre-Michel, Droit et pratique des procédures collectives, 5. Aufl., Paris 2009. Zitiert als: *Le Corre*, Procédures collectives

Leroyer, Anne-Marie, Droit des successions, 2. Aufl., Paris 2011. Zitiert als: *Leroyer*, Droit des successions

Levillain, Nathalie / Forgeard, Marie-Cécile, Liquidation des successions, Paris 2011. Zitiert als: *Levillain/Forgeard*, Successions

Liersch, Oliver, Anmerkung zu AG Düsseldorf, Beschluss vom 12. 3. 2004–502 IN 126/03–Daisytek/Supplies Team, NZI 2004, S. 271–272.

Lowitzsch, Jens (Hrsg.), The Insolvency Law of Central and Eastern Europe, Berlin 2007. Zitiert als: Lowitzsch/*Bearbeiter*

Ludwig, C. W., Commentar zum allgemeinen Landrecht für die Preußischen Staaten, oder Erläuterung des Allgemeinen Landrechts und Vergleichung desselben mit dem gemeinen, besonders Römischen, Rechte, Bd. 1, 1. Teil, Breslau 1804. Zitiert als: *Ludwig*, ALR Bd. 1 (1804)

Luijten, Erik, Die Reform des Erbrechts in den Niederlanden, RNotZ 2003, S. 119–123.

Lüke, Wolfgang, Das europäische internationale Insolvenzrecht, ZZP 111 (1998), S. 275–314.

Makower, Hermann, Zur Revision der Deutschen Konkursordnung, Zeitschrift für deutschen Zivilprozess, Bd. 20 (1894), S. 441–485. Zitiert als: *Makower*, ZZP 20 (1894)

Mankowski, Peter, Insolvenzrecht gegen Gesellschaftsrecht 2:0 im europäischen Spiel um § 64 GmbHG – Anmerkung zu EuGH, NZG 2016, S. 115 – Kornhaas, NZG 2016, S. 281–286.

Ders., Internationale Nachlassinsolvenzverfahren, ZIP 2011, S. 1501–1506.

Michaels, Ralf, The Functional Method of Comparative Law, in: Reimann, Mathias / Zimmermann, Reinhard (Hrsg.), The Oxford handbook of comparative law, Oxford (u.a.) 2008, S. 339–382. Zitiert als: *Michaels*, The Functional Method

Mock, Sebastian, Anmerkung zu BGH, Vorlagebeschluss vom 2.12.2014 - II ZR 119/14, NZI 2015, S. 87–88.

Muscheler, Karlheinz, Die Haftungsordnung der Testamentsvollstreckung, Tübingen 1994. Zitiert als: *Muscheler*, Haftungsordnung der Testamentsvollstreckung (1994)

Musielak, Hans-Joachim / Voit, Wolfgang (Hrsg.), Kommentar zur Zivilprozessordnung mit Gerichtsverfassungsgesetz, 13. Aufl., München 2016. Zitiert als: Musielak/Voit/*Bearbeiter*

Nerlich, Jörg / Römermann, Volker (Hrsg.), Insolvenzordnung (InsO), Kommentar, Stand: 29. Ergänzungslieferung, München 2016. Zitiert als: Nerlich/Römermann/*Bearbeiter*

Odersky, Felix, Die Abwicklung deutsch-englischer Erbfälle, Univ. Diss., Köln 2001. Zitiert als: *Odersky*, Abwicklung deutsch-englischer Erbfälle (2001)

Oetker, Fr., Die Konkursordnung in neuer Gestalt, Deutsche Juristen-Zeitung, Jg. 4 (1899), S. 288–291. Zitiert als: *Oetker*, DJZ 4 (1899)

Palandt, Otto (Begr.), Bürgerliches Gesetzbuch mit Nebengesetzen, Kommentar, 76. Aufl., München 2016. Zitiert als: Palandt/*Bearbeiter*

Bürgerliches Gesetzbuch mit Nebengesetzen, Kommentar, 73. Aufl., München 2014. Zitiert als: Palandt/*Bearbeiter* (2014)

Bürgerliches Gesetzbuch mit Nebengesetzen, Kommentar, 69. Aufl., München 2010. Zitiert als: Palandt/*Bearbeiter* (2010)

Pannen, Klaus, Krise und Insolvenz bei Kreditinstituten, 3. Aufl., Köln 2010. Zitiert als: *Pannen*, Krise und Insolvenz bei Kreditinstituten (2010)

Ders. (Hrsg.), Europäische Insolvenzverordnung, Kommentar, Berlin 2007. Zitiert als: Pannen/*Bearbeiter*

Parzinger, Josef, Die neue EuInsVO auf einen Blick, NZI 2016, S. 63–68.

Paulus, Christoph G., Europäische Insolvenzverordnung: Kommentar, 4. Aufl., Frankfurt a.M. 2013. Zitiert als: *Paulus*, EuInsVO

Pinckernelle, Harald / Spreen, Gerd, Das Internationale Nachlassverfahrensrecht, DNotZ 1967, S. 195–220.

Pintarić, Tomislav, Reform des kroatischen Erbrechts, ZEV 2003, S. 498–499.

Poertzgen, Christoph, Anmerkung zu OLG Jena, Schlussurt. v. 17. 7. 2013 – 2 U 815/12, NZI 2013, S. 809–810.

Rauscher, Thomas, Internationales Privatrecht: mit internationalem Verfahrensrecht, 4. Aufl., Heidelberg (u.a.) 2012. Zitiert als: *Rauscher*, IPR

Ders. (Hrsg.), Europäisches Zivilprozessrecht: Kommentar, Bd. 1, 4. Aufl., Köln 2016; Bd. 2, 4. Aufl., Köln 2015. Zitiert als: Rauscher/*Bearbeiter*

Ders. / Krüger, Wolfgang (Hrsg.), Münchener Kommentar zur Zivilprozessordnung mit Gerichtsverfassungsgesetz und Nebengesetzen, Band 1: Zivilprozessordnung, 4. Aufl., München 2013; Band 4: Gesetz über das Verfahren in Familiensachen und in den Angelegenheiten der freiwilligen Gerichtsbarkeit (FamFG), 4. Aufl., München 2013. Zitiert als: MünchKomm-ZPO/*Bearbeiter*

Riedemann, Susanne, Zur Entwicklung des Konkursrechts seit Inkrafttreten der Konkursordnung unter dem Aspekt der Gläubigerautonomie, Univ. Diss., Norderstedt 2004. Zitiert als: *Riedemann*, Entwicklung des Konkursrechts (2004)

Dies. / Schmidt, Christopher, Europäische Nachlassinsolvenz – Das Verhältnis von EuInsVO und EuErbVO, ZVI 2015, S. 447–452.

Rohlfs, Stephan, Die Rechtsfolgen der beschränkten Erbenhaftung für die Gläubiger des Erblassers im antiken und mittelalterlichen römischen Recht, Hamburg, Univ. Diss., 2002. Zitiert als: *Rohlfs*, Erbenhaftung im römischen Recht (2002)

Roth, Jan / Pfeuffer, Jürgen, Praxishandbuch für Nachlassinsolvenzverfahren, Berlin 2009. Zitiert als: *Roth/Pfeuffer*, Nachlassinsolvenzverfahren

Rugullis, Sven, Nachlassverwaltung und Nachlassinsolvenzverfahren – ein verfahrensrechtlicher Vergleich, ZEV 2007, S. 117–120.

Säcker, Franz Jürgen / Rixecker, Roland / Oetker, Hartmut / Limperg, Bettina (Hrsg.), Münchener Kommentar zum Bürgerlichen Gesetzbuch, Bd. 9: Erbrecht, §§ 1922–2385, §§ 27–35 BeurkG, 6. Aufl., München 2015; Bd. 10: Internationales Privatrecht I, Europäisches Kollisionsrecht, Einführungsgesetz zum Bürgerlichen Gesetzbuche (Art. 1–24), 6. Aufl., München 2015; Bd. 11: Internationales Privatrecht II, Internationales Wirtschaftsrecht, Einführungsgesetz zum Bürgerlichen Gesetzbuche (Art. 25–248), 6. Aufl., München 2015. Zitiert als: MünchKomm-BGB/*Bearbeiter*

Münchener Kommentar zum Bürgerlichen Gesetzbuch, Bd. 11: Internationales Privatrecht, Internationales Wirtschaftsrecht, Einführungsgesetz zum Bürgerlichen Gesetzbuche (Art. 25–248), 5. Aufl., München 2010. Zitiert als: MünchKomm-BGB/*Bearbeiter* (2010)

Sanfey, Mark / Holohan, Bill, Bankruptcy Law and Practice, 2. Aufl., Dublin 2010. Zitiert als: *Sanfey/Holohan*, Bankruptcy Law

Saenger, Ingo (Hrsg)., Zivilprozessordnung: Familienverfahren, Gerichtsverfassung, europäisches Verfahrensrecht, 6. Aufl., Baden-Baden 2015. Zitiert als: Saenger/*Bearbeiter*

Scherer, Stephan (Hrsg.), Münchener Anwaltshandbuch Erbrecht, 4. Aufl., München 2014. Zitiert als: Scherer/*Bearbeiter*

Schimansky, Annika, Reform des niederländischen Erbrechts, ZEV 2993, S. 149–152.

Schlechtriem, Peter, Ausländisches Erbrecht im deutschen Verfahren, Univ. Diss., Karlsruhe 1966. Zitiert als: *Schlechtriem*, Ausländisches Erbrecht (1966)

Schmidt, Andreas (Hrsg.), Hamburger Kommentar zum Insolvenzrecht: InsO – EuInsVO – EGInsO – InsVV – VbrInsFV – InsOBekV – Insolvenzstrafrecht, 5. Aufl., Köln 2015. Zitiert als: HambKomm-InsO/*Bearbeiter*

Schmidt, Karsten, Institutionen eines künftigen Insolvenzrechts der Unternehmen, ZIP 1985, S. 713–724.

Ders., Sinnwandel und Funktion des Überschuldungstatbestandes – Rechtspolitische Perspektiven der Verfahrenseröffnung im Insolvenzrecht, JZ 1985, S. 165–174.

Ders. (Hrsg.), Insolvenzordnung: InsO mit EuInsVO, 19. Aufl., München 2016. Zitiert als: K.Schmidt/*Bearbeiter*

Schubert, Werner, Die Insolvenzrechtsreform in der Weimarer Zeit und in der NS-Zeit, KTS 1993, S. 323–350.

Schulz, Patrick, Anmerkung zu EuGH, Urt. v. 16.1.2014 – C-328/12 (Ralph Schmid), EuZW 2014, S. 264–265.

Schwimann, Michael (Hrsg.), Praxiskommentar zum Allgemeinen Bürgerlichen Gesetzbuch: samt Nebengesetzen, Bd. 3, §§ 531 – 858 ABGB, 2. Aufl., Wien 1997. Zitiert als: Schwimann/*Bearbeiter*

Seuffert, Lothar, Zur Geschichte und Dogmatik des deutschen Konkursrechts, Erste Abteilung: Die Rechtsverhältnisse der Aktivmasse, Nördlingen 1888. Zitiert als: *Seuffert*, Geschichte und Dogmatik des Konkursrechts (1888)

Ders., Deutsches Konkursprozessrecht, in: Binding, Karl (Hrsg.): Systematisches Handbuch der deutschen Rechtswissenschaft, Abteilung 9, Teil 3, Leipzig 1899. Zitiert als: *Seuffert*, Konkursprozessrecht (1899)

Ders., Zur Revision der Konkursordnung bei Einführung des Bürgerlichen Gesetzbuchs, Zeitschrift für deutschen Zivilprozess, Bd. 22 (1896), S. 475–526. Zitiert als: *Seuffert*, ZZP 22 (1896)

Leonhardt, Peter/ Smid, Stefan / Zeuner, Mark, Internationales Insolvenzrecht: Kommentar, 2. Aufl., Stuttgart 2012. Zitiert als: Leonhardt/Smid/Zeuner/*Bearbeiter*

Soergel, Hans Theodor (Begr.), Bürgerliches Gesetzbuch, Bd. 21: Erbrecht 1 (§§ 1922–2063), 13. Aufl., Stuttgart 2002; Bd. 10: Einführungsgesetz, 12. Aufl., Stuttgart (u.a.) 1996. Zitiert als: Soergel/*Bearbeiter*

Staudinger, Julius von (Begr.), Julius von Staudingers Kommentar zum Bürgerlichen Gesetzbuch: mit Einführungsgesetz und Nebengesetzen, Teil 5: Einführungsgesetz zum Bürgerlichen Gesetzbuch, Art. 24–28aF; 5, 6 nF, 10./11. Auflage, Berlin 1990. Zitiert als: Staudinger/*Bearbeiter* (1990)

Ders. (Begr.), Julius von Staudingers Kommentar zum Bürgerlichen Gesetzbuch: mit Einführungsgesetz und Nebengesetzen, Band 5: Erbrecht, 9. Auflage, München (u.a.) 1928. Zitiert als: Staudinger/*Bearbeiter* (1928)

Ders. (Begr.), Julius von Staudingers Kommentar zum Bürgerlichen Gesetzbuch: mit Einführungsgesetz und Nebengesetzen, Band 5: Erbrecht, §§ 1967 – 2063, Neubearbeitung 2010, Berlin 2010; Band 7: Einführungsgesetz zum Bürgerlichen Gesetzbuche/IPR, Art. 25, 26 EGBGB (Internationales Erbrecht), Neubearbeitung 2007, Berlin 2007. Zitiert als: Staudinger/*Bearbeiter*

Steeden, Rachel, Großbritannien: Vorbehalte gegenüber der EU-Erbrechtsverordnung, ZEV 2010, S. 513.

Stier-Somlo, Fritz / Elster, Alexander (Hrsg.), Handwörterbuch der Rechtswissenschaft, Bd. 3: Glaubensfreiheit – Luxemburg, Berlin (u.a.) 1928. Zitiert als: Stier-Somlo/Elster/*Bearbeiter*, Handwörterbuch

Süß, Rembert / Haas, Ulrich (Hrsg.), Erbrecht in Europa, 3. Aufl., Angelbachtal 2015. Zitiert als: Süß/*Bearbeiter*

T'Kint, Francois / Derijke, Werner, La Faillite, Brüssel 2006. Zitiert als: *T'Kint/ Derijke*, Faillite

Tetzlaff, Christian, Probleme bei der Verwertung von Grundpfandrechten und Grundstücken im Insolvenzverfahren – Neue Entwicklungen seit In-Kraft-Treten der InsO, ZInsO 2004, S. 521–530.

Thieme, Jürgen, Grundsätze des EG-Konkursübereinkommens, Allgemeine Stellungnahme zum Entwurf von 1980, in: Kegel, Gerhard (Hrsg.) / Thieme, Jürgen (Bearb.), Vorschläge und Gutachten zum Entwurf eines EG-Konkursübereinkommens, Tübingen 1988, S. 213–297. Zitiert als: *Thieme*, Grundsätze des EG-Konkursüberein-kommens

Ders., Der Entwurf eines Konkursübereinkommens der EG-Staaten von 1980: Überblick und allgemeine Kritik, RabelsZ 45 (1981), S. 459–499.

Ders., Zur Entstehung der Konkursordnung, in: Uhlenbruck, Wilhelm / Klasmeyer, Bernd / Kübler, Bruno M. (Hrsg.): Einhundert Jahre Konkursordnung: 1877 – 1977, Festschrift des Arbeitskreises für Insolvenz- und Schiedsgerichtswesen e. V. Köln zum einhundertjährigen Bestehen der

Konkursordnung vom 10. Februar 1877, S. 35–69, Köln (u.a.) 1977. Zitiert als: *Thieme*, FS Einhundert Jahre Konkursordnung (1977)

Torz, Timo, Gerichtsstände im internationalen Insolvenzrecht zur Eröffnung von Partikularinsolvenzverfahren: eine Untersuchung über die internationale Zuständigkeit zur Eröffnung von Partikularinsolvenzverfahren sowie deren Beschränkungen und Auswirkungen auf die Anerkennungszuständigkeit, Univ. Diss., Frankfurt a.M. 2004. Zitiert als: *Torz*, Partikularinsolvenzverfahren (2004)

Trinkner, Reinhold, Wiedereinführung der altorientalischen Schuldknechtschaft durch die Insolvenzordnung?, BB 1992, S. 2441–2445.

Trunk, Alexander, Internationales Insolvenzrecht: systematische Darstellung des deutschen Rechts mit rechtsvergleichenden Bezügen, Univ. Habil., Tübingen 1998. Zitiert als: *Trunk*, Internationales Insolvenzrecht (1998)

Uhlenbruck, Wilhelm, Einhundert Jahre Konkursordnung, in: Uhlenbruck, Wilhelm / Klasmeyer, Bernd / Kübler, Bruno M. (Hrsg.): Einhundert Jahre Konkursordnung: 1877 – 1977, Festschrift des Arbeitskreises für Insolvenz- und Schiedsgerichtswesen e. V. Köln zum einhundertjährigen Bestehen der Konkursordnung vom 10. Februar 1877, S. 3–34, Köln (u.a.) 1977. Zitiert als: *Uhlenbruck*, FS Einhundert Jahre Konkursordnung (1977)

Ders. (Hrsg.), Insolvenzordnung: Kommentar, 14. Aufl., München 2015. Zitiert als: Uhlenbruck/*Bearbeiter*

Van Gysel, Alain-Charles, Précis du droit des successions es libéralités, Brüssel 2008. Zitiert als: *Van Gysel*, Successions

Vollmershausen, Christiane E., Vom Konkursprozess zum Marktbereinigungsverfahren: Das deutsche Konkursverfahren vom Jahr 1700 bis heute – Eine exemplarische Untersuchung, Univ. Diss., Münster 2007. Zitiert als: *Vollmershausen*, Konkursverfahren (2007)

Watgen, Monique / Watgen, Raymond, Successions et donations, 2. Aufl., Luxemburg 2002. Zitiert als: *Watgen/Watgen*, Successions

Weber, Friedrich, Fragen der Gestaltung des Konkursverfahrens in rechtspolitischer und rechtsvergleichender Sicht, KTS 1959, S. 80–88.

Wentzel, August / Klose, C., Die preußische Konkursordnung vom 8. Mai 1855, die Gesetze vom 8. und 9. Mai betreffend die Einführung derselben (u.a.), mit den Materialien zusammengestellt und für die Anwendung erläutert, Berlin 1855. Zitiert als: *Wentzel/Klose*, Preußische Konkursordnung (1855)

Wesener, Gunter, Zur Erbenhaftung in historischer Sicht, in: Slapnicar, Klaus (Hrsg.): Festschrift zum 90. Geburtstag von Ulrich von Lübtow, Berlin 1991, S. 113–128. Zitiert als: *Wesener*, FS von Lübtow (1991)

Ders., Beschränkungen der Erbenhaftung im römischen Recht: separatio bonorum und beneficium inventarii, in: Schermaier, Martin Josef / Végh, Zoltán (Hrsg.): Ars boni et aequi: Festschrift für Wolfgang Waldstein zum 65. Geburtstag, Stuttgart 1993, S. 401–416. Zitiert als: *Wesener*, FS Waldstein (1993)

Wiechmann, Dirk, Die separatio bonorum im klassischen römischen Recht, Univ. Diss., Pfaffenweiler 1992. Zitiert als: *Wiechmann*, Die separatio bonorum (1992)

Wiethölter, Rudolf, Internationales Nachlassverfahrensrecht, in: Lauterbach, Wolfgang (Hrsg.): Vorschläge und Gutachten zur Reform des deutschen internationalen Erbrechts, Tübingen 1969, S. 141–184. Zitiert als: *Wiethölter*, Internationales Nachlassverfahrensrecht

Wimmer, Klaus (Hrsg.), FK-InsO: Frankfurter Kommentar zur Insolvenzordnung, 8. Aufl., Köln 2015. Zitiert als: Wimmer/*Bearbeiter*

Windscheid, Bernhard / Kipp, Theodor, Lehrbuch des Pandektenrechts: unter vergleichender Darstellung des deutschen bürgerlichen Rechts in 3 Bänden, Bd. 3, 9. Aufl., Neudruck der Ausgabe von 1906, Aalen 1963. Zitiert als: *Windscheid/Kipp*, Pandektenrecht

Wittkowski, Ralf, Die Beantragung und Erteilung von Erbscheinen in Erbfällen mit Auslandsberührung nach dem FamFG, RNotZ 2010, S. 102–132.

Zimmermann, Walter, Die Nachlasssachen in der FGG – Reform, FGPrax 2006, S. 189–194.

Zöller, Richard (Hrsg.), Zivilprozessordnung: mit FamFG (§§ 1–185, 200–270, 433–484) und Gerichtsverfassungsgesetz, den Einführungsgesetzen, mit internationalem Zivilprozessrecht, EU-Verordnungen, Kostenanmerkungen, 31. Aufl., Köln 2016. Zitiert als: Zöller/*Bearbeiter*

Zweigert, Konrad / Kötz, Hein, Einführung in die Rechtsvergleichung: auf dem Gebiete des Privatrechts, 3. Aufl., Tübingen 1996. Zitiert als: *Zweigert/Kötz*, Rechtsvergleichung

Materialienverzeichnis

Bundesministerium der Justiz (Hrsg.), Gesetz zur Reform des Insolvenzrechts: Diskussionsentwurf; Entwurf einer Insolvenzordnung (EInsO) und anderer Reformvorschriften; mit Begründung und Anhang, Bd. 2: Ergänzungen, Köln 1989. Zitiert als: *BMJ*, DiskE Bd. 2

Bundesministerium der Justiz (Hrsg.), Zweiter Bericht der Kommission für Insolvenzrecht, Köln 1986. Zitiert als: *BMJ*, Zweiter Bericht

Bundesministerium der Justiz (Hrsg.), Erster Bericht der Kommission für Insolvenzrecht, Köln 1985. Zitiert als: *BMJ*, Erster Bericht

Decker, Georg Jacob (Druck), Corpus Juris Fridericianum, 4 Teile, Berlin 1781. Zitiert als: *Decker*, Corpus Juris Fridericianum (1781)

Deutscher Juristentag, Verhandlungen des 68. Deutschen Juristentages, Bd. II/1 – Sitzungsberichte Referate und Beschlüsse, München 2010. Zitiert als: *DJT*, Verhandlungen

Deutscher Juristentag, Verhandlungen des 68. Deutschen Juristentages, Bd. I – Gutachten, München 2010. Zitiert als: *DJT*, Gutachten

Deutsches Notarinstitut (DNotI), Rechtsvergleichende Studie der erbrechtlichen Regelungen des Internationalen Verfahrensrechtes und Internationalen Privatrechts der Mitgliedsstaaten der Europäischen Union, Studie für die Europäische Kommission, Generaldirektion Justiz und Inneres, Würzburg 2004. Zitiert als: *DNotI*, Studie zum internationalen Erbrecht (2004)

Hahn, Carl (Begr.) / Stegemann, Eduard (Hrsg.), Die gesamten Materialien zu den Reichs-Justizgesetzen, Bd. II: Materialien zur Zivilprozessordnung, Abteilung 1, 2. Aufl., Aalen 1983. Zitiert als: *Hahn*, Materialien Bd. II

Hahn, Carl *Dies.*, Die gesamten Materialien zu den Reichs-Justizgesetzen, Bd. IV: Materialien zur Konkursordnung, 2. Aufl., Aalen 1983. Zitiert als: *Hahn*, Materialien Bd. IV

Hahn, Karl / Mugdan, Benno (Hrsg.), Die gesamten Materialien zu den Reichs-Justizgesetzen, Bd. VII: Materialien zum Gesetz über die Angelegenheiten der freiwilligen Gerichtsbarkeit, Materialien zum Gesetz betr. Änderungen der Konkursordnung nebst Einführungsgesetz, Berlin 1898. Zitiert als: *Hahn/Mugdan*, Materialien Bd. VII

Jakobs, Horst Heinrich / Schubert, Werner (Hrsg.), Die Beratung des Bürgerlichen Gesetzbuchs, in systematischer Zusammenstellung der unveröffentlichten Quellen. Erbrecht §§ 1922–2385 1. Teilband, Berlin (u.a.) 2002. Zitiert als: *Jakobs/Schuster*, Beratung des BGB: Erbrecht I

Jakobs, Horst Heinrich / Schubert, Werner *Dies.*, Die Beratung des Bürgerlichen Gesetzbuchs, in systematischer Zusammenstellung der unveröffentlichten Quellen. Materialien zur Entstehungsgeschichte des BGB – Einführung, Biographien, Materialien, Berlin (u.a.) 1978. Zitiert als: *Jakobs/Schuster*, Beratung des BGB: Entstehungsgeschichte

Max-Planck-Institut für ausländisches und internationales Privatrecht (MPI), Comments on the European Commission's Proposal for a Regulation of the European Parliament and of the Council on jurisdiction, applicable law, recognition and enforcement of decisions and authentic instruments in matters of succession and the creation of a European Certificate of Succession, RabelsZ Bd. 74 (2010), S. 522–720.

Mugdan, Benno (Hrsg.), Die gesamten Materialien zum Bürgerlichen Gesetzbuch für das Deutsche Reich: 5 Bände und Sachregister sowie Ergänzungsband, Bd. V: Erbrecht, Neudruck der Ausgabe von 1899, Aalen 1979. Zitiert als: *Mugdan*, Materialien Bd. V

Mylius, Otto (Hrsg.), Corpus Constitutionum Marchicarum, Oder Königl. Preußis. und Churfürstl. Brandenburgische in der Chur- und Marck Brandenburg, auch incorporirten Landen publicirte und ergangene Ordnungen, Edicta, Mandata, Rescripta [et]c.: Von Zeiten Friedrichs I. Churfürstens zu Brandenburg, [et]c. biß ietzo unter der Regierung Friderich Wilhelms, Königs in Preußen [et]c. ad annum 1736. inclusivè, Berlin (u.a.) 1737. Zitiert als: *Mylius*, CCM (1737)

Pauli, Königlicher Preußischer Geheimrat, Allgemeines Landrecht für die Preußischen Staaten, Erster Teil, 2. Aufl., Berlin 1794. Zitiert als: *Pauli*, ALR 1794

Reimer, Georg (Hrsg.), Allgemeine Gerichtsordnung für die Preußischen Staaten, Erster Teil: Prozessordnung, Neudruck der Ausgabe von 1816, Berlin 1855. Zitiert als: *Reimer*, AGO 1816

Reusner, Friedrich (Druck), Friedrich Wilhelms, Königes in Preussen, Verbessertes Land-Recht Des Königreichs Preussen: Worinnen Die kleinere Buchstaben des Textes dasjenige, so aus dem vorigen Land-Recht beybehalten, die grössere Buchstaben, was in der Revision geändert oder hinzugethan, die aber, daß etwas ausgelassen worden, anzeigen, Königsberg 1721. Zitiert als: *Reusner*, Verbessertes Landrecht (1721)

Ders. (Druck), Churfürstlich brandenburgisches revidirtes Land-Recht des Hertzogthumbs Preußen, Bd. 1: Von dem Gerichtlichen Process, Königsberg 1685. Zitiert als: *Reusner*, Revidiertes Landrecht (1685)

Stoll, Hans (Bearb.), Vorschläge und Gutachten zur Umsetzung des EU-Übereinkommens über Insolvenzverfahren im deutschen Recht, Tübingen 1997. Zitiert als: *Stoll*, Vorschläge und Gutachten (1997)

Ders. (Bearb.), Stellungnahmen und Gutachten zur Reform des deutschen internationalen Insolvenzrechts, Tübingen 1992. Zitiert als: *Stoll*, Stellungnahmen und Gutachten (1992)

Verlag der Königlichen Geheimen Ober-Hofbuchdruckerei (Hrsg.), Entwurf einer Deutschen Gemeinschuldordnung samt Motiven und Anlagen, Berlin 1873. Zitiert als: Entwurf einer Deutschen GSO (1873)

Virgos, Miguel / Schmit, Etienne, Erläuternder Bericht zu dem EU-Übereinkommen über Insolvenzverfahren, in: Stoll, Hans (Bearb.), Vorschläge und Gutachten zur Umsetzung des EU-Übereinkommens über Insolvenzverfahren im deutschen Recht, Tübingen 1997, S. 32–134. Zitiert als: *Virgos/Schmit*, Erläuternder Bericht

STUDIEN ZUM VERGLEICHENDEN UND INTERNATIONALEN RECHT

Herausgeber: Bernd von Hoffmann (†), Erik Jayme, Heinz-Peter Mansel,
Christine Budzikiewicz, Michael Stürner, Karsten Thorn
und Marc-Philippe Weller

Band 1 Ferdinand Henke: Die Datenschutzkonvention des Europarates. 1986.

Band 2 Peter Czermak: Der express trust im internationalen Privatrecht. 1986.

Band 3 Peter Kindler: Der Ausgleichsanspruch des Handelsvertreters im deutsch-italienischen Warenverkehr. Eine rechtsvergleichende und kollisionsrechtliche Untersuchung. 1987.

Band 4 Wilhelm Denzer: Stellung und Bedeutung des Engineers in den FIDIC-Bauvertragsbedingungen. 1988.

Band 5 Marijan-Maximilian Lederer: Die internationale Enteignung von Mitgliedschaftsrechten unter besonderer Berücksichtigung der französischen Enteignungen 1982. 1989.

Band 6 Rainer Esser: Klagen gegen ausländische Staaten. 1990.

Band 7 Chang Jae-Ok: Auf dem Weg zu einer Materialisierung des Immateriellen? Personen-, Persönlichkeitsschutz und Geldersatz des immateriellen Schadens in rechtsvergleichender Hinsicht am Beispiel des koreanischen und japanischen Zivilrechts unter besonderer Berücksichtigung des deutschen Rechts. 1990.

Band 8 Paul-Frank Weise: Lex mercatoria. Materielles Recht vor der internationalen Handelsschiedsgerichtbarkeit.1990.

Band 9 Werner Born: Der Auftrittsvertrag für Musikgruppen im Bereich der Rock- und Popmusik. 1990.

Band 10 Ralf Erich Jürgens: IPR und Verfassung in Italien und in der Bundesrepublik Deutschland. 1990.

Band 11 Rainer Gildeggen: Internationale Schieds- und Schiedsverfahrensvereinbarungen in Allgemeinen Geschäftsbedingungen vor deutschen Gerichten. 1991.

Band 12 Klaus Grabinski: Die kollisionsrechtliche Behandlung des Durchgriffs bei rechtlich verselbständigten Unternehmen in privater oder öffentlicher Hand. 1991.

Band 13 Dieter Stummel: Konkurs und Integration. Konventionsrechtliche Wege zur Bewältigung grenzüberschreitender Insolvenzverfahren. 1991.

Band 14 Joachim Güntzer: Die Rechtsstellung des Geschäftsführers im spanischen Aktienrecht. Die Neuregelung des spanischen Aktienrechts nach dem Beitritt Spaniens zur EG. 1991.

Band 15 Sabine Isenburg-Epple: Die Berücksichtigung ausländischer Rechtshängigkeit nach dem Europäischen Gerichtsstands- und Vollstreckungsübereinkommen vom 27.9.1968. Untersuchungen zum Anwendungsbereich von Art. 21 EuGVÜ unter schwerpunktmäßiger Behandlung der Frage nach der Bestimmung eines europäischen Streitgegenstandsbegriffs. 1992.

Band 16 Ulrich Nickl: Die Qualifikation der culpa in contrahendo im Internationalen Privatrecht. 1992.

Band 17 Theo Rauh: Leistungserschwerungen im Schuldvertrag. Eine rechtsvergleichende Untersuchung des englischen, US-amerikanischen, französischen und deutschen Rechts unter besonderer Berücksichtigung der gerichtlichen Praxis. 1992.

Band 18 Bernadette Chaussade-Klein: Vorvertragliche "obligation de renseignements" im französischen Recht. 1992.

Band 19 Josef Sievers: Verbraucherschutz gegen unlautere Vertragsbedingungen im französischen Recht. Vom Code civil zum "Code de la consommation" – die Entstehung eines Sonderprivatrechts für Verbraucher. 1993.

Band 20 Achim Schäfer: Grenzüberschreitende Kreditsicherung an Grundstücken, unter besonderer Berücksichtigung des deutschen und italienischen Rechts. 1993.

Band 21 Eugenio Hernández-Breton: Internationale Gerichtsstandsklauseln in Allgemeinen Geschäftsbedingungen. Unter besonderer Berücksichtigung des deutsch-südamerikanischen Rechtsverkehrs (dargestellt am Beispiel Argentinien, Brasilien und Venezuela). 1993.

Band 22 Ingo Reng: Unterhaltsansprüche aufgrund nichtehelicher Lebensgemeinschaft – Internationales Privatrecht und ausländisches materielles Recht. 1994.

Band 23 Stefanie Roloff: Die Geltendmachung ausländischer öffentlicher Ansprüche im Inland. 1994.

Band 24 Katharina Ludwig: Der Vertragsschluß nach UN-Kaufrecht im Spannungsverhältnis von Common Law und Civil Law. Dargestellt auf der Grundlage der Rechtsordnungen Englands und Deutschlands. 1994.

Band 25 Malte Diesselhorst: Mehrparteienschiedsverfahren. Internationale Schiedsverfahren unter Beteiligung von mehr als zwei Parteien. 1994.

Band 26 Manfred Kost: Konsensprobleme im internationalen Schuldvertragsrecht. 1995.

Band 27 Wolff-Heinrich Fleischer: Das italienische Wettbewerbsrecht und die Probleme des selektiven Parfümvertriebs unter Berücksichtigung der Rechtslage in Frankreich und Deutschland. 1995.

Band 28 Angelika Fuchs: Lateinamerikanische Devisenkontrollen in der internationalen Schuldenkrise und Art. VIII Abschn. 2 b) IWF-Abkommen. 1995.

Band 29 Jacques Matthias Aull: Der Geltungsanspruch des EuGVÜ: "Binnensachverhalte" und Internationales Zivilverfahrensrecht in der Europäischen Union. Zur Auslegung von Art. 17 Abs. 1 S. 1 EuGVÜ. 1996.

Band 30 Hartmut Ost: EVÜ und fact doctrine. Konflikte zwischen europäischer IPR-Vereinheitlichung und der Stellung ausländischen Rechts im angelsächsischen Zivilprozeß. 1996.

Band 31 Stefan Wagner: Die Testierfähigkeit im Internationalen Privatrecht. 1996.

Band 32 Wolfgang Jakob Hau: Positive Kompetenzkonflikte im Internationalen Zivilprozeßrecht. Überlegungen zur Bewältigung von *multi-fora disputes*. 1996.

Band 33 Markus Schütz: UN-Kaufrecht und *Culpa in contrahendo*. 1996.

Band 34 Volker Geyrhalter: Das Lösungsrecht des gutgläubigen Erwerbers. Ein "vergessener" Kompromiß und die Auswirkungen auf das heutige deutsche Recht unter besonderer Berücksichtigung des internationalen Sachenrechts. 1996.

Band 35 Andreas Kramer: Abwicklungsstörungen bei Kaufverträgen. Die Lieferung vertragswidriger Sachen im deutschen und italienischen Recht. 1996.

Band 36 Petra Krings: Erfüllungsmodalitäten im internationalen Schuldvertragsrecht. 1997.

Band 37 Tonja Gaibler: Der rechtsgeschäftliche Irrtum im französischen Recht. 1997.

Band 38 Dirk Otto: Rechtsspaltung im indischen Erbrecht. Bedeutung und Auswirkungen auf deutsch-indische Nachlaßfälle. 1997.

Band 39 Gregor W. Decku: Zwischen Vertrag und Delikt. Grenzfälle vertraglicher und deliktischer Haftung dargestellt am Beispiel der Berufs- und Expertenhaftung zum Schutze des Vermögens Dritter im deutschen und englischen Recht. 1997.

Band 40 Gregor W. Decku: Zwischen Vertrag und Delikt. Grenzfälle vertraglicher und deliktischer Haftung dargestellt am Beispiel der Berufs- und Expertenhaftung zum Schutze des Vermögens Dritter im deutschen und englischen Recht. 1997.

Band 41 Ulrike Höpping: Auswirkungen der Warenverkehrsfreiheit auf das IPR unter besonderer Berücksichtigung des Internationalen Produkthaftungsrechts und des Internationalen Vertragsrechts. 1997.

Band 42 Helene Boriths Müller: Die Umsetzung der europäischen Übereinkommen von Rom und Brüssel in das Recht der Mitgliedstaaten. Dargestellt am Beispiel Deutschlands und Dänemarks. 1997.

Band 43 Bernd von Hoffmann / Myong-Chang Hwang (eds.): The Public Concept of Land Ownership. Reports and Discussions of a German-Korean Symposium held in Seoul on October 7-9, 1996. 1997.

Band 44 Oliver Heeder: Fraus legis. Eine rechtsvergleichende Untersuchung über den Vorbehalt der Gesetzesumgehung in Deutschland, Österreich, der Schweiz, Frankreich und Belgien unter besonderer Berücksichtigung des Internationalen Privatrechts. 1998.

Band 45 Heinrich Schütt: Deliktstyp und Internationales Privatrecht. Dargestellt an grenzüberschreitenden Problemen der Arzthaftung. 1998.

Band 46 Axel Steiner: Die stillschweigende Rechtswahl im Prozeß im System der subjektiven Anknüpfungen im deutschen Internationalen Privatrecht. 1998.

Band 47 Martina Schulz: Der Eigentumsvorbehalt in europäischen Rechtsordnungen. Rechtsvergleichende Untersuchung des deutschen, englischen und französischen Rechts unter besonderer Berücksichtigung von Erweiterungen und Verlängerungen. 1998.

Band 48 Karin Dreher: Die Rechtswahl im internationalen Erbrecht. Unter besonderer Berücksichtigung des italienischen IPR-Reformgesetzes N. 218 vom 31. Mai 1995. 1999.

Band 49 Giuliano Gabrielli: Das Verhältnis zwischen der Anfechtung wegen Eigenschaftsirrtums und den Gewährleistungsansprüchen im deutschen, österreichischen und italienischen Recht. 1999.

Band 50 Bernd von Hoffmann / Myong-Chan Hwang (eds.): Developments in Land Law. Reports and Discussions of a German-Korean Symposium held in Berlin and Trier on July 21-24, 1997. 1999.

Band 51 Volker Heidbüchel: Das UNCITRAL-Übereinkommen über unabhängige Garantien und Standby Letters of Credit. Vergleiche mit den Richtlinien der Internationalen Handelskammer, dem deutschen, englischen und US-amerikanischen Recht. 1999.

Band 52 Jan Christoph Nordmeyer: Pflichtteilsansprüche und Wiedervereinigung. Eine systematische Analyse der Ausgleichsansprüche nach BGB-Pflichtteilsrecht unter besonderer Berücksichtigung der durch den Wiedervereinigungsprozeß eingetretenen Wertveränderungen. 1999.

Band 53 Bettina Linder: Vertragsabschluß beim grenzüberschreitenden Verbraucherleasing. 1999.

Band 54 Almontasser Fetih: Die zivilrechtliche Haftung bei Vertragsverhandlungen. Eine rechtsvergleichende Studie zum deutschen, französischen, ägyptischen und islamischen Recht. 2000.

Band 55 Sona Rajani: Die Geltung und Anwendung des Gemeinschaftsrechts im Vereinigten Königreich von Großbritannien und Nordirland. Der Grundsatz der Parlamentssouveränität im Wandel. 2000.

Band 56 Joachim Kayser: Gegenmaßnahmen im Außenwirtschaftsrecht und das System des europäischen Kollisionsrechts. Eine Analyse der EU-Abwehrverordnung gegen die Auswirkungen extraterritorialer Rechtserstreckung eines Drittlandes. 2001.

Band 57 Albrecht Conrad: Qualifikationsfragen des Trust im Europäischen Zivilprozeßrecht. 2001.

Band 58 Bernd Borgmann: Die Entsendung von Arbeitnehmern in der Europäischen Gemeinschaft. Wechselwirkungen zwischen Kollisionsrecht, Grundfreiheiten und Spezialgesetzen. 2001.

Band 59 Aleksandar Jaksic: Arbitration and Human Rights. 2002.

Band 60 Islamisches und arabisches Recht als Problem der Rechtsanwendung. Symposium zu Ehren von Professor Emeritus Dr. iur. Omaia Elwan. Veranstaltet vom Institut für ausländisches und internationales Privat- und Wirtschaftsrecht der Universität Heidelberg und der Gesellschaft für Arabisches und Islamisches Recht e.V. Herausgegeben von Herbert Kronke, Gert Reinhart und Nika Witteborg. 2001.

Band 61 Patrick Fiedler: Stabilisierungsklauseln und materielle Verweisung im internationalen Vertragsrecht. 2001.

Band 62 Werner Mangold: Die Abtretung im Europäischen Kollisionsrecht. Unter besonderer Berücksichtigung des spanischen Rechts. 2001.

Band 63 Eike Dirk Eschenfelder: Beweiserhebung im Ausland und ihre Verwertung im inländischen Zivilprozess. Zur Bedeutung des US-amerikanischen discovery-Verfahrens für das deutsche Erkenntnisverfahren. 2002.

Band 64 Bernd Ehle: Wege zu einer Kohärenz der Rechtsquellen im Europäischen Kollisionsrecht der Verbraucherverträge. 2002.

Band 65 Heiko Lehmkuhl: Das Nacherfüllungsrecht des Verkäufers im UN-Kaufrecht. 2002.

Band 66 Jochen Nikolaus Schlotter: Erbrechtliche Probleme in der Société Privée Européenne. IPR-Harmonisierung im einheitlichen Europäischen Rechtsraum. 2002.

Band 67 Konrad Ost: Doppelrelevante Tatsachen im Internationalen Zivilverfahrensrecht. Zur Prüfung der internationalen Zuständigkeit bei den Gerichtsständen des Erfüllungsortes und der unerlaubten Handlung. 2002.

Band 68 Tobias Bosch: Die Durchbrechungen des Gesamtstatuts im internationalen Ehegüterrecht. Unter besonderer Berücksichtigung deutsch-französischer Rechtsfälle. 2002.

Band 69 Ursula Philipp: Form im amerikanischen Erbrecht. Zwischen Formalismus und harmless error. 2002.

Band 70 Christian Stefan Wolf: Der Begriff der wesentlich engeren Verbindung im Internationalen Sachenrecht. 2002.

Band 71 André Fomferek: Der Schutz des Vermögens Minderjähriger. Ein Vergleich des deutschen und des englischen Rechts unter Berücksichtigung des schottischen und irischen Rechts. 2002.

Band 72 nicht erschienen

Band 73 Markus Dreißigacker: Sprachenfreiheit im Verbrauchervertragsrecht. Der Verbraucher im Spannungsfeld zwischen kultureller Identität und Privatautonomie. 2002.

Band 74 Vassiliki Myller-Igknay: Auskunftsansprüche im griechischen Zivilrecht. Auswirkungen im deutsch-griechischen Rechtsverkehr sowie im deutschen internationalen Privat- und Verfahrensrecht. 2003.

Band 75 Stefan Bruinier: Der Einfluss der Grundfreiheiten auf das Internationale Privatrecht. 2003.

Band 76 Nika Witteborg: Das gemeinsame Sorgerecht nichtverheirateter Eltern. Eine Untersuchung im soziologischen, rechtsgeschichtlichen, verfassungsrechtlichen, rechtsvergleichenden und internationalen Kontext. 2003.

Band 77 Peter Stankewitsch: Entscheidungsnormen im IPR als Wirksamkeitsvoraussetzungen der Rechtswahl. 2003.

Band 78 Jan Wilhelm Ritter: Euro-Einführung und IPR unter besonderer Berücksichtigung nachehelicher Unterhaltsverträge. Eine Untersuchung mit Blick auf das deutsche, französische und schweizerische Recht. 2003.

Band 79 Wolf Richard Herkner: Die Grenzen der Rechtswahl im internationalen Deliktsrecht. 2003.

Band 80 Ira Ditandy: Internationale Zuständigkeit. Neuregelung durch die LOPJ 1985. Vergleich mit dem europäischen Vorbild und Auswirkungen auf das spanische internationale Zivilverfahrensrecht. 2003.

Band 81 Andrea Verena Schefold: Werbung im Internet und das deutsche Internationale Privatrecht. 2004.

Band 82 Klaus Herkenrath: Die Umsetzung der Richtlinie 93/13/EWG über missbräuliche Klauseln in Verbraucherverträgen in Deutschland, dem Vereinigten Königreich, Frankreich und Italien. Auswirkungen nationaler Umsetzungstechniken auf dem Harmonisierungserfolg. 2003.

Band 83 Alexander Thünken: Das kollisionsrechtliche Herkunftslandprinzip. 2003.

Band 84 Barbara v. Daumiller: Die Rechtswahl im italienischen internationalen Erbrecht: und ihre Auswirkungen im deutsch-italienischen Rechtsverkehr. 2003.

Band 85 Robert Mödl: Macht, Verantwortlichkeit und Zurechnung im Konzern. Eine rechtsvergleichende Untersuchung auf der Grundlage des deutschen, spanischen und US-amerikanischen Rechts. 2003.

Band 86 Ursula Kerpen: Das Internationale Privatrecht der Persönlichkeitsrechtsverletzungen. Eine Untersuchung auf rechtsvergleichender Grundlage. 2003.

Band 87 Barbara Ploeckl: Umgangsrechtsstreitigkeiten im deutsch-französischen Rechtsverkehr. Bestehende internationale und nationale Regelungen und der geplante *europäische Besuchstitel*. 2003.

Band 88 Katrin Wannemacher: Die Außenkompetenzen der EG im Bereich des Internationalen Zivilverfahrensrechts. Der räumliche Anwendungsbereich des Art. 65 EGV am Beispiel der EuGVO und der EheVO. 2003.

Band 89 Maren B. Eilinghoff: Das Kollisionsrecht der ungerechtfertigten Bereicherung nach dem IPR-Reformgesetz von 1999. 2004.

Band 90 Patrick Niehr: Die zivilprozessuale Dokumentenvorlegung im deutsch-englischen Rechtshilfeverkehr nach der deutschen und der englischen Prozessrechtsreform. 2004.

Band 91 Anna Christina Gördes: Internationale Zuständigkeit, Anerkennung und Vollstreckung von Entscheidungen über die elterliche Verantwortung. Die VO(EG) Nr. 1347/2000, ihre geplanten Änderungen und das Verhältnis beider zum Minderjährigen- und Kinderschutzabkommen. 2004.

Band 92 Martin Rädler: Rechtsbehelfe des Käufers eines Unternehmens oder einer unternehmerischen Beteiligung gegen den Verkäufer im deutschen und französischen Recht. 2004.

Band 93 Marc-Yngve Dietrich: Rechtsstellung und Beteiligung der Gläubiger im französischen Insolvenzverfahren. 2004.

Band 94 Katia Niemann: Die rechtsgeschäftliche und organschaftliche Stellvertretung und deren kollisionsrechtliche Einordnung. Deutschland und England im Vergleich. 2004.

Band 95 Daniel Ludwig: Neuregelungen des deutschen Internationalen Insolvenzverfahrensrechts. Eine Untersuchung unter vergleichender Heranziehung der Europäischen Insolvenzver-ordnung. 2004.

Band 96 Cordelia Faulenbach: Der gemeinschaftsrechtliche Vorbehalt im europäischen Wettbewerbsrecht. Die Herkunftslandanknüpfung der E-Commerce-Richtlinie unter dem Einfluss der Grundfreiheiten. 2004.

Band 97 Ulf Dörner: Der Vertragsgerichtsstand nach dem Protokoll von Buenos Aires. 2004.

Band 98 Martin Schmidhuber: Verhaltenskodizes im nationalen und grenzüberschreitenden elektronischen Geschäftsverkehr. Zur Frage der Integration der Selbstregulierung durch Private in die staatliche Rechtsordnung. 2004.

Band 99 Florian Kienle: Die fehlerhafte Banküberweisung im internationalen Rechtsverkehr. Unter besonderer Berücksichtigung des Artikels 4A US Uniform Commercial Code. 2004.

Band 100 Thomas Alexander Brandt: Die Adoption durch eingetragene Lebenspartner im internationalen Privat- und Verfahrensrecht. 2004.

Band 101 Florian Pulkowski: Subunternehmer und Internationales Privatrecht. Der Subunternehmer als Quasi-Verbraucher im Europäischen Kollisionsrecht. 2004.

Band 102 Ulrich Becker: Grundrechtsschutz bei der Anerkennung und Vollstreckbarerklärung im europäischen Zivilverfahrensrecht. Bestimmung der Grenzen für die Einführung eines europäischen Vollstreckungstitels. 2004.

Band 103 Thomas Badelt: Aufrechnung und internationale Zuständigkeit unter besonderer Berücksichtigung des deutsch-spanischen Rechtsverkehrs. 2005.

Band 104 Florian D. Wagner: Vorvertragliche Aufklärungspflichten im internationalen Franchising. Zur Harmonisierung von Delikts- und Vertragsstatut im internationalen Privatrecht unter besonderer Berücksichtigung der Franchise-Gesetzgebung des US-Bundesstaates Kalifornien. 2005.

Band 105 Vera Heine: Die Umsetzung der *EG-Richtlinie über missbräuchliche Klauseln in Verbraucherverträgen* im englischen und deutschen Recht. 2005.

Band 106 Alexander Franz: Überregionale Effektentransaktionen und anwendbares Recht. Eine kollisionsrechtliche Untersuchung unter besonderer Berücksichtigung der Vorschrift des § 17 a DepotG. 2005.

Band 107 Hanna-Maria Uhlenbrock: Gesetzliche Regelungen für nichteheliche Lebensgemeinschaften in Deutschland und Frankreich. Ein Vergleich des Unterhaltsrechts bei der eingetragenen Lebenspartnerschaft und beim Pacte civil de Solidarité. 2005.

Band 108 Katrin Stieß: Anknüpfungen im internationalen Urheberrecht unter Berücksichtigung der neuen Informationstechnologien. 2005.

Band 109 Hendrik Otto: Der gesetzliche Abschlussprüfer im italienischen Recht. Eine rechtsvergleichende Untersuchung unter besonderer Berücksichtigung der zivilrechtlichen Haftung. 2005.

Band 110 Frauke Stuphorn: Bankhaftung für Kreditauskünfte im deutschen und französischen Recht. 2005.

Band 111 Nina Fürer: Die zivilrechtliche Haftung für Raucherschäden. 2005.

Band 112 Giovanni B. Barillà: *Contratto autonomo di garanzia* e *Garantievertrag*. Categorie civilistiche e prassi del commercio. 2005.

Band 113 Timo Torz: Gerichtsstände im Internationalen Insolvenzrecht zur Eröffnung von Partikularinsolvenzverfahren. 2005.

Band 114 Martina Schmid: Die Grenzen der Auslegungskompetenz des EuGH im Vorabentscheidungsverfahren nach Art. 234 EG. Dargestellt am Beispiel der überschießenden Richtlinienumsetzung. 2005.

Band 115 Stephan Lesage-Mathieu: Dispositives Kollisionsrecht im prozessualen Kontext. 2005.

Band 116 Jürgen Görtz: Die subjektiven Grenzen der Rechtskraft US-amerikanischer Urteile. 2005.

Band 117 Vera Hoppe: Die Einbeziehung ausländischer Beteiligter in US-amerikanische class actions. Unter Berücksichtigung des Class Action Fairness Act 2005. 2005.

Band 118 Silke Pütz: Parteiautonomie im internationalen Urhebervertragsrecht – Eine rechtsdogmatische und rechtspolitische Betrachtung der Grenzen freier Rechtswahl im internationalen Urhebervertragsrecht unter besonderer Berücksichtigung des neuen deutschen Urhebervertragsrechts. 2005.

Band 119 Alice Nieroba: Die europäische Rechtshängigkeit nach der EuGVVO (Verordnung (EG) Nr. 44/2001) an der Schnittstelle zum nationalen Zivilprozessrecht. 2006.

Band 120 Jan Kayser: Alternative Formen gerichtlicher und außergerichtlicher Streitbeilegung im deutschen und französischen Zivilprozess. Les modes alternatifs judiciaires et extrajudiciaires de résolution des conflits en procédure civile allemande et française. 2006.

Band 121 Mirko Ehrich: Der internationale Anwendungsbereich des deutschen und französischen Rechts gegen irreführende Werbung. Freie Wahl von Form und Mittel, Rom II und Herkunftslandprinzip. 2006.

Band 122 Daniel Thelen: Die Haftung des Sekundärschädigers für Gewalttaten anderer im US-amerikanischen Deliktsrecht ausgehend von dem Problem rechtsextremistisch motivierter Gewalttaten. 2006.

Band 123 Anne Winterling: Die Entscheidungszuständigkeit in Arbeitssachen im europäischen Zivilverfahrensrecht. 2006.

Band 124 Sarah Gerling: Die Gleichstellung ausländischer mit inländischen Vollstreckungstiteln durch die Verordnung zur Einführung eines Europäischen Vollstreckungstitels für unbestrittene Forderungen. Im Vergleich zum bisherigen Recht und zur Rechtslage in den USA. 2006.

Band 125 Christian Bank: Präventivmaßnahmen börsennotierter Gesellschaften zur Abwehr feindlicher Übernahmeversuche in Deutschland und Großbritannien. Eine rechtsvergleichende Untersuchung des deutschen und britischen Rechts unter Berücksichtigung der Europäischen Übernahmerichtlinie. 2006.

Band 126 Christian Weis: Kaufrechtliche Gewährleistung und Garantievergabe in Deutschland und Spanien. Unter besonderer Berücksichtigung des Unternehmenskaufs. 2006.

Band 127 Emilio Maus Ratz: Der Nacherfüllungsanspruch nach UN-Kaufrecht. Im Lichte der deutschen, spanisch-mexikanischen und US-amerikanischen Rechtswissenschaft. 2006.

Band 128 Constanze Jacobs: Die Sachmängelgewähr im deutschen und belgischen Kaufrecht nach Umsetzung der Verbrauchsgüterkauf-Richtlinie. 2006.

Band 129 Ulrike Teichert: Lückenfüllung im CISG mittels UNIDROIT-Prinzipien – Zugleich ein Beitrag zur Wählbarkeit nichtstaatlichen Rechts. 2007.

Band 130 Sascha Reichardt: Internationale Zuständigkeit im Gerichtsstand der unerlaubten Handlung bei Verletzung europäischer Patente. 2006.

Band 131 Bilgehan Cetiner: Die Sachmängelhaftung des Verkäufers im UN-Kaufrecht und im neuen deutschen Schuldrecht. Eine rechtsvergleichende Studie. 2006.

Band 132 Jan Streer: Die Umsetzung der Verbrauchsgüterkaufrichtlinie im englischen Recht durch die Sale and Supply of Goods to Consumer Regulations 2002. 2007.

Band 133 Kathrin Wannenmacher: Einstweilige Maßnahmen im Anwendungsbereich von Art. 31 EuGVVO in Frankreich und Deutschland: Eine Betrachtung ausgesuchter Verfahren des einstweiligen Rechtsschutzes im internationalen Zivilverfahrensrecht – gerichtliche Zuständigkeit, Anerkennung und Vollstreckung. 2007.

Band 134 Wim Kreytenberg: Die individuelle Schwerpunktbestimmung internationaler Schuldverträge nach der Ausweichklausel des Artikel 4 Absatz 5 Satz 2 EVÜ. Ein Beitrag zur Förderung von Rechtssicherheit und Einzelfallgerechtigkeit im europäischen Kollisionsrecht der Schuldverträge. 2007.

Band 135 Nikolaus Geiben: Der Vorvertrag im Internationalen Privatrecht. Unter besonderer Berücksichtigung des Immobilienerwerbs im portugiesischen und brasilianischen Recht. 2007.

Band 136 Predrag Maksimovic: Der Kapitalschutz im europäischen, serbischen und deutschen Recht der Gesellschaft mit beschränkter Haftung. 2007.

Band 137 Alexander Rathenau: Die Anwendung des EuGVÜ durch portugiesische Gerichte unter Berücksichtigung des autonomen internationalen Zivilverfahrensrechts. 2007.

Band 138 Matthias Creydt: Die Besicherung von Weltraumvermögenswerten. Ein neues einheitliches internationales Sicherungsrecht und dessen Vergleich zum US-amerikanischen Mobiliarsicherungsrecht. 2007.

Band 139 Oliver Borkhardt: Registerpublizität und Kollisionsrecht besitzloser Mobiliarsicherheiten nach dem neuen Art. 9 UCC. 2007.

Band 140 Jens Engelmann-Pilger: Deliktische Haftung für das Fehlverhalten Dritter im Common Law. 2007.

Band 141 Bastian Rotmann: Der Schutz des Dritten in der europäischen Mobiliarzwangsvollstreckung. Eine rechtsvergleichende Untersuchung vor dem Hintergrund der Verordnung (EG) Nr. 805/2004 zur Einführung eines Europäischen Vollstreckungstitels für unbestrittene Forderungen. 2007.

Band 142 Oliver Ratzel: Die Präklusion isolierter Unterhaltsverfahren durch den ausländischen Scheidungsverbund. Zugleich ein Beitrag zur internationalen Verbundszuständigkeit im Lichte der Quellenveränderung. 2007.

Band 143 Bettina Maria Stade: Die Konstitutionalisierung des Zivilprozessrechts in Spanien und Deutschland vor dem Hintergrund der Europäisierung des Zivilprozessrechts. 2007.

Band 144 Julia El-Bitar: Der deutsche und der französische Kulturgüterschutz nach der Umsetzung der Kulturgüterrückgaberichtlinie. Eine materiellrechtliche und kollisionsrechtliche Untersuchung. 2007.

Band 145 Aris Kaschefi: Sachmängelhaftung im französischen Kaufrecht vor und nach Umsetzung der Verbrauchsgüterkaufrichtlinie. Mit rechtsvergleichenden Hinweisen zum deutschen Recht unter besonderer Berücksichtigung von Weiterfressersachverhalten. 2007.

Band 146 Isabel Roth: Die internationale Zuständigkeit deutscher Gerichte bei Persönlichkeitsrechtsverletzungen im Internet. 2007.

Band 147 Theresa Wilhelmi: Das Weltrechtsprinzip im internationalen Privat- und Strafrecht. Zugleich eine Untersuchung zu Parallelitäten, Divergenzen und Interdependenzen von internationalem Privatrecht und internationalem Strafrecht. 2007.

Band 148 Alice Halsdorfer: Privat- und kollisionsrechtliche Folgen der Verletzung von Kulturgüterschutznormen auf der Grundlage des UNESCO-Kulturgutübereinkommens 1970. 2008.

Band 149 Thomas Müller-Froelich: Der Gerichtsstand der Niederlassung im deutsch-amerikanischen Rechtsverkehr. Eine Untersuchung zu Fragen der Entscheidungs- und Anerkennungszuständigkeit. 2008.

Band 150 Christopher Luhn: Privatautonomie und Inhaltskontrolle von Eheverträgen. Ein kritischer Vergleich des deutschen und des australischen Rechts mit Bezügen zum Internationalen Privatrecht. 2008.

Band 151 Kristin Kohler: Die grenzüberschreitende Verbraucherverbandsklage nach dem Unterlassungsklagengesetz im Binnenmarkt. 2008.

Band 152 Dorothee Maria Kaulen: Die Anerkennung von Gesellschaften unter Artikel XXV Abs. 5 S. 2 des deutsch-US-amerikanischen Freundschafts-, Handels- und Schifffahrtsvertrags von 1954. 2008.

Band 153 Birka Vanessa Stroschein: Parteizustellung im Ausland. Eine systemvergleichende Untersuchung des Gemeinschafts- und Staatsvertragsrechts unter Einbeziehung des deutschen, französischen, englischen und US-amerikanischen Zustellungsrechts. 2008.

Band 154 Nancy Gruschinkse: Das europäische Kollisionsrecht der Aufrechnung unter besonderer Beachtung des Insolvenzfalles. 2008.

Band 155 Hans-Christian Frick: Sprachrisiko im Zeitalter des Ethnomarketings. US-amerikanische Erfahrungen und europäische Rechtsentwicklung. 2009.

Band 156 Stephan Mangold: Verbraucherschutz und Kunstkauf im deutschen und europäischen Recht. 2009.

Band 157 Robert Beier: Die gesetzlichen Rechte des überlebenden Ehegatten nach dem deutschen und spanischen Kollisionsrecht. Unter besonderer Berücksichtigung der *viudedad aragonesa*. 2009.

Band 158 Julia-Marie Oppermann: Internationale Handelsschiedsgerichtsbarkeit und Verjährung. 2009.

Band 159 Stephan Boese: Strukturprinzipien im Gläubigerschutz. Eine rechtsvergleichende Untersuchung zur GmbH und zur englischen Limited Company. 2009.

Band 160 Thomas Rosa: Das Kaufrecht nach dem Zivilgesetzbuch der Tschechischen und Slowakischen Republik. Eine rechtsvergleichende Darstellung im Lichte des deutschen Bürgerlichen Gesetzbuches. 2009.

Band 161 Roland Weis: Rechnungslegungspflichten von EU-Scheinauslandsgesellschaften im Land ihrer tatsächlichen wirtschaftlichen Betätigung. Insbesondere im Hinblick auf in Deutschland tätige englische Limiteds. 2009.

Band 162 Henning Frase: "Leoninische Vereinbarungen" und Ergebnisbeteiligungspflicht im deutschen und italienischen Gesellschaftsrecht. Zum *patto leonino* des italienischen Rechts und möglichen Entsprechungen im deutschen Recht. 2010.

Band 163 Christiane Tödter: Europäisches Kindschaftsrecht. Nach der Verordnung (EG) Nr. 2201/ 2003. 2010.

Band 164 Edda Gampp: *Perpetuatio fori internationalis* im Zivilprozeß und im Verfahren der freiwilligen Gerichtsbarkeit. 2010.

Band 165 Mei Wu: Die Reform des chinesischen Beweisrechts vor dem Hintergrund deutscher und US-amerikanischer Regelungsmodelle. 2010.

Band 166 Corina Leimert: Stand und Entwicklung des italienischen Rechts der Unternehmenszusammenschlüsse (gruppi di società / gruppi di imprese). 2010.

Band 167 Kasim Özen: Die Scheidungsgründe im türkischen Zivilgesetzbuch. 2010.

Band 168 Helena Isabel Maier: Marktortanknüpfung im internationalen Kartelldeliktsrecht. Eine internationalzuständigkeits- und kollisionsrechtliche Untersuchung unter Einbeziehung rechts-vergleichender Überlegungen zum englischen Recht. 2011.

Band 169 Thomas Spernat: Die gleichgeschlechtliche Ehe im Internationalen Privatrecht. Unter besonderer Berücksichtigung des Einflusses des EG-Vertrags. 2011.

Band 170 Max Johann Lipsky: Statutenwechsel im italienischen Sachenrecht – Auswirkungen auf den Im- und Export von Mobiliarsicherheiten. Eine Untersuchung der rechtlichen Beständigkeit dinglicher Kreditsicherheiten im deutsch-italienischen Rechtsverkehr. 2011.

Band 171 Silvia Karolina Seilstorfer: Die Umsetzung der Verbrauchsgüterkaufrichtlinie in Portugal mit rechtsvergleichenden Hinweisen zum deutschen Recht. 2011.

Band 172 Stephan Georg Knöchel: Anerkennung französischer Urteile mit Drittbeteiligung. Eine Untersuchung der Anerkennung von Drittbindungswirkungen nach der EuGVVO und autonomem deutschem Recht. 2011.

Band 173 Kristina Menzel: Vollstreckungsschutz zugunsten privater Altersvorsorge. Eine rechtsvergleichende Untersuchung zum deutschen und schweizerischen Recht. 2011.

Band 174 Manuela Krach: Scheidung auf Mexikanisch. Das materielle Recht der Scheidung im Mehrrechtsstaat Mexiko unter Berücksichtigung von Eheschließung und Ehewirkungen. 2011.

Band 175 Vanessa Sofia Wagner: Verkehrsschutz beim redlichen Erwerb von GmbH-Geschäftsanteilen. Ein Vergleich des Rechts für Gesellschaften mit beschränkter Haftung in Deutschland, England und Italien. 2011.

Band 176 Alexander Swienty: Der Statutenwechsel im deutschen und englischen internationalen Sachenrecht unter besonderer Betrachtung der Kreditsicherungsrechte. 2011.

Band 177 Kathrin Süß: Streitbeilegungsmechanismen im Verbraucherrecht. Unter besonderer Berücksichtigung der australischen Rechtsordnung. 2011.

Band 178 Efe Direnisa: Die materielle Rechtskraft im deutschen und türkischen Zivilverfahrensrecht. 2012.

Band 179 Julia Faenger: Leistungsunabhängige Nebenpflichten zum Schutz des Integritätsinteresses im deutschen und französischen Recht. Eine rechtsvergleichende Betrachtung ausgehend von den Rücksichtspflichten des § 241 Abs. 2 BGB. 2012.

Band 180 Dorothea Heine: Das Kollisionsrecht der Forderungsabtretung. UNCITRAL-Abtretungs-konvention und Rom I-Verordnung. 2012.

Band 181 Lisa B. Möll: Kollidierende Rechtswahlklauseln in Allgemeinen Geschäftsbedingungen im internationalen Vertragsrecht. 2012.

Band 182 Jutta Jasmin Uusitalo: Einbeziehung von AGB im unternehmerischen Geschäftsverkehr zwischen Deutschland und Finnland. 2012.

Band 183 Darya Alikhani Chamgardani: Der Allgemeine Teil des iranischen Schuldvertragsrechts. Im Spannungsverhältnis zwischen rezipiertem französischen und traditionellem islamischen Recht. 2013.

Band 184 Volker Anton: Aktuelle Entwicklungen des Bankgeheimnisses im Rechtsvergleich unter besonderer Berücksichtigung seiner exterritorialen Wirkungen. Deutschland, Luxemburg, Österreich, Schweiz und Liechtenstein. 2013.

Band 185 Charlotte Wilhelm: Die Regelung der Geld- und Warenkreditsicherheiten nach dem deutschen Recht im Vergleich zum Draft Common Frame of Reference (DCFR). 2013.

Band 186 Michael Nehmer: Erbunwürdigkeit und Elternunterhalt im Internationalen Privatrecht. Eine historisch-rechtspolitische Betrachtung. 2013.

Band 187 Pınar Şamiloğlu-Riegermann: Türkisches und deutsches Vertragshändlerrecht im Rechtsvergleich. 2014.

Band 188 Elvan Er: Realsicherheiten des türkischen Mobiliarsachenrechts. Eine Darstellung des geltenden türkischen Rechts unter vergleichender Berücksichtigung des deutschen und schweizerischen Kreditsicherungsrechts. 2014.

Band 189 Maya Mandery: Party Autonomy in Contractual and Non-Contractual Obligations. A European and Anglo-Common Law perspective on the freedom of choice of law in the Rome I Regulation on the law applicable to contractual obligations and the Rome II Regulation on the law applicable to non-contractual obligations. 2014.

Band 190 Gregor Nikolas Rutow: Rechtsvergleich über die Zulässigkeit von Haftungsausschlüssen, Haftungsbeschränkungen und pauschaliertem Schadensersatz in einzelnen arabischen Rechtsordnungen. 2014.

Band 191 Christoph Rödter: Das Gesellschaftskollisionsrecht im Spannungsverhältnis zur Rom I- und II-VO. Eine Untersuchung zur Reichweite des Gesellschaftsstatuts in Abgrenzung zu den Kolligionsregeln der Rom I- und II-VO. 2014.

Band 192 Melanie Kaspers: Die gemischten und verbundenen Verträge im Internationalen Privatrecht. 2015.

Band 193 Tong Xue: Parteiautonomie im chinesischen Internationalen Privatrecht. Am Beispiel der Rechtswahl im Internationalen Vertrags-, Delikts-, und Sachenrecht. 2016.

Band 194 Martin Metz: US-Menschenrechtsklagen und Neoterritorialismus. 2017.

Band 195 Matthias A. Sauter: Mitveräußerungspflichten im deutschen und italienischen Recht. 2018.

Band 196 Daniel Brauner: Die Anwendungsbereiche von CISG und PR CESL im Vergleich. 2018.

Band 197 Christina Bohländer. MAC-Klauseln in Unternehmenskaufverträgen nach US-amerikanischem und deutschem Recht. 2018.

Band 198 Steven Leunert. Die Verteidigungsmechanismen des Haftenden im Internationalen Produkthaftungsrecht der Rom II-Verordnung. 2018.

Band 199 Niki Nozari: Applicable Law in International Arbitration – The Experience of ICSID and Iran-United States Claims Tribunal. 2019.

Band 200 Bahar Tuna Kurtoglu: Die unbezifferte Forderungsklage. Analyse, Problemstellungen und Lösungsansätze, bezogen auf das türkische, schweizerische und deutsche Recht. 2019.

Band 201 Valesca Tabea Profehsner: Disposition im Internationalen Erbrecht. Rechtswahl und parteiautonome Zuständigkeitsbestimmung nach der Europäischen Erbrechtsverordnung unter besonderer Berücksichtigung der beteiligten Interessen. 2019.

Band 202 Panagiotis Kabolis: Das griechische Immobilienrecht. Eine rechtsvergleichende Darstellung in Bezug auf das deutsche Recht. 2019

Band 203 Natalia Chor: Deliktische Gehilfenhaftung und Haftung wegen Organisationsverschuldens nach russischem und deutschem Recht im Rechtsvergleich. 2019

Band 204 Samy Sakka: Der Konzern im Kompetenzrecht der EuGVVO. Unternehmensgruppe und internationale Zuständigkeit. 2019

Band 205 Florian Alexander Sippel: Die Anerkennungsfähigkeit von US-amerikanischen punitive damages awards vor dem Hintergrund der Wirkung des Verhältnismäßigkeitsprinzips im Schadensrecht. 2020

Band 206 Henning Grosser: Das internationale Nachlassinsolvenzverfahren. 2020

www.peterlang.com

www.ingramcontent.com/pod-product-compliance
Ingram Content Group UK Ltd.
Pitfield, Milton Keynes, MK11 3LW, UK
UKHW022104051026
15623UKWH00003B/671

9 783631 800492